古代汉语知识教程

张双棣　张联荣　宋绍年　耿振生 编著

蒋绍愚　审订

北京大学出版社

·北　京·

图书在版编目(CIP)数据

古代汉语知识教程/张双棣等编著.—北京:北京大学出版社,2002.8
(教育部人才培养模式改革和开放教育试点教材)
ISBN 978-7-301-05355-3

Ⅰ.古… Ⅱ.张… Ⅲ.汉语-古代-教材 Ⅳ.H109.2

中国版本图书馆 CIP 数据核字(2002)第 056723 号

书　　　名:	古代汉语知识教程
著作责任者:	张双棣　张联荣　宋绍年　耿振生　编著
责 任 编 辑:	张弘泓
标 准 书 号:	ISBN 978-7-301-05355-3/H·0701
出 版 发 行:	北京大学出版社
地　　　址:	北京市海淀区成府路 205 号　100871
网　　　址:	http://www.pup.cn
电　　　话:	邮购部 62752015　发行部 62750672　编辑部 62752028
	出版部 62754962
电 子 邮 箱:	zpup@pup.pku.edu.cn
印　刷　者:	河北博文科技印务有限公司
经　销　者:	新华书店
	850 毫米×1168 毫米　32 开本　15 印张　376 千字
	2002 年 8 月第 1 版　2024 年 12 月第 27 次印刷
定　　　价:	25.00 元

未经许可,不得以任何方式复制或抄袭本书之部分或全部内容。
版权所有,侵权必究　举报电话: 010－62752024
　　　　　　　　　　电子邮箱: fd@pup.pku.edu.cn

前　言

　　本书是为大学中文学科编写的一部教材,也可供具有同等学力的读者使用。本教材在学习古代汉语课程的基础上比较系统地介绍古代汉语的基础知识,其目的是使学习者对古代汉语的一般知识有一个较全面的了解。对于有志于继续学习的人来讲,可以为他们进一步学习汉语史方面的专业知识打下良好的基础;对于一般的学习者来说,可以进一步提高他们阅读古书的能力,提升他们的文化素养,更好地学习祖国的历史文化。

　　对于一个现代人来讲,如何更好地学习古代汉语是一个还没有完全解决的问题。但有一点是大家认同的:就是我们不能要求今天的学习者像古人那样十年寒窗,青灯黄卷,以致皓首穷经,因为他们有多方面的知识需要学习。我们也不能要求今天的学习者像古人那样"口不绝吟于六艺之文,手不停披于百家之编",因为生活节奏在不断加快,他们需要有更科学有效的方法。学好古代汉语,一方面必须阅读一定数量的作品;读得越多,对古代的语言越熟悉,感性认识越丰富,学习的效果就越好。这已为无数的经验所证明。另一方面还应当认识到,语言学是一门科学,语言是我们科学研究的对象,我们在学习古代汉语的时候对于各种语言现象的基本性质、特征和变化规律也应该有必要的了解,因为这样可以使我们对古代作品中的语言有更深入准确的理解,可以举一反三,减少盲目性,使我们的学习更加有效。对于今天的学习者来讲,应当将这两个方面恰当地结合起来。

学习古代汉语涉及多方面的知识，举凡古代的天文地理、典章制度、礼仪习俗、饮食起居等都应该有必要的了解，但其中最主要的还是语言文字方面的知识。古代的学者一直很重视语言文字基本知识的学习训练，强调打好这方面的基础，并且留下了极为丰富的研究成果，他们的宝贵经验我们应当汲取。我国传统的语文学称为小学，习惯上分为文字、音韵、训诂三个方面，实际上包含了我们今天说的文字、词汇、语法和音韵四个部分。文字是语言的书面载体，汉字又是一种语素文字，它对于我们了解古汉语中词的意义有着直接的关系。我们应当对汉字的性质、汉字结构的基本类型、汉字形体的演变、汉字和汉语的关系等方面有所了解。词汇是语言诸因素中变化最为迅速的一部分，词的意义是我们阅读古人作品首先要了解的。这需要我们对古汉语词汇的基本特点、汉字与词的关系、词义的性质和词义的分析、各种词义关系、词义和词汇的历史变化有所了解，还应当树立词汇是一个系统的观点。语法讲组词成句的各种规则，研究语言成分之间的各种关系。这需要我们对古汉语的基本词类、古汉语的基本句法结构以及句类有所了解。汉语音韵研究汉语发展各个时期的语音系统和历史变化。语音和文字、词汇、语法都有密切的关系，古代的语音和现在的语音又有比较大的差异，这需要我们对古代音韵学方面的基本著述、各个时期汉语语音的基本构成情况以及声、韵、调变化的大致情况有所了解。

这本教程介绍古代汉语的一般知识，既有一定的理论性，又有很强的实践性。一方面，学习者应当掌握所介绍的各种概念术语、基本观点和一般理论知识，而且其中的一些知识是要熟记的。在学习这些知识的时候，一定要注重理解，掌握其基本含义，反对为了应试硬性记忆。另一方面，要把对一般知识的学习和阅读古书的实践结合起来。对于绝大多数人来讲，学习这门课程不是为了作专门研究,而是为了提高自己的文化素养,所以特别提倡学习者运用学到的知识解决阅读中遇到的问题,在阅读中进一步巩固学习的知识。

应当说明的是,本书的写作虽然参考了不少前贤和时彦的研究成果,但失当之处在所难免。有的问题尚待作更深入的研究,也有一些问题在学术界还有不同的看法,我们期待着吸取更广泛的意见,作进一步的修改。

目 录

第一部分 文字

第一章 汉字的产生和性质 ································ 3
 第一节 汉字的产生 ································ 3
 第二节 汉字的性质 ································ 10
第二章 汉字的字体演变 ································ 14
 第一节 甲骨文 ···································· 15
 第二节 金文 ······································ 20
 第三节 秦系文字 ·································· 25
 第四节 六国文字 ·································· 29
 第五节 隶书 ······································ 30
 第六节 草书和楷书 ································ 35
第三章 汉字的字形结构 ································ 38
 第一节 六书和三书 ································ 38
 第二节 象形字 ···································· 42
 第三节 指事字 ···································· 46
 第四节 会意字 ···································· 48
 第五节 形声字 ···································· 53
第四章 汉字的应用和发展 ······························ 60
 第一节 假借 ······································ 60
 第二节 分化 ······································ 67
 第三节 简化 ······································ 71

第四节　异体 ……………………………………………… 73
第五章　汉字的历史贡献 …………………………………… 76
参考文献 ………………………………………………………… 79

第二部分　词汇

第六章　对古代汉语词汇的基本认识 …………………… 83
　　第一节　单音节词的优势地位 ………………………… 84
　　第二节　古代汉语中值得注意的几种词汇类型 ……… 87
第七章　古代汉语中词汇与文字的关系 ………………… 102
　　第一节　繁简字 ………………………………………… 102
　　第二节　异体字 ………………………………………… 105
　　第三节　同形字 ………………………………………… 108
　　第四节　假借字 ………………………………………… 111
　　第五节　区别字 ………………………………………… 115
第八章　古汉语词汇中词的意义 ………………………… 121
　　第一节　对词义的基本认识 …………………………… 121
　　第二节　义位 …………………………………………… 130
　　第三节　义素 …………………………………………… 134
第九章　词义的发展变化 ………………………………… 140
　　第一节　古今词义的异同 ……………………………… 140
　　第二节　词义的引申——词的本义和引申义 ………… 143
　　第三节　词义引申的方式 ……………………………… 146
　　第四节　词义范围的变化 ……………………………… 152
　　第五节　词义变化的义素分析 ………………………… 161
第十章　古汉语中词与词的意义关系 …………………… 165
　　第一节　同义关系 ……………………………………… 166
　　第二节　反义关系 ……………………………………… 172

第三节　类义关系·················· 177
　　第四节　上下义关系·················· 180
　　第五节　词的同源关系················· 183
　　第六节　词义关系的变化················ 190
第十一章　词汇的发展变化················· 194
　　第一节　旧名的继承与消亡··············· 194
　　第二节　新名的生成·················· 198
　　第三节　古汉语词汇的系统问题············· 210
参考文献························· 215

第三部分　语法

第十二章　古代汉语的基本词类··············· 219
　　第一节　名词····················· 221
　　第二节　代词····················· 230
　　第三节　形容词···················· 245
　　第四节　数词····················· 249
　　第五节　动词····················· 251
　　第六节　副词····················· 254
　　第七节　介词····················· 270
　　第八节　连词····················· 276
　　第九节　助词····················· 280
　　第十节　语气词···················· 282
第十三章　古代汉语的基本句法结构············· 290
　　第一节　联合结构··················· 291
　　第二节　偏正结构··················· 292
　　第三节　主谓结构··················· 295
　　第四节　述补结构··················· 298

第五节　述宾结构……………………………………　302
　　第六节　连谓结构……………………………………　307
　　第七节　助词结构……………………………………　309
第十四章　古代汉语的基本句类……………………………　319
　　第一节　判断句………………………………………　319
　　第二节　描写句………………………………………　325
　　第三节　叙述句………………………………………　327
　　第四节　复句与单句…………………………………　336
参考文献………………………………………………………　346

第四部分　音韵

第十五章　关于汉语音韵的入门知识………………………　349
　　第一节　为什么要懂一点汉语古音…………………　349
　　第二节　标注古音的方法……………………………　351
　　第三节　汉语古音的分期……………………………　353
第十六章　汉语古音是怎样研究出来的……………………　357
　　第一节　根据韵书和反切分析音类…………………　357
　　第二节　根据等韵图分析音类的语音性质…………　364
　　第三节　从其他文献考证音类………………………　371
　　第四节　根据方言、亲属语言、对音等拟测音值…　375
第十七章　《切韵》音系………………………………………　381
　　第一节　《切韵》概说…………………………………　381
　　第二节　《切韵》音系的声母…………………………　388
　　第三节　《切韵》音系的韵母…………………………　394
　　第四节　《切韵》音系的声调…………………………　404
第十八章　唐诗宋词韵部……………………………………　410
　　第一节　近体诗的韵部………………………………　410

第二节　唐代古体诗的韵部 …………………… 420
　　第三节　宋词韵部 ……………………………… 424
第十九章　先秦音系 ………………………………… 430
　　第一节　先秦的声母 …………………………… 434
　　第二节　先秦的韵部与上古诗文押韵 ………… 434
　　第三节　先秦的声调 …………………………… 448
第二十章　《中原音韵》音系 ……………………… 451
　　第一节　《中原音韵》的声母 ………………… 451
　　第二节　《中原音韵》的韵母 ………………… 454
　　第三节　《中原音韵》的声调 ………………… 464
参考文献 ……………………………………………… 465

第一部分

文 字

第一章 汉字的产生和性质

第一节 汉字的产生

1.0 语言和劳动一道,伴随着人类的产生而产生了。原始人类群居为生,活动单一,有声语言作为交际工具已经完全可以满足需要。但随着人类生活的日益丰富和复杂化,有声语言越来越显出它的局限性。有声语言受到时间和空间的制约。为了把信息固定下来,流传下去,或者把信息传到远方,克服时间和空间的局限,人类经过漫长的摸索,最终创制了帮助人们扩大交际范围、记录有声语言的视觉符号系统——文字。

1.1 原始人类为了帮助记忆,曾采用各种实物辅助手段,其中最重要的是结绳和契刻。

1.1.1 《周易·系辞下》说:"上古结绳而治。"许慎《说文解字叙》说:"及神农氏结绳为治,而统其事。"至于具体的结绳办法,他们都没有谈及。郑玄在《周易》注中说:"结绳为约,事大,大结其绳;事小,小结其绳。"说得也十分简略。"结绳为治"不止是远古汉族人的做法,其他民族也有相同的做法。南美秘鲁印卡人的结绳记事方法记载得比较详细。他们用一根粗大的绳子,然后用不同颜色的细绳在上边打结,细绳所打的结的大小、数目及排列次序都表示一定的意义。比如:不带颜色的绳结是用做记数或记日,带颜色的绳结则表示复杂的信息,如黑色表示死亡、灾祸,红色表示战争,白色表示和平,黄色表示金子,绿色表示谷物等等①。

1.1.2 契刻也是原始记事的方法。在竹木、石头或兽骨等上边刻上记号或缺口,表示数目;或者当事者双方各执其一,缺口对合以为凭信。《释名·释书契》:"契,刻也。刻识其数也。"《礼记·曲礼》:"献粟者执右契。"后世调兵的虎符,应当是契刻的遗风。安特生在《甘肃考古记》中说他在甘肃辛店仰韶文化遗址发现有骨契,有的在骨边刻齿,有的在骨上刻计数的符号,比如:

唐兰认为这就是原始社会的契刻②。

无论是结绳,还是契刻,都不是文字,而且都跟文字的产生没有直接关系。

1.1.3 中国古代还有八卦,有人认为它是文字的起源。这种看法是没有根据的。《周易·系辞下》说:"古者庖牺氏之王天下也,仰则观象于天,俯则观法于地,视鸟兽之文与地之宜,近取诸身,远取诸物,于是始作八卦,以通神明之德,以类万物之情。"八卦是一套符号系统,他们是:☰(乾)、☵(坎)、☶(艮)、☳(震)、☴(巽)、☲(离)、☷(坤)、☱(兑)。这些符号是巫人用做占卜吉凶的算筹的各种排列方式,用来象征世上的各种事物。这种符号的产生,决不是伏羲之世。唐兰认为,殷商人尚巫筮,八卦的起源,当在殷商之时。最近有的学者认为卦形中的阳爻是数字"一"变来,阴爻是数字"∧(六)"变来。而商周时屡见的用三个或六个符号组成的符号如 ⌷、⌷ 等都是周卦的卦形。由此可见,八卦的产生远在文字产生之后,甚至是在文字相当发达的时候。八卦不是文字,

---

① 参见【苏】伊斯特林《文字的产生和发展》,北京大学出版社,1989 年。
② 参见唐兰《中国文字学》,上海古籍出版社,1979 年。

与文字没有关系。

1.1.4 与文字起源有直接关系的应当是图画。沈兼士说:"余以为文字之起源,实由记事之绘画。"①唐兰说:"文字本于图画。"②大约在旧石器时代,原始人类已经懂得简单的图画,这种图画向两个方向发展,一是向艺术的方向发展,成为绘画;一是向文字的方向发展,就是所谓文字画。原始人类狩猎之后,可能采用图画的方式把狩猎物的形象保留下来,也可能在向他人讲述狩猎情况的时候,用图画的方式帮助表述。这种图画,前者帮助记忆,后者帮助交际,具有辅助记事和交际的作用。文字画是通过画面表达画者的思想意图的,比如云南沧源发现的一幅崖画:

云南沧源崖画

据云南省历史研究所调查组的报告推测,这是表现一次战争凯旋的场面。各条道路上行走的人群,或持兵器,或赶家畜,是出征归来的战士,各种家畜是战争中的俘获物。③ 对于文字画所传达的信息,有不同经历的人,对画面的意义可能有不同的理解。这种文字画还是画,而不是文字。因为它没有跟语言发生直接的对

---

① 见《沈兼士学术论文集》,中华书局,1986年。
② 见唐兰《中国文字学》第九章《中国文字是怎样发生的》,上海古籍出版社,1979年。
③ 见《文物》1966年第2期。

应关系,它没有固定的读音,看画的人可以用各自所操的语言去解读。

1.2 文字画进一步发展,经过相当长的时间,形成图画文字。这是一次人类文明史上的质的飞跃。图画文字是文字的雏形,或者称作原始文字。它与有声语言有直接联系,它记录了语言中词的声音和意义。比如纳西族东巴文经书《古事记》中有一段图画文字:

其中"𤇾"表示一个人拿着一个蛋,"🀰"是表示解开意义的表意字,在纳西语与表示"白"的词同音,这里借来表示"白"的意义。"·"是"黑"的表意字,"〰"是风,"〇"是蛋,"𔔁"是湖。按照纳西族经师的解读,这段原始图画文字的意思是:把这蛋抛在湖里头,左边吹白风,右边吹黑风,风荡漾着湖水,湖水荡漾着蛋,蛋撞在山崖上便生出一个光华灿烂的东西来①。这段文字虽然还保存着文字画的表达方式,但是它的图形已经固定化,已经与语言中的词发生联系,有了相应的读音和意义,尤其是它已经知道利用谐声假借的办法代表语言中的词。这说明它已经脱离图画,是一种原始的图画文字了。汉族原始社会的文字画没有流传下来,商代甲骨刻辞和铜器铭文中只留有图画文字的痕迹。

1.3 上世纪,尤其是六七十年代以来,考古发掘出不少新石

---

① 见傅懋勣《丽江么些象形文〈古事记〉研究》,转引自裘锡圭《文字学概要》第7页,商务印书馆,1988年。

第一章 汉字的产生和性质

器时期的陶器,上面有一些刻划的符号。这些陶器上的符号,大体可以分为两种类型,一类是在仰韶文化时期的西安半坡遗址等发现的,一类是在大汶口文化时期陵阳河遗址等发现的。仰韶半坡文化距今大约六千年左右,其主要刻画符号有:

　　| ∧ T ↑ ⌒ ⌐ ↑ ψ × 十 丰 冬 K 半

（半坡陶刻）

　　小 ㄣ 朩 T 小 乍 乍 十 非 ヨ ⌒ × ⊣ 灬 羊 于 ∨ 又 业

（临潼姜寨陶刻）

对这些刻画符号,郭沫若认为是具有文字性质的符号,如花押或者族徽之类,殷代青铜器上有一些表示族徽的刻画文字,和这些符号极相类似,可以肯定地说,就是中国文字的起源,或者中国原始文字的孑遗①。于省吾认为是文字起源阶段所产生的一些简单文字,X是五,十是七,I是十,II是二十,T是示,丰是玉,↑是茅,屮是艸,𠂇是阜②。裘锡圭认为只是一些记号,用来记数及制陶者的标记。这些记号跟象形为基础的古汉字不是一个系统,但他们对古汉字的形成有一定的影响,古汉字的数字就是从那里吸收来的③。

大汶口文化略晚于仰韶半坡文化,距今大约有五千年左右,其主要刻画符号有:

　　⌂ ⌐ ♀ ⚒ （莒县陵阳河）

　　⚒ （诸城前寨）

唐兰认为,⌐字象短柄的锛,⌂字象长柄的大斧。⚒一共出现三个,两个繁体,一个简体。唐兰释做"热",上面是日,中间

---

① 郭沫若《古代文字之辩证的发展》,《考古》1973 年第 3 期。
② 于省吾《关于古文字研究的若干问题》,《文物》1973 年第 2 期。
③ 裘锡圭《汉字形成问题的初步探索》,见《古代文史研究新探》,江苏古籍出版社,1992 年。

是火,下面是山,象在太阳照射下,山上起了火;简体只有日下火。唐先生认为,这种文字整齐规则,已经规格化。更重要的是已经有简体字,说明他们是已经进步的文字①。于省吾说,❀字上部的○象日形,中间的△象云气形,下部的山象山有五峰形。山上的云气承托着初出山的太阳,其为早晨旦明的景象,宛然如绘。这是原始的"旦"字,也是一个会意字。旦字,甲骨文作♀,周代金文作♀,都已省掉下部的山字。于先生认为,当时是原始文字由发生而日趋发展的时期②。裘锡圭起初认为,大汶口文化的象形符号跟古汉字是一脉相承的,它们已经不是非文字的图画,而是原始文字了,因为图形已经跟语言里的词牢固地联系在一起了③。后来裘先生改变了看法,认为把这些符号看作原始文字根据不足。可以看作是原始文字的先驱④。

对原始社会晚期出现的这些陶器上的刻划符号,学术界存在着不同意见,应该是正常现象,通过讨论,会逐渐取得较为一致的看法。我们觉得,如果仰韶期半坡陶器上的刻划符号还只是具有文字性质的记号,那么,大汶口期的陶器刻划符号,应该承认它是文字了。一是它具有与甲骨金文一样的象形意味;二是它已经出现合体会意字,如❀;三是不同的地方有共同的形体,如莒县陵阳河的❀,在诸城前寨发现的❀,显然是❀的残缺。这说明这个字形在不同的地域已经固定化。综上所言,大汶口文化陶器上刻划的

---

① 唐兰《从大汶口文化的陶器文字看我国最早文化的年代》,《光明日报》1977年7月14日。
② 于省吾《关于古文字研究的若干问题》,《文物》1973年第2期。
③ 裘锡圭《汉字形成问题的初步探索》,见《古代文史研究新探》,江苏古籍出版社,1992年。
④ 裘锡圭《汉字的起源与演变》,见阴法鲁主编《中国古代文化史》第四章,北京大学出版社,1989年。

符号,应该是目前所发现的最早的汉字了。

1.4 汉字应该是一个一个产生,从少到多地长时间发展起来的,不是由某一个圣人一下子创造完成的。《周易·系辞下》说:"后世圣人易之以书契。"《吕氏春秋·君守》说:"仓颉作书。"《系辞》的作者只说"后世圣人",没有指明是谁,《吕氏春秋》则指明是"仓颉"。战国人喜欢把某一方面的创制锁定为某一个人。《吕氏春秋》在说"仓颉作书"的同时,还说"奚仲作车、后稷作稼、皋陶作刑、昆吾作陶、夏鲧作城",其实,任何一种创制,都不是某一圣人之作,而是千万人经过不断的摸索才最后完成的。文字更不例外。郭沫若说:"任何民族的文字,都是从无到有,从少到多,从多头尝试到约定俗成,所逐步孕育、选练、发展起来的。"[1]从仰韶半坡文化的记号,到大汶口陵阳河文化的早期文字,到殷商时期成熟的汉字系统,经过了近两千年的发展才最终形成。

文字的产生和逐步成熟,是与社会历史的进程相一致的。原始社会早期,社会生产力十分低下,社会关系非常简单,有声语言已经满足他们交际的需要。原始社会是漫长的,在漫长的原始社会中,有声语言逐渐成熟。到原始社会后期,有声语言已经达到十分完善的程度,生产力也逐渐提高,人们有了克服有声语言时空局限的愿望,产生了对文字的需求,因此出现了简单的记号和一个一个地产生了文字。随着物质财富有了剩余,社会对财富的占有也出现了差距,于是出现了阶级分化,人类进入奴隶制社会。奴隶主阶级强烈需要使用文字来管理国家。在这种情况下,文字快速发展起来,逐步趋于完善和成熟。

殷商后期的甲骨文是很成熟的汉字体系,其中不仅有象形字、会意字,更有一定数量的形声字。这种成熟的汉字体系的形成,至少要有七八百年乃至上千年的时间,可以说,在夏代,这种汉字体

---

[1] 郭沫若《古代文字之辩证的发展》,《考古》1973 年第 3 期。

系就应该已经具备了雏形。而夏代,正是中国历史上第一个奴隶制社会。汉字体系的雏形在奴隶制社会的早期出现了。

第二节 汉字的性质

2.0 一种文字的性质,实际上就是这种文字属于何种类型,而文字的类型,是由构成这种文字的字符的特点来决定的①。可以从不同的角度去分析字符的特点,以判定这种文字所属的类型。一、从字符的表意、表音作用来划分,文字可以分为象形文字、表意文字、表音文字;二、从字符与语言中各要素的关系来划分,文字可以分为句意文字、表词文字、语素文字、音节文字、音素文字(字母文字)。

2.1 中国传统语文学者,没有比较文字学和文字类型学的研究,对这个问题不曾理会。十九世纪以来,西洋学者在研究文字类型的时候,总把文字类型与文字发展阶段联系在一起,他们几乎无例外地把汉字划归较低级的落后的发展阶段,比如英国的韦尔斯(H. G. Wells)把汉字归于象形文字,而他的象形文字在很大程度上是指文字产生以前的记事图画。布龙菲尔德(Leonard Bloomfield)认为汉字属于表意文字(表词文字),而这在他划分的五个阶段"记事图画、图画文字(象形文字)、表意文字(表词文字)、音节文字、字母文字"中属于第三个阶段。《大不列颠百科全书》第十五版"文字"条所列文字发展阶段表把汉字归入表音文字的最初阶段"表词—音节文字"。② 他们同样无一例外地把西洋的字母文字看作是文字发展的最高阶段,是最完善的文字。

西洋学者的这些带有偏见的观点在相当长的时间内影响了中

---

① 所谓"字符",就是文字的构成符号,可能是整个字,也可能是字的一部分。
② 参见刘又辛等《汉字发展史纲要》,中国大百科全书出版社,2000年。

国学者,中国学者中也产生过不少与之相应的看法。起初称之为象形文字,后来又称之为表意文字,又用语素文字、音节文字、语素—音节文字等来称呼汉字。其实,文字体系只要是成熟的,与其民族的语言相适应的,就都是符合规律的发展,没有高级阶段与低级阶段之分,没有优劣之分。汉字是一种成熟的完善的文字体系,这种文字体系在商代后期甲骨文时代已经基本形成,周秦之交已经完全形成。

2.2 汉字是适应汉语的需要而产生的。一个民族采用哪一种类型的文字体系,是由这个民族的语言结构特点决定的。汉语是一种非黏着的孤立型语,或称作单音节语,它的结构单位本身没有语法的变化。汉语的音节,与印欧语不同,是直接与意义相联系,是表意的语音单位,汉民族语音感知单位是声韵调而不是音素,声韵调是能够区别意义的。汉语的这种语言结构特点决定了汉字的性质。

2.2.1 构成汉字的字符,包括三种:表意字符、表音字符、记号。汉字的字符大量是表意字符,下文所说的象形字、指事字、会意字所用字符,以及形声字形旁所用字符,与它所记录的词都有意义上的联系,都是表意字符。

象形字一般都是独体字,它们既是所代表的词的符号,又是这个字的字符,二者是一体的。

指事字在汉字中是少数,它们通过抽象符号来显示意义。这类字与象形字有时很难区分,所以唐兰在他的三书说中把它们都合并为象形(参第三章),他们作为表意字符是一致的。

会意字是用若干独体象形字组合而成,它所由组成的字符也都是表意的。

形声字是大量的,组成形声字的形旁,都是与意义相关联的。

2.2.2 汉字字符中也有相当数量的表音字符,一是假借字,一是形声字的声旁。

假借字是语言中词的借音字,这个字与语言中的词没有意义上的联系。没有本字的假借是如此,有本字的假借也是如此。汉语中大量的虚词,本来都没有单独为它们造一个字来表示,因为虚词很难用表意字去表示,只能借一个已有的字表示。有本字的词,古人也常常用一个音同或音近的字去表示,这个字与这个词没有意义上的关联,只有声音上的联系。不过作为表音字符的假借字所由组成的字符,也都是表意字符。

形声字的声旁,是与形声字所代表的词的声音相关联,它是表音字符。这种表音字符也常常有表意的作用,同时传统上有所谓右文说,意思就是声旁具有表意作用①。说所有声旁都有表意作用,恐不尽然,但确有相当一部分声旁具有表意作用。

2.2.3 记号字,在古汉字中应当是少数,一些数目字是从原始记数符号中吸收来的,而象形字演变得过于简单,也变成记号字。这些记号字不多,并不能改变汉字的性质。

2.2.4 从汉字字符的性质看,主要是表意字符和表音字符,某些记号字本来也是从表意字和表音字变化来的。所以汉字可以称之为意音文字。表音字符又大多含有意义,因此,汉字也可以径称之为表意文字。

2.3 这里的表意文字不同于西洋学者贬低汉字时所用的表意文字的概念,必须与他们划清界限。他们认为的表意文字,是文字发展的低级阶段的一种形态。我们则认为表音、表意是文字发展的两个不同方向。西洋学者的文字发展阶段论是以研究印欧语的文字体系为标准而得出的结论,不是一般文字的发展规律。独立形成的文字体系如古埃及文字、两河流域的楔形文字、汉字,都是以表意为主的意音文字。古埃及圣书文字和楔形文字,后来都消亡了。腓尼基人曾借用古埃及圣书字,取其表音字符,扬弃其表

———

① 关于声旁的表意作用,下文要讲到,这里不赘言。

意字符,向表音化的方向发展。这种文字后来广泛地影响了印欧语各国的文字的发展,产生了拼音文字。汉字不但没有消亡,而且一直沿着固有的方向发展,突出其表意功能。这是文字发展的不同方向,不是不同阶段,不是西洋学者所说表音优于表意,表音、表意没有优劣之分。当然,表意文字有它自身的缺点,正如表音文字有它自身的缺点一样。有时这个缺点可能又正是它的长处。汉字是完善的表意文字体系,已经发展成熟,所以,要想抛弃汉字的表意体系,用表音文字去取代它,是完全没有必要的,也是行不通的。

第二章　汉字的字体演变

汉字在殷商时代已经形成较为完整的体系,当时文字的象形意味还十分浓厚,此后汉字字体在不断发生变化。

许慎在《说文解字叙》中说:"秦书有八体,一曰大篆,二曰小篆,三曰刻符,四曰虫书,五曰摹印,六曰署书,七曰殳书,八曰隶书。"这八种字体,是从两个不同的角度来分类的。大篆、小篆、隶书是汉字发展不同时期的字体,而刻符、虫书、摹印、署书、殳书是不同用途的特殊字体。刻符是刻在符契上的文字;虫书又叫鸟虫书,是用于旗幡上的文字,笔画屈曲细长有如鸟虫;摹印是印章上的文字;署书是用于封检签署的文字;殳书是兵器上的文字。这几种字体的基础都是篆书,只是在形体上加些艺术色彩而已。许慎《说文叙》还提到新莽时代的"六书",他说:"时有六书,一曰古文,孔子壁中书也;二曰奇字,即古文而异者也;三曰篆书,即小篆也;四曰佐书,即秦隶书,秦始皇帝使下杜人程邈所作也①;五曰缪篆,所以摹印也;六曰鸟虫书,所以书幡信也。"这里所说的古文,即孔子壁中书,实际上指的是战国时代六国文字。西汉武帝末年,鲁恭王坏孔子宅,从夹壁中得到用古文书写的《礼记》、《尚书》、《春秋》、《论语》、《孝经》等,这些用鲁国文字书写的儒家经典叫做古文经。所谓奇字,只稍异于古文,或许即六国其他国家的文字。其他与秦八体并无大异。

大篆的名称始见于《汉书·艺文志》。班固说:"史籀十五篇,周宣王时大史作大篆十五篇。"《说文叙》也说:"宣王大史籀著大

---

① 此句原在上文"即小篆"下,今据段玉裁校说改。

篆十五篇。"从这些记载看,史籀所著为大篆,后世所谓籀文,也就是指的大篆。小篆是用以区别于大篆,指秦始皇书同文字,向全国推行的一种字体。李斯的《仓颉篇》、赵高的《爰历篇》、胡毋敬的《博学篇》采用的字体即是小篆。隶书也是产生于战国时秦国的一种字体。起初是篆书的草率写法,在民间通行,逐渐成为正规的字体。

汉字字体的演变,大约有三个阶段,一是从殷商甲骨文、商周金文变为小篆,二是从小篆变为隶书,三是从隶书变为楷书。

甲骨文和金文变为小篆,前者更接近图画的写实象形,而后者笔画圆转规整,逐渐与物形疏远。甲骨文刀刻的痕迹明显,金文则铸型肥厚,它们形体比较随意,笔画少的字占的地方小,笔画多的字占的地方大,小篆形体整齐,笔画多少都占一格。

从小篆到隶书,是字体变化最大的一次,是古文字变为今文字的转折点。小篆的字形结构被打破,象形意味淡薄,符号性加强。小篆的圆转笔势到隶书一般变为方折及横、撇、捺等笔画。小篆变为隶书,现代文字笔画的基本格局已经形成。

从隶书到楷书,除用笔有些变化,字体结构基本没有什么变化。另外还有草书和行书。草书本是各种字体的草率写法,现在所说的草书,是指章草、狂草等专一的字体,狂草与隶楷的字体和笔法很不相同,龙飞凤舞,完全是一种艺术品,丧失了交际的作用。行书是楷书与草书之间的一种字体,他不像楷书那样规整,也不像草书那样随意,成为日常常用字体。

第一节 甲骨文

1.0 甲骨文是目前所知道的最早的汉字体系。甲指龟甲,骨指兽骨。甲骨文即指刻在龟甲兽骨上的文字。甲骨文是在1899年被偶然发现的。金石学家王懿荣在中药龙骨上发现有刻划的痕迹，他买回药店所有的龙骨，发现不只一片上有刻划的痕迹。经过认真的研究，他认为这应当是古老的文字。他又发现甲骨上刻有商王的名字，认定当是商代的卜甲，文字当在篆籀之前。从此甲骨文得到广泛注意，收集、考释甲骨文一时形成风气，通过甲骨文研究古代社会历史开拓了史学的新领域。一门新兴的学科——甲骨学出现了。甲骨主要出现在河南安阳，那里是殷商王盘庚迁殷后的商王朝都城的遗址，称作殷墟。商王盘庚自公元前十四世纪迁殷后直至商纣灭亡，殷一直是商朝的都城。殷墟出土的甲骨文，就是这二百七十多年商王等占卜的记录。殷人非常迷信，逢事即要占卜，不管是征伐、收成、狩猎，还是日常生活的天气、疾病，甚至是出行、做梦等都要卜问吉凶。占卜用的主要是龟甲（腹甲、背甲）、兽骨（牛肩胛骨为主）。占卜时在龟甲兽骨上钻凿小孔，然后烤炙，看烧出的裂纹即兆象来判断吉凶。负责占卜的人把这些以及事后应验的情况都刻记在甲骨上。我们所看到的甲骨文就是当时刻在甲骨上的卜辞，所以又称甲骨文为甲骨卜辞。也有个别的甲骨上刻的不是卜辞，而是一些记事文字及干支表，但数量极少。所以严格说起来，甲骨文的范畴要比甲骨卜辞的范畴大些。

1.1 每一片完整的卜辞，大概记载四个方面的内容，一是占卜的日期和占卜人，称作"叙辞"；二是要占卜的事，称为"命辞"；三是审视兆纹，作出吉凶的判断，称作"占辞"；四是事后应验的情况，称作"验辞"。例如："癸丑卜，争贞"是叙辞，占卜日期是"癸丑"，占卜人是"争"。"自今至于丁巳，我戈宙"与"自今至于丁巳，我弗其戈宙"是命辞，"王固曰丁巳我不其戈"至"夕虫"是占辞，"甲子允戈"是验辞。卜辞中叙辞、命辞、占辞、验辞齐全的不多，一般都没有验辞，有的只有叙辞和命辞。占卜时，对占卜的事，经常要从反正两方面设问，称为对贞。有时一块甲骨上不只记载一次占卜的记录，而是记载多次的情况。卜辞记录的行款主要有：1. 竖行左行，2. 竖行右行，3. 左右对贞，从中间起，左半左行，右半

第二章 汉字的字体演变

右行。也有个别交错的情况,并不是主要的。(见下图)

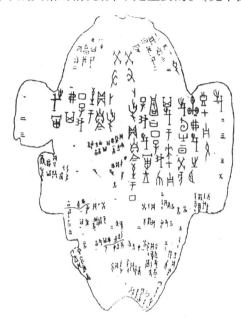

合 6834 正
(引自王宇信《甲骨文精粹选读》)

1.2 甲骨文已是成熟的成体系的文字,其基本字形是象形字,不过有相当数量的假借字,这些假借字也是借用象形字的字形去表示一个同音词,这个字与词的关系是借音。同时又有近五分之一的形声字,既表意又表音,这是汉字后来的发展方向。从字的形体上看,甲骨文主要有这样的特点:

1. 象形程度比较高,接近图画文字。比如:

  𧰼 象 突出象的长鼻子。

  龟 象一只龟的样子,头尾四肢及甲都十分形象。

  禾 象禾谷穗子下垂的样子。

￥ 麦　象麦子茎秆及麦穗的样子。
夕 舟　象船的样子。
2. 字体不规范。
(1)有的字方位可以颠倒,比如:
"卜"字,既可以写作⺊,又可以写作⺊,这与整段卜辞的行款左行、右行有关。
"戈"字,既可以写作⺈,又可以写作⺊,也随行款而定。
"相"字,木、目可以有三个不同的位置,
"为"字,手与象的方向各种各样,
(2)一个字可以有若干不同的形体,比如:
"贞"字,有 等各种不同的字形。
"车"字,有 等各种形体。
"田"字,有田 田 囲 囯等形。口表示田之防, 象防内狩猎分区。
"宿"字,有 等形,∩象房舍, 象席,宿字象在屋中坐卧席上。
(3)偏旁可以不同,比如:
"牢"字,有 等形,⺈象牲圈,其中或为羊,或为牛,或为马。
"艰"字,有 等形,或从㐭,或从㞢,或从㔾。
1.3　甲骨刻辞举例:
1.3.1　刻辞:贞,不其雨。
丁酉卜,出贞,五日雨。
辛丑卜,出贞,自五日雨。

……不雨。(见右上图)

简释:这是卜雨之辞,殷人卜雨之辞甚多,因与农业生产关系密切。此片卜辞是自下而上分为四段,每段是自左而右行文。"贞",卜问。"出",卜问者的名。"出贞",由名为出的史官卜问。"五日雨"、"自五日雨"是卜问之事。

1.3.2 刻辞:甲子卜,殻贞,王疾齿,隹易。
壬申卜,殻贞,叀毕麋。丙子穽麋。允毕二百㞢(有)九。(见右下图)

简释:这片卜辞自下至上分为两段,下段卜问王齿疾之事。疾齿,即牙齿有病。隹,语气词,与唯同。易,更换,此指换牙。上段卜问田猎之事。叀,语气词,与唯同。毕,捕兽网。穽麋,在陷阱中捕获麋鹿。允,表示实现。这段意思是:壬申日由史官殻卜问,能不能捕获麋鹿。兆示丙子日可在陷阱中获麋。果然捕获二百零九只麋鹿。这段文字叙辞、命辞、占辞、验辞俱全,"壬申卜,殻贞"是叙辞,"叀毕麋"是命辞,"丙子穽麋"是占辞,"允毕二百㞢(有)九"是验辞。

1.4 经过近百年的发掘与收集,现在已经得到十余万片甲骨。其中整块的不多,大部分是碎片,有的碎片要经过考古学者的缀合。整块甲骨上文字多的达到六七十乃至八九十个字,少的只有几个甚至一个。在近十万片甲骨上共发现单字四千余个,已认识的达到一千个左右。

1.5 甲骨文所记自盘庚至约二百七十多年,甲骨学者董作宾

《甲骨文断代研究例》根据他所定的十项标准如世系、称谓、文法、字形、书体等将甲骨文分为五个时期,盘庚、小辛、小乙、武丁为第一期,祖庚、祖甲为第二期,廪辛、康丁为第三期,武乙、文丁为第四期,帝乙、帝辛(纣)为第五期。现代学者一般同意这个划分。这样,更便于甲骨文的断代研究。

1.6 甲骨文研究始自清末,刘鹗的《铁云藏龟》是第一部著录甲骨文的书,孙诒让的《契文举例》则是第一部考释甲骨文的书。其后,名家辈出,考释文字,研究古史,作出了不小的贡献。考释方面集大成的著作有于省吾的《甲骨文字诂林》,资料方面最丰富的著作有郭沫若主编、胡厚宣总编辑的《甲骨文合集》,工具书方面有孙海波的《甲骨文编》、徐中舒的《甲骨文字典》,综合研究著作有陈梦家的《殷墟卜辞综述》等等。这些著作,为学习、研究甲骨文提供了便利。

第二节 金 文

2.0 金文与甲骨文属于同一体系。古代称铜为金,铜器上的文字称为金文。金文最初发现于钟鼎等器物上,所以又称作钟鼎文。在铜器上铸铭文,开始于商代后期,两周则大为流行。《吕氏春秋·慎势》:"功名著于盘盂,铭篆著乎壶鉴。"反映了先秦的这种风气。

商周时代的铜器,汉代就有所发现。《说文解字叙》说:"郡国亦往往于山川得鼎彝,其铭即前代之古文。"此后历代都有发现,到了宋代,开始有人搜集研究。现存的薛尚功的《历代钟鼎彝器款识》,收器五百余件,除摹写器物铭文外,还有考释,并记载原器出土地点及收藏人。清代小学兴盛,著录和考释金文的著作很多。近人罗振玉、郭沫若更是对金文著录和考释作出了突出的贡献,对古文字学研究产生了较大影响。现在金文方面的工具书有容庚的《金文编》,周法高主编的《金文诂林》,尤其是中国社会科学院考古所编的《殷周金文集成》,收器在一万件以上,有铭文、图像和考释文字，给学习研究商周金文提供了极大的方便。

2.1 商代铜器铭文，有的比甲骨文还早，产生于商代中期。上边的文字都很少，一般是一二字至五六字，主要是铸器者人名（多用族名），以及先人的称号。商代后期的铭文略长些，最多也不过三十多字。西周时期是铜器铭文的鼎盛时期，百字以上的铭文很多，西周早期的大盂鼎有291字（见图），小盂鼎有390字，后期的散盘有357字，毛公鼎有497字。这些多为王室重器。春秋时期的铜器铭文有的也很长，叔弓镈铭文有493字。但总体来说，春秋时期较西周时期，长篇铭文少得多了。现在发现金文单字四千余个，已认识的有近2500个。

大盂鼎铭文

2.2.1 金文字体与甲骨文有很多不同。第一，商代金文象形程度很高,比如:▼(步,子且辛尊)▼(正,邔卣),尤其是金文中有很多族名,象形程度极高,即使是西周的族名金文,也比商代的早期甲骨文还接近实物。比如:

▼(象,且辛鼎) ▼(徙,徙觯) ▼(鱼,凤鱼鼎)

第二,从笔势上看,由于金文是范铸,多保存肥厚的笔法,甚至是充实的团块,而甲骨文是刀刻,一般将圆形改为方形,团块则只勾勒轮廓。比如:

金文　　　○⊙　▼▼　●　▼

甲骨文　　　□　▼　□　▼

第三,金文与甲骨文一样,形体不规范。同一个字,往往有多个形体。比如:

金文车字(见下页)。

第四,与甲骨文比,金文的书写款式比较规整,或正或反、或斜或倒的情况比起甲骨文来少得多了。比如:

永字,《金文编》收156形,大部分都是▼,而反方向的▼仅十余例,尽管笔法不完全一致,但笔画的方向大都相同。亡字25形作▼,反向只有4例。

偏旁的位置也是如此,尽管金文还有变换偏旁位置的。比如:

▼▼(好)其中"女、子"或左或右。

▼▼(孙),其中"子、系"或左或右。

但比起甲骨文来显著减少了。

2.2.2　金文早晚期的形体也不尽一致。比如:

　　　　　　早期　　　　　　　　晚期

天　　　▼(孟鼎)　　　　▼(秦公簋)

宝　　　▼(小臣邋簋)　　▼(禽簋)

第二章 汉字的字体演变

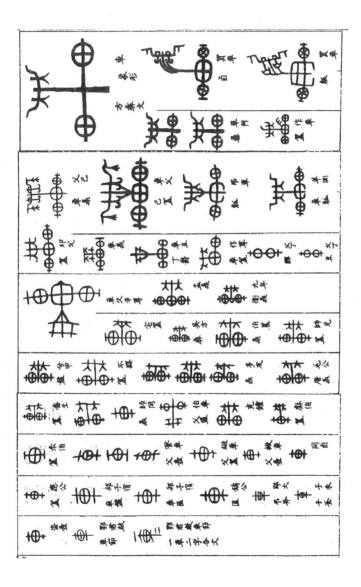

人　　 ㇉(令簋)　　　　　　　㇉(曾姬壶)

晚期金文有的已经接近篆文。

2.2.3　春秋晚期以后,金文中出现一些美术字体,一是故意将笔画拉长,甚或作曲折宛转之势。这种曲折宛转不是按物体的形态"随体诘诎",增强形象性,而是故作姿态。比如:

　(月,蔡侯䇆盘)　　　(之,曾侯乙钟)　　(孝,王子午鼎)

二是在字形之外,加画鸟虫之类的装饰品。比如:

　(用,用戈)　　(翏,玄镠戈)　　(之,王子逜匜)

这些字体主要流行在东方和南方的国家。

2.3　铜器铭文举例:利簋

铭文:珷征商,隹(维)甲子朝,岁鼎,克䎽(昏)夙又(有)商。辛未,王才(在)䧹自,易(锡)又(右)事(吏)利金,用乍(作)䚘公宝䵼(尊)彝。

简释:这是记载武王伐殷之器。珷,指周武王。岁,指岁星。鼎,义为当。岁鼎,义谓岁星正当其位。克,能。䎽(昏)夙,自昏至夙(早晨)。又(有)商,占据了商王朝。䧹自,地名。又(右)事(吏),古事、吏同字,右吏,官名,周武王僚属,或又读为有,事读为司,有司即有关官吏。利,右吏(或有司)名。䚘公,可能是"利"的先祖。宝䵼(尊)彝,即宝器。全段意思是,周武王征伐商纣,甲子那天早晨,岁星正当周的分野,

利簋铭文

武王一个夜晚就占据了商王朝。辛未那天,武王在㝬㠯,赏赐给名叫"利"的铜器,"利"用来作㦰公的宝器①。

第三节 秦系文字

3.0 秦国本是西部小国,周平王东迁以后,它占据了西周故地,因此多承袭西周的制度及文化,文字也是直接承袭西周的文字。

3.1 西周末年,周宣王大史籀作《史籀篇》,作为教授学童之书,并用以统一周王朝的文字。《汉书·艺文志》说:"周宣王太史作大篆十五篇,建武时亡六篇矣。"《说文叙》也说:"斯作《仓颉篇》皆取史籀大篆。"《史籀篇》所用字体,依班固、许慎说即是所谓大篆。宣王后不久即有幽王之乱,平王东迁,大篆字体大概只行于王畿,并没有得到广泛推行,尤其是在东方。然而秦国占据周原故址,直接承袭了大篆字体。秦国在春秋及战国初期所用字体应当就是史籀大篆。

《说文》中收籀文二百二十余个,其中有些字体与西周金文相类。比如:

	《说文》籀文		西周金文	
子				(召伯簋)
孳				(默钟)
辟				(綸镈)
系				(小臣系卣)
飴				(芮簋)

---

① 此铭文考释及简释参考唐兰《西周时代最早的一件铜器——利簋铭文解释》,于省吾《利簋铭文考释》,《文物》1977 年第 8 期。张政烺《利簋释文》,《考古》1978 年第 1 期。

这说明籀文就是西周晚期的欲以统一全国文字的字体。

3.2　目前发现的秦国文字，有石鼓文和诅楚文等石刻文字。唐初在天兴县即今陕西凤翔发现十个石碣，因石碣形似鼓，故又称为石鼓。每个石鼓上刻着六七十个字的铭文，这些铭文主要是歌颂田猎宫囿的四言诗。全部铭文大约有六百字左右，但到唐宋时已经残缺，现在还不到三百字。现存最早有北宋拓本，存四百九十余字。石鼓实物现存北京故宫博物院。据学者考证，这些石鼓约刻成于春秋战国之交，即秦悼公、厉公之世。石鼓文从笔法、形体均与西周金文有明显的继承关系。比如：

	金文或籀文	石鼓文
中	（子禾子釜）	
草	（籀文）	
则	（召伯簋）	
出	（颂壶）	
贤	（贤簋）	
涉	（格伯簋）	

诅楚文，是秦王诅咒楚王而祈求天神保佑的文字。字也刻在石头上。宋代发现三块刻石，都用所刻天神取名，即亚驼、巫咸、大沈厥湫，文字基本相同。原石和拓本早已失传，只有后来的摹刻本。这些刻石大约在惠文后元至武王之际所刻。

3.3　秦系文字最重要的是小篆。一般认为李斯改造大篆而成小篆。其实，小篆字体在李斯前已经存在，而且行用多时。保存小篆最丰富的是《说文解字》。《说文》收字 9353 个，虽然有一些不免在流传过程中有些讹错，比如 误作 ， 误作 ， 误作 等，但它仍具有极高的价值，是我们了解小篆的最宝贵的资料，同时也是我们解读

第二章　汉字的字体演变

石鼓文

甲骨文、金文的不可或缺的桥梁。传世的新郪虎符铭文所用字体与秦统一后所用小篆几乎完全相同。这说明李斯等统一的小篆，并非他们所创制，而是他们整理秦国现行文字的结果。小篆是秦国文字继承西周晚期金文而一脉相成的。它们的共同特点是形体规整匀称,笔划宛转流畅,而象形程度不断降低。

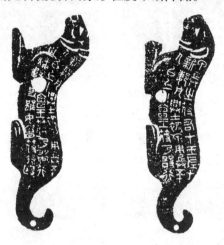

新郪虎符

3.4　秦始皇统一六国后,积极推行"书同文"政策,《说文叙》说:"……分为六国,田畴异亩,车涂异轨,律令异法,衣冠异制,言语异声,文字异形。秦始皇帝初兼天下,丞相李斯乃奏同之,罢其不与秦文合者。"文字异形是六国文字的重要特点,它妨碍了各国经济文化的交流。秦始皇的"书同文"政策是一件利国利民的大事。秦国文字承袭西周金文的传统,而且比较保守,变化较慢,与东方六国形成明显的差异。实行"书同文",用秦国文字小篆统一全国文字,删除六国文字中的奇形异体。在统一六国文字之前,秦国文字首先需要进行一番整理。李斯等人作《仓颉篇》等,就是一项整理秦国文字的工作。秦国文字较六国文字,异体字比较少,但并非没有,所以需要整理以向全国推行。李斯所作的整理,主要是:一、划一各种偏旁的形体,使之固定。二、确定偏旁在字中的位置,一般不再随意变换。三、字的形旁确定,一般同字不能用不同的形旁。这样一来，汉字的形体基本趋于定型化。

第四节　六国文字

4.0　春秋以后，列国纷争，最终形成秦、楚、齐、燕、赵、魏、韩七雄并列的局面。战国时期，阶级关系发生很大的变化，旧的奴隶主贵族瓦解，新兴的地主阶级登上历史舞台，中国社会进入了封建社会。这个时期，经济、文化也随之大发展，文化上出现了百家争鸣的局面，文字的使用更加广泛深入，因此文字发生了剧烈的变化。秦国文字承袭西周金文，在规范整齐的方向上缓慢发展，而东方六国则按照各自的情况，打破传统字体的规范，产生很多新颖的字体。

4.1　六国文字又称古文。古文的名称始自许慎的《说文叙》。他认为古文是早于籀文的古文字，这是不正确的。《说文》中共收录古文五百余字，其来源是孔壁中的古文经。这些儒家经典抄录于秦火之前，应该就是用当时通行的文字书写的。《说文》所录古文与出土的六国文字比较，十分接近，而与西周铜器铭文比较则差别显著。所以古文当即指战国时代的六国文字。

现在我们所能见到的六国文字，除《说文》保留的古文外，主要有战国时六国的铜器铭文，以及玺印、货币、兵器、简帛上的文字。战国时代的铜器铭文主要记录制作器物的主管官吏、制器工匠的姓名及制器时间。长篇铭文渐少，但并非没有，曾侯乙墓出土的编钟，总共有两千八百多字，都是讲音律的。中山王墓出土的鼎有469个字，壶有450个字。在简帛上书写文字，在商代就已经出现了。但由于简帛不像甲骨和铜器那样可以流传久远，所以现在我们知道的最早的有文字的简帛是战国时代的。西晋时曾在汲县魏襄王（或说魏安釐王）墓中发现大量竹简，上边都写有文字，其中有《纪年》、《穆天子传》等书。这些书现在还有传本，但竹简及其上边的文字没能保存下来,我们已无法知道这些文字的写法了。后来又在长沙、信阳、江陵等地楚墓及曾侯乙墓中发现一批竹简,其中不少是楚国文字。1942年在长沙楚墓中出土了一幅帛书,约有900余字。这幅帛书已被人盗卖,现藏美国耶鲁大学图书馆。玺印、货币等上的文字都不多,但总数很可观,也是研究六国文字的重要资料。六国古文资料还有魏正始三体石经。曹魏正始年间,用古文、小篆、隶书三种字体将《尚书》、《春秋》刻在石碑上,是称三体石经。三体石经到唐代已遭破坏,宋代才发现一些残石,清末又发现一些残石,其中约有古文三百余个。石经古文与《说文》古文很相似,当是同一系统。

4.2 战国时期,六国文字的特点有二:一是草体或俗体流行。如前文所述,六国文字发展变化剧烈,各国流行的新颖字体不断出现。这些字体大多是因草率的笔法固定而形成的所谓俗体。这些俗体或简省笔画,或增添笔画。简省者多于增添者。简省或增添所形成的字体,多在某一国某一地区通行。这就形成了六国文字的第二个特点:文字异形。比如:

獻　齐国𢜩(从𩰋声)　　燕国𤻮　　三晋𢽎

都　齐国𨜪(从邑者声)　三晋𨝋(从邑者声)
　　燕国𨝅(从邑𠯑声)

夏　齐国𨄌(从足从頁)　楚国𨞚

第五节　隶　书

5.1 隶书一般分为古隶和汉隶。古隶是指早期的隶书,汉隶则指汉代逐渐成熟的隶书。班固《汉书·艺文志》说:"是时(指秦)始建隶书矣,起于官狱多事,苟趋简易,施之于徒隶也。"许慎《说文叙》也说:"(亡新居摄)时有六书,……四曰左书,即秦隶书,秦始皇帝使下杜人程邈所作也。"他们都认为隶书始制于秦始皇时,许慎还认为作于程邈。这些看法都是不妥的。事实上,隶书当在战国末期就产生了,它是在秦国篆书的基础上产生的。秦地处宗周故地,文字比较保守,但到战国后期,文字应用越来越多,而篆书笔势圆转,费力费时,人们书写时,为求快,多有草率急就之处,久而久之,形成所谓草篆。实际上,这就是一种新字体在孕育之中,这种新字体就是隶书。它是在战国末期秦国篆文草体的基础上形成的。这时的隶书称作古隶或秦隶。这种隶书的形成是时代的产物,是广大民众适应时代需要共同创造的,并不是某个人的独力创造;是民众创造以后被官府采用,而不是官府制成施之于民众。

5.1.1 战国后期,秦国兵器和权量上刻有文字,有的已经跟正规篆文有了距离。比如:

羊字,篆文作羊,秦惠文王十三年张仪督造之戈作羊;

守字,篆文作㝉,秦昭王时上郡守督造之戈作守;

女字,篆文作㚪,秦昭王时上郡守督造之戈作女。

这些基本上都已经是隶书的雏形了。

5.1.2 研究秦隶书的基本材料是睡虎地秦墓中所发现的竹简,其文字与正规篆文有了很大的区别。比如:

	篆文	简文	
水		三	(左旁)
长		长	
手		才	(左旁)
令		令	
者		者	

睡虎地竹简

这些简文,不但在笔法上用平直方折的笔画代替了圆转的笔划,而且在形体上大大地简化了。说明这种字体已经脱离篆文而形成一种新的字体,这种新字体就是早期的隶书,即古隶。

这时的隶书跟篆书还有着千丝万缕的联系,不少地方还保存着篆文的痕迹。比如:

⿰(兼) ⿰(吏) ⿰(恶) ⿰(丞)都跟篆文形体没有多大的差别。有时本已有古隶的写法,却还同时存在篆文的形体。比如:

之字　多数已写作之,也还有作⿰者;

辶旁　既写作⿰,也还有作⿰者。

这说明,这时的隶书是尚未成熟的。

秦始皇统一六国以后,用小篆统一全国文字,但秦隶尚未停止使用。由于秦帝国政务繁忙,而小篆笔法又难写费时,因此,除郑重其事的场合用小篆外,一般场合,都使用秦隶。在这方面,秦始皇显得很通达。所以从秦代到汉初,日常用字,几乎都使用的是这种隶书。

5.1.3　隶书在使用过程中不断地发展,大约西汉武帝、昭帝之后,笔法几乎完全脱离了篆体,而且逐渐形成了波挑的笔势。所谓"波势"、"挑法"是指较长的横画,先向左微顿,然后向右稍带波浪式,收笔时有捺脚并略向上挑。撇画收笔时也略向上挑。整个字形逐渐从略呈长方形变成略呈扁方形。这种笔势的出现,说明隶书已经从古隶演变成汉隶或称今隶,隶书已经成熟了。这种发展,到东汉时期已经完成。

5.2　从篆文发展成隶书,除笔法笔势的改造之外,更主要的是字形结构的改造。

1. 将篆文的圆转相连的笔画,分解成平直的不同的数笔,比如:

	篆文	隶书
日	日	日
弓	弓	弓
交	交	交
石	石	石

2. 将篆文相同的偏旁转化为不同位置的不同的写法。比如：

	篆文	隶书
水	水	江（氵）
	泰	泰（氺）
	荣	荣（水）
火	烊	烊（火）
	然	然（灬）
	尉	尉（小）
	光	光（⺌）
	燊	燊（二火变为米）
	黑	黑（二火上变为土，下变为灬）

3. 将篆文不同的部件归并为相同的偏旁。

（1）篆文单个部件归并为相同的偏旁。比如：

　　覀　（冃—覀）
　　潭　（卤—覀）
　　標　（㢅—覀）
　　粟　（卤—覀）

（2）篆文多个部件归并为相同的偏旁。比如：

　a.　奉　（𡗞—夫）

春 (👤—夫)

奏 (👤—夫)

泰 (👤—夫)

舂 (👤—夫)

b. 塞 (👤—寒)

寒 (👤—寒)

4. 将篆文复杂的笔划省并为简单的笔画。比如：

襄 (👤—卝)

展 (👤—卝)

5. 将篆文繁杂的字形省略一部分。比如：

屈—屈(省去毛)

靁—雷(省去皿)

馫—香(省去朵,甘变为日)

篆书演变成隶书,是汉字发展史上最大的也是最重要的变化。这种变化称作隶变。隶变的结果使汉字从古文字阶段,进入了今文字的阶段。隶书打破了以象形为基础的构造方式,符号性大大加强了。隶变是古今文字的分水岭。

5.3 附带介绍一下隶定的概念。汉末人用隶书的笔法来书写古文字的字形,人们称之为"隶古定"。后来有人把用楷书的笔法书写古文字字形称作"隶定"。"隶定"和"隶变"是两个不同的概念,应该加以区别。"隶定"和"隶变"所形成的字形是不同的,如:雪(隶变字形),䨮(隶定字形);廋(隶变字形),廀(隶定字形)。清代刻印的古籍多有隶定字形,要注意分辨。

第六节　草书和楷书

6.1 所谓草书,有广狭二义。广义者,各种字体的草率写法都可称作草书;狭义者,专指汉字演变中产生的一种特定的字体。为了避免混淆,前文我们称广义的草书为草体,草体是对正体而言的,篆书的草率写法称作草篆,隶书的草率写法称作草隶。任何一种正体都是规整的,难写费时是其特点,广大写字人日常书写不愿受这种束缚,因此正体一出现,就有草体应运而生。各种字体的草体的出现,都预示着一种新的字体已在孕育之中。新的字体多是从草体中脱胎而出的。郭沫若说:"故篆书时代有草篆,隶书时代有草隶,楷书时代有行草。隶书是草篆变成的,楷书是草隶变成的。草率化与规整化之间,辩证地互为影响。"①郭先生说得十分正确。

作为特定字体的草书,是在古隶草体的基础上形成的。秦汉之际,古隶草体中已经有草书字形的萌芽,如草古隶中已有连笔的。脱胎于草古隶的草书称作章草。所谓章草,是说尚有隶书章法的草书。这种字体,大约在西汉中后期就已经基本形成了。章草发展到晋代,抛弃了其尚存的波势挑法,采用某些楷书的笔法(当时楷书已经产生),不仅每字的笔画多有勾连,字与字之间笔画也常互相勾连,从而形成了今草。今草比章草更便于书写,比章草笔画更简省,或者说,今草比章草更草,因此也就更不易辨识。今草的代表人物有晋代的王羲之,其传世的草书帖,多为今草。到了唐代,张旭、怀素等人又在今草的基础上随心所欲地增损勾连,字与字之间几乎分不出界限,这就是所谓狂草。这种狂草,一般人简直无法辨识,完全失去了交际的功能,而成为一种只供欣赏的纯艺术品。

6.2 楷书是汉字隶楷阶段的重要字体。楷书又名正书或真书。楷是法式、楷模的意思。这种字体是在汉隶草体的基础上形成的,同时受了草书的影响。传统上认为三国时代的钟繇创制楷

---

① 见《古代文字之辩证的发展》,《考古》1973年第3期。

书，实际上是我们所能见到的楷书以钟繇所写为最早。楷书的形成，大约在东汉后期。魏晋时代是它与今隶并行的时期。南北朝以后，楷书取代了今隶而成为通行的标准字体。

楷书和今隶在形体构造上没有多大的变化，只是在笔法上有所改造。楷书抛弃了今隶的波势挑法，笔画横平竖直，不再有波势，收笔也不再上挑，而一般以顿笔收笔。左撇不再有较粗的收笔，而是采用了草书的细尖。右捺也去掉了今隶上挑的笔法，但仍保留有捺脚。就整个字势来说，今隶较为舒展，而楷书较为集中，今隶略呈扁平，而楷书稍显竖长。

楷书克服了隶书难写的缺点，吸收了草书便捷的长处，工整而易于辨识，因此自南北朝以后，一直到现在，都是正规场合的标准字体，虽然有些简体字产生，但总体上没有什么大的变化。

6.3　历史上，在今隶草体的基础上，还产生过早期的行书。它继承了今隶草体或某些草书的笔法，但不是这些草字的简单的拼合，而具有自身的特点。它同时吸收了楷书的笔法。所以这种字体与今隶草体及楷书的界限并不十分明显。行书的发展，逐渐成为介乎楷书与今草之间的一种字体。它没有固定的规矩，写得接近楷书的，叫做行楷；写得接近草书的，叫做行草。总之，行书比草书规矩整齐，容易辨识，又比楷书自由灵活，便于书写，成为人们日常书写的常用字体。

6.4　正像秦代的标准字体是小篆，汉代的标准字体是隶书一样，自南北朝以后，标准字体是楷书。隶书取代了篆书，汉字结束了以象形线条为标识的古文字阶段，而进入以笔画为标识的隶楷阶段，这个阶段一直延续到现在。

第三章 汉字的字形结构

第一节 六书和三书

1.1 传统分析汉字结构,有六书的说法。六书之名始见于《周礼》。《周礼·地官·保氏》:"保氏掌谏王恶,而养国子以道,乃教之六艺,一曰五礼,二曰六乐,三曰五射,四曰五驭,五曰六书,六曰九数。"这里没有说出六书的具体内容,只是作为教国子的六艺的一部分,大概是识字的科目。首次说出六书内容的,是东汉班固承袭西汉末刘歆《七略》而作的《汉书·艺文志》,它说:"古者,八岁入小学,故周官保氏掌养国子,教之六书,谓象形、象事、象意、象声、转注、假借,造字之本也。"班固明确指出六书是象形、象事、象意、象声、转注、假借等六种造字的方法。汉末郑玄《周礼注》引刘歆再传弟子郑众的解释:"六书,象形、会意、转注、处事、假借、谐声也。"对六书解释最详细的汉代学者是许慎,许慎是刘歆再传弟子贾逵的学生。许慎作《说文解字》,他在《叙》中说:"周礼八岁入小学,保氏教国子,先以六书。一曰指事,指事者,视而可识,察而见意,上下是也;二曰象形,象形者,画成其物,随体诘诎,日月是也;三曰形声,形声者,以事为名,取譬相成,江河是也;四曰会意,会意者,比类合谊,以见指撝,武信是也;五曰转注,转注者,建类一首,同意相受,考老是也;六曰假借,假借者,本无其字,依声托事,令长是也。"

班固、郑众、许慎三家对六书的解释,虽然名称用字及次序有所不同,因其同出一源,基本内容和思想是一致的。这是汉儒古文经学派对汉字造字理论的认识。这一理论认识因许慎作有《说文解字》,用它分析了9353个汉字,对后世影响很大,一直是后代学者分析汉字所遵循的标准。清代学者戴震对六书是造字之本提出了质疑。他提出"四体二用"说,他说:"大致造字之始,无所凭依,宇宙间事与形两大端而已:指其事之实曰指事,一二上下是也;象其形之大体曰象形,日月水火是也。文字既立,则声寄于字,而字有可调之声,意寄于字,而字有可通之意。是又文字之两大端也。因而博衍之,取乎声谐,曰谐声;声不谐而会合其意,曰会意。四者,书之体止此矣。由是之于用,如初、哉、首、基之皆为始,卬、吾、台、予之皆为我,其义转相为注,曰转注。一字具数用者,依于义以引申,依于声而旁寄,假此以施于彼,曰假借。所以用文字者,斯其两大端而已。"[1]这就是说,他认为只有指事、象形、形声、会意四者是造字的方法,转注、假借二者是用字的方法。戴震的理论,虽也有人反对,但得到清代诸多说文家如段玉裁、桂馥、朱骏声、王筠等的支持,即使在现代,也有相当大的影响。

　　对转注、假借的理解,人们存在着分歧,尤其是对转注的理解,真可谓众说纷纭。其中主要说法有:

　　1. 主形说。元戴侗等认为,转换字形的方向以造字为转注,如侧山为阜,反正为乏。清饶炯等认为,在已有文字的基础上加形旁或声旁而产生新字为转注。

　　2. 主义说。清江永、朱骏声等认为,本义外,辗转引申为他义,或变音,或不变音,皆为转注。朱骏声甚至改变了许慎的定义和例字,他说:"转注者,体不改造,引义相受,令长是也。"戴震、段玉裁等认为,数字一用,其义转相为注为转注。

　　3. 主部首说。清江永等认为,分类建立部首,同一部首的字归于一处为转注。

---

[1] 《戴震集》75页,上海古籍出版社,1980年。

对假借的理解，人们也有分歧。比如：戴震说："一字具数用者，依于义为引申，依于声而旁寄，假此以施于彼，曰假借。"戴震的意思是，某个字除表示本义之外，还表示别的意义，不论是词义引申还是假字表音，都叫假借。戴震的理解，似乎与许慎的说法相合，许慎的定义"本无其字，依声托事"当是借字表音，而他所举例字"令长"又似是指词义引申。

戴侗不同意把引申归于假借，他认为，"义无所因，特借其声，然后为之假借。"朱骏声把引申归于转注，因而改造了许慎对假借的定义和例字。他说："本无其意，依声托字，朋来是也。"戴侗的意见应该是正确的，他所说的是本无其字的假借，如"离别"义本无字表示，因声而借鸟名的"離"表示。现代学者一般也不再把词义引申归于假借之内。朱骏声说的是本有其字的假借，现代通常称之为通假。

1.2 现代学者对六书理论重新作了思考，对汉字构造重新作了分类。提出较早而且较有影响的是唐兰的三书说。唐先生认为，六书的界说不明确，用六书分类，每个字的归属不清晰，因此有必要寻找新的分类法。他提出了三书说，即把汉字分为象形文字，象意文字，形声文字三类。他认为，象形文字是画出一个物体或一些记号，叫人一看就认识这是什么。凡是象形文字，一定是独体的，一定是名字，一定是本名以外，不含别的意义。象意文字是图画文字的主要部分，象意文字有时是单体的，有时是复体的。象形和象意同是上古期的图画文字，不过象意文字，不能一见就明了，而是要人去想的。形声字的特点是有了声符，比较容易识别。

此后陈梦家、刘又辛分别提出了他们的三书说。陈梦家的三书说是象形、假借、形声。刘又辛的三书说是表形、假借、形声。他们不谋而合，大同小异。他们的共同特点是都包括假借。刘又辛且把他的三书说与汉字发展的三个阶段联系在一起。他们的象（表）形包括了六书中的象形、指事、会意三类，即唐兰三书说中象形、象意二类。他们的假借是利用读音相同的象(表)形字,记录那些难以用象(表)形方法为之造字的词。他们的形声字,就是半表音半表意的字。

陈、刘二家把假借作为造字的方法是正确的。假借是一种不用造字的造字方法,是文字较早期广泛使用的造字方法。但是此后汉字的发展没有继续采用这种方法,而是采用了表意表音相结合的方法,即既有表音成分又有表意成分的形声字的方法。这种形声字成了最能产的形式。

1.3 汉儒的六书,戴震的四体二用及现代的三书,都各有他们的贡献。

汉儒的六书,是人们在长期使用汉字过程中总结出来的古人的造字条例,对后世汉字研究有很大贡献。但正像文字学家所批评的,象形、指事、会意三类界限不清楚,致使归字出现混淆。尤其是转注,与造字无关。戴震的四体二用,影响很大,首先破除了对六书的迷信。但它认为只有象形、指事、会意、形声是造字之法,把假借排除在造字方法之外,也不免有些片面。但如果认为四体是指四种分析汉字结构的方法,那就是合理的了。因为假借虽是一种造字方法,但它是一种很特殊的造字方法,字形结构本身并没有脱离象形等四种形式。从这种角度看,把假借归入用字的方法应该也是妥当的。唐兰承认戴震的四体二用,所以他的三书中不包括假借,唐先生批评六书中界说不明,易于混淆,然而他的象形把六书的象形、指事合而为一,与象意并列,二者并未理清关系,尤其是他的单体象意与象形更是纠缠不清。陈刘二位把六书中的象形、指事、会意三合一,与假借、形声并列,作为造字的方法或经历的阶段,从造字或历史的角度看,应当有其合理性。但如果从汉字形体构造来分析,他们的象(表)形似乎包容太庞杂了,又要再作分类,还是象形、指事、会意等。因此我们在下文还是用传统的象形、指事、会意、形声四种去分析汉字的形体构造。虽然可能有一些交错的情况,但我们觉得,只要将字形构造分析清楚,表述明白就够了。至于分类,并不是第一位的。有些后起字,本来就是无法归类的,比如凰字,本作皇,因凤字的类化,加几作凰,这恐怕归入哪一类也不合适。

第二节 象形字

2.0 象形字是早期的图画文字,是从图画脱胎出来的。跟图画比起来,除某些金文族名字之外,它的线条是简单的,有时只勾勒出大体的轮廓或某些特征。许慎说的"象形者,画成其物,随体诘诎",意思很单纯,很容易分析。后人又将象形再分类,段玉裁分独体象形和合体象形,王筠则分正例、变例,还有的分得更多,反而把问题弄复杂了。我们说,象形就是象物之形,因此只能是独体的,不能有任何附加的成分。

2.1 象形字是汉字形体构造的基础,会意字、形声字的组成成分很多都是象形字。即使指事字,有些也是在象形字的基础上添加指事符号。象形字是产生较早的文字,后来有些字被形声字取代,有些字则丧失了象形的意味,增强了符号性。我们分析象形字,应该以较早的字形为对象。

2.2 下面举例说明:

𢊁(合集19957)(鹿) 《说文》:"𪋤,兽也。象头角四足之形,鸟、鹿足相似,从㲋。"《说文》字形已变,说解已不确,甲骨文突出了鹿角的形象。

𤉯(乙6251) 𩺰(鱼父乙卣)(鱼) 《说文》:"𩺰,水虫也。象形,鱼尾与燕尾相似。"《说文》说"与燕尾相似",是就小篆言,小篆鱼尾已不象形。

𧰼(乙960)(象) 《说文》:"𧰼,南越大兽,长鼻牙,三年一乳,

第三章　汉字的字形结构

象耳牙四足之形。"甲骨文突出象的长鼻子。

🦅(续4·22·7)(鳳)　甲骨文象头上有丛毛冠的鸟,殷人以为神鸟。甲骨文中已有加凡声的形声字。

🐎(京1681) 🐎(克钟)(馬)　甲骨文、金文都是马的侧视形,象马首长髦二足及尾之形。小篆作馬,许慎说象马头,髦尾四足之形。

🌾(乙6378)(來)　甲骨文、金文象麦形,实即麦字,卜辞借作往来字。《说文》:"來,周所受瑞麦来麰也,象芒束之形,天所来也,故为行来之来。"《说文》解作象形是对的,但说"天所来也故为行来之来"则大错。来作行来之来是假借,不是引申。

🌾(拾4·16)(米)　甲骨文象米粒形,中间加一横以别他物。《说文》:"米,粟实也,象禾实之形。"

🧵(乙7808) 🧵(后上24·8)(叀)　甲骨文象纺砖之形,其上之丫表示三股线,纺砖旋转,三股线即拧成一股。甲骨文用作虚词。

🌳(存2·638) 🌳(粹2·38·7)(木)　甲骨文上部象树枝,中部象树干,下部象树根。

🐕(合5663)(犬)　甲骨文象犬形,以瘦腹及长尾拳曲为特征。

🐖(菁10·2)(豕)　甲骨文象猪形,突出其腹肥尾垂之状,以与犬区别。

🌲(前4·41·4)(桑)　甲骨文象桑树之形,突出其树叶繁茂。《说文》小篆作桑,云"蚕所食叶木,从叒木"。汉印篆文作桑,与甲骨文相承。《说文》"叒"乃形讹。

💧(前4·13·5) 💧(合10161)(水)　甲骨文水形字多,或为中间表示水流,两边有溅起的水滴,或为两边崖岸,中间有水在流动。小篆作水,跟甲骨文某些形体一致。

⩗(合11503)、⩘(南明599)（火）　甲骨文火字象火苗上腾之形。旁边小点概为火星，甲骨文某些火字与山字形近易混，甲骨文山字作⩗(合6571)、⩘(佚67)，象山势连绵之形，宜仔细据卜辞辨别。

⧢(林2·22·6)、⧢(菁2)（角）　甲骨文象兽角形。《说文》："角，兽角，象形。"

⋃(乙5600)、⧢(前5·10·4)（贝）　甲骨文象海贝之形。

⊞(佚582)（门）　甲骨文象两扇门形。小篆与甲骨文基本相同。

⧢(合166)、⧢(合166)（弓）　甲骨文象弓形。甲骨文偏旁有作⌐形者，金文有作⧢形者，这大概就是《说文》小篆⧢的来源。

⧢(佚980)、⧢(乙8081)（车）　甲骨文车字形体繁多，车轮是车的最主要的部分，也是车的特征所在，所以车字突显两轮形。

⧢(南坊4·204)（斤）　甲骨文象曲柄斧形，《说文》："斤，斫木斧也（依段注本，大徐本脱斧字），象形。"

⧢(金522)、⧢(合249)（戈）　甲骨文象戈的全形，有戈头、戈柄及铜鐏。

⧢(甲3092)、⧢(粹1188)（刀）　甲骨文象刀形。《说文》："刀，兵也。象形。"

⊔(合123)（口）　甲骨文象人口形。《说文》："口，人所以言食也，象形。"

⧢(菁5·1)、⧢(甲2339)（自）　甲骨文象鼻形。《说文》："自，鼻也，象鼻形。"小篆又有鼻字，《说文》："所以引气自畀也。"其实，"鼻"就是"自"的后起分别字。"自"，象形字；"鼻"从自畀声，形声字。

⧢(遗271)、⧢(后下15·10)、⧢(𠙴耳卤)（耳）　甲骨文、金文象耳朵形。《说文》:"钅,主听也,象形。"小篆象形程度已降低。

☒(佚524)☒(铁16·1)(目)　甲骨文象人眼之形。既有眼眶,又突出眼珠。《说文》:"目,人眼,象形。"

☒(乙7355)☒(乙7310)(齿)　甲骨文象口中牙齿排列形。《说文》古文作☒,象张口见齿之形。《说文》小篆作☒,下部即象形的齿字,上部为止字,从☒止声。形声字。

☒(拾10·5)☒(林2·9·7)(止)　甲骨文象人脚形。《说文》小篆作☒,解为"象草木出有阯,故以止为足"。误。

☒(后下2·12)☒(粹511)☒(行父辛觯)(行)　甲骨文、金文象四通的道路形,义为道路。《说文》:"☒,人之步趋也,从彳亍。"小篆字形已变,所以许慎误解,行的本义是道路,人之步趋(即行走)是引申义。

☒(粹1163)☒(后上18·5)(井)　甲骨文象井栏形,两根直木与两根横木相交。《说文》小篆作☒,云:"八家一井,象构韩形,·象甕之象也。"小篆增·表示打水的工具。

☒(续5·11·1)☒(粹901)(舟)　甲骨文象船形。《说文》:"☒,船也。……象形。"

☒(粹224)☒(后上20·1)(衣)　甲骨文象上衣形。《说文》:"☒,……象覆二人之形。"

☒(后上6·4)☒(甲1613)(豆)　甲骨文象盛食物器皿形。《说文》:"豆,古食肉器也,……象形。"汉代"豆"字被借去表示菽豆义。

☒(前5·20·1)☒(戬37·2)(窗)　甲骨文象窗户上有交错花纹之形。《说文》:"☒,窗牖丽廔闿明,象形。"

☒(甲1289)☒(人995)(月)　甲骨文象半月之形。因月缺时较多,所以用半月表示。

⦃(粹262)(州）　甲骨文象水中高地之形。《说文》小篆作⦃，云："水中可居曰州。"古文作⦃，与甲骨文略同。

⦃(合集9430)⦃(合集9735)(東）　甲骨文象口袋两头用绳子系上。当是橐字初文。甲骨文中已借作方位词，后世沿用。小篆作⦃，《说文》解作"从日在木中"，与甲骨文不合。

⦃(后下24·2)⦃(后下38·3)⦃(散氏盘)(西）　甲骨文、金文象鸟巢形。《说文》："⦃，鸟在巢上也，象形。"小篆⦃为鸟形之省。

⦃(乙3787)⦃(合集30459)(南）　甲骨文象悬挂的瓦制乐器，借作方位词。《说文》据小篆⦃以为形声字，从⦃，⦃声，不确。

第三节　指事字

3.0　郭沫若说："中国文字的起源应当归纳为指事与象形两个系统，指事系统应当发生在象形系统之前①。"我们说指事字至少应该和象形字一样，是早期产生的汉字。和象形字比较，指事字是指出一些不易用象形表示的较为抽象的概念，因此，指事字在汉字中是为数不多的。《说文》说："指事者，视而可识，察而见意。"从许慎的定义看，指事字是要仔细察看才能知道意义，这不同于象形字表示具体事物形象那么明显。同时它也不同于会意字，会意字都是合体字，而早期的指事字一般是独体的纯粹指事字，较晚产生的指事字有的在象形基础上加指事符号。

3.1　纯粹的指事字。

甲骨文一、二、三、四写作⦃、⦃、⦃、⦃，都是划线为数，到后代一、二、三基本没变。四字到春秋战国时期有些作⦃、⦃的，《说文》小篆⦃大概正是这些形体的演变结果。

---

①　郭沫若《古代文字之辩证的发展》，《考古》1973年3期。

第三章　汉字的字形结构　　　　　　　　　　　　　47

⼆（合集 14267）⼀（前 4·6·8）　甲骨文上、下二字是在一弧线之上、之下加一短线，表示上下之意。为刻划便利，弧线也有作横线的，二 二。《说文》："二，高也。此古文上，指事也。"小篆作丄，段玉裁改作上。《说文》："二，底也，从反上为下。下（段改作丅），篆文下。"

3.2　在象形字上加注指事符号的指事字。

木（本鼎）（本）　甲骨文没有本字，金文在木上加一圆点，指示树的下干或根部，小篆作木，在木下加一横线表示。

木（蔡侯𦉢𥈪钟）（末）　甲骨文没有末字，金文在木上加一短横指示树梢的部位，意义为树梢。小篆字形与金文同。

木（颂鼎）木（吴方彝）朱（师酉簋）（朱）　甲骨文没有朱字，金文在木中间加一圆点或加一、二横线，表示树心。《说文》："朱，赤心木……从木一在其中。"因赤心无法表示，只加符号指出树心部位。

亦（效卣）（亦）　金文象在正面站立之人的两臂下各加一点指示腋下，字义为腋下。即是腋的初文。《说文》："亦，人之臂亦也。"

丩（乙2844）（丩）　甲骨文象两根曲线相勾连。《说文》："丩，相纠缭也。一曰瓜结丩起。象形。"《说文》认为象形，我们归于指事。此不是实物之形，而是以两曲线相勾连表示纠缭之义。"纠"是后起形声字，从糸丩声。

刃（说文）（刃）　甲骨文、金文无刃字，小篆在刀口部位加一指事符号，义为刀口锋利处。

寸（说文）（寸）　甲骨文、金文无寸字，小篆在象形字手的手腕部位加一指事符号，表示中医按脉的寸口部位。《说文》："寸，十分也。人手却一寸动脉之寸口，从又一。"段玉裁注"从又一会意也"。此当为指事字,"一"指示寸口部位。

第四节 会意字

4.0 会意字都是合体字。《说文》:"会意者,比类合谊,以见指㧑。"这就是说,把几个相关的字放在一起,组成一个新的意义。会意字必须有两个条件,一是必须是合体的,二是必须由合体的几个字组成新的意义。否则,不能看作会意字。会意字的数量要多于象形字、指事字,是汉字的重要组成部分。会意字的组成比较复杂,首先可以分为同形字重复组成的会意字,不同形字组成的会意字。后者又再分为两类,一类是由几个相关的字组成图画式的会意字,一类是由主体与器官组成的会意字。另外还有些个别的不易归属的会意字。

4.1 同形重复组成的会意字。

4.1.1 二字重复的会意字。比如:

𠈌(粹149) 𠈌(说文)(从) 甲骨文和小篆都为两人前后相随,义为跟随。《说文》:"从,相听也,从二人。"是引申义。

𠤎(说文)(比) 甲骨文和小篆都为两人紧挨着,义为密。《说文》:"比,密也,二人为从,反从为比。"

𠀤(粹1213) 𠀤(说文)(竝) 甲骨文和小篆都为二人并排站立。《说文》:"竝,併也,从二立。"

𠬞(前7·1·4)𠬞(前7·8·2)(友) 甲骨文为二手相叠,左右方向皆可,为友善相助之义。《说文》:"𦫳,同志为友,从二又相交。"

𫠠(乙8354)𫠠(存1·397)𫠠(邺3·426)(玨) 甲骨文为两串玉。古以玉、贝为货币,两串玉为玨,两串贝为朋,古当为一字。《说文》:"二玉相合为一玨。"

𣏟(粹726) 𣏟(说文)（林） 甲骨文为二木，小篆同。《说文》："林，平土有丛木曰林，从二木。"

𤝗(铁104·1) 狀(说文)（㹜） 甲骨文从二犬相咬，篆文同。《说文》："㹜，两犬相齧也，从二犬。"

戋(合449) 戔(说文)（戔） 甲骨文从两戈交接，小篆同。罗振玉认为是戦字初文。甲骨文用于攻伐义。《说文》："戔，贼也。从二戈。"段玉裁认为即残字。

𢇽(后下8·6) 絲(说文)（丝） 甲骨文为两捆絲，从二糸。小篆同。《说文》："絲，蚕所吐也。从二糸。"

玆(说文)（兹） 《说文》："兹，黑也，从二玄。"玄义为幽远，引申义为黑，二玄亦为黑。

弓(人3118) 弓(乙4521) 弜(说文)（弜） 王国维认为是弓檠，引申为辅，再引申为强。《说文》："弜，彊也。从二弓。"

甡(说文)（甡） 《说文》："甡，众生并立之貌，从二生。"

棘(说文)（棘） 朿为木芒，树上的刺，棘指带刺的树，酸枣树。《说文》："棘，小枣丛生者，从并朿。"酸枣树丛生，所以用并朿表示。

棗(说文)（枣） 《说文》："（羊）棗也，从重朿。"棗是单株的乔木，比棘高大，所以用重朿来表示。

《说文》中二字重复的会意字还有：炎、昍、赫、祘、奻、哥、开、皕、雔、爻、屾、賏、圭等。

4.1.2　三字重复的会意字。比如：

森（森） 树木众多为森。《说文》："森，木多貌。"

焱（焱） 火盛。《说文》："焱，火华也。从三火。"段玉裁注："凡物众则三之。"

磊（磊） 石头众多。《说文》："磊，众石也，从三石。"

㗊（猋） 众犬奔跑为猋。《说文》："猋，犬走貌，从三犬。"引申为疾速。

㕞（前 4.35.6）㕞（前 4.35.5）（羴） 甲骨文从三羊或四羊，表示羊所特有的膻味。《说文》："羴，羊臭也，从三羊。"此字后来写作"膻、羶"。

㲘（毳） 兽的细毛。《说文》："毳，兽细毛也，从三毛。"

劦（劦） 《说文》："劦，同力也，从三力。"

众（众） 人多的样子。《说文》："众，衆立也，从三人。"甲骨文从字异体作㐺，象三人相从。甲骨文中有㒣、㒣，义为日出众人相聚出而劳作，或作二人，或作三人。小篆、金文上日讹作㲅。

聶（聶） 《说文》："聶，駙耳私小语也，从三耳。"

姦（姦） 《说文》："厶也，从三女。""厶"字下云："姦衺也。"这是古代歧视女性的产物。

轟（轟） 形容车多的声音。《说文》："轟，群车声也，从三车。"

《说文》三字重复的会意字还有晶、艸、厽、鱻、驫、麤、雥、晶、品、蟲、惢、孨、垚等。

4.2 非同形字组成的会意字。

4.2.1 图形式的会意字。

图形式的会意字，是通过一个完整的图形表示一个意义。它与象形字不同，象形字是画出物体的形象，所画出的物体都是名物，而图画式的会意字，是画出一幅图形。这幅图形是由两个或几个独体字组成，所表示的多是动作、行为等。比如：

㽞（铁 171·3）（丞） 甲骨文象一个人掉在井里，上边有人用手拉他上来，表示拯救之义。当为拯字初文。《说文》说义及解形

第三章 汉字的字形结构

均有误。

🐘(前5·30·4)(爲) 甲骨文象用手牵象劳作的样子。商代中原可能有象,《吕氏春秋·古乐》:"殷人服象,为虐于东夷。"《说文》释义及说形均有误。

🖐(甲2845)🖐(合98)(及) 甲骨文象人从后边用手抓住前边的人,表示追及之义。《说文》:"及,逮也,从又从人。"

🖐(前1·9·7)🖐(京692)(取) 甲骨文象用手拿着耳朵之形。古人猎获野兽或俘获俘虏,皆割取其耳以报功。《说文》:"取,捕取也,从又从耳,《周礼》:'获者取左耳。'"

🖐(甲265)(隻) 甲骨文象手抓住一只鸟,当是获字初文。引申为一只鸟、只。《说文》:"隻,鸟一枚也。"即引申义。

🖐(乙4699)🖐(乙8730)(爰) 甲骨文象二人以手相拽之形,当是援字初文。《说文》:"爰,引。"

🖐(合集6057)🖐(合集8178)(出) 甲骨文象人从所居之处走出。凵象所居之处,屮足趾朝外,表示走出之义。

🖐(前5·24·6)🖐(合集5439)(各) 甲骨文象人走入居处之形,表示来至之义,当是格字初文。《尔雅·释诂》:"格,至也。"

🖐(前5·27·1)🖐(乙2626)(牧) 甲骨文或从羊,或从牛,用手持杖放养牛羊,义为放牧。小篆作🖐,从牛,《说文》:"牧,养牛人也。"此当为动词而非名词,卜辞用作放养牲畜义。

🖐(粹1199)🖐(合137)(宿) 甲骨文象人在屋里卧在席上之形。或只从🖐(人)从🖐(席)。《说文》:"宿,止也。从宀,佰声。"《说文》以为形声字,不妥。

🖐(舀鼎)🖐(虞司寇壶)(寇) 金文象以手持棒闯入他人屋中去击打人家,会寇贼之义。

🖐(林2·3·8)🖐(甲2827)(射) 甲骨文象箭搭在弓上射箭

之形,会射箭之义。《说文》小篆讹作,而以身说形,误。

(铁38·3)(京1052)(即) 甲骨文象人就食形,为食器,象人跪坐,表示人就食之义。引申为走向、接近的意义。《说文》:"即,即食也。从皀卩声。"《说文》以形声解字形,误。

(佚695)(乙4701)(既) 甲骨文象人吃过食物张嘴离开之形,引申为已、毕等义。

4.2.2 主体与器官组成的会意字。

这类会意字的特点是,合体的两个组成部分,一个代表动作的主体,一个代表发出动作的器官。这些字主要表示人或动物的动作,如,表示行动的主体,表示发出行动的器官,表示看的意思。《说文》:"见,视也。"这类字与表示名物连体象形字不同。(果)字表示果实,即是果实,因不明确,所以连同长果的树一并画出。的意义是其组成部分的意义,则不是其组成部分本身的意义,而是其所发出的动作行为。又如:

(续3·11·5)(佚726)(望) 甲骨文象人竖目向远方眺望,或象人站在土上眺望,象土形。《说文》将表示远望的与表示朔望的合一,而且将竖目误为君臣的臣,将人立土上合为字。

(佚818)(前5·27·8)(企) 甲骨文为人形而突出其足,表示企足而望之义。《说文》:"企,举踵也,从人,止声。"许慎看作形声字,误。段玉裁删去声字,从人止会意是对的。人是主体,止是器官。

(铁196·3)(臭) 甲骨文从犬而特别突出其鼻子。狗的鼻子最灵敏,所以以此表示嗅的意义。犬是动作主体,自(鼻)是发出动作的器官。《说文》:"臭,禽走,臭而知其迹者犬也,从犬从自。"《说文》的意思是,禽兽跑过,一闻就知道它的踪迹的是狗。

第三章　汉字的字形结构　　　　　　　　　　53

所以用臭字表示嗅的意思。《说文》还有一个齅字，云："以鼻就臭也。"此处的臭字用的是引申义气味，齅字则是臭的后起形声字。

🐦(京2173) 㘑(甲1540)（鸣）　甲骨文从鸟从口，表示鸣叫。《说文》："鸣，鸟声。"鸟是鸣叫动作的主体，口是鸣叫动作的器官。

🏃(盂鼎)（走）　金文上半 大 象跑动的人摆动双臂，下半 止 即足。大 是跑动行为的主体，止 是发出跑动行为的器官。《说文》："走，趋也，从夭止。"《释名·释姿容》："疾趋曰走。"趋是快走，走是跑，比趋还要快。《说文》是浑言。

4.3　还有些会意字，不便于归类，如片字，《说文》："片，判木也，从半木。"

第五节　形声字

5.0　许慎给形声下的定义是："以事为名，取譬相成，江河是也。"段玉裁注："事兼指事之事，象形之物，言物亦事也。名即古曰名今曰字之名。譬者，谕也；谕者，告也。以事为名，谓半义也；取譬相成，谓半声也。江河之字，以水为名，譬其声如工、可，因取工、可成其名。"许慎和段玉裁的意思很清楚，形声字是在象形字、指事字，乃至会意字的基础上形成的。形声字一定是合体字，一部分表示意义范畴，称作意符或形旁；一部分表示声音类别，称作声符或声旁。意符一般是由象形字或指事字充当，声符则以上三类字都可以充当。形声字是汉字构造的新形式，汉字发展过程中，形声字是最能产的造字形式。甲骨文中已有一定数量的形声字，这说明甲骨文已经初具成熟汉字体系的规模了。

5.1　形声字的构成

上文说过，形声字由意符、声符两部分构成。一个意符，一个声符，是形声字构成的基本形式，不可能有两个或两个以上的意符或声符。意符只表示意义范畴,不是具体意义,一个意符已经足够。声符也是一样,一个字造字时只能是一个读音,一个声符是理所当然的事。后代的多音字则是另一回事,不是由声符去表示的。《说文》说解中有不少两个以上意符的,而两个声符的有二例,即竊字和𩫏字。① 所谓两个声符,或者是字形讹误,许氏说解错误,如竊字;或者是两个声符不是同时加上去的,本来已是形声字,又加声符形成新的形声字。

5.1.1 有两个或两个以上意符者,比如:

《说文》:"穅,从禾米,庚声。𥝩,穅或省作。"穅字本作𢁛(康),许慎说或省,实际上应先有康字,然后在康字上加意符禾而成穅字。穅字当分析为从禾康声。凡是加意符而以原字作声符者,原字当作为一个整体,不宜再拆开,以其意符为双意符。

《说文》:"寶,珍也,从宀、从玉、从贝,缶声。"甲骨文中有𡧋字,即寶字。𡧋应作为一个整体,寶当是从𡧋缶声的形声字。

《说文》:"飾,刷也,从巾从人,食声。"飾当是人巾先组合成会意字,人用巾擦拭表示刷义,然后以其为意符,加声符组合成新的形声字飾字。

多声多形的形声字,都不是早期的初文,都应该是先后两次组合而成。或先为会意,或已是形声,然后以此为一整体,再与声符或意符组成一个形声字。一形一声是形声字的基本构成规律,多形多声是不合规律的。

5.1.2 形声字还有省声和省形的情况。省声者如:

《说文》:"襄,綺也,从衣,寒省声。"寒字省去的部分被形旁衣所占据。

《说文》:"梓,楸也,从木,宰省声。"宰字较繁,省去宀。也有

---

① 《说文》:"竊,从穴米,离廿皆声也。"《说文》:"𩫏,从韭,次、弗皆声。"

第三章 汉字的字形结构

不省的梓字,不过后世没有行用。

《说文》:"媚,有所恨痛也,从女,眉省声。"眉省去的位置被意符女占据。

《说文》:"齋,戒絜也,从示,齊省声。"齋字其实是示与齊共用中间的二。因为说从示,所以说齊省声。

省形者如:

《说文》:"盬,河东盐池也,从鹽省,古声。"盬字意符是鹽字,省去㘲,声符古占据它的位置。

《说文》:"歠,歙也,从歙省,叕声。"歠字意符是歙,省去今,声符叕占据了它的位置。

《说文》:"夀(寿),久也,从老省,𠷎声。"老字省去匕的地方放入了声符𠷎。

5.1.3 还有形声俱省者,如:

《说文》:"量(量),称轻重也,从重省,曏省声。"意符量省去上部的勹;声符曏省去鄉,置于意符省去勹后空出的位置。

《说文》:"肕(腱的异体),筋之本也,从筋省,夗省声。"筋字省月(肉)旁,夗字只取夕置于月(肉)处。

省声、省形,可以使字形简化,不致过于繁复,应当说是可取的。但是《说文》有的省去的部分过多,使人不易辨识,其可信程度不高。如上举量字的曏省声。有的则是字形演变以后,小篆已非造字的初文,因此许慎的说解出现了错误,如监字甲骨文作𥃲,象人俯身在盛水器上照自己的面容,是一个会意字。《说文》:"監,临下也,从卧,䘓省声。"许慎未见甲骨文,只就小篆之形说解,所以错了。

5.1.4 《说文》说解字形还有亦声的说法。比如:

"閽,常以昏闭门隶也,从门昏,昏亦声。"义为晚上负责关门的隶人,所以从门昏,閽音与昏同,所以昏亦声。

"婚,……从女昏,昏亦声。"按古礼,在黄昏时娶妇,所以从女昏,婚音与昏同,所以昏亦声。

"娶,取妇也,从女从取,取亦声。"义为娶妇,所以从女从取,娶与取音同,所以取亦声。

"授,予也,从手从受,受亦声。"义为以手授人,所以从手从受,授与受音同,所以受亦声。

这类亦声字段玉裁认为是会意兼形声,实际上很可能本来只作其亦声之字,如"阍""婚"只作"昏","娶"只作"取","授"只作"受",后来以原字为声旁,依义类另加形旁"门""女""手"而组成的新的形声字。

5.2　形旁与声旁的位置。

古文字中会意字或形声字,其组成成分的位置有不少是不固定的,这种不固定,并不影响意义。小篆经过李斯等人的整理,组成成分的位置,逐渐固定下来。在隶楷书中,表意字的组成成分基本固定了,形声字就单字来说,位置也基本固定了。就形声字的整体来说,形旁和声旁的位置还是五花八门的。择其要大概有这样几种:

(1) 形旁在左、声旁在右者,如:
　　福,从示畐声;请,从言青声;洗,从水先声;捲,从手卷声;姑,从女古声。

(2) 形旁在右、声旁在左者,如:
　　颜,从页彦声;朗,从月良声;锦,从帛金声;视,从见示声;胡,从肉古声。

(3) 形旁在上、声旁在下者,如:
　　晕,从日军声;菜,从艸采声;箭,从竹前声;界,从田介声;露,从雨路声。

(4) 形旁在下、声旁在上者,如:
　　资,从贝次声;盤,从皿般声;愁,从心秋声;烈,从火列声;

臂,从肉辟声。
(5)形旁在外、声旁在内者,如:
固,从囗古声;阂,从门亥声;圆,从囗员声。
(6)形旁在内、声旁在外者,如:
闻,从耳门声;齌,从火齐声。
(7)形旁在上下、声旁在中间者,如:
裹,从衣果声;歲,从步戌声。
(8)形旁在中间、声旁在上下者,如:
哀,从口衣声。
(9)形旁在左右、声旁在中间者,如:
衢,从行瞿声;楸,从林矛声。
(10)形旁在中间、声旁在左右者,如:
讎,从言雔声;随,从辵隋声。
(11)形旁在一角者,如:
颖,从水顷声,水在左下角;滕,从水朕声,水在右下角;
荆,从艸刑声,艸在左上角。
(12)声旁在一角者,如:
徒,从辵土声,土在右上角;旗,从㫃其声,其在右下角。

自小篆到隶书,形声字的偏旁基本固定了,有些字变换偏旁位置就会造成不同的字,音义都不相同,比如:

怠(徒亥切,慢也)≠怡(与之切,龢也)

吟(鱼金切,呻也)≠含(胡男切,嗛也)

裹(古火切,缠也)≠裸(郎果切,袒也)

但仍有些字,偏旁的位置不甚固定,改变位置音义不变,比如:

够=夠　　峰=峯　　群=羣　　慚=慙

鉴(鑒)=鑑　　挚=抄

现在后边的字作为异体字被淘汰了。

5.3　声旁的表意作用。

形声字的声旁是表示这个字的声音类别的，形声字和其声旁虽然不一定同音，但声音应该很相近。清代学者段玉裁说："同谐声者必同部。"①这是说声旁相同的字韵部是相同的。至于声纽，也应该是相同或相近的，或同纽，或旁纽，等等。声旁除了有表音作用之外，人们发现不少形声字的声旁也表示意义。宋代人曾有过所谓右文说，因为形声字的声旁大都处于右边，所以认为声旁表示意义的学说被称作右文说。宋人的右文说有其合理的成分，他们注意到声旁具有表意作用的现象，看到了从声音研究语源的途径，但是他们把问题过于绝对化，而且所举例证分析说明也不够精细。清代乾嘉学者尤其是王念孙父子提出了因声求义的主张。此后不少学者都有广泛深入的研究，近代学者沈兼士的《右文说在训诂学上之沿革及其推阐》是这方面的集大成的论著。下面举几个声旁表意的例子：

> 彗声之字多有小义，小声谓之嘒，小鼎谓之鏏，小棺谓之槥，小星貌谓之嘒，蜀细布谓之繐，鸟翮末谓之翽，车轴两端谓之轊。（王念孙《广雅疏证》）

> 𠔉声之字多有曲义，齿曲谓之䊏，角曲谓之觠，膝曲谓之卷，手曲谓之拳，顾视谓之眷。（杨树达《小学金石论丛》）

文字在应用与发展过程中有各种变化，因此从某声者不一定只有某一方面的意义。沈兼士把一个声旁兼有几个意义的情况分析为意义分化式，借音分化式等多种形式。所谓意义分化，是说从某声者有几个意义是意义引申的结果。如从皮得声的字，有加于其上之义，长于体上谓之皮，盖于体上谓之被，加于马上的鞍辔谓之鞁，加于头上的假发谓之髲；又有分析、分离义，柀，析也；破，石碎也；簸，扬去米糠也；又有倾斜义，跛，跛脚，行走不正；颇，头不正，偏颇；詖，言辞不正；坡，倾斜之地。又如介有大义，介声之字亦

① 《六书音韵表·古十七部谐声表》，见《说文解字注》，上海古籍出版社，1981。

多有大义,大圭谓之玠,大石谓之硈。同时介声之字亦多有小义,小草谓之芥,小怒谓之齘,小蚌谓之蚧,小疾谓之疥。所谓借音分化,是说某声字本无某义,借为有某义的音同音近的字,如:農字本身没有厚义,借为乳,从農声之字则多有浓厚、浓密义,濃,露多也;襛,衣厚也;醲,厚酒也;㩪,大而多谓之㩪;膿,肿血也;穠,花木厚也;㺜,多毛犬也。

认为声旁具有表意作用,一定不能绝对化,不能说凡从某声者皆有某义。沈兼士曾批评说,自来轻信右文说者,每喜抹杀声母无义之形声字,一切以右文说之,过犹不及。研究声旁表意作用的目的是为了研究语源,其根本在于声音,因此不能为字形所束缚,不能拘泥于字形,声旁不同者,只要音同音近,而意义相通,也是研究语源的重要依据。

第四章 汉字的应用和发展

六书之中,象形、指事、会意、形声是关系字形结构的,而转注、假借与字形结构无关,是应用已有的字形去记录和表达语言词汇的意义。现时对转注的看法甚为分歧,我们只就假借作些说明。汉字在应用过程中不断有新的发展,前文讲字体演变和字形结构时也曾顺便提及某些发展的情况,这里只就汉字应用发展过程中某些现象和术语作些说明。

第一节 假 借

1.0 假借是文字记录语言时,与词汇发生关系的一种现象;假借是意义上毫无关系的词,只是由于语音上的联系而借用文字形式来表示自己意义的一种现象。离开具体的语言,就无所谓假借。说到假借,有几个概念常常提到,如本字、假借字、假借义。本字是与假借字相对的概念,最初为某词造的、字义与词义相一致的字叫做本字,与之相对的叫做假借字。比如:柳字的意义是树名,瘤字的意义是瘤子,两字意义毫无关系。柳字借来表示瘤子的意义,《庄子·至乐》:"俄而柳生其肘。"在此句中,柳字是瘤字的假借字,瘤字是柳字的本字,瘤子的意义是柳字的假借义。

1.1 根据本字的有无,假借可以分为两类,一类是没有本字的假借,一类是有本字的假借。

1.1.1 没有本字的假借,就是起初没有为语言中的某个词造字,它的意义借用另一个同音词的文字形式表示。这种现象,在文字的初始阶段,是一种必然的现象。陈梦家、刘又辛将文字发展划分为三个阶段,即象(表)形、假借、形声。陈梦家说:"武丁时代形声还不大发达,用象形字作为音符的假借类型还是占了优势。"①这说明没有本字的假借,在文字产生的早期是一种重要的形式。

没有本字的假借,在其应用和发展过程中,大致有三种情况。

第一种情况是:甲词本没有文字形式,从一开始就借用另一个同音词乙词的文字形式来表示自己的意义。以后一直沿用,既没有为乙词造字,也没有为甲词另造字。比如:

"我"的本义是一种锯类的工具或武器,借来表示没有文字形式的第一人称代词,如:"我伐马方。"(乙5408)一直沿用到现在。

"而"字的本义是脸上的胡须,《说文》:"而,颊毛也。"借来表示没有实在意义的连词,如:《论语·学而》:"学而时习之。"

"难"字的本义是一种鸟,借来表示难易的难,《老子》二章:"难易相生。"

"九"字本义是曲钩,甲骨文作����,借来表示数目,甲骨文已有"在九月"的说法。

以上"我、而、难、九"等字被借以后,久而久之,只用来表示假借义,而不再表示其本义。

"耳"字的本义是耳朵,甲骨文作𖿢,古籍用例甚多。借来表示语气词,《论语·阳货》:"前言戏之耳。"

"之"字的本义是往,甲骨文作𓊾,象人足于地上有所往。《尔雅·释诂》:"之,往也。"《战国策·齐策四》:"驱而之薛。"借来表示指示代词,义为此。《庄子·逍遥游》:"之二虫又何知?"又为第三人称代词。《论语·先进》:"求也退,故进之。"又借来表示连词。《论语·先进》:"是社稷之臣也。"

"耳、之"等字被借用以后,除表示假借义外,仍表示本义,都

---

① 见《殷墟卜辞综述》80页,中华书局,1988年。

没有另造字。

第二种情况,表示乙词意义的字被甲词借去,后来这个字仍用来表示乙词的意义,而为甲词另造新字。比如:

"辟"字的本义是法,借来表示没有文字形式的"躲避"、"开辟"、"邪僻"等词的意义。《左传·成公五年》:"伯宗辟重。"《孟子·梁惠王上》:"欲辟土地,朝秦楚。"又:"苟无恒心,放辟邪侈,无不为已。"这样,"辟"就具备了几个互不相干的意义。"躲避"、"开辟"、"邪僻"是"辟"的假借义。后来,为了防止意义的混淆,又加形旁,造"避"字表示"躲避"(《战国策·赵策》:"天子巡狩,诸侯避舍。"),造"闢"字表示"开辟"(《周易·系辞》:"闢户谓之乾。"),造"僻"字表示"邪僻"(《荀子·劝学》:"所以防邪僻而就中正也。")。这种没有本字的假借字与后起字之间不能再认为是一种假借关系。作"法"讲的"辟"字和"避"、"闢"、"僻"之间没有直接的关系,这中间存在一个没有本字的假借阶段,不能忽视这个阶段。

"启"字的本义是开门,借来表示"晴天"意义的词,甲骨文有"今日其雨,羽(翌)辛丑启"(菁 7),后来曾为"晴天"的意义造"啓"字。

"戚"字的本义是大斧之类的武器,《诗经·大雅·公刘》:"干戈戚扬。"假借为"忧愁"的意义,《庄子·大宗师》:"哭泣无涕,中心不戚。"后来在"戚"上加形旁,造"慽"字表示"忧愁"的意义。

第三种情况,表示乙词意义的字被甲词借去,后来即用这个字表示甲词,而为乙词另造新字。比如:

"孰"的本义是食物加热到可吃的程度,《左传·成公二年》:"胹熊蹯不孰。"借来表示疑问代词"哪一个"的意思,《论语·先进》:"孰能为之大?"后来没有为疑问代词造字,而是为本义造了"熟"字。

"莫"的本义是"天色将晚",《礼记·聘义》:"日莫人倦。"借来表示否定性的无定代词"没有谁""没有什么"的意义,《左传·宣公二年》:"过而能改,善莫大焉。"《战国策·楚策》:"群臣莫对。"后来没有为无定代词"没有谁"等义造字,而是为本义造了"暮"字。

"求"字的本义是皮衣,甲骨文作⿱,象皮衣的形状。借来表示寻找的意义,《孟子·梁惠王上》:"如缘木求鱼。"后来没有为假借义"寻找"造字,而是为本义造了"裘"字。

"然"字的本义是燃烧,《孟子·公孙丑上》:"若火之始然。"借来表示连词,《左传·僖公三十年》:"然郑亡,子亦有不利焉。"后来没有为这个连词造字,而是为本义造了"燃"字。

"止"的本义是脚,《仪礼·士昏礼》:"皆有枕,北止。"假借为副词"只"的意义,《庄子·天运》:"止可以一宿,而不可以久处。"后来没有为副词"只"的意义造字,而是为本义造了"趾"字。

"何"字的本义是"负荷",《诗经·小雅·无羊》:"何蓑何笠。"假借为疑问代词"什么"的意义,《左传·僖公四年》:"何城不克。"后来既没有为疑问代词造字,也没有为本义造字。而是借了表示"荷花"的"荷"字表示本义"负荷"的意义。这与前几例有所不同,是较为复杂的情况。

1.1.2 有本字的假借,是人们不写表示这个词的意义的本字,而写一个意义毫无关系的同音词的文字形式来表示这个词的意义。这种有本字的假借,可以分为两种情况。

第一种情况,借一个同音词的文字形式表示本字的意义,以后仍然用本字,不用假借字。比如:

"剥"字的本义是剥开,假借为"攴"(义为"击"),《诗经·豳风·七月》:"八月剥枣。"

"麋"字的本义是鹿一类的动物,假借为眉毛的"眉",《荀子·非相》:"伊尹之状,面无须麋。"

"俘"字的本义是俘虏,假借为宝贝的"宝",《左传·庄公六年》:"齐人来归卫俘。"

这种假借,属于临时借用。大概相当于现代人写别字。东汉的郑玄说:"其始书之也,仓卒无其字,或以音类比方,假借为之,趣于近之而已。"①这种假借会给阅读古籍带来麻烦。如果不知道古书中是假借,只是因形取义,就难免望文生义,造成错误。如果不知道《诗经》中"剥"是"攴"的假借字,按字面去理解,"在八月里剥枣子"是什么意思呢? 会百思不解。同样,如果不知道《左传》中的"俘"是"宝"的假借字,以为是俘虏,那就错了。

还有这样的情况,假借字不是偶一用之,而是在古籍中常常出现,似乎成为高雅的表现,比如:

"信"字的本义是言语真实,《老子》八十章:"美言不信。"经常被借来表示"伸展"的"伸",《孟子·告子上》:"今有无名之指屈而不信。"

"蚤"字的本义是跳蚤,《庄子·秋水》:"鸱鸺夜撮蚤。"经常被借来表示"早晨"的"早",《诗经·豳风·七月》:"四之日其蚤。"《孟子·离娄下》:"蚤起,施从良人之所之。"

这种假借,一般是相当固定的,不会随意乱借,而且只是单向的,不能颠倒过来。

还有的时候,假借字占了主要地位,但本字还用,而且也还比较经常,基本上形成了假借字与本字并行的局面。比如:

"强"字的本义是"米中小虫",《说文》:"强,蚚也。""彊"字的本义是"弓有力",引申为"强盛、强大"。"强"字经常借来表示"强盛、强大"的意义,但"彊"字在古书中还是经常用。现代"强"完全取代了"彊"。

第二种情况,假借字代替了本字,本字废而不用了。比如:

"黍"字的本义是树上流下来的树漆,《说文》:"黍,木汁,可以

---

① 据陆德明《经典释文·叙录》引。

第四章 汉字的应用和发展

髶物。"后来借表示水名的"漆"字表示这个意义。本字"桼"废而不用了。

"耑"字的本义是开端,《说文》:"耑,物初生之题也,上象生形,下象其根也。"《周礼·考工记·磬氏》:"已下则摩其耑。""端"字的本义是"端直",《说文》:"端,直也。"后来借"端"字表示"开端"的意义,本字"耑"废而不用了。

这种情况,有时又为假借字造一个后起字。比如:

"猒"字的本义是吃饱、满足,金文作𩟁,象一只狗张着嘴吃肉。后来借表示"压"的意义的"厭"字来表示这个意义,《史记·货殖列传》:"原宪不厭糟糠。"《左传·隐公元年》:"姜氏何厭之有?""厭"字已经借去表示"满足"的意义了,后来又为它自己的意义"压"造了"壓"字。

从假借字被借去表示的词的数目看,假借又可以分为一个字借来表示几个词和几个字借来表示一个词两类。前一类如前文说过的"辟"字被借来表示"躲避"、"开闢"、"邪僻"等几个词。后一类如,"女"字的本义是未出嫁的女子,"汝"字的本义是水名,都被借来表示第二人称代词,《论语·为政》:"诲女知之乎?"《韩非子·内储说》:"吾以汝知之。"

有本字的假借,人们一般称之为通假。

1.2 什么样的字能构成假借字呢?前文说到本字和假借字所表示的词是同音词,对没有本字的假借来说,大概只能如此说。对有本字的假借,情况就复杂得多。王力先生说:"同音字的假借是比较可靠的,读音十分相近(或者是既双声又叠韵,或者是声母发音部位相同的叠韵字,或者是韵母相近的双声字)的假借也还是可能的,因为可能有方言的关系。"①有人对王引之的《经义述

---

① 《训诂学上的一些问题》,见《王力文集》第十九卷195页,山东教育出版社,1990年。

闻》卷三十二《经文假借》的通假字作过统计,在252个通假字中,a. 双声兼叠韵的110对(包括同音字),b. 叠韵的99对,c. 双声的21对,d. 声韵相近的20对,e. 声韵较远的2对。这说明假借字所表示的那个词和本字所表示的那个词的读音必须相同或基本相同,这是假借的先决条件,也是假借的原则。这里所说的读音应当是古音,由于语音的演变,今音已不同于古音,我们考察假借,如果根据今音,可能得出不合实际的结论。因此要弄通假借,应该具备一些古音的知识。

    1.3 关于假借字的读音问题,学术界还存在分歧。我们认为,假借字必须读本字的读音。比如"信"假借为"伸",《孟子》中"屈而不信"的"信",必须读"伸"的读音,而不能仍读"信"的读音。这是因为"信"字被借来表示的是"伸"所表示的那个词,既然是"伸"所表示的那个词,当然要读成这个词的读音,这应该是不成问题的。清代学者王念孙、王引之父子在这方面有过很好的论述,王念孙说:"学者以声求义,破其假借之字,而读以本字,则涣然冰释。"①王引之说:"学者改本字读之,则怡然理顺;依借字读之,则以文害辞。"②他们都主张假借字读本字的读音。有人认为王氏父子的"读以本字"是只就意义而言,那是片面的。还有人认为,假借字在古代字书、韵书中有本字的读音,则按本字的读音去读,如果没有那个读音,还应该仍然读假借字原来的读音。这种说法也是不妥当的。一是古代字书、韵书所收读音不一定完全,不是所有假借字读音都能收进去,二是这些人所举的假借字不读如本字的例证不属于假借(或叫通假)的范围。

    1.4 假借不同于引申,这也是必须弄清楚的。引申是一个词内部的事,是一个词词义的发展,是历时的,纵向的。而假借是两

---

① 见《经义述闻·叙》,江苏古籍出版社,2000年。
② 见《经义述闻·经文假借》,同上。

个词之间文字的借用,是文字运用位置的移动,是共时的,平面的。在意义方面,假借不使词义发生变化。这里要区分一下字义与词义。比如,"蚤"字表示的词义是"跳蚤","早"字表示的词义是"早晨","蚤"假借为"早",使"蚤"字除具有"跳蚤"的意义,又具有了"早晨"的意义,这是说"蚤"这个字具备了上述两个意义,不是说"蚤"这个词具备了上述两个意义。"蚤"字是"早晨"义的词的假借字,"早晨"义是"蚤"字的假借义。假借义是对字义而言,不是对词义而说的。

还有一点是应该注意的,就是不要把不是假借的误认为假借,不是本字的误认为本字。下边说到分化问题的时候,再作说明。

第二节 分 化

2.1 分化是汉字发展中的一种重要现象。一个字的职务过多,或者说他兼有多种意义,这无疑会影响人们的交际。为了交际的需要,人们就要想办法分散这个字的职务。分散字的职务的主要办法,是为这个字后起的意思造分别字。清代学者王筠说:"字有不须偏旁而义已足者,则其偏旁为后人递加也,其加偏旁而义遂异者,是为分别文。其种有二:一则正义为借义所夺,因加偏旁以别之者也;一则本字义多,既加偏旁,则只分其一义也。"[①]王筠所说的意思就是加偏旁造后起的分别字。下边我们分两种情况来谈谈文字的分化。一种是由于假借使字义过多,一种是由于引申使字义过多。

2.1.1 假借使字义过多,需要分化的,都发生在没有本字的假借阶段。前文所说没有本字的假借的第二种、第三种属于这种情况。再分别举几个例子。

---

① 《说文释例》327 页,武汉市古籍书店,1983 年。

(1) 加形旁为字的假借义造分别字。比如：

"栗"字的本义是树名，假借为"战栗"的意义，《论语·八佾》："使民战栗。"后来没有为"栗"字的本义造字，而是加形旁为它的假借义造了一个分别字"慄"字。

(2) 加形旁为字的本义造分别字。比如：

"其"字的本义是"簸箕"，甲骨文作"⛿"，象簸箕形，假借为表示推测的语气词，"今日其雨。"又借为代词、连词等。后来没有为"其"字的假借义造字，而是加形旁为它的本义造了一个分别字"箕"字。

"西"字的本义是"鸟巢"，甲骨文作"⛿"，象鸟巢形，假借为方位词西方的西。后来没有为假借义造字，而是加形旁为它的本义造了一个分别字"栖"字。

"也"字的本义是一种盥洗器具，金文中有用例，假借为语气词，后来没有为"也"字的假借义造字，而是加形旁为它的本义造了一个分别字"匜"字。

(3) 一个字借为他用，为这个假借义造一个与原字形无关的分别字，比如：

"鲜"字的本义是一种鱼名，假借为"少"的意义，《诗经·郑风·扬之水》："终鲜兄弟。"后来为这个假借义另造一个分别字"尠"字。

(4) 一个字借为他用，另借一个字表示它的本义。

"前"字的本义是"剪断"，《说文》："前，齐断也。"假借来表示"前进"的意义，后来另借一个意义是羽毛初生貌的"翦"字表示"前"字的本义。不过这个假借字"翦"字后来又被后起字"剪"字所取代。

(5) 一个字借为它用，既为假借义造字，又为本义造字。比如：

"采"字的本义是"采摘",甲骨文作"🌿",象用手采摘树上的果子或树叶。假借为"彩色"的意义,《孟子·梁惠王上》:"抑为采色不足视于目与?"后来加形旁为"采"字的本义造分别字"採"字,又加形旁为它的假借义造分别字"彩"字。

"须"字的本义是"胡须",《说文》:"须,颐下毛也。"假借为"等待"的意义,后来加形旁为这个假借义造"頷"字。"须"字又借为别的意义,所以又为"须"的本义造了"鬚"字。

这些都是为了分化多义字的职务。

2.1.2 除了假借的情况以外,一个字引申义过多,也要分化。这也分两种情况:

(1)一个字产生引申义以后,为表示它的原义的字造一个分别字。比如:

"禽"字的原义"捕获鸟兽","擒获",是动词。引申为名词,泛指鸟兽,《白虎通·田猎》:"禽者何?鸟兽之总名。"后来为表示动词"擒获"义的字加形旁造分别字"擒"字。

(2)一个字产生引申义以后,为表示这个引申义的字造一个分别字。比如:

"竟"字的原义是"乐曲终了",引申为"国界终了、边境",《左传·宣公二年》:"越竟乃免。"后来为表示引申义的字加形旁造"境"字。

"解"字的原义是"分解动物肢体",引申为"松懈",《诗经·大雅·烝民》:"夙夜匪解。"后来为表示引申义的字加形旁造"懈"字。

上边两种情况,分别字构成方式多是以原有字形为声旁,再加形旁构成。另外也有以原有字形为形旁,再加声旁构成的,比如:

"食"字本有"吃"的意义,由此引申出"给人畜吃"的意义,《战国策·齐策四》:"食以草具。"后来为表示这个引申义的"食"字加声旁造"饲"字。

也有时用更换形旁的方式构成分别字。比如：

"说"字有"喜悦"的意义，也有"谈说"的意义，后来更换"说"字的形旁为"喜悦"的意义造了分别字"悦"字。

"赴"字的原义是"奔向"，引申为"奔告丧事"，《左传·文公十四年》："凡崩、薨，不赴则不书。"后来更换"赴"字的形旁为引申义造了分别字"讣"字。

也有时先用加形旁的方式，后用更换形旁的方式连续制造分别字，比如：

"康"字本义是"米糠"，从米，庚声。后来加形旁造分别字"穅"字，《说文》："穅，榖之皮也。"后来又更换形旁造分别字"糠"字。

以上所有原字与分别字的关系，都是古今字的关系，而没有假借关系。这是特别要引起注意的。所谓古今字，是指在某一意义上先后产生的不同字形。古今概念是相对的，清儒段玉裁说："古今无定时，周为古则汉为今，汉为古则晋、宋为今。"古今字的产生，多是文字分化的结果。

2.2 文字除了分化之外，还有合并的情况。分化是为了分散一个字兼职过多，这样一来，又可能出现字数过多的情况。于是又要想办法减少字数，把某些字合并，比如：

"舍"字引申有"舍弃"的意义，后来为这个意义造了分别字"捨"字。现在大概是觉得"舍"字可以兼有"舍弃"的意义，没有必要再保留分别字"捨"字，于是把"捨"字又合并掉了。

"须"字的"胡须"意义曾造过分别字"鬚"字，现在又把"鬚"字与"须"字合并为"须"。

除了分别字有这种合并现象，本来意义无关的字也有这种合并的现象，比如：

"里"字的意义是"人居住的地方"，"裏"字的意义是"衣、被的里层"，现在为了减少字数，把"裏"与"里"合并为"里"。

第四章 汉字的应用和发展

"后"字的意思是"君后","後"字的意义是"时间或位置在後边",现在为了减少字数,把"後"与"后"合并为"后"。①

2.3 分化与合并是汉字发展演变过程中两种相辅相成的方式。一个字的字义过多,就要采取分化的方式,而当字形过多的时候,又要采取合并的方式,二者交替发生,不断发展。

第三节 简 化

3.1 简化是汉字形体由繁到简的变化,是汉字发展的总趋势。甲骨文中已有简化字出现,比如:

〔图〕(后下12.14)—〔图〕(后下12.13)(牧) 〔图〕(南南2.7)—〔图〕(京3133)(贞)

小篆与籀文比较也有不少简体字,比如:

《说文》:"顶,颠也。从页,丁声。頳,籀文从鼎。"小篆把籀文的鼎声改为丁声,字形简化了。

《说文》:"地,从土,也声。墜,籀文地,从土𠂤,彖声。"小篆"地"字简化了籀文"墜"字。

石鼓文"〔图〕(吾)"字,小篆作"吾";石鼓文"〔图〕(草)"字,小篆作"草"。小篆比石鼓文简化了。

隶书与小篆比较,不但结构有很大变化,从形体上看,也是大大简化了。文字进入隶楷阶段后,汉字仍然不断简化,历代都有简体字产生。很多字书如唐代颜元孙的《干禄字书》、辽代僧行均的《龙龛手鉴》及清代《康熙字典》里都收录一些简体字。简体字一般都产生于民间,流传于民间,官府视为俗字,不予承认。《康熙字典》里的简体字就是作为俗字或误字出现的。民国时期,政府曾公布一批简化字,但不久又撤消了。全面整理、制定、推行简化

---

① 这类合并应该十分慎重,否则会影响交际。

字,是在上世纪五六十年代。1956年1月国务院公布了《汉字简化方案》。后来在实施中不断完善,现在已经成为国家标准用字。简化的方式主要有:

1. 采用原有的古字,如:无——無 云——雲 礼——禮
   气——氣 从——從
2. 采用同音字,如:后——後 姜——薑 谷——穀
3. 采用笔画少的偏旁代替笔画多的偏旁,如:
   灯——燈 阳——陽
   粮——糧 矾——礬
4. 采用基本废弃的僻字,如:
   听——聽 圣——聖 体——體
5. 采用繁体字的一部分,如:
   乡——鄉 声——聲 飞——飛
   习——習 开——開 亲——親
6. 采用简单的符号代替原字的一部分,如:
   汉——漢 戏——戲 对——對 劝——勸
   鸡——鷄 凤——鳳 聂——聶
7. 草书楷化,如:头——頭 举——舉 尽——盡
   应——應 图——圖
8. 另造新的简化字,如:丛——叢 动——動 灭——滅
9. 采用旧有的简化字,如:蚕——蠶 办——辦 尘——塵
   灶——竈

3.2 字体简化虽然便于书写,省时省力,但是也要有一定限度,不能一味简化,越简越好。文字是全民书面交际的工具,必须保持高度的稳定,否则就会带来麻烦和混乱。而且简化时要考虑周全,各个方面的情况都要考虑到,包括文字在历史上的应用情况。历史上常用的两个不同的字就不宜简化成一个字,比如"髮"和"發"就不宜都简化为"发"。两个意义完全不同的字也不宜只

用其中一个笔划少的字去表示,如"谷、穀"不宜只用"谷"字。当然现在已经简化,而且一般人已经习惯,为了文字的稳定,也就不必再改变了。

在文字简化的同时,也出现过繁化的现象。上文所述分化的情况,就是一种繁化。

第四节 异 体

4.1 文字在应用过程中,由于各种原因,产生了不少异体字。所谓异体字,即所有意义都相同,在任何情况下都可以互换的字。异体字不同于古今字,古今字是着眼于历时的文字产生的先后,异体字则着眼于共时的字体的差异。各个时代都有异体字存在,比如:

甲骨文的异体字,如:

(甲1500)—(合236)(朕)　(前1.30.5)—(京2772)(寝)

金文的异体字,如:

(秦公簋)—(明我鼎)(明)　(师旂鼎)—(盠驹尊)(雷)

小篆的异体字,如:

—(猒)　—(颖)

隶楷书的异体字见下。

异体字构成方式有多种多样:

①表意字与形声字,如:

  羴——羶　泪——涙

②同为表意字而偏旁不同,如:

  躰——体　朙——明

③同为形声字而声旁不同,如:

勋——勳　靴——鞾

昵——暱　綫——線

④同为形声字而形旁不同，如：

悖——誖　杯——盃　體——軆

迹——跡　雞——鷄　鼇——鰲

⑤同为形声字而声旁形旁都不同，如：

剩——賸　腿——骽

⑥字的组成部件位置不同，如：

鄰——隣　裏——裡

慚——慙　够——夠

4.2　异体字虽是着眼于共时，但我们研究古代汉语，不能不考虑历史的情况。有些字现代汉语中可以看作异体字，如"修——脩"，《异体字整理表》把"脩"作为"修"的异体字废除了，因为现代汉语中用法完全相同，而在古代"脩"有干肉的意义，"修"不具备这个意义，不能替换，因此不能看作异体字。这种情况不少，要特别注意。再举几个例子：

诉——愬　这两个字只在"告诉、诋毁"等意义上同义，"愬"的"惊恐"义，"诉"不具备，不能看作异体字。

并——並(竝)　这两个字古音不同，意义也有别，"并"不具备"並"的"并列"等义，而"並"也不具备"并"的"兼并"等义，也不能看作异体字。

苏(蘇)——甦　这两个字只在"复苏、苏醒"的意义上相同，"苏"的"草名、割草"等意义不能写作"甦"，不能把它们看作异体字。

有些学者把这种只在某一意义上相同，可以互换的字称作部分异体字。

4.3　异体字的存在不便于人们的交际，应该整理、统一，秦始皇的"书同文"政策，就是对六国文字异形的一次大规模的全面的整理和统一，以后各个朝代都不同程度地做过统一文字的工作。1955年公布的《第一批异体字整理表》整理810组异体字，淘汰1053个异体字。1986年和1988年两次又恢复26个字，这样整理异体字为796组，淘汰异体字为1027个。通过这次整理，对规范现代汉语用字起了很大很好的作用。

第五章　汉字的历史贡献

汉字在中华民族五千年的文明史中,有着不可磨灭的功绩,作出了巨大的贡献。

(一)汉字促进了汉民族共同语的形成和稳定,巩固了中华民族的团结和统一。商周时代的华夏各民族逐渐融合,民族共同语正在形成,方言的差异普遍存在。《孟子·滕文公》说:"有楚大夫于此,欲其子之齐语也,则使齐人傅诸,使楚人傅诸?"这说明齐方言与楚方言存在着差异,其他各地方言也大致如此。但是方言的差异并不影响人们的书面交际,这就是汉字具有超越语音差异的表意功能所致。汉字超越语音差异的表意功能是汉语没有因为方言的差异而分化成多种不同语言的根本所在。不管你操何种方言,也不管语音有多大差异,人们都可以通过统一的汉字所记录的雅言进行交流,这样,就抑制了方言的无节制的发展。汉字的这种作用的充分发挥,必须有统一的字形,文字异形是发挥汉字这种作用的障碍,所以,书同文是非常重要的工作。秦始皇统一天下以后,立即着手统一文字,是一项非常英明的决策。这项政策以秦国特有的风格迅速推广到全国,全国有了统一规范的字体,这样中央政府的各项政令法规才能得以顺利施行,从而促进和维护了国家的统一。以后近两千年的时间里,汉字一直发挥着这种作用,即使非汉族居于统治地位的时候,汉字也一直起着主导作用。现在汉字仍然发挥着抑制方言离异,维护国家统一的作用。

(二)汉字保存了悠久的古代文明。中华民族历史悠久,创造了灿烂的古代文明,有文字记载的文明史大约有三千年之久。这三千年积累的历代典籍浩如烟海,这些典籍都是用汉字书写的。

我们现在之所以能读懂这些典籍,了解古代的社会和政治、军事、思想、文化,都要依赖于汉字。汉民族自古至今存在着方言分歧,如果古代典籍都是用拼音文字记录的,那么很难想像,我们将如何读懂这些古代典籍。可能有些将成为天书,永远是人们猜测的对象。

(三)汉字本身体现着大量的古代文化信息。比如我们看到古老的姓当中,有相当数量的都是女字旁,如姜、姬、嬴、妫、姞、姚、娥、姒等,这说明我国古代确实存在过母系氏族社会。又比如《说文解字》收录马字旁的字有 109 个,其中不同颜色的马有不同的名称,如白色黑鬣尾曰骆,青白杂毛曰骢,赤黑色曰騥,黄白杂毛曰駓等等,这也说明我国古代曾经历过畜牧时代。又比如《说文解字》玉部收录 124 字,描写各种玉的名称、光色、声音及玉制器物、治玉行为等,这说明我国古代对玉十分重视,把玉看作一种祥瑞之物,须臾不可离开,即使死后也还要含玉、佩玉。从某些古文字字形结构也可以看到古代的某些风俗习惯,如祭字甲骨文写作 ,象手里拿着血淋淋的一块肉,'表示从肉上滴下的血,是杀的意思。《说文解字》:"祭,祭祀也。"为什么用意义为杀的祭字表示祭祀呢?沈兼士说:"古代盖血食,祭之事必资于杀。"①古代祭祀一定要杀牲,有牲叫做祭,没牲叫做荐。祭是从杀牲而来。从祭字的字形,可以看出古代先民祭祀的习惯。

(四)汉字的各种字体形成了特有的书法艺术。文字本是一种符号,它的基本功能是交际,但汉字除交际之外,还是一种可供欣赏的书法艺术品。什么是书法?有人说,书法就是字写得有力有势,力即笔力,势即书势。书法艺术在甲骨文中即有充分表现,甲骨文讲究对称的质朴自然的书法。铸在钟鼎铜器上的铭文,更

---

① 《沈兼士学术论文集》217 页,中华书局,1986 年。

表现出很高的艺术水准。此后的隶楷行草,产生大量的艺术珍品,也出现很多大书法家。曹魏时代的钟繇,晋代的王羲之,他们是历代公认的大书法家。他们不但在书法艺术上有很大成就,同时对楷书字体的形成作出了贡献。后代的书法家大多遵循钟王字体,而力求有新的发展。大书法家欧阳询、颜真卿、柳公权、赵孟頫等都是书家的楷模。上文说过,草书尤其是狂草,已经是一种纯艺术,笔画如龙飞凤舞,天马行空,又如江河直下,一泻千里。怀素、张旭是草书的大家。除书法作品以外,人们总结书法艺术的实践,产生了不少书法理论著作。汉字之所以能成为一种艺术,是与它的字形以象形为基础分不开的。所谓象形,就是象物之形,而物是有灵气的,这种灵气就蕴涵了艺术的原始形态,是产生艺术的重要因素。古人所谓书画同源,也就是这个道理。书法艺术是中国传统文化的瑰宝。

参考文献

陈梦家:《殷墟卜辞综述》,中华书局,1988年。
戴震:《戴震集》,上海古籍出版社,1980年。
段玉裁:《说文解字注》,上海古籍出版社,1981年。
高明:《中国古文字学通论》,北京大学出版社,1996年。
刘又辛等:《汉字发展纲要》,中国大百科全书出版社,2000年。
裘锡圭:《文字学概要》,商务印书馆,1988年。
容庚:《金文编》,中华书局,1998年。
沈兼士:《沈兼士学术论文集》,中华书局,1986年。
唐兰:《中国文字学》,上海古籍出版社,1979年。
　　《古文字学导论》,齐鲁书社,1981年。
王国维:《观堂集林》,中华书局,1984年。
王引之:《经义述闻》,江苏古籍出版社,2000年。
徐中舒:《甲骨文字典》,四川辞书出版社,1995年。
杨树达:《积微居小学述林》,中华书局,1983年。
　　《积微居小学金石论丛》,中华书局,1983年。
于省吾(主编):《甲骨文字诂林》,中华书局,1996年。
〔苏〕伊斯特林:《文字的产生和发展》,左少兴译,北京大学出版社,1989年。

第二部分

词 汇

第六章　对古代汉语词汇的基本认识

学习古代汉语，提高阅读古书的能力，语音、文字、词汇、语法几方面的问题都需要解决好，否则都会影响对古代语言的理解。下面是《尚书·汤誓》中的一段话：

> 王曰："格尔众庶，悉听朕言。非台小子，敢行称乱。有夏多罪，天命殛之。今尔有众，汝曰：'我后不恤我众，舍我穑事，而割正夏。'予惟闻汝众言。夏氏有罪，予畏上帝，不敢不正。今汝其曰：'夏罪其如台？'夏王率遏众力，率割夏邑，有众率怠弗协，曰：'时日曷丧，予及汝皆亡。'夏德若兹，今朕必往。尔尚辅予一人，致天之罚，予其大赉(lài)汝。尔无不信，朕不食言。尔不从誓言，予则孥(nú)戮汝，罔有攸赦。"

上面一段文章之所以不好读，语音、语法、词汇三方面的原因都有。比如文章中有两个"台"字，都不念 tái，而要读作 yí。前面一个"台"作第一人称代词讲，后面"如台"就是"如何"。这些语音方面的问题需要解决。语法方面，比如"夏罪其如台""予其大赉汝"两句中的"其"，都是位于句中的语气词，帮助表示一种推测的口气，也需要研究。和现代汉语比较，词汇方面的差异就更为显著。比如：

格：来　　　　庶：众人　　　　悉：都
称(乱)：举　　殛：诛灭　　　　恤：顾念
穑事：农事　　丧：灭亡　　　　赉：赏赐

同语音、语法相比较，词汇方面的问题就显得更加突出。第一，语音、语法是相对封闭的，而词汇则是开放的。比如语音，每一个时代的声、韵、调都是有限的；语法方面，不论是句法规则，还是虚词的用法,都有一个大致的数儿,也可以做穷尽的研究。至于词汇,数量庞大,要说出一个数目就非常困难。对于汉语这样一种历史悠久、词汇丰富的语言来讲尤其如此,汉语到底有多少词,很难作精确的统计(其中有一些理论问题还没有解决,也是一个原因)。第二,语音和语法的系统性相对比较明显。比如语音,每一个时代有限的声、韵、调依照一定的规则配合,就构成了一个完整的系统。语法方面,组词造句的规则也有鲜明的系统性。从变化来讲,语音和语法带有明显的规律性。这样我们就可以作系统的而不是零碎的研究,可以探寻它们的变化规律。从理论上讲,词汇也应该是有系统的,但这个系统总是显得模糊不清,头绪纷繁,给人以一盘散沙的感觉。要把词和词之间的关系和它们的变化规律理清楚总感到困难重重。第三,语言是社会的产物,语言各要素总是直接或间接地映射着社会的变化。比较起来,语音、语法的变化是一个较为缓慢的过程,而词汇对社会变化的反映则是最敏感的,旧词旧义在不断地消亡,新词新义在不断地生成,其变化的迅速常使人有应接不暇之感,这也给我们的研究带来很大的困难。历代对古书的注释所以层出不穷,主要的原因就在这里。

词汇和语音、语法比较有它自身的特点;古代汉语的词汇和现代汉语的词汇比较,也有很多值得注意的地方。下面对几种值得注意的词汇现象加以说明,以使我们对古代汉语的词汇面貌有一个基本的了解。

第一节　单音节词的优势地位

1.1.0　一般认为,古代汉语(主要指上古汉语,下同)的单音词占优势地位,而在现代汉语中,复音词特别是双音词占优势地位,我们所以感到古代汉语的词汇面貌与现代汉语有明显的不同,这是一个重要的原因。

第六章 对古代汉语词汇的基本认识

1.1.1 首先应当注意的是,阅读古书的时候,不要把两个单音词的组合误认为是一个双音词。如:

1. 《左传·成公三年》:"于是荀首佐中军矣,故楚人许之。"("于是"是在这个时候的意思,和现代汉语的连词"于是"不一样。)
2. 《庄子·外物》:"言者所以得意,得意而忘言。"("得意"指领会话中的旨趣,和现代汉语形容词"得意"不一样。)
3. 《孟子·梁惠王上》:"仰不足以事父母,俯不足以畜妻子。"("妻子"指妻子儿女。)
4. 《孟子·滕文公上》:"滕君,则诚贤君也。虽然,未闻道也。"("虽然"是虽然如此的意思,和现代汉语的连词"虽然"不一样。)
5. 《礼记·学记》:"玉不琢,不成器,人不学,不知道。"("知道"是说对道的了解掌握,不是一个词。)
6. 《战国策·齐策》:"今齐地方千里,百二十城。"("地方"不是一个词,"地"是土地,"方"是方圆。)
7. 《晏子春秋·内篇杂下》:"橘生淮南则为橘,生于淮北则为枳,叶徒相似,其实味不同。"("其实"是指树的果实,与现代汉语的"其实"不一样。)
8. 《三国志·魏书·华佗传》:"其妻闻其病除,从百余里来省之,止宿交接,中间三日发病,一如佗言。"(句中"中间三日"是从见面到"发病"隔了三天的意思。)
9. 《后汉书·夏馥传》:"(夏)馥顿足而叹曰:'孽自己作,空污良善。'"("自己"是由自己的意思,和现代现语的代词"自己"不一样。)
10. 《世说新语·方正》:"孔君平疾笃,庾司空为会稽,省之,相问讯甚至。"("甚至"指十分周到,与现代汉语的意思不同。)

1.1.2 其次应该知道,汉语词汇的复音化经历了一个很长的过程。在一个长期的过渡时期中,有一部分双音结构,两个语素的组合呈现出一种不大稳定的状态。这种不稳定的状态主要表现在两个方面。

第一,从意义方面看,可以拆解开来分别训释(古人的有一些训释不一定恰当)。如:

1. 饥馑 《尔雅·释天》:"谷不熟为饥,菜不熟为馑。"
2. 切磋 《诗经·卫风·淇奥》:"如切如磋,如琢如磨。"毛传:"治骨曰切,象曰磋。"
3. 驰驱 《诗经·唐风·山有枢》:"子有车马,弗驰弗驱。"孔颖达正义:"走马谓之驰,策马谓之驱。"
4. 纯粹 《周易·乾卦·文言》:"刚健中正,纯粹精也。"李鼎祚《周易集解》引崔憬曰:"不杂曰纯,不变曰粹。"
5. 朋友 《论语·学而》:"有朋自远方来,不亦乐乎?"郑玄注:"同门曰朋,同志曰友。"
6. 恭敬 《论语·子路》:"居处恭,执事敬。"朱熹集注:"恭主容,敬主事。恭见于外,敬主乎中。"

第二,从结构方面看,前后两个语素有时可以倒置。如:

1. 家室——室家
   《诗经·大雅·緜》:"古公亶父,陶复陶穴,未有家室。"
   又:"乃招师徒,俾立室家。"
2. 朋友——友朋
   《诗经·大雅·抑》:"惠于朋友,庶民小子。"
   又《左传·庄公二十二年》:"岂不欲往,畏我友朋。"
3. 人民——民人
   《韩非子·五蠹》:"上古之世,人民少而禽兽众。"
   又《八奸》:"为人臣者散公财以说(yuè)民人。"

4. 痛苦——苦痛

《论衡·变动》:"其时皆吐痛苦之言。"

又《韩非子·解老》:"苦痛杂于肠胃之间,则伤人也憯(cǎn)。"

5. 安慰——慰安

《汉书·车千秋传》:"思欲宽上意,慰安众庶。"

又《孔雀东南飞》:"时时为安慰,久久莫相忘。"

需要说明的是,古代汉语中的一些由两个词根语素组成的双音结构,哪一些是词组,哪一些已经成了双音词,有时界限并不是十分明确的。在双音词的界定上,还有一些理论问题没有解决,需要继续研究(参下节)。

第二节 古代汉语中值得注意的几种词汇类型

一、联绵词

2.1.0 古汉语中有一类复音词叫联绵词(又叫联绵字、谜语)。比如"参差(cēncī)"这个词,"参"和"差"只表音,不表意。再比如"蹇(jiǎn)产"(曲折的意思),"蹇"和"产"也都没有什么意思。这样一类词在古汉语中还可以举出不少,如:崎岖、踟蹰、蟋蟀、鸳鸯、犹豫、婆娑、崔嵬、逍遥、缱绻、荒唐等。①

2.1.1 关于联绵词,有几点需要注意。

第一,联绵词的性质。从构成词的语素看,可以分为合成词和单纯词两类。合成词是由两个以上语素构成的,单纯词是由一个语素构成的。单纯词可以是一个音节,也可以是几个音节。如果

---

① 两个音节有意义的词算不算联绵词,研究者尚有不同的意见,这里讲的是一般的看法。

不是一个音节,就可能引起误解。比如《庄子·逍遥游》:

　　鹏之徙于南冥也,水击三千里,抟扶摇而上者九万里。
《说文》:"飙,扶摇风也。"又《尔雅·释天》:"扶摇谓之飙。"这是一种回旋上升的风,不能依照两个字的字面意思分开解释。

　　一般地说,构成联绵词的两个音节(书面上看到的是两个字)只是表示读音,分开来没有什么意思,合起来才有意义。这就是说,联绵词是一种单纯词,遇到这类词,我们不能死抠字面意思强作解释。如:

　　《庄子·秋水》:"于是焉河伯旋其面目,望洋向若而叹。""望洋"的意思,据《经典释文》所引,是仰视的样子。"洋"这个词,当时还没有海洋的意思。过去还有的人说"洋"应该写作"阳",因为"太阳在天,宜仰而观",这些解释都是不对的。

　　所以如果过分注重字形,就会把一个联绵词看作两个词。如《颜氏家训·书证》讲到"犹豫"这个词时说:"《尸子》曰:'五尺犬为犹。'……吾以为人将犬行,犬好豫在人前,待人不得,又来迎候,如此往返,至于终日,斯乃豫之所以未定也。故谓犹豫。"对此后人提出批评,讽刺这是"妄解兽名"。

　　第二,联绵词在语音上(指古代的读音)往往有一定的联系。有的是声母相同,称作双声(如果两个音节都是零声母,也是双声)。如崎岖(溪母)、踟蹰(定母)、鸳鸯(影母)。有的是韵(指主要元音和韵尾)相同,称作叠韵。如崔嵬(微部)、婵媛(元部)、蹉跎(歌部)。有一些联绵词,过去有双声或叠韵的关系,到了现在这种关系已经没有了,这是因为语音发生了变化。

　　第三,表示联绵词的两个字既然只是表音的,就可以看作一个记音符号。汉语中的同音字多,所以用字就不十分固定,一个词有时有好几张面孔。上面提到的"望洋",又写作"盳洋、妄羊、望阳"。"犹豫"一词,又写作"游预、犹与、尤(yóu)豫、由预、优与、由与、容与、犹予"。"匍匐"一词,又写作"蒲伏、扶伏、扶服"。

"逶迤"一词,又写作"委蛇、逶蛇、委佗"。

如果一个联绵词有几个书写形式,有的常用,有的不常用,转换成常用的形式就比较容易理解。比如杜甫《北征》诗:"君诚中兴主,经纬固密勿。""密勿"是一个双声联绵词,实际上就是"黾勉",努力的意思。

书写形式尽管很多,但所表示的词还是一个。近代学者朱起凤编了一本《辞通》,就收集了大量的联绵词方面的资料。

二、叠音词

2.2.0 叠音词,顾名思义,就是一个双音词的两个音节相同。表现在书写形式上,记录这两个音节的字也往往是相同的。

2.2.1 叠音词又称重言。有些古书(比如说《诗经》),叠音词用的就特别多。① 下面是《诗经》中的例子:

1. 《齐风·载驰》:"汶水滔滔,行人儦儦(biāo,众多的样子)。"
2. 《小雅·角弓》:"雨雪瀌瀌(biāo,盛大的样子),见晛(xiàn)日消。"
3. 《卫风·硕人》:"四牡有骄,朱幩(fén)镳镳(biāo,美盛的样子)。"
4. 《小雅·頍(kuǐ)弁》:"未见君子,忧心怲怲(bǐng,忧愁的样子)。"
5. 《邶风·谷风》:"习习(微风和疏的样子)谷风,以阴以雨。"
6. 《召南·草虫》:"未见君子,忧心忡忡。"
7. 《豳风·七月》:"春日迟迟(缓慢的样子,这里形容天一天一天变长),采蘩祁祁(盛多的样子)。"

---

① 据向熹《〈诗经〉里的复音词》的统计,《诗经》里共有 4000 多个词,其中复音词 1329 个,占 30% 弱。叠音词 353 个。见《语言学论丛》第六辑。

2.2.2 关于叠音词,需要注意以下几点。

第一,有一部分叠音词是单纯词,两个字只是记音,分开讲没有意义。《诗经·小雅·无羊》:"尔羊来思(语气词),其耳湿湿。""湿湿"是耳动的样子,"湿"只是标注一个音。对这一部分叠音词,不要硬拆开来讲。也有一部分叠音词是一个语素重叠以后构成的,也就是说每个字都有意义。如上面例子中的"忧心忡忡"的"忡"(《说文》:"忡,忧也。")、"春日迟迟"的"迟"(《说文》:"迟,徐行也。")。有的字虽说有意义,但并不怎么单用,如上面例子中的"滔、瀌、忡"就是这样。

从语音上看,叠音词和双声叠韵的联绵词关系密切。当叠音词中的一个音节略有改变时,这个叠音词就可能变成一个联绵词,反过来也一样。如《诗经·豳风·七月》:"一之日觱发(bìbō)。""觱发"是一个联绵词(《说文》又作"滭泼"),形容寒风触物有声,大风寒。《小雅·蓼莪》里有"飘风发发"的话,叠音词"发发"也就是"觱发"。《论语·雍也》"文质彬彬"一语,一般解释为文质兼备的样子。叠音词"彬彬",《说文》作"份份"。清代学者朱骏声认为,这个词实际上就是纷纷、缤纷。缤纷是一个联绵词,盛多的样子;彬彬也可以解释为盛多的样子。他的话是有道理的。

第二,有一部分叠音词,同联绵词一样,用字也不十分固定,一个词往往有几种书写形式。上面讲的"彬彬"又作"份份"就是一个明显的例子。又如"忧心忡忡"的"忡",又作"衝、憃"。书写叠音词的时候经常用借字,是造成用字不固定的原因之一。比如上面第3例中"镳镳"的"镳",从字面讲是一种控制马的器具(成语有"分道扬镳"),在"镳镳"这个词里只是借过来表音的。第7例中的"祁"也是一个借字。上面例子中的"儦儦、瀌瀌、镳镳",虽然写成了不同字,但都有美盛的意思,由于描写的对象不同,就写成了不同的字,从根本上说表示的还是一个词。

第三,叠音词主要用来描摹性状。为了给人留下深刻的印象,就要夸张其事,铺陈张扬,就需要多用叠音词。《文心雕龙·物色》里讲:"灼灼状桃花之鲜,依依尽杨柳之貌,杲杲(gǎo)为日出之容,瀌瀌拟雨雪之状,喈喈(jiē)逐黄鸟之声,喓喓(yāo)学草虫之韵。"讲的就是这个道理。①

2.2.3 比起现代汉语来,叠音词在古代汉语中用得比较多。《尔雅·释训》中就收了很多的叠音词,清代的学者王筠写有《毛诗重言》一书,可见古人是很重视叠音词的。现在很多叠音词已经消亡了,如"瀌瀌、迟迟";也有一些仍然在使用,如上面讲到的"滔滔"。再如"悠悠"(《诗经·邶风·雄雉》:"悠悠我思。")、"翩翩"(《诗经·小雅·四牡》:"翩翩者雕。")。有一些则要和别的语素结合,《诗经·周南·兔罝》里讲"赳赳武夫",今天说"雄赳赳"。

三、偏义复词

2.3.0 所谓偏义复词,是说一个复音词由两个意义相关或相反的语素构成,但整个复音词的意思只取其中一个语素的意义,另一个语素只是作为陪衬。在"好歹你都要来一趟"这句话中,正反两面的意思都有。在"万一有个好歹"这句话中,"好歹"指的只是"歹",没有"好"的意思,"好"仅是一个陪衬。由此可以看出偏义复词和一般并列复合词的区别。试分析下面的例子:

1. 《战国策·魏策》:"怀怒未发,休祲(jìn)降于天。"(休:吉兆。祲:妖氛。这里"休祲"只有祲的意思。)
2. 《史记·刺客列传》:"多人(人多了),不能无生得失。"(这

---

① 《诗经·周南·桃夭》:"桃之夭夭,灼灼其华。"毛传:"灼灼,华之盛也。"《小雅·采薇》:"昔我往矣,杨柳依依。"依依:随风飘摆的样子。《卫风·伯兮》:"其雨其雨,杲杲日出。"杲杲:日明亮的样子。瀌瀌见上引《小雅·角弓》。《周南·葛覃》:"黄鸟于飞,集于灌木,其鸣喈喈。"喈喈:鸟和鸣声。《召南·草虫》:"喓喓草虫。"喓喓:虫鸣声。

里"得失"只有失的意思。)

3. 《汉书·外戚传》:"将军(指霍光)领天下,谁敢言者?缓急相护,但恐少夫(女医淳于衍之字)无意耳。"(这里"缓急"只有急的意思。)

2.3.1 偏义复词的构成大致可以分为两类。一类是连类而及。这里的连类,是说两个语素分属不同的类但意义相关,说的时候就放在了一起。比如:

1. 《周易·系辞上》:"鼓之以雷霆,润之以风雨。"
2. 《礼记·玉藻》:"大夫不得造车马。"

"风、雨"意义相关,"车、马"意义相关。第1例讲润之以雨,风是连类而及。第2例造的是车,马是连类而及。还有一类是意义相对相反的两个语素放在一起,"休祲、得失、缓急"都属于这一类。

2.3.2 对于偏义复词,需要注意以下几点。

第一,在阅读古书时注意将偏义复词与一般的复音词区别开来,以免影响对文意的理解。如诸葛亮《出师表》里讲:"宫中府中,俱为一体;陟罚臧否,不宜异同。""异同"就是一个偏义复词,只有异的一面,没有同的一面。再如:

1. 《史记·范雎列传》:"贾(须贾,人名)有汤镬之罪,请自屏于胡貉之地,唯君死生之。"(这里"死生"是希望对方保全自己,生有意思,死没有意思。)
2. 《汉书·刑法志》:"爪牙不足以供嗜欲,趋走不足以避利害。"(这里"利害"指害不指利。)
3. 汉乐府《枯鱼过河泣》:"枯鱼过河泣,何时悔复及。作书与鲂鱮(xù),相教慎出入。"(这里"出入"是讲出要慎重,没有入的意思。)
4. 《南史·萧引传》:"我之立身,自有本末。"(这里"本末"讲本,指立身处事的原则。)

第二,构成偏义复词的两个语素以意义相反相对为多,相对的两个意义一正一负(比如"利害","利"为正义,"害"为负义)。表示正义的语素一般放在前,表示负义的语素一般放在后(如"得失、利害")。在偏义复词中,多取负义而少取正义。清代学者顾炎武在《日知录》卷二十七"通鉴注"一条下就举了不少这方面的例子。如:爱憎,憎也;得失,失也;利害,害也;缓急,急也;成败,败也;同异,异也;赢缩,缩也;祸福,祸也。在他所举的例子中,偏义复词多取负义而少有取正义的。我们还注意到,如果单拿"爱憎、得失"来看,也就是一般的并列复合词;这些词有时候偏指一义,是由一定的上下文决定的。

第三,现代汉语中的一些用语也还有偏义复词的用法。如:动静(有动无静)、褒贬人(一般有贬无褒)、同甘苦(有苦无甘)、人马齐全(有人无马)、计较得失(偏指失)、不计成败(偏指败)。

四、通名和专名

2.4.0 阅读古书的时候,会发现古人对某些事物划分得很细,对划分出的一些细类都要给出一个专门的名称。如《谷梁传·庄公二十四年》:"刻桓公桷(jué)。"《经典释文》:"桷,榱也。方曰桷,圆曰椽。"在现代汉语中,不论方圆都叫椽,桷这个名称已经不用了。再比如《尔雅·释器》:"一染謂之縓(quàn),再染谓之赪(chēng),三染谓之纁(xūn)。""縓、赪"和"纁"都是红色,但红的程度是由浅到深,在现代汉语的口语中只用"红"一个词来表示。为称述的方便,我们将"椽、红"一类的词称作通名,将"桷、縓、赪、纁"一类的词称作专名。

由上面的例子不难看出,通名和专名是两个相对的概念,是就同一时代或不同的时代(比如古代汉语和现代汉语)的词汇比较而言。

2.4.1 这种现象,古代学者已经注意到了。《说文》:"笥(sì),饭及衣之器也。"清段玉裁《说文解字注》(后简称《段注》):

"《礼记·曲礼》注:'圆曰箪(dān),方曰笥。'《礼经·士冠礼》注曰:'椭方曰箧。'许言'箪,笥也',又匚部曰'匧,笥也'。许浑言之,郑别言之也。"《段注》的意思是说,依郑玄的解释,"箪、笥、箧(qiè)"三者的形制有别,所以称为"别言";可是在《说文》里就不讲这种区别了,所以说是"浑言"。照我们看来,"箪、笥、箧"就是所谓专名。又如《尔雅·释器》:"木豆谓之豆,竹豆谓之笾(biān),瓦豆谓之登。"宋代的邢昺解释说:"对文则木曰豆,瓦曰登,散则皆曰豆,故云瓦豆谓之登。"这里把"豆、笾、登"的区别叫做对文,也就是我们说的专名;不讲这种区别就是"散",也就是我们说的通名。

2.4.2 这里说的通名和专名包括两种情况。

第一种是大类和小类的关系,通名表示大类,专名表示大类中分出的小类,在《尔雅》的《释鸟》《释畜》《释兽》中,对禽兽就有十分细致的分类:有以雌雄分类的;有以毛色分类的;如果是强壮有力的,又单有一个名称;以至于兽子、畜子也有不同的名称。我们前面举的例子都属于这种情况。再如:

1. 《尔雅·释山》:"山大而高,崧(sōng)。山小而高,岑(cén)。锐而高,峤。"
2. 又《释水》:"大波为澜,小波为沦,直波为径。"
3. 又《释畜》:"(马)绝(极其)有力,駥(róng)。"
4. 《说文》:"马高六尺为骄。"
5. 又《释器》:"圭大二尺谓之玠(jiè)。璋大八寸谓之琡(chù)。璧大六寸谓之宣。肉倍好谓之璧,好倍肉谓之瑗,肉好若一谓之环。"(肉:圆形玉器的周边。好:圆形玉器中间的孔。)
6. 《说文》:"年八十曰耋(dié)。"
   又:"年九十曰耄(mào)。"
7. 《说文》:"在木曰果,在地曰蓏(luǒ)。"徐锴注:"在地曰瓜瓠之属。果在树,故果在木上;瓜在蔓,故蓏在草下、在叶下也。"
8. 《礼记·少仪》:"牛则执纼(zhèn),马则执靮(dí)。"郑玄注:"纼、靮皆所以系制之者。"

第二种情况是整体和局部的关系。通名表示整体,专名表示整体中的一个部分,这种情况也可以称之为总分关系。比如我们现在叫作脖子的,古代把脖子的后部叫作项(有"不可望其项背"的说法),前部叫作颈(有"刎颈交"的说法,颈有时也指整个脖子),统称为领。① 另外还有一个脰(dòu),也指脖子。《左传·襄公十八年》:"射殖绰(人名)中肩,两矢夹脰。"

这种分割关系主要见于人和动物躯体的名称。

面部的:

颜:眉目之间。

頞(è):鼻梁。

咡(èr):口旁;口耳之间。

上肢与腋下的:

肱:肘以上的部分。

臂:肘以下的部分(也指整个上肢)。

胠(qū):腋下,与小臂部位相近。

胳:腋下,与肱相近。

下肢的:

股:大腿。

胫:小腿。

髀(bì):大腿。(特指大腿外部。《说文》:"髀,股外也。")

骹(qiāo):小腿接近足的部分。

---

① 《汉书·金日磾传》:"弄儿自后拥上项。"《广韵·青韵》:"颈在前,项在后。"

腓(féi):小腿肚子。

房屋建筑方面也有一些专名:

1. 《尔雅·释宫》:"东西墙谓之序。"晋郭璞注:"所以序别内外。"《大戴礼记·主言》:"曾子惧,退,负序而立。"清孔广森《大戴礼记补注》:"堂上之墙曰序,堂下之墙曰壁,室中之墙曰墉。"——对墙而言,序就是专名。

2. 又《释宫》:"门屏之间谓之宁(zhù)。"宋邢昺疏:"谓路门之外屏树之内,人君视朝宁立之处,因名为宁。"《礼记·曲礼下》:"天子当宁而立。"

3. 又《释宫》:"门侧之堂谓之塾。"清邵晋涵《尔雅正义》引李如圭的解释说:"门之内外,其东西皆有塾。"《仪礼·士冠礼》:"具馔于西塾。"郑玄注:"西塾,门外西堂也。"——对堂而言,塾是专名。

2.4.3 那么如何看待我们所说的通名和专名呢?

第一,一种语言中名称的确立是使用这种语言的人对外部世界的一种分类,专名和通名就是这种分类的结果。这样的分类构成一个系统,大的系统又一层一层地分成小的系统,每一个名称(也就是词语)都在一个特定的语义范围中占有一定的位置或者说空间。古代汉语的一个语义系统中有很多个词或义位,有很细致的类别划分;到了后来,有些词不再用了,所对应的语义系统的划分就不那么细了,这就构成了通名和专名的对立。比如关于"洗"的行为就是一个小的语义系统,在现代汉语的口语中,通常就用"洗"这一个词;而在古代汉语中就有不同的专名:洗头洗发叫沐,洗脸叫颒(huì),洗身子叫浴,洗手叫盥,洗脚叫洗。由此可知,专名和通名是就词在同一个词汇系统中的语义范围讲的。

第二,专名和通名是一个相对的概念。不同的语言,同一种语言在不同的时代,有着不同的词汇系统,就可能构成专名和通名的不同对立。这是由语言的社会性决定的。语言的根本特质之一就是它的社会性,这是我们考察专名和通名的出发点。王力先生认为,中国话之所以把兄、弟、姊、妹、叔、伯分得十分清楚,是因为在上古的宗法社会里长幼之序甚严。①有的学者指出,爱斯基摩人能分辨各种不同的雪,他们的语言中有几十个指称不同雪的词。澳大利亚的某些土著人善于分辨不同的沙,他们语言中有许多关于沙的词。中国古代对禽兽牲畜的分类特别细,这是大家熟知的例子。关于田猎,古代也有不同的名称。《左传·隐公五年》就有"春蒐(sōu)、夏苗、秋狝(xiǎn)、冬狩(shòu)"的说法。无疑这是田猎农牧社会的反映。

中国古代重视等级礼制,各种礼仪的规定纷繁复杂,比如丧礼时所送的礼物,就有种种不同的名称。《谷梁传·隐公元年》:"车马曰赗(fèng),衣衾曰襚(suì,指装敛死人的衣服),贝玉曰含,钱财曰赙(fù)。"生死是人生的大限,古人重死,生前死后的名称也有区别。《礼记·曲礼下》:"生曰父,曰母,曰妻;死曰考,曰妣(bǐ),曰嫔(pín)。"等级的森严、礼仪的苛细甚至影响到对尊长的应答。比如古人的应答之词既有唯,又有诺。《礼记·玉藻》:"父召无诺,先生召无诺,唯而起。"东汉郑玄的注说:"敬词唯恭于诺。"这样的例子还可以举出很多。

第三,专名和通名的变化是考察语言词汇变化的一个方面。上面举的那些专名,后来大都不用了。再比如后来统称作胡子的,古代就有比较细的区分:嘴上的称作髭,颐下的称作须(繁体作鬚),两腮上的称作髯。考察汉语古今词汇的变化,这是一个重要的方面,应当引起我们的重视。

2.4.4 古代的学者要区分名称的不同,常常用"×曰×"这样的说法。比如《离骚》:"冀枝叶之峻茂兮,愿俟时乎吾将刈。"东汉王逸的注说:"草曰刈,谷曰获。"我们阅读古注时需要留意。

---

① 见《观念与语言》,《王力文集》十六卷。山东教育出版社,1990年。

五、典故和成语

2.5.0　从词汇的构成看,汉语的词汇有熟语一类,如成语、谚语、歇后语、惯用语等,成语是其中最重要的一种。从意义上看,成语表示的是一个整体的意思;从结构上看是固定的,不能轻易改变。所以把成语看作是词汇的一类。从构成看,汉语的成语大多是四个字,也有不止四个字的,如"醉翁之意不在酒"、"君子成人之美"、"螳螂捕蝉,黄雀在后"。

典故是诗文中引用的古代的故事或古书中用语,古人在写诗作文的时候为了使文章显得典雅含蓄,常常用典。有一些典故在长期的使用中结构趋于凝固,意义单一化,有的成了一个词语,如"问鼎"语出《左传·宣公三年》,讲春秋时楚庄王向周王朝炫耀武力,周定王派王孙满慰劳楚师,"楚子问鼎之大小、轻重焉。"九鼎是传国重器,是权力的象征,楚庄王问鼎,有夺取天下的意思。后来把图谋夺取政权称作"问鼎"。又比如"中肯"语出《庄子·养生主》。"肯"是附着在骨头上的肉,"綮(qǐng)"是筋肉聚结的地方,后来用"中肯綮"比喻切中要害。再比如"矛盾、染指"之类,这样的词在现代汉语中还可以举出不少。也有很多典故成了成语,如"守株待兔"、"买椟还珠"之类。所以成语同典故有着紧密的关系,我们这里放在一起讨论。

2.5.1　我们在阅读古书的时候可以发现,在古代有一些文章中(比如骈文和赋),典故用得很多,如果不了解这些典故的意思,文章就读不懂。下面是唐代王勃《滕王阁序》中的一段文章:

> 嗟乎!时运不齐,命途多舛。冯唐易老,李广难封。屈贾谊于长沙,非无圣主;窜梁鸿于海曲,岂乏明时!所赖君子见几,达人知命。老当益壮,宁移白首之心;穷且益坚,不坠青云之志。酌贪泉而觉爽,处涸辙以犹欢。北海虽赊,扶摇可接;东隅已逝,桑榆非晚。孟尝高洁,空余报国之情;阮籍猖狂,岂

效穷途之哭。

这一段文章中有不少的典故,如果不明白它们的意思,文章读不懂,更难以深刻体会作者的思想感情。文章中的一些典故和用语(包括一些常用的人名),如"冯唐/贾谊、君子见几、老当益壮,穷且益坚、青云之志、涸辙(涸辙之鲋)、东隅/桑榆(失之东隅,收之桑榆)"等不是某一个作者偶一用之,而是在古诗文中经常使用,为古代一般的读书人所熟知,已经成为古代汉语语汇的一个部分,我们就应当有所了解。

2.5.2 由于成语很多是从古书中来的,所以学习成语也有助于学习古汉语的语法和词汇。比如"义不容辞",意思是从道义上讲不容推辞。如果分析结构,"义"是状语成分,"不容辞"是中心语,这就是讲古汉语语法时说的名词作状语用。再比如"衣锦昼行",意思是穿着锦绣衣服在街上走,向别人显示荣耀。这里的衣用作动词,就是我们常说的词类活用。至于说到成语中保留的词汇的古义,俯拾皆是,就不再举例了。

2.5.3 古书中的不少成语典故也成了现代汉语语汇的一部分,它们仍然有很强的生命力,还活跃在我们的交际之中,从这个角度说,我们也应当注意学习。比如下面这样一些成语:

过犹不及　温故知新　既往不咎　尽善尽美　巧言令色
文质彬彬　学而不厌　诲人不倦　道听途说　述而不作
举一反三　任重道远　循循善诱　色厉内荏　欲罢不能
后生可畏　欲速不达　怨天尤人　言不及义　杀身成仁
当仁不让　患得患失　四体不勤　食不厌精　脍不厌细
朽木不可雕　君子成人之美　三思而后行
是可忍孰不可忍　既来之则安之　小不忍则乱大谋
人无远虑必有近忧　饱食终日无所用心　鸣鼓而攻之

以上的成语都出自《论语》,而且还只是其中的一部分。由此可以看到汉语中成语典故的生命力。

2.5.4 从成语典故的这种生命力我们还可以看到语言和文化的关系。文化大致可以划分为三个范围:物质文化、文化制度和文化心理。物质文化如生产工具、交通运输、工商贸易、宫室建筑、器物制作等;文化制度如社会制度、典章礼仪、等级关系、生活习俗等。文化心理,包括政治思想、伦理观念、道德信仰、生活态度、审美情趣等。很明显,一些成语典故长久流传,和我们的文化有极大的关系,其中和文化心理的关系尤为密切。传统儒家经典(如《论语》《孟子》)中的话所以历久而不衰,就是我们的道德观念生活态度世代传承的一种反映。上面出自《论语》中的那些成语就证明了这一点。在我们研究词汇与文化的关系时,典故和成语也是重要的内容。

2.5.5 学习成语和典故有一点需要注意,就是有的成语的意义后来发生了变化,与最初的意义有所不同。如:

1. 守株待兔

这个成语典出《韩非子·五蠹》。韩非的原意是用这个寓言批评那些"以先王之政治当世之民"的人,一般用来比喻死守过时的经验而不知变通。到了后来,也用来比喻不想通过努力而坐待其成。

2. 空穴来风

《艺文类聚》卷八十八引《庄子》有"空门来风"的话。宋玉《风赋》:"臣闻于师,枳(zhǐ,树名)句(gōu,弯曲)来巢,空穴来风。其所托者然,则风气殊焉。"弯曲的树枝会招引鸟雀来筑巢,有了孔洞才会招进风来,依托的条件不同,风的气势也就不一样。后来比喻流言。常用"并非空穴来风",意即消息和传说不是完全没有根据的。

3. 斤斤计较

《诗经·周颂·执竞》有"斤斤其明"的话,"斤斤"是明察的意思。计较原指计算比较。后来比喻在一些很小的利益或微不足道的事情上过分计较。

4. 走马看花

唐孟郊的诗《登科后》说:"春风得意马蹄疾,一日看尽长安花。"本来是形容登科后游赏时得意的情态。后比喻很粗略地看一看,不做深入的了解。

5. 陈陈相因

《史记·平准书》:"太仓之粟,陈陈相因,充溢露积于外,至腐败不可食。"原谓太仓里的粮食,陈粮的上面再加上陈粮,以致腐败不可食。后指因袭旧的做法,不思改革创新。

6. 无所不用其极

语本《礼记·大学》:"《诗》曰:'周虽旧邦,其命惟新。'是故君子无所不用其极。"这是说君子无处不竭尽心力自新。本是褒扬的意思,后来成了贬义,形容做坏事什么极端的手段都使得出来。

第七章　古代汉语中词汇与文字的关系

文字是一种符号,是记录语言的符号,汉字就是记录汉语中词或语素的符号,文字和语言的关系密不可分。另一方面,文字和语言又是两个层面:一个是被记录者,一个是记录者。语言中的词有两极:音和义;文字有三极:音、义和形,其中的音和义来自语言中的词。我们平时所说的汉字的形、音、义之间的复杂关系,实际上是汉字在记录汉语中的词或语素的时候两者之间呈现的复杂的对应关系。

汉字的形音义之间关系之所以复杂,这和汉字的性质有很大的关系。有学者认为,汉字是一种语素文字,不同的语素用不同的汉字来记录,似乎是一对一的关系。但这只是一个大体的说法,因为从根本上讲,用常用的几千字去记录语言中数目无法估量的词,是不可能做到一一对应的。

就汉字和词的关系看,繁简字、异体字、同形字、假借字、区别字和同源字是我们在学习时应当注意的。繁简字、异体字、假借字和区别字在本书的文字部分已有所介绍,下面从字与词的对应关系的角度再分别加以说明。

第一节　繁简字

1.1.0　在汉字演变漫长的过程中,由繁到简是一个总的趋势。解放后,有关部门对繁体字又进行了有计划的整理工作。1956年1月,国务院公布了《汉字简化方案》。前后公布的4批简化字共517个。如果把类推简化的汉字计算在内,在1964年发布的《简化字总表》中,共收简化字 2336 个。

1.1.1 简化字的来源有两部分,一部分是新造的,比如"遼"的简化字"辽"、"運"的简化字"运"、"進"的简化字"进"都是新造的。也有一部分是采用旧有的某个字作简化字。比如"遷"的简化字"迁",就见于宋刊本的《古列女传》和明代的字书《正字通》;"過"的简化字"过"来源于汉代草书,楷化的"过"字见元抄本《京本通俗小说》;"還"的简化字"还"也来源于汉代草书,见唐代敦煌变文写本。

1.1.2 很明显,阅读古书只认识简化字是不行的,因为古书用的是繁体字,所以我们应当对简化字和繁体字的对应关系有所了解。如前所说,文字是记录语言中的词的,了解繁简字之间的对应关系,也就是了解汉字简化之后在字和词的对应关系方面发生了什么样的变化。大致说来有三种情况。

第一,两者之间是一对一的关系。如"賣、遲、處"对应的简化字"卖、迟、处"。

第二,原来的几个繁体字在意义上有一定联系,简化后成了一个字。比如"複"和"復",简化为"复"。依《说文》的解释,複是"重衣",也就是夹衣,基本的意思是双层、重叠、复杂不简单,意思与单相对,所以有"复制、复式、复数"等说法。依《说文》的解释,復是"往来",就是去了又回来,基本义是又回到原状,所以有"去而复返、死灰复燃、固态复萌"以及"恢复、复活、复信、复兴"等说法。在重复的意义上两个字又相通。"饑"和"飢",简化为"饥"。饑原指饥荒,古代有谷不熟为饑、菜不熟为馑的说法。飢才是饥饿的意思。两个字都有食不足的意思。"穫"和"獲",简化为"获"。穫在古代指收割谷物,所以有秋获冬藏的说法。獲在古代指猎取禽兽。两个字又都有得到的意思。

第三,原来的几个繁体字在意义上没有关系,简化后成了一个字。如:

后——後(简化为"后") 后在商、周是君主的意思,战国以后又指君主的正妻。後指落在后面,走在后面,作方位名词是先后的后。

發——髮(都简化为"发") 發读 fā,本来的意思是把箭射出去,成语有引而不发,引申有产生(发光)、显露(发黄)、送出(发信)、启动(发动)等意思。髮指头发、毛发,读 fà。简化后的"发"成了一个多音字。

面——麵(简化为"面") 面是脸面(如面不改色),麵是麦子或其他谷物的粉末。

谷——穀(简化为"谷") 谷是山谷。穀是一个形声字,义符是禾,指谷物,有五谷、百谷的说法。

淀——澱(简化后均作"淀") 淀,《玉篇》解释为"浅水",指浅的水泊,如白洋淀、荷花淀、北京海淀区。澱,《说文》解释为"滓垽(yìn)",指淤泥、沉淀物。

里——裏(简化后作"里") 里,《说文》解释为"居",指民户聚居的地方,古书里有"五家为邻,五邻为里"的说法。所以后来有以里为地名的,如北京的和平里、平安里。裏,从衣里声,《说文》解释为"衣内",指衣服的内层,后泛指内里。

汇——彙匯(简化后均作"汇") 匯是一个形声字,从匸淮声,依《说文》的解释,和器物有关。后用来表示水流聚合。彙本是猬的古字,和兽类有关,后用来表示类别、按类集中(如博彙群书)。

有时候一个简化字可以对应好几个繁体字,如"干"字对应的有干犯、干支的干,又有主干的幹、干事的幹、干湿的乾。

以上三种情况比较起来,值得注意的是后两种。汉字的简化,一方面是笔画减少,另一方面是汉字数量的减少。汉字数量减少带来的后果是,原来用几个繁体字分别表示的几个词现在用一个字来表示,这样我们在阅读古书时有可能混淆几个不同的意思。这不光是有碍于阅读,对于我们深入了解古汉语词汇的面貌也增添了困难,所以我们对繁简字的对应关系应当有所了解。

第二节 异体字

2.1.0 异体字是形体不同而音义完全相同、古代在任何情况下都可以互相代替的字。如果从文字和词的对应关系看,异体字就是表示同一个词的几个不同的字形。简单地说就是异形同词。汉字的数量庞大,其中一个重要的原因就是异体字很多。清代编纂的《康熙字典》收字将近五万,其中约三分之一是异体字。

既然异体字是几个不同的字形表示同一个词,之我们就要树立一个基本的观念,即字典里有那么多的汉字,但这并不是说每一个字就一定表示一个词,换句话说,汉字和汉语中词的关系并不是严格的一对一的关系。异体字是一种文字歧异的现象,从学习古汉语的角度说,认识异体字,透过不同字形把它们表示的那同一个词找出来,一方面有助于对古汉语词汇面貌的认识,另一方面有助于顺利地阅读古书。

2.1.1 从字形结构看,异体字常见的类型有下面几种。

第一,同为形声字,义符不同;不同的义符在意义上往往相同或相近。如:

  暖煖 貓猫 甎磚 覩睹

第二,同为形声字,声符不同。如:

  綫線 蝯蚓 猨猿 綉繡

第三,同为形声字,声符和义符相同,但位置不同。如:

  鄰隣 胷胸 畧略 稾稿

第四,一个是会意字,一个是形声字。如(会意字在前):

  岳嶽 邨村 泪淚 岩巖

2.1.2 从字与词的对应关系看,在确认异体字的时候,下面几种情况需要注意。

第一，有些字，在某一些意义上经常通用，后代的读音也相同，不能简单地看作异体字。如"寔"和"实"，从使用上看，寔经常当实讲（如《礼记·坊记》："寔受其福。"）。但依《说文》，寔是止的意思，实是富的意思，两个字的意义不一样；两个字的读音在古代也不一样。再比如"寘"和"置"。在放置这一意义上两个字可以通用（如《诗经·魏风·伐檀》："寘之河之干兮。"）。但置的其他意义是寘所没有的（如设立义、置办义、赦免义）。从古代的读音看，寘和置也不一样。这说明两个字表示的本不是一个词，之所以被认为是异体字，是因为其中的一个字（寔和寘）本来的意思不怎么用，而经常借用来表示另一个词（实和置）的某些意义，实际上是一种借用。

第二，有一些字，在意义和读音上有一定的联系，它们表示的词有同源关系，使用上也有交叉，但表示的毕竟还不是同一个词，所以也不能看作异体字。比如"游"和"遊"，一个是关于水中移动的，一个是关于行走的。在使用上，该用遊的地方可以写作游（如《楚辞·渔父》："屈原既放，游于江潭。"），该用游的地方则不能写作遊（"游泳"不能写作"遊泳"）。也就是说，"游"的使用范围要宽一些。"穫"和"獲"也是这样。依《说文》的解释，穫是"刈谷"，指收割谷物；獲是"猎所获"，指猎取禽兽。在有的文献中，两个字的用法有明显的区分（如《诗经》）；也有的文献，用穫的地方有时写作獲，但用獲的地方一般不写作穫。

第三，几个字意思根本就没有关系，表示的是不同的词，虽然在文献中常常混用，也不能看作异体字。比如文字部分提到的"脩"和"修"。再比如"升"和"昇"，升是一种量器。依《说文》新附的解释，昇是"日上"，上升的意思。在古代文献中，上升义常常写作升，但斗升义就不能写作昇。"雕、彫、凋"也是这样。雕是猛禽，彫是雕饰，凋是凋零，三个意思本不相干。后来在使用中，雕的使用范围最宽，三个意思有时都写作雕；彫次之，可表示雕饰、凋零义；凋则只能表示凋零义。

由上面的论述可以知道，判定异体字的根本标准在于要看几个不同的字形表示是不是一个词。这里说的是不是一个词，是指几个字原本表示的是不是一个词，而不是指后来的借用或混用。

2.1.3　不过在对于异体字的具体处理中，有广义和狭义的两种标准。1955年12月，文化部和中国文字改革委员会发布了《第一批异体字整理表》。从语文政策等方面考虑，这个《整理表》采用了一个宽式的标准。比如"憑"和"凴"，《整理表》是作为异体字处理的，有的书把"凭、凴、憑"三个字都看作或异体字。但它们的意义有不同：

《说文》："凭，依几也。"

《集韵·证韵》："凭，或作凴。"

《方言》卷二："憑，怒也。楚曰憑。"《广雅·释诂一》："憑，满也。"《楚辞·离骚》："依前圣以节中兮，喟憑心而历兹。"王逸注"喟然疏愤懑之心。"（憑心就是心中充满了抑郁愤懑之情。）

由上面的分析可知，"凭"和"凴"是异体字，"憑"是一个借字。依狭义的标准，假借字是不能看作为异体字的。再比如"并、並"，也有作为异体字处理的，但过去表示的也不是一个词：

《说文》："並，併也。"

《诗经·齐风·还》："並驱从两肩兮。"

又《秦风·车邻》："既见君子，並坐鼓瑟。"

《说文》："幷，相从也。"段玉裁注："合也，兼也。"

《韩非子·有度》："荆庄王幷国二十六。"

"幷"是相合，"並"是比并，应当看作两个词。

由于在处理异体字的时候宽严之间掌握不一，所以有时会有所调整。上面说到的"凋"和"雕"，《第一批异体字整理表》将"凋"作为"雕"的异体字淘汰。1988年，《现代汉语通用字表》确认"凋"为规范字,表示凋零、凋敝义,"雕"不再表示这类意义。再比如"紬"和"绸",《整理表》将"紬"作为"绸"的异体字淘汰。依《说文》的解释,绸是"缪"(缠束的意思),紬是"大丝缯",两个字又都用来表示丝织品的意义,故被看作异体字。但紬又另有抽引、引出的意思,也是它的常用义(音 chōu),所以 1964 年发表的《简化字总表》,收入的类推简化字"䌷"(chōu)为规范字,但在读 chóu 音时,仍作为"绸"的异体字。

第三节 同形字

3.1.0 同形字是指字形结构相同而表示的却不是一个词,也就是为不同的词造出的形体结构相同的字。由此可知,同形字与所表示的词的关系与异体字正相反,异体字是异字同词,同形字是同字异词。比如"姥"这个字,在《广韵》中的反切是莫补切,读 mǔ。唐玄应《一切经音义》卷十三:"姥,今以女老者为姥也。"指老妇,是一个从女从老的会意字。《古诗为焦仲卿妻作》的"便可白公姥"的"姥"指丈夫的母亲,也读 mǔ。后来又造了一个姥字读 lǎo,姥姥是外祖母,是晚近出现的一个方言词。从字形看,"老"既表音,又表义。这里同一个字形就表示了两个词。

3.1.1 同形字的产生大致有两方面的原因。

第一,由于造字而造成字形混同。或者说分别造字,不谋而合。造一个新的字一般是为了表示一个新的词,在创制一个新字的时候,并没有想到(或无从想到)新造的字和旧有的另一个字在字形上会混同。比如"铝"这个字,金文里已经有了,指铸铜器的原料。《方言》卷二:"燕齐磨铝谓之希。"是磋磨的意思,读 lǜ(在《说文》里,这个意思写作"鑢",解释为"错铜铁")。后来这个字又表示一种化学元素,读 lǚ。如有的学者所说,"造'铝'字的化学家,不一定知道《方言》有这个字,更不见得知道周朝铜器上有这个字,应该说是个创造。时不分古今,周朝人、汉朝人、现代人分别造从金从吕的形声字,用法不同,造字的心理是相同的。"①新加坡和我国广东的一些店铺招牌,把吃的包子写成"饱子"。可以推想,创造这种写法的人即使知道"饱"原来的意思,造字的时候也未必会想到两个字会发生混同,这也是不谋而和。再比如:

1. 默

沉默的默,原有从口黑声的一种写法,写作"嘿"。《玉篇》:"嘿,与默同。"《墨子·贵义》:"嘿则思。"在现代汉语里,这个字又表示一个叹词,读 hēi。这就造成了一对同形字。(依《说文》的解释,默的原意是"犬暂逐人",是一个从犬黑声的形声字,和沉默没有关系。)

2. 份

《说文》:"份,文质备也。从人分声。《论语》曰:'文质份份。'彬,古文份从彡、林。林者,从焚省声。"这里的"份"读 bīn(上古没有唇齿音,所以"分"可以作声符),是一个形声兼会意字。现在我们看到的《论语》的本子写作"文质彬彬"(见《论语·雍也》)。依《说文》的分析,"份"和"彬"原是异体关系。后来"份"读 fèn,表示整体中的或分得的一部分(好像是"分"的分化字),这就和读 bīn 的"份"成了同形关系。

3. 椅

《说文》:"椅,梓也。从木奇声。"这个意思读 yī,是一种落叶乔木名。《诗经·小雅·湛露》:"其桐其椅,其实离离。"后来这个字又用来表示桌椅的椅。桌椅的椅,本来写作倚,表示有所倚靠,改成木旁,不能说没有道理,但没有想到与树名椅成了同形字。

4. 若

《说文》:"若,择菜也。一曰杜若,香草。"若作香草讲,古书有

---

① 参李荣《汉字演变的几个趋势》,《中国语文》1980 年第 1 期。

用例。战国宋玉《神女赋》:"沐兰泽,含若芳。"择菜义不常见,用一个字表示这两个词,未必考虑到字形会发生混同。

5. 炮

《说文》:"炮,毛炙肉也。"意思是把兽类带毛的肉放在火上烧烤,读 páo。《诗经·小雅·瓠叶》:"有兔斯(白)首,燔之炮之。"兵器的意思本写作礮,又写作砲,是一种抛出石块打击对方的机械,故从石。后来因为有了火器,就改从火,也是一组同形字。

6. 咳

《说文》:"咳,小儿笑也。孩,古文咳从子。"依《说文》的分析,"咳"和"孩"本是异体关系(孩的孩童义即由此而来),指婴儿笑。《老子》二十章:"如婴儿之未孩。"咳又读 ké。指咳嗽。这个意思《说文》作"欬"。《说文》:"欬,屰气也。从欠亥声。"后又作"咳"。《正字通》:"咳,与欬同。"《春秋繁露·五行逆顺》:"轻百姓之性命,则民病喉咳嗽。"这样咳又和欬成了一对同形字。咳后来又读 hāi,是一个叹词。清李玉《精忠谱·闹诏》:"咳!你假传圣旨,思量吓咱。"咳的这三个读音表示三个毫无关系的词,构成了一组同形字。

第二,汉字发展的总趋势是由繁趋简(包括字数的减少和每一个字笔画的减少),这种趋简的发展造成了字形的变化和字形的混同。比如隶变之后,有些原来不同的字形就合成了一个。如甲胄的胄,原来是从冃(音 mào,表示头衣)由声;胄裔的胄,原来是从肉由声(从肉表示与血缘有关)。隶变之后字形相同了。汉字的简化也造成了一些同形字。在"简化字"一节中,我们曾说到几个繁体字原来没有关系,简化后变成了一个简体字,这一个简体字表示了几个词,也就是一组同形字。比如"几",原是古人坐时供凭靠的一种低矮的家具,后来又作了"幾"的简化字,就成了两个同形字。这里就不再多举例了。

由上面的例子还可以看出:同形字所表示的几个词在意义上

是没有关系的;其次,人们在创制一个同形字的时候往往考虑的是这个字的字形结构与所表示的词义的关系,并不怎么考虑造出的字会与别的字形混同。用"饱"表示一种食物,是着眼于它的义符"食";用"炮"表示一种火器,是着眼于义符"火",如此等等。

3.1.2 同形字和下面要讲的假借字不一样。同形字是在文字演变的过程中出现的,从某种意义上讲,把新出现的同形字看作一个创制的新字也未尝不可,而假借字是把已有的某个字借过来使用。一个是造字的问题,一个是字的借用问题,性质是不同的。其次,汉字的假借是有条件的,借过来的那个字要和借以表示的词的读音相同或相近,借用是"有选择"的,而同形字只是一种无意的偶合。

3.1.3 了解同形字,一方面使得我们对汉字和词的对应关系有一个更全面的认识,另一方面,对于阅读古书也是有帮助的。如果甲字和乙字是一对同形字,我们就不能拿甲字的意义去解释乙字,比如我们不能拿椅子的意思去解释《诗经》中的树名,也不能用枪炮的意思去解释《诗经》中的"炮"。

第四节 假借字

4.1.0 在古代汉语中,"假"有借的意思(和真假的"假"没有关系)。在《说文解字叙》里,许慎把假借归为六书的一类,下的定义是"本无其字,依声托事"。① 对于假借字,首先应当明确它的性质。假借是汉字在记录词语的时候的一种借用,是属于文字的使用问题;研究假借字,根本的目的是要探求借用的那个字表示的是

---

① 《说文解字》对假借字的定义和假借字的一般分类,请参阅本书文字部分的有关说明。有的把本无其字的假借叫做假借,把本有其字的假借叫做通假,我们这里不作区分。

哪一个词,所以这也是一个汉字和词的对应关系问题。

4.1.1 关于假借字的性质,根据学者们的一般意见,我们可以用一个图示来说明(图中的虚线表示假借关系):

这个图示表明:

1. a 这个字原是表示 A 词的,由于种种原因,在使用时又借用来表示 B 词,这时候我们就说 a 是一个假借字。

2. a 字本来没有 B 词的意义,这个意义是由于 B 词的意义寄托于 a 字之上(这就是"依声托事"的"托事")才产生的,这就是所谓的假借义。可见假借义是对 a 字而言,词无所谓假借义。

3. 如果 B 词原本应由 b 字表示,我们就说 b 字是本字,可见本字是对假借字而言,都是就与词的关系来说的。本字可能有,也可能没有(图示中用括号表示)。如果有,通常就说 a 通 b。

4.《说文》里讲的"依声",实际上讲的是 A、B 两词的读音(古代的读音)相同或相近。

4.1.2 清代学者王引之说,遇到假借字,应当"改本字而读之"。① 这句话实际上是说要弄清一个字借用后表示的是哪一个词。解决这一问题有几点应当注意。

第一,从根本上说,文字既然是记录语言的符号,那么文字和语言就不在一个层面之上,所以不能把某个字简单地看作就是某个词(这一方面训诂学是有不足的)。就汉字而言,由于它是一种语素文字,我们往往比较看重它的字形结构而忽视它表示的声音。

---

① 见《经义述闻》卷三十二。

第七章　古代汉语中词汇与文字的关系

《诗经·卫风·氓》："士之耽兮，犹可说也；女之耽兮，不可说也。"郑玄笺："说，解也。士有百行，可以功过相除。至于妇人无外事，维以贞信为节。"清代学者王先谦的《诗三家义集疏》说："言男子过行，犹有解说之词，夫人从一而终，失节则无可言矣。""说"在这里假借为"脱"，是一个借字；把"说"解释为解说，原因之一就是过分拘泥于字形。清代学者王念孙说："训诂声音明而小学明……若夫辨点画之正俗，察隶篆之繁省，沾沾自谓得之，而于转注假借之通例茫乎未之有闻，是知有文字而不知有声音训诂也。"[1]王念孙的话说得是很透彻的，我们应当牢记。

第二，假借的条件必须是读音（指古音）相同或相近。王力先生在《训诂学上的一些问题》一文中指出，"如果仅仅是叠韵，而声母相差很远，或者仅仅是双声，而韵母相差较远"，就应当慎重对待。但只有这一个条件（指古音相同或相近）还不够，"如果没有任何证据，没有其他例子，古音通假的解释仍然有穿凿附会的危险。"这第二个条件所以重要，是因为语言的根本特质之一是它的社会性，如果某个字的一种用法只是"偶一为之"而没有有力的旁证，也不能简单地看作是古音通假。

第三，如果一个字的本义和假借义都是经常用到的，在一句话中两个意义都解释得通，便可能发生歧解，需要认真分辨。《论语·先进》："莫春者，春服既成，冠者五六人，童子六七人，浴乎沂，风乎舞雩，咏而归。"汉代的包咸解释说："歌咏先王之道，归夫子之门也。"王充《论衡·明雩》解释为咏而馈："咏而馈，咏，歌；馈，祭也。歌咏而祭也。"把"归"解释为馈，原因之一是因为归有这样一个假借义。再比如《左传·昭公元年》："不靖其能，其谁从之。鲁叔孙豹可谓能矣，请免之以靖能者。"杜预注："安靖贤能，则众附从。"依杜注的看法，"靖"不是假借字。王引之对此有不同

---

[1] 见《说文解字注序》。

意见:"靖有表章风劝之义,靖当读为旌。旌,表也。言鲁使本当戮,其以能是二者而免之,所以表章之也。"①王引之的意见是对的。

有时候文献中经常使用的是一个字的假借义,而这个字本来表示的意义又经常借用另一个字表示,便会造成一种错综的情况,也需要仔细辨明。比如文字部分提到的"何",本义是担、扛。《诗经·小雅·无羊》:"何蓑何笠。"但何的这个本义用得并不多,在文献中经常见到的是它的假借义(用作疑问代词)。而它的本义(担负)又常借用"荷"字来表示。从字和词的关系看,它们的关系是:

词义	本字	文字的使用
负荷	何	荷
疑问代词	( )	何
莲	荷	荷

第四,通常认为,一个字(图示中的 a)原来表示的词(图示中的 A)和借用来表示的词(图示中的 B)是没有关系的。一句话中某个字的意思是某个词的引申义还是这个字的假借义,有时不好判断,也应当引起注意。这个问题放在词义的发展变化部分讨论。

4.1.3 在先秦至汉的文献里,假借字用得很多,给我们阅读古书造成了不小的困难,需要时时留意。古人对汉字的借用早有认识,除了《说文解字注》《说文通训定声》这一类的著作对假借字有比较集中的说明,散见于典籍中的古注也有解释。古注在解释一个字的借用时有以下有几种常见的说法。

1. 以本字为训释词,直接说明一个字的假借义。《诗经·小雅·棠棣》:"兄弟阋于墙,外御其务。"毛传:"务,侮也。"郝懿行

---

① 《经义述闻》卷十九。

《尔雅义疏》:"《诗》'外御其务',《左氏僖二十四年传》及《周语》并作'外御其侮',是务借为侮。"

2. 一般用"读为、读曰"说明本字和借字的关系("读曰、读为"的后面是本字,前面是假借字)。《荀子·劝学》:"君子生非异也,善假于物也。"王先谦集解引王念孙:"生读为性。"《书·尧典》:"播时百谷。"郑玄注:"时读曰莳(种植)"。用这两个术语既注了音,又释了义。

3. "读若、读如"。这两个术语一般是用来注音的,有时也用来说明假借字("读如、读若"的后面是本字)。《礼记·儒行》:"虽危,起居竟信其志。"郑玄注:"信,读如屈伸之伸,假借字也。"

4. 明确指出是假借关系。《孟子·公孙丑上》:"以齐王,由反手也。"清代焦循的《孟子正义》引《音义》云;"由,义当作犹,古字借用耳。"

对古代注释家的这些说明我们应予以充分的重视。

第五节　区别字

5.1.0　本书文字部分在说明汉字的分化的时候,曾谈到古今字。古代的学者很早就已经使用这个术语。比如:

《礼记·曲礼下》:"君天下曰天子,朝诸侯,分职授政任功曰予一人。"郑玄注:"《觐礼》曰:伯父实来,余一人嘉之。余、予古今字。"

作为第一人称代词,较早的古籍(如《尚书》《诗经》)多用"予",晚一点的(如《左传》)多用"余"。郑玄把这样一种现象称作古今字。古人对古今字这个术语用得比较宽泛。比如上面的例子就是前后用字的不同。还有的把异体字、假借字也称作古今字的。后来对古今字的看法渐趋严格。

清代学者王筠对古今字有一个总结性的说明。他在《说文释例》卷八《分别文、累增字》中把古今字区分为分别文、累增字两大类。其中累增字举出的例子有：重复的"复"（古文写作"复"），后写作"復"（古文写作"復"）。因，又写作"捆"。这样的例子，前后两个字的音义没有任何区别，表示的是一个词。其次，也正是由于表示的是一个词，虽然造出了一个"今字"，但用的还是其中的一个字，另一个字则废不用。如用"因"不用"捆"，用"復"不用"复"（简化后用"复"是另一回事）。这里把古今字称作区别字，一方面为了严格限制术语的使用范围，另一方面是考虑到用区别字这个术语能够更清楚地显示汉字与词的对应关系。

5.1.1 下面要讨论的区别字指的是这样一类情况：由于词义的引申或文字的假借，某些汉字的意义或用法发生分化，需要另加偏旁在字形上加以区别，后来加偏旁的那个字就是区别字，原来的那个字称作本原字。① 这里说的区别字不包括王筠说的上面那类例子。

5.1.2 区别字所表示的意义类型，我们可以通过下面的例子观察：

1.《吕氏春秋·察今》："澭水暴益。"
2.《庄子·天下》："飞鸟之景，未尝动也。"
3.《孟子·公孙丑上》："若火之始然，泉之始达。"
4.《孟子·告子上》："所恶有甚于死者，故患有所不辟也。"

以上第1例的"益"，后来写作"溢"；第2例的"景"，后来写作"影"；第3例的"然"，后来写作"燃"；第4例的"辟"，后来写作"避"。考察以上四例大致可以看出区别字表示的意义类型：第1例"溢"表示"益"的本义，第2例"影"表示"景"的引申义，第3例

---

① 由一个字孳生出另一个字，前后两个字的关系有的书叫做古今字。我们这里把前面的那一个字叫本原字，孳生出的那个字叫区别字。本原字的概念参挪绍愚《古汉语词汇纲要》第四章第七节，北京大学出版社，1989年。

"燃"表示"然"的本义,第4例"避"表示"辟"的假借义。研究者通常以下面的方式表示本原字和区别字的关系:

表一

原由	本原字	区别字
引申	益(表引申义)	溢(表本义)
	景(表本义)	影(表引申义)
假借	然(表假借义)	燃(表本义)
	辟(表本义)	避(表假借义)

从上表可以知道,区别字表示的意义有三类:本义、引申义和假借义。图表中的"原由"一项,表示区别字孳生的原由。可以看出,区别字的产生有两个方面的原因,一是由于词义的引申。词义引申之后,本原字要承担更多的职能,其中的一部分职能就要由新生的区别字承担:如果由本原字表示本来的意思,那么引申出来的新意思就由区别字承担,如"景"和"影";如果引申出的新义由本原字承担,那么就由区别字表示本来的意思,如"益"和"溢"。产生区别字的另外一个原因是字的借用。一个字借用之后,它的负担也会增加,如果一个字(如"然、辟")既要表示本义,又要表示假借义,也不利于充分发挥文字记录语言的功能,就要由区别字("燃、避")承担其中的一种意义。当然在开初的阶段,本原字同区别字的使用是有交叉的,就是说前后两个字表示的也可能是同一个意义或者说同一个词(见下文),比如说"益"和"溢"都表示溢出。以上是就总体情况而言。

5.1.3 我们还可以从字和词的对应关系的角度来观察区别字的功能。我们注意到,本义和引申义是就一个词的范围来说的,而以上举出的本原字和区别字实际上表示的是两个词。试比较:

益:增益——溢:溢出　　景:阳光——影:影子
然:代词——燃:燃烧　　辟:法度——避:避开

这样我们可以用另外一个表来表示本原字和区别字的关系:

表二

原由	本原字表示的词	区别字表示的词
引申	益(表滋生词)	溢(表本原词)
	景(表本原词)	影(表滋生词)
假借	然(表借表词)	燃(表本原词)
	辟(表本原词)	避(表借表词)

表二与表一的不同是,把本原字和区别字表示的不同意义改成了表示不同的词。为了表述的方便,我们把一个字原本表示的词叫本原词(对应表一中的本义),由于词义的变化而生成的新词叫滋生词(对应表一中的引申义),一个字借用后表示的词叫借表词(对应表一中假借义)。① 滋生词和借表词都是对本原词而言的。

由图示可以看出:区别字和本原字表示的是两个词。

5.1.4 以上四类,特别应当注意的是第 1 类(益/溢)。一个字的本义和假借义分属于两个词,也就是说本原词和借表词是两个词,这是好理解的。由于词义的变化而生成的新的语义单位能不能说是一个新词呢?这里又有两种情况:一种是读音有变化,如"景"和"影","影"是一个新的词,这就是所谓音变构词(参第六章的有关论述)。另有一种是读音没有变化,如"益"和"溢"。两个字的读音虽然相同,意义也有联系,但它们的意义有明显的区别;不同的意义一直由两个不同的字形分别标示(这可以与上面说到的王筠所举的累增字进行比较),也应当看作是一个新的词,这就是义变构词。王力先生说:"汉字都是单音节的,因为汉语滋

---

① 滋生词的有关知识,参王力《汉语滋生词的语法分析》,《王力文集》第八卷,山东教育出版社,1990 年。

生词不可能是原始词加后缀,只能在音节本身发生变化,或者仅仅在声调发生变化,甚至只是字形的不同。这是汉语滋生词的特点。"①"溢"和"益"的不同就是"只是字形的不同"。这段话指明了汉语滋生词的特点,说明音变构词和义变构词同样是汉语滋生新词的两种重要类型。类似"益——溢"的例子如:

1. 昏——婚 《诗经·邶风·谷风》:"燕尔新昏,如兄如弟。"
2. 竟——境 《左传·宣公二年》:"亡不越竟,反不讨贼。"
3. 反——返 《孟子·梁惠王下》:"比其反也,则冻馁其妻子。"
4. 取——娶 《诗经·齐风·南山》:"取妻如之何?必告父母。"
5. 保——堡 《庄子·盗跖》:"所过之邑,大国守城,小国入保。"
6. 左——佐 《诗经·商颂·长发》:"实左右商王。"

5.1.5 由于区别字产生的原因之一是汉字的假借,有的本原字并不经常用来表示本原词,经常表示的倒是借表词,这样便会产生一些复杂的情况,需要仔细辨析。比如:

1. 戚

本义是一种斧头状的兵器。《说文》:"戚,戉也。"《韩非子·五蠹》:"是干戚用于古,不用于今也。"在古书中,又借用表示悲伤义。《庄子·大宗师》:"哭泣无涕,中心不戚。"这个意义后来又写作"慼(慽)",表示其本义的后来又写作"鏚"。这样一来,一个本原字就有了两个区别字。后来的亲戚义也是它的假借义,不过并没有为这个假借义再造一个区别字出来。

2. 氣——餼

---

① 王力《汉语滋生词的语法分析》。

"气"的繁体"氣",从米气声,读 xì,本指送人的粮食或饲料。后借用来表示云气的气,为表示其本义,又造出一个区别字"餼"。"氣"的本义反而不大为人所知了。

3. 猒——厭——壓——饜

文字部分曾举到"厌",这个字繁体写作"厭"。《左传·隐公元年》:"姜氏何厭之有?"厭读 yàn,是满足的意思。又《襄公三十一年》:"栋折榱崩,侨将厭焉。"厭又读 yā。这里一个字形就有了两个读音,两个意义。作满足讲的厭,本来写作"猒"。压迫的意思本应写作"厭",作满足讲是它的假借义。为表示厭的本义,又造了一个区别字"壓";为表示其假借义,也造一个区别字"饜"。从字与词的对应关系看,它们的关系是(用箭号表示区别字):

词义	本字	文字的使用
满足	猒	猒 厭——饜
压迫	厭	厭——壓

5.1.6 在古汉语词汇的研究中,把有共同语源的一组词叫做同源词,把用来记录一组同源词的几个形体不同的字叫同源字。同源字与同源词也是字与词的对应关系问题,我们放在第十章第五节一起讨论。

第八章 古汉语词汇中词的意义

第一节 对词义的基本认识

一

1.1.0 这里讲的词义是词的词汇意义。词的意义是古汉语词汇研究的最基本的内容,所以对其必须有一个正确的认识。一般认为,词的意义是客观事物在人们头脑中的概括反映,这种反映通过一定的语音形式显示出来。换句话说,词义是用语音形式固定下来并加以体现的人们对客观事物的一种认识和评价。所以把握词义关系到两个方面:一是意义与客观事物的关系,还有一个就是与人们认识的关系。

1.1.1 对一个词的意义加以研究就会发现,词的各种意义的性质并不相同。现代语义学对词义做了比较细致的分析,大致可以归纳如下。①

（一）理性意义。理性意义又称概念意义,它反映人们对客观对象的基本认识,显示人们对不同客观对象的区分,是词义的核心和最稳定的部分。如《说文》：

州,水中可居曰州。

---

① ［英］杰弗里·利奇《语义学》第二章《七类不同的意义》,上海外语教育出版社,1982年。

相,省视也。

川,贯穿通流水也。

而,颊毛也。

(二)联想意义。一个词在长期的运用中,由词义的基本特征而产生出对另一些特征的联想,由此而生成的意义叫联想意义。比如"女"这个词,理性意义是女性,由女性又生出柔弱、幼小义。《诗经·豳风·七月》:"猗(引,拉)彼女桑。"唐代的孔颖达解释说:"女是人之弱者,故知女桑柔桑。"宋代朱熹的《诗集传》说:"女,小桑也。"古诗文中把城上的小墙称作女墙、女垣,也是这个道理。软弱、幼小就是"女"的联想义。词的联想意义往往在具体上下文中才可以显示出来,所以又称作隐含意义。

(三)社会意义。由于社会环境、时代背景、思想观念、职业阶层等的不同而产生的意义就是社会意义。比如"朕"最初是个一般的第一人称代词,后来专指帝王;"百姓"原可指百官,后来指平民,都与社会的变化有密切关系。

(四)色彩意义。对理性意义而言,色彩意义是一种附加意义。色彩意义主要指词的感情色彩和风格色彩。感情色彩就是通常说的褒义和贬义,它显示说话人的好恶。风格色彩又叫语体色彩,同样的意思,书面语用词典雅,口语用词通俗;重要的场合用词庄重,一般的场合用词随便,显示出不同的风格色彩。

1.1.2 词义有三个基本的特点,必须予以充分的注意:(1)词义的概括性;(2)词义的社会性和民族性;(3)词义的模糊性。

1.1.3 在认识词义和确定词义的时候,必须注意考虑以下几方面的关系:(1)词义与概念(指逻辑上的概念,下同)的关系;(2)词义与所指事物的关系;(3)词义与语音的关系;(4)词的组合关系和聚合关系;(5)就古汉语词汇来讲,还要特别注意词义与汉字的关系。

二

1.2.0 词义和概念的关系涉及词义的民族性。词义与概念是有关系的,但词义并不就是概念。概念属于逻辑范畴,而词义属于语言范畴,是语言中词这一级语义单位的内容部分,它和一定的语音形式相结合,有鲜明的民族特点。其次,概念有真概念和假概念之分,词义则没有正确和错误之分(释义才有正确不正确的问题)。第三,上面说到词义和人们的认识有关,这里说的人们是某一特定语言社团的人。也就是说,不同的民族面对的客观事物是大致相同的,但他们的认识未必完全一样,这种不同认识必然反映到语言中来。有学者指出,阿拉伯语有相当多的词用来表示不同种类的骆驼,而英语却有多种多样的词表示不同种类的狗。① 这说明,不同的语言有不同的词汇系统,或者说操各种语言的人都以不同的认识方式对客观世界进行分类,从而使语言形成不同的意义格局。

不仅如此,同一种语言在不同的时代也有不同的词汇系统。这是语言社会性的体现。试比较古汉语和现代汉语关于人体运动的几个词:

古:奔——走——趋——行
今:跑——走

我们看到,有关人体运动的词从古到今有较大的变化,不仅是个别词义的变化,而且是整个格局的变化。前面说过,我们现在用"红"表示的颜色,古代不光有朱、赤这样的词,还有更细致的分类。如《尔雅·释器》:

---

① [英]琼·艾奇逊:《现代语言学入门》,120页。北京语言学院出版社,1990年。

一染谓之縓(quàn,浅红色),再染谓之赪(chēng,比縓稍红),三染谓之纁(xūn,比赪稍红)。

以上三个词现在都不用了,旧词的消亡也使得词汇的格局发生了很大的变化。

　　1.2.1　词义和逻辑的关系也涉及对词义变化的认识。比如《说文》:

　　人,天地之性最贵者也。

　　玉,石之美有五德者。

现代的字典对"人"和"玉"的释义要科学得多,能不能说这两个词的意义发生了很大的变化或者说深化了呢?不能。第一,要把词义和对词的释义区别开来。对人和玉,古人是完全理解的,和我们的理解没有很大的不同。但是在解说词义时,由于角度的不同或表述得不够圆满,未能将一个词的意义完全地正确地表达出来,那是另一个问题。比如《说文》对玉的解释就是一种文化义,而不是一般的语文义(见本节下文)。第二,最重要的一点是,语言是约定俗成的,词义也是如此。约定俗成就是指语言的社会性和全民性。比如"心"这个词,《现代汉语词典》(以下称《现汉》)列出的第二项释义是:

　　通常也指思想的器官和思想感情等:心思、心得、用心、谈心、一心一意。

概念是反映对象的本质属性的思维方式,而心是不能够思想的;依据这个标准,上面的释义就是不科学的。在科学进步的今天所以还要这样解释,就是因为它是词义而不是概念,这个意义已经被全社会接受。

三

　　1.3.0　前面所说的词义与所指的关系也是我们认识词义应

当注意的。这里说的所指有两方面的意思。

第一,一个词所指事物本身的实际状况。比如说"车""船",从古到今,制作的材料和形制都发生了很大的变化,但这种变化是事物本身实际状况的变化,而不是词义的变化。一种语言中的词处在既相对立又相联系的关系之中,一个词的词义指的是这个词在与其他相关的词构成的对立关系中所处的位置。从古到今"车、船"的对立关系没有变化,所以它们的词义也没有变化。

第二,所指是说一个词在特定的上下文中实际上指的是什么样的事物、动作或情态性状。比如:

李白《古风》五十九首之三:"挥剑决浮云。"

杜甫《饮中八仙歌》:"挥毫落纸如云烟。"

挥剑和挥毫,两个挥的动作是不一样的,这就是所指。

1.3.1 现代语义学的一个基本观点是要将词义(sense)和所指(reference)区别开来,尽管二者有密切的关系,但词义并不就是所指。第一,就词来讲是一个,但不同的上下文中所指的具体对象可以有不同。上面两例中的"挥",词义是一样的,但所指不一样。再比如"侄"这个词,《颜氏家训·风操》说:"按《尔雅》、《丧服》经、《左传》,侄名虽通男女,并是对姑之称。"就所指而言,侄或指男,或指女;就词义而言只有一个,侄的词义是在与姑的对立中确定的。第二,所指的对象是一个,但词义并不相同。德国学者弗雷格举过一个典型的例子:暮星和晨星虽然是同一个星辰,但这两个名称具有不同含义。中国古代学者对这种不同的含义也做过说明:

《诗经·小雅·大东》:"东有启明,西有长庚。"朱熹《诗集传》:"以其先日而出,故谓之启明;以其后日而入,故谓之长庚。"

弗雷格所讲的情况在古汉语中并不罕见:

《左传·僖公三十一年》:"礼不卜常祀,而卜其牲、日。

牛,卜日曰牲。"杜预注:"既得吉日,则牛改名曰牲。"就实际所指讲,牛还是那一个,但"牛"和"牲"的意义不一样。

1.3.2 把词义与所指区别开来,换一句话说,就是要将言语义和语言义区别开来。瑞士语言学家索绪尔认为,语言和言语不同,它是"言语活动的社会部分,个人以外的东西"。他特别强调要把二者区分来。① 言语是对语言的运用,它是个人的活动,我们在古书中看到的一句一句话都是古人言语的记录。就研究古汉语词义来说,我们看到的一个词在不同语境中显示出来的具体意义都是一种言语义,也就是我们上面说的所指的第二方面的意思。上面举到的挥剑的挥不同于挥毫的挥,就是言语义的不同。言语活动是个人的,而语言则是社会的,语言义是对言语义的抽象和概括。我们所说的词义和下面要讲的义位、义素都是语言义而不是言语义。确定言语义是研究词义必不可少的一步,但我们的目的是在研究言语义的基础上探求语言义。有的字典在解释"盘"的时候列有下面两个义项:

1. 蟠曲;环绕。张勃《吴录》:"钟阜龙盘,石城虎踞。"
2. 盘旋;绕着圈子走或飞。韩愈《雉带箭》:"将军欲以巧服人,盘马弯弓惜不发。"范成大《晚步吴故城下》:"柱杖前头双雉起,浮图绝顶一雕盘。"

第1例中,因为是龙,所以把盘解释为蟠曲、环绕。第2例中,因为是马,所以解释为盘旋;因为是雕,所以解释为绕着飞。很明显,飞的意思是从雕来的,不是盘这个词固有的。无论是对龙和马还是雕,盘都有环绕的意思,环绕是对各种具体意义的概括和抽象,这才是它的语言义。所以我们认为字典的这种释义是一种言语义或者说所指义,不是语言义。王力先生在《训诂学上的一些问题》中说:"我们只应该让上下文来确定一个多义词的词义,不

---

① 《普通语言学教程》中译本,35—36页。商务印书馆,1980年。

应该让上下文来临时'决定'词义。前者可以叫'因文生义',后者则是望文生义。二者是大不相同的……因文生义比较有客观的标准,各家注释比较容易趋于一致;望文生义则各逞臆说,可以弄到'言人人殊',莫衷一是。"① 这一段话应当成为我们研究词义的基本原则。

1.3.3 在古代的注释中,经常有所谓随文释义的情况,对词义的解释很多就是言语义。《说文》:"䀠(瞿),左右视也。"《诗经·齐风·东方未明》:"狂夫瞿瞿。"毛传说:"瞿瞿,无守之貌。"又《唐风·蟋蟀》:"良士瞿瞿。"毛传说:"瞿瞿然顾礼仪也。"瞿瞿是惊顾四视的样子。毛传的解释前后不一,是一种随文释义。对此段玉裁解释说:"(毛传)各依文立义,(瞿瞿)而为惊遽之状则一。"段玉裁的话是对的。依文立义的义就是言语义,段玉裁说的惊遽之状是对词义的概括。

四

1.4.0 上面我们曾经说到《现汉》对"心"的第二项意义解释好像不够科学,但这样的解释又是大家所认可的。而《现汉》对"心"的第一项意义的解释就非常的科学,这个释义用了一段很长的话对心脏的结构和生理功能作了详细说明。两项释义有明显的不同。第一项意义的解释虽然科学,但并不是所有的人都能掌握的;第二项释义虽然不够科学,但这是大家所理解并经常运用的。我们把第一项的释义叫做术语义,把第二项的释义叫做语文义。

再比如对"光"的解释,《现汉》也用了很长的一段话从光学的角度作了解释。《新华字典》(以下称《新华》)的释义是:

照耀在物体上能使视觉看得见物体的那种物质,如灯光、

---

① 《王力文集》十九卷,山东教育出版社,1990年。

阳光等。

《说文》的释义是：

光,明也。

比较起来,《现汉》的解释科学、精确,但掌握这个意义的是少数人;《新华》和《说文》的解释不够科学,但能为大家了解和运用。由此可见,对一部分词来讲,同一个词可以有不同的意义,一种意义揭示的是一种科学概念,这种意义可以使人们对事物有一个科学的本质的了解,我们把这一类意义称作词的术语义。另有一类意义反映一般人对事物的认识和评价。这种认识和评价既可能是人们对事物的一种本质的、全面的认识,也可能是一种非本质的、表象的认识,我们把词的这一类意义称作词的语文义。我们掌握词义,首先应当了解词的语文义。前面讲到,社会性是语言的根本特质之一,词的语文义就是语言社会性的体现。至于术语义,那是少数专门人才需要掌握的。

在《说文》中,很多释义都是语文义:

陆,高平地。

泳,潜行水中也。

匍,手行也。

匐,伏地也。

色,颜气也。

1.4.1 《说文》中也有一些解释在今天看来是不妥当的:

一,唯初太极,道立于一,造分天地,化成万物。

三,数名,天、地、人之道也。

示,天垂象,见吉凶,所以示人也。

从语言的角度看,"一"和"三"都是数词,与道无关。"示"的意思是显示于人,非专指吉凶。对这样一些很普通的词语,古人并不是不明白它们的意思。这样的释义既不是语文义,也不是术语义,释义所显示的是一种特定的政治思想、伦理观念或者道德准则,释义表达的实际上就是我们前面说的社会意义,是一种文化义(不过这样一种表达有的只是一种释义,并不一定就是一个单独的义位)。

文化义往往带有强烈的时代色彩,反映了一个时代的思想文化背景。比如《说文》中一些释义:

妇,服也。

王,天下所归往也。

山,宣也。宣气散,生万物,有石而高。

鬼,人所归为鬼。

对于文化义,我们要作具体的分析,很多这样的释义在我们看来是荒谬的,但它所反映的思想认识和文化背景又值得我们研究。

1.4.2 学习古汉语词汇,我们要经常接触古人对词义的训释,而有一些古代的训释不是那么精确分明的。其中很值得注意的一点就是词的语文义、术语义、文化义有时候是混杂在一起的。比如上面《说文》对"山"的解释,前面是文化义,后面就是语文义,这需要我们细致分辨。这三种词义类型比较起来,最重要的是掌握词的语文义。如果是一个多义词,那么这个词可能既有语文义,也有术语义或者文化义。比如"道"这个词,道路是它的语文义。在古书中又指道家、仙术,这是它的文化义。"水"这个词,如果从化学的角度说明它的性质,这是术语义。《孟子·告子上》里说"夏日则饮水",用的是它的语文义。在较早的古书中,"江""河"常专指长江和黄河,一般的河流常称作"水",也是它的语文义。

第二节 义 位

一

2.1.0 有的词有一个意义,有的词有几个意义。我们把词的每个意义称作义位。词是一级语义单位,义位是词下面的又一级语义单位。大致来说,一个义位相当于词典中列出的一个义项。但两者并不是等同的:第一,义位是对词而言,不是对字而言的,而字典词典对字和词的划分并不是很严格的。前面说过,汉字与词存在着复杂的对应关系(见第二章),每一个字头对应的不一定就是一个词,所以词典中一个字的下面列出的义项并不一定就同属于一个词;如果一个字头对应的是几个词,那么它下面的义项就是分属于几个词的义位了。一个字对应几个词,有的好判断,有的不好判断。比如在字典中,"播"有播种的意思,又有流亡的意思,能不能看作是一个词的两个义位,就值得考虑。就古汉语词汇来看,很多是不好判断的。第二,通常认为,词是由语素构成的。一个字的下面列出的几个意义即使有明显的联系,其地位也不一定是等同的。比如"兵",字典通常列出的义位有三个:(1)士兵。(2)兵器(短兵相接)。(3)战事(兵不厌诈)。现代汉语中的这三个义项只有(1)可以单用,后两个都是不能单用的。再比如"书",买书的书和书写的书,字典也都作为两个义项列入;不过前一个能够单用,后一个不能够单用。一般认为,词(这里指实词,下同)是能够单说单用的,如果一个语义单位不能单说单用,应当看成是语素而不是词。这就是说,字典中列出的既有词义,也有语素义。语素义往往是古义的遗留,它和词义在语义系统中的地位是不一样的。即使都看作义位,也应当区分开来。

2.1.1　义位的划分对于学习古汉语词汇是十分重要的。研究古汉语词汇的主要目的就是要了解古代汉语词汇的系统及其变化,一个语义系统是由若干语义单位构成的,所以必须首先确定研究的语义单位。就古汉语词汇来说,词(或者说语素)和义位的界限有时不是很清楚的;同义关系、反义关系等词义关系的研究都要以义位为单位,所以在各级语义单位中,义位是特别重要的一级。在传统的语文学中,由于语义单位的区分不够明确,不可避免地就出现了一些混淆。比如《尔雅·释诂下》:

艾、眜(mò),相也。

"相"的意思是仔细观察,引申为治理,这是两个不同的义位。上面的两个词,眜是看的意思;"艾"同"乂"(yì),是治理的意思。把两个不同的义位放在同一条里用一个"相"字解释,就可能造成误解。再比如《释诂上》:

绩,事也。

《释诂下》:

绩,业也。(晋·郭璞注:"谓功业也。")

绩,功也。(晋·郭璞注:"谓功劳也。")

以上对绩的释义共有三条。把"事"和"业、功"分开是对的;"业"和"功"要不要分作两条,就要看这是不是两个义位,如果是一个义位,就应当合成一条。

二

2.2.0　明确了义位的概念之后,接下来要讨论的就是如何归纳义位。义位的归纳是一个复杂的问题,有些问题还没有完全解决。比如"奋"这个词,《现汉》列出的第二义项是:

摇动;举起:奋臂高呼,奋笔疾书。

用"摇动、举起"来表述一个义位是否恰当呢?就需要斟酌。在归纳义位的时候,下面几点是应当注意的。

第一,要将言语义和语言义区别开来。语言义和言语义的区别,我们前面已经说到。我们说的义位是语言义,不是言语义。前面我们说到有的字典对"盘"的义项划分不当,就是因为在划分的时候考虑的是言语义而不是语言义。再比如"为"这个词,《中华大字典》列出的几个义项是:

(4)学也。《论语·述而》:"抑为之不厌,诲人不倦。"

(7)敷也。《礼记·曲礼上》:"则主人请入为(铺陈)席。"

(9)解说也。《孟子·告子下》:"固矣,夫高叟之为诗(指《诗经》)也。"

这三个义项也都是言语义。"为"的基本意思是做,从事某种活动,不能因为所带宾语的不同就无限制地加以区分。上面说到《现汉》列出的"奋"的第二义项也是言语义。"奋"的意思是有力地动,至于这个动作具体是什么样子,那是它的言语义。把"摇动"和"举起"分作两个意思,依照的是言语义,这是不妥当的。

第二,义位的划分与实际事物的区分要区别开来。前面讲到所指有两方面的意思。其中一个方面就是与某个词相联系的事物本身的实际状况。比如"臭",《玉篇》说:"香臭之总称也。"它的意思是气味。气味有各种各样的,可以分为香气、臭气等不同的气味,但这是事物本身的区分(这种区分有的可以在上下文中显示出来),但不能因此就分为两个或几个义位。

第三,词义的转移是词义范围的一种变化(参第九章第四节),一个词的意义转移之后,其意义由一个意义范围到了另一个意义范围,自然就应当分为两个义位。比如"汤",原指热水,后来又指菜汤等,两个意思分属于两个不同的义场①,应当分作两个义

---

① 义场的说明参见贾彦德《汉语语义学》的有关说明。

位。再比如"信"的下面两个意思：

1. 信使。《世说新语·雅量》："谢公与人围棋,俄而谢玄淮上信至。看书竟,默然无言。"

2. 书信。唐元稹《书乐天纸》："不忍拈将等闲用,半封京信半题诗。"

信使指人,书信是一种文字资料,意义范围不同,也应分作两个义位。①

第四,由个别到一般,由具体到抽象,这是词义变化的规律。一般地说,个别和一般、具体和抽象应当分作两个义位。比如前面提到的"奋",《说文》："奋,翚(huī)也。"又："翚,大飞也。"大飞就是有力地飞。《淮南子·时则》："鸣鸠奋其羽。"由此引申为有力地动作。"奋"的后面可以带很多的宾语,如"奋臂、奋笔、奋袂、奋首、奋戈、奋蹄"等,这是词义的一般化,应当看作是另一个义位。"秀"的本义指禾类植物吐穗开花。《论语·子罕》有"苗而不秀""秀而不实"的话。后来引申为美、秀丽,这是词义的抽象化,也应当看作是另一个义位。

第五,义位既然是一种语言义,那么它在社会交际中就具有稳定性,所以一个意义能不能看作是一个义位,稳定性也是衡量的标准之一。稳定性是语言社会性的体现,它有两方面的意思：1. 一种意义不仅为个别人所理解和使用,而是为多数人所接受。2. 一种意义不是偶然使用一次或几次,而是在一个较长的时期内被使用。

2.2.1 传统训诂学中有"泛指"和"特指"的说法。泛指和特指都是对词的"本指"而言。比如"金"。《说文》："金,五色金也。黄为之长。"这就是说,金本来指金属(古书中有把铜称作"美金"、

---

① 词义转移之后语义单位如何划分还有待深入研究。也有的认为汤的两个意思可以看作两个词。

把铁称作"恶金"的),由于黄金的重要地位,又用来特指黄金。黄金就是"金"这个词的特指义。再比如"禾"这个词,《说文》解释为"嘉谷",指的是谷子。《诗经·豳风·七月》里有"禾、麻、菽、麦"的说法,"禾"与另外三种作物对举,指的是谷子。在古书中禾又泛指谷类作物。在同一首诗里,又有"十月纳(收进来)禾稼"的话,谷类作物就是"禾"这个词的泛指义。那么"金"的特指义和"禾"的泛指义能不能看作一个义位呢?从大量的文献资料看,这两个意义的使用是稳定的,应当看作两个义位。不过并不是所有的意义的使用都是这么明显,一个新出现的意义取得稳定的地位总要有一个过程,这需要做细致的考察工作。

第三节 义 素

一

3.1.0 如果把一个义位进行分解,就可以得出它的语义构成成分,这个构成成分就是义素。义素是词义的最小的语义构成成分,又叫语义特征。义素分析的基本原理可以与音位的分析比较。如果一组音有共同的区别特征,就可以构成一个音位的聚合群,放在一起进行比较;在进行比较的时候,要从发音部位、发音方法等方面进行分析,找出它们的区别所在。同样的,在进行义素分析的时候,也要把有共同语义特征的一组词(或义位)放在一起,从若干方面进行比较,找出它们的区别所在。有共同语义特征的一组词可以称为一个聚合词群(或聚合义群),进行比较的若干方面就是义素。比如"哭"和"号"(háo):

《说文》:"哭,哀声也。"《论语·述而》:"子于是日哭,则不歌。"

第八章 古汉语词汇中词的意义

又《说文》:"号,痛声也。"《庄子·养生主》:"老聃死,秦失吊之,三号而出。"

首先我们可以去确定,这两个词有共同的意思——以发声表示悲哀的情绪,可以构成一个聚合词群。根据这两个词在古书中的使用情况,可以作如下的义素分析:

哭:［人］－［带有呼号或述说］＋［表示悲哀的情绪］＋［发声］

号:［人］＋［带有呼号或述说］＋［表示悲哀的情绪］＋［发声］

再比如"刻"和"镂":

《尔雅·释器》:"金谓之镂,木谓之刻。"

《荀子·劝学》:"锲而不舍,金石可镂。"

《春秋·庄公二十四年》:"刻桓公桷(jué,橡子)。"

这两个词也是一个聚合词群,可以作如下的义素分析:

刻:［在木头上］＋［用刀具雕］

镂:［在金属上］＋［用刀具雕］

上面这样的分析可以看作是一个简单的语义表达式。

3.1.1 聚合词群有层级的不同,进行比较的聚合词群应当是同级关系。《诗经·豳风·七月》里讲:"言私其豵(zōng),献豜(jiān)于公。"依照旧注,豵是一岁的猪,豜是三岁的猪。这两个词的语义表达式是:

豵:［一岁］＋［豕］

豜:［三岁］＋［豕］

豵和豜可以构成聚合词群,是同级关系;但不能与"豕"构成同级关系,因为豕是它们的上位词。豕与"鸡、狗、羊、牛、马"可以构成同级的聚合词群,但不能与"畜"构成同级关系,因为畜是它们的上位词。其关系如下:

畜——→豕、鸡、狗、牛、羊、马——→豵、豜依这样的理解,"哭、泣、啼、号"可以构成同级的聚合词群,"刻、镂、切、磋、琢、磨"可以构成同级的聚合词群("刻"又用作上位义)。

3.1.2 确定了聚合词群之后,接下来的问题是哪些内容可以作为语义构成成分进入一个词的语义表达式。从上面的简单分析可以看出,不同的聚合词群,其构成成分是不一样的。这里有一点要注意,如我们在前面强调的,义位是语言义,不是言语义;义素既然是对义位的分析,那么义素自然也是语言义。对"镂"的分析,动作行为涉及的对象"金"是它的语义成分,具体的动作方式就不是它的语义成分。对"号"的分析,动作方式是它的语义成分,动作行为涉及的对象(如"老聃")就不是。由此可以知道,义素是在词与词(这里指同一个聚合词群中的词)、义位与义位的对立关系中确定的:哭和号构成了方式的对立,刻和镂构成了动作对象的对立。词与词的对立关系不同,语义成分的构成也就不一样。

二

3.2.0 一个义位由几个义素构成,这几个义素表示的内容是不一样的。如果把一个语义表达式简化为两项的话,其中一项是表示义位指称的对象,比如"豵、豥"指称的对象是豕,"刻、镂"指称的对象是用刀具雕。其中的另一项表示词与词之间的区别,比如"刻"和"镂"关涉的对象有区别。我们把表示指称对象的义素称为指称义素,另一项表示区别性特征的义素称作区别性义素。指称义素又叫中心义素,区别性义素又叫限定性义素。从上面的例子可以知道,一些有共同的指称义素的词(或义位)可以构成一个聚合词群(或义群),区别性义素表示在这个聚合词群(或义群)中词与词(或义位与义位)的对立关系。

我们可以根据古代的释义对一些词的义位作义素分析。如《说文》:

朴,木素也。

其语义表达式是：

  朴：[素] + [木]

  朴：[未经加工] + [木]

又比如:《说文》：

  素,白致缯也。

素是未经加工的帛。其语义表达式是：

  素：[本色] + [未经加工] + [帛]

上面的语义结构形式可以归纳如下：

  义位：[区别性义素] + [指称义素]

3.2.1 对古汉语中的词义作语义分析,离不开古代的释义。古代的释义有的比较具体。如：

  微,隐行也。

  徐,安行也。

  延,长行也。

这样的释义,我们一看就知道哪是指称义素,哪是区别性义素。也有些释义过于简单或者含混,需要我们根据古人的解释和文献资料作进一步考察。如《说文》：

  走,趋也。

《段注》："《释名》曰:徐行曰步,疾行曰趋,疾趋曰走。此析言之。许(慎)浑言不别也。"段玉裁根据《释名》的话,分析了"走、趋、步"的区别,他的看法是正确的。这三个词的语义表达式是：

  步：[速度较慢] + [两脚不同时离地] + [身体移动]

  趋：[速度较快] + [两脚不同时离地] + [身体移动]

  走：[速度快] + [两脚同时离开地] + [身体移动]

3.2.2 前面我们说到,词与词的对立关系不同,它们的语义成分也不一样,这种不同通过区别性义素反映出来。比如"哭"和"号",其区别性义素表示的是动作方式或者情状的不同,我们称这类区别性义素为特征类区别性义素。"刻"和"镂",其区别性义素表示的是涉及对象的不同,我们称这类区别性义素为事物类区别性义素。这两类区别性义素在词义的发展中起的作用不一样,应当引起我们的注意。比较下面《说文》的释义:

  挈,县(悬)持也。①

  析,破木也。②

"挈"的区别性义素是"悬"(提起来),是特征类区别性义素。"析"的区别性义素是"木",是事物类区别性义素。

三

  3.3.0 了解义素的概念,对义位进行义素分析,对于我们更清楚地认识一个词的意义,认识词和词之间的意义关系,了解词义的发展变化都是很有帮助的。③ 如《说文》:

  关,以木横持门户也。

关作名词,指插在门上的杠子,类似门闩。《汉书·杨恽传》:"闻前曾有奔车抵殿门,门关折。"这个义位的语义结构是:

  关:〔贯穿〕+〔持门户〕+〔横木〕

由此可知,贯穿是关的一项区别性义素。对词义有了这样一个认识以后,遇到"越人关弓而射之"(《孟子·告子下》)这个句子,就不难理解了。又比如弯,《说文》解释为"持弓关矢",《广雅·释诂》解释为"引",意思把箭搭在弓上开弓。汉·贾谊《过秦论》:"士不敢弯弓而报怨。"这里的弯还不是弯曲的意思。

  3.3.1 对于认识词义关系,义素分析也是有帮助的。在现代

---

① 《韩非子·储说右上》:"或令孺子怀钱挈壶瓮而往酤。"
② 《诗经·齐风·南山》:"析薪如之何?"
③ 义素和义素分析还存在一些问题需要解决,这里不作论述。

汉语中,"贫"和"穷"是一对同义词,在古代汉语中就不是。我们可以通过义素分析进行比较。如《说文》：

"穷,极也。"①

极是终极、尽头的意思。穷的语义结构可以分析为：

穷：[空间、时间等] + [终极,达到终极]

贫的语义结构可以分析为；

贫：[钱、物等] + [缺乏]

这样比较,就可以知道穷和贫在古代不是同义词。在钱、物的用度方面达到终极,受困而不敷使用,那就是贫穷。

3.3.2 义素分析也有助于对词义变化的认识。拿上面举到的"关"来说,如果作动词用,就是把持门户的横木插上去。关门,开始的意思就是把门闩插上去。《淮南子·览冥》："城郭不关。"由此引申为关门。又引申为一般的贯穿。《史记·儒林列传》："履虽新,必关于足。"作名词用,又指门。《周易·复卦》："先王以至日闭关。"又引申指关口。

虽然义素分析目前还存在一些问题没有解决,但很值得我们积极地进行探索。

---

① 《尚书·微子之命》："永世无穷。"

第九章　词义的发展变化

第一节　古今词义的异同

1.1.0　语言是社会的产物,语言随着社会的变化而变化,语言的这种时代性是语言社会性的体现,所以我们对待词义要有一个历史观点。学习古汉语词汇,就要注意词义的发展变化,不能够以今律古。考察词义的变化,一是要看词义发生了什么样的变化;二是看这样的变化发生在什么时候;最后还要看这些变化是怎样发生的(变化的途径、原因和规律)。

1.1.1　语言的词汇分为基本词汇和一般词汇。基本词汇是语言中最稳定的、与人们的社会生活关系最密切的一部分。我们今天所以还看得懂古书,原因之一就是汉语中的双音词虽然后来占了优势,但很多最基本的语素是古已有之,或者说汉语的基本词汇变化相对比较小(即使是一般词汇,有的变化也不大)。如:

　　人、马、牛、羊、鱼、犬;
　　天、地、日、月、山、水、风、霜、雨、雪;
　　东、南、西、北、上、下、左、右、前、后;
　　大、小、轻、重、长、短;
　　走、行、迎、过、追、退、进、遇、逃。

1.1.2　但的确也有不少的词意义发生了变化。这种变化的情况有两类。有的词义变化很大,古今意义悬殊,很多意思已经没有了。如:

　　年　《史记·佞幸列传》:"力田不如逢年,善仕不如遇

第九章 词义的发展变化

合。"(年指收成好。)

熬 《周礼·地官·舍人》:"共(供)饭米熬谷。"(熬指烤干。)

艺 《诗经·齐风·南山》:"艺麻如之何?"(艺是种植的意思。)

因 《孟子·离娄上》:"为山必因丘陵,为下必因川泽。"(因是凭借的意思。)

废 《史记·孟子荀卿列传》:"余读孟子书,至梁惠王何以利吾国,未尝不废书而叹也。"(废是放下的意思。)

编 汉·刘歆《移书让太常博士》:"或(有的)脱简,或脱编。"(编指用来穿连竹简的绳子。)

横 《晋书·马隆传》:"六军既没,州郡兵多,但当用之,不宜横设赏募以乱常典。"(横是恣意的意思。)

题 《韩非子·解老》:"是黑牛也,而白题。"(题是额头的意思。)

文学 《史记·儒林列传》:"兒宽(人名)既通《尚书》,以文学应郡举,诣博士受业。"(文学指文献典籍。)

文明 《南史·陶潜传》:"今子生文明之世,乃何自苦如此。"(文明指社会昌明。)

有的词义跟现代汉语的词义比较有相同的地方,区别又没有上面的一类那么大。例如:

毙 《左传·哀公二年》:"郑人击简子中肩,毙于车中。"(这里的毙是倒下的意思。)

敌 《左传·桓公三年》:"凡公女嫁于敌国,姊妹,上卿送之。"(这里的敌国指的是地位差不多。)

俭 《礼记·乐记》:"恭俭而好礼者,宜歌小雅。"(这里的俭指约束自己,不放纵。)

响 《水经注·汉水》:"空谷传响。"(这里的响指回声。)

亲戚 《墨子·节葬下》:"其亲戚死,朽其肉而弃之。"(这里亲戚指父母。)

两种情况比较起来,如果是意义迥别,词的意思我们根本不明白,就会引起我们的警觉。第二类例子好像照今天的意思也能读得通(比如第一例中的毙可以理解为死,第二例中的敌可以理解为敌对,第三例中的俭可以理解为节俭,第四例中响可以理解为一般的声音,第五例中的亲戚可以理解为现在说的亲戚),这就更容易引起误解,所以第二种情况更值得我们注意。

1.1.3 我们说的词义的差别是指一个词范围内的事情,也就是说一个现代汉语的意思和古代汉语的意思有联系,是从古代汉语的意思发展来的:比如倒下和死;匹敌和敌对;约束和节俭;回音和声响等。即使是词义差别很大的,前后意思之间也能找出联系:如当额头讲的题和题目的题。第七章说过,汉字和词之间有着复杂的对应关系,如果同一个汉字对应的不是一个词,那就不是一个词意义的发展变化了。这是需要我们注意的。比如"毕",古代有一个意思是指打猎用的有长柄的网;作动词用,又指用毕猎取。这个意思与完毕的毕没有关系,这两个意思不在一个词的范围之内,我们就不能说毕这个词的意思发生了很大的变化。再比如"绸"。《诗经·小雅·都人士》:"彼君子女,绸直如发。"这里的绸是密的意思。又《唐风·绸缪》:"绸缪束薪。"这里的绸缪是缠束的意思。我们不能说,现在的绸是一种丝织品,所以词义变化很大。因为这里一个绸字表示的是三个词。有时候几个意思是不是属于一个词的范围不好肯定,就需要慎重考虑。

第二节　词义的引申——词的本义和引申义

一

2.1.0　词义有鲜明的时代性,从古到今有这样那样的变化。这样,从古到今算起来就有两个或两个以上的意思,后面的意思是从前面的意思延伸派生出来的,我们把一个词生成时的那个最初的意思叫做词的本义,由本义延伸派生出来的意思叫做词的引申义。比如上面说到的"题",它的本义是额头,题目是它的引申义。"艺"这个词,它的本义是种植,艺术、文艺等是它的引申义。我们前面讲的"关"的几个意思,也是本义和引申义的关系。

2.1.1　一个字的意思是从它表示的词那里来的,我们说的本义和引申义都是对词而言。需要注意的是,古人没有词的概念,他们说的本义是就字而言的。比如《段注》曾对本义作过反复的说明:

《说文》:"覃(tán),味长也。"段注:"引申之凡长皆曰覃……以从鹹(咸),故知字本义为味长也。"

《说文》:"鬈(quán),髪好也。"段注:"《齐风·卢令》曰:'其人美且鬈。'传曰:'鬈,好貌。'传不言髪者,用其引申之义;许用其本义也。本义谓髪好,引申为凡好之称。凡说字必用本义,凡说经必因文求义。"

《段注》把说字和说经区别开来,因为"覃"从"鹹"(覃上西小篆作卤),所以它的本义是味长;因为"鬈"从"髟",所以它的本义是髪好。很明显,《段注》说的本义是就字而言,也就是字形结构显示出来的意义。我们把一个字的字形结构显示出来的直观的意义称作字形义。比如《说文》:

初,始也。裁衣之始也。
始,女之初也。
基,墙始也。
祖,始庙也。

"初"从刀,所以解释为"裁衣之始";"始"从女,所以解释为"女之初";"基"从土,所以解释为"墙始";"祖"从示,所以解释为"始庙"。字形义和词义是两个概念。从实际情况看,一个字的字形结构显示的意义与它表示的词的意义有的是一致的,重合的;有的就不一致,是错综的。比如"基"和"祖",就是重合的;"初"和"始",就是错综的。字形义和词义一致不一致,要通过古代文献的材料证明。上面的四个词就可以说明这种区别。再比如"牧",从字形看是牧牛,从古代文献的用例看,就不只是牧牛,而是放牧牲畜。

区别字形义和词义是为了正确地认识一个词的本义。比如我们不能简单地认为初的本义是裁衣之始,牧的本义就是牧牛。另一方面,由于汉字是一种语素文字,字形结构与词义有着密切的关系,我们又要重视对字形义的分析。事实也证明,通过字形结构认识词的本义是一种有效的途径。比如"元",在甲骨文中写作ㄗ,字形上面是一个人头,下面是人,元的本义是人头。《左传·僖公三十三年》:"狄人归其元,面如生。"元的引申义主要有两个,一个是第一的意思(如"元年"),一个是大的意思(如"元龟"),都是从头引申来的。

2.1.2 下面以"间"为例对本义和引申义作具体说明。

1.《史记·管晏列传》:"从门间窥其夫。"
2. 曹操《度关山》:"天地间,人为贵。"
3.《淮南子·俶真》:"则美丑有间矣。"
4. 陶潜《归田园居》:"草屋八九间。"
5.《左传·哀公二十七年》:"君臣多间。"

6.《史记·项羽本纪》:"乃用陈平计,间项王。"
7.《国语·鲁语下》:"齐人间晋之祸,伐取朝歌。"
8.《孙子·用间》:"非圣智不能用间。"
9.《尚书·益稷》:"笙镛以间。"
10.《后汉书·东平宪王苍传》:"忧念惶惶,未有间宁。"

间的本义是缝隙,这从第 1 例可以看出来。由此引申能为第 2 例的中间、第 3 例的距离和第 4 例的量词用法。词义的引申由具体而抽象,由此引申为第 5 例的嫌隙隔阂、第 6 例的离间(使产生隔阂)、第 7 例的利用隔阂钻空子、第 8 例的间谍(利用隔阂或使产生隔阂的人)和第 9 例的更迭交替(间隔一段时间更换)。从空间向时间方面引申,就是第 10 例的安闲、空闲。从读音看,第 2、4 例读 jiān,其他的 7 例读 jiàn,最后一例读 xián(后写作"闲")。

以上列出的十项并不是间的全部意义。这样一个复杂的引申序列,既有意义的变化,也有读音的变化,如果不从根本入手,就很难有一个系统的清楚的了解。所以对于学习古汉语来说,把握词的本义有着特别的重要性。本义如同是根,引申义是枝叶;一个复杂的意义引申系统,掌握了本义之后,就可以从根本入手,以简驭繁。上面"间"的例子已经说明了这一点。再比如"页",甲骨文写作🙎,字形上面是一个人头,下面是人,本义是人头(册页的页是假借义),读 xié。所以很多从页的字都与头有关,如"顶、顾、顿、领、颈、颊、额、颐、颜、颠、颖、题"等。题,现在是题目的意思,同页有什么关系?头在人体的上部,题目在一篇文字的前部,这就是它们之间的联系。

第三节　词义引申的方式

一

3.1.0　就词义变化总的趋势看,从个别到一般、从具体到抽象,是词义引申的一个规律。前面说到的"奋"本来指有力地飞,后来很多有力的动作都可以用奋来表示,这就是从个别到一般。再比如:

1. 获(獲)

《说文》:"获,猎所获也。"指猎获禽兽。由此引申为俘获敌人。《礼记·檀弓下》:"古之侵伐者……不获二毛(二毛指老年人)。"

——又引申指得到其他的东西。成语有"不劳而获"。

2. 集

《说文》:"集,群鸟在木上也。"它的本义是群鸟停在树上。《诗经·唐风·鸨羽》:"肃肃(鸟羽振动的声音)鸨(bǎo,鸟名)羽,集于苞(丛生的)栩(xǔ,木名)。"

——引申泛指人和事物的集中。

3. 节

《说文》:"节,竹约也。"本义指竹节。

——由此引申为木节、骨节等。如《诗经·邶风·旄丘》:"旄丘之葛兮,何诞(延长)之节兮。"

4. 习

《说文》:"习,数飞也。"指鸟反复地飞。《礼记·月令》:"鹰乃学习。"

——引申后不单指飞,很多重复的行为动作都可以叫做习。如练习、复习、演习等。《论语·学而》:"学而时习之,不亦说乎?"

5. 没

《说文》:"没,沉也。"沉没是本义,如《庄子·列御寇》:"其子没于渊,得千金之珠。"

——由此引申为隐没不露出。《史记·李将军列传》:"以为虎而射之,中石没镞(zú,箭头)。"

3.1.1 从具体到抽象的引申就更为普遍。比如:

1. 绥

《说文》:"绥,车中把也。"本来是上车时拉手用的绳索。《论语·乡党》:"升车必正立,执绥。"

——由此引申为平安、安抚、安定。《诗经·小雅·鸳鸯》:"君子万年,福禄绥之。"

2. 引

《说文》:"引,开弓也。"本义是把弓拉开。《孟子·尽心上》:"君子引而不发(把箭射出去)。"

——由此引申为引导、率领。《史记·秦始皇本纪》:"引兵欲攻燕。"

3. 总

《说文》:"总,聚束也。"指聚合捆束。《诗经·卫风·氓》:"总角之宴,言笑晏晏。"(古代少年把头发扎成两个发髻,形状像角,称为"总角"。)

——由此引申为总归、总括。

4. 炼

《说文》:"炼,冶金也。"本义是冶炼。

——由此引申为一般的锻炼、磨炼。唐·杜甫《寄刘峡州伯华使君》诗:"炼骨调性情。"

5. 析

《说文》:"析,破木也。"指劈开木头。《诗经·齐风·南山》:"析薪如之何?"
——由此引申为分开、离散。《论语·季氏》:"邦分崩离析而不能守也。"

3.1.2 有的词由具体到抽象的引申更为复杂。比如"纪":

《方言》卷十:"纪,绪也。南楚皆曰緤(xiè),或曰端,或曰纪,皆楚转语也。"

《说文》:"纪,丝别也。"王筠《说文句读》:"纪者端绪之谓也。"

《墨子·尚同上》:"譬若丝缕之有纪,网罟之有纲。"

纪的本义既为丝缕的头绪,由此引申为事物的端绪。如:

《列子·汤问》:"物之终始,初无极(尽头)矣;始或为终,终或为始,恶(wū,哪里)知其纪。"

有了头绪事物才会整理清楚,才会有条理。由此引申为纲纪、法度、准则、规律等意义。

3.1.3 由个别到一般、由具体到抽象是一个主要的趋势。也有一些词,开始表示的就是一个一般的或者比较抽象的概念,我们也应当注意。比如:

1. 救

《说文》:"救,止也。"意思是使停下来、止息。《孟子·离娄下》:"今有同室之人斗者,救之,虽被发缨冠(把冠缨结好)而救之可也。"

2. 敛

《说文》:"敛,收也。"敛的基本意思是收束。《荀子·宥坐》:"今生也有时,敛也无时。"现代汉语有双音词收敛。

个别和一般、具体和抽象是相对而言的。《说文》:"徙,迻(移)也。"指迁移。这是个一般的意思。《韩非子·内储说上》:"徙其府库重宝。"《周礼·地官·比长》:"徙于国中及郊。"由此引申为改变,就是一个较抽象的意思。《论语·述而》:"闻义不能徙,不善不能改。"

二

3.2.0 关于词义引申的方式,一般认为有三种类型:辐射型、连锁型和综合型。下面分别举例说明。

3.2.1 辐射型中的引申义以一个意义(往往就是词的本义)为核心向不同的方向派生出去。辐射型可以表示如下:

下面以"节"的词义引申为例加以说明。节的几个主要意思是:

1. 竹节。《史记·龟策列传》:"竹,外有节理,中直空虚。"
2. 木节。《诗经·邶风·旄丘》:"旄丘之葛(植物名)兮,何诞(延长)之节兮。"
3. 骨头等其他事物的分节。《庄子·养生主》:"彼节者有间,而刀刃者无厚。"
4. 时节。《史记·太史公自序》:"四时八位十二度二十四节。"
5. 节奏。晋陆机《拟古诗》:"长歌赴促节。"
6. 法度。《礼记·曲礼上》:"礼不逾节。"
7. 节操。宋文天祥《正气歌》:"时穷节乃见。"
8. 节制。《论语·学而》:"不以礼节之,亦不可行也。"

上面的八个意义可以图示如下:

由上面的图示可以看出:(1)节的七个引申义延伸的方向不一样;(2)这七个引申义都是由它的本义竹节派生出来的,引申义之间没有派生关系。(3)这七个引申义在节的引申序列中地位是平等的。再比如"清",其引申关系也属于辐射型。《说文》:"清,朗也。澄水之貌。"下面是清的几个主要意思:

1. 水清 2. 清静(环境) 3. 清亮(声音)
4. 清平(社会) 5. 清廉(品行) 6. 清楚(事物面貌)
7. 清理(使清楚有条理)

水清是清的本义,词义向不同的方向延伸,表示不同方面、不同事物的清,构成辐射型引申。

3.2.2 连锁型是一种逐层引申的意义序列,可以表示如下:

A ——→B ——→C

下面以"徒"在古汉语中的三项意义为例加以说明:

1. 步行。《说文》:"徒,步行也。"《周易·贲卦》:"舍车而徒。"
2. 步兵。《左传·隐公九年》:"彼徒(对方是步兵)我车(我方乘兵车),惧其侵轶我也。"
3. 跟从的人。《左传·昭公四年》:"旦而皆召其徒,无之。"

这三个意义的引申关系图示如下:

步行——→步兵——→跟从的人

再比如"官",在古汉语中有下面几个主要意思:

1. 馆舍(后来就写作"馆")。《论语·子张》:"夫子之墙数仞,不得其门而入,不见宗庙之美,百官之富。"

2. 官署。《荀子·强国》:"及都邑官府,其百吏肃然。"
3. 官职。《韩非子·难一》:"耕、渔与陶,非舜官也。"
4. 官员。《周易·系辞下》:"百官以治,万民以察。"

"官"的以上四个意义,顺序生成,也是一种连锁式引申。

从上面的图示可以看出:(1)两个引申义的方向是一致的。(2)第一个引申义由本义派生而来,第二个引申义由第1个引申义派生而来,意义之间是一种前后相承的关系。(3)第二个引申义既然由第一个引申义派生出来,它们在引申序列中的地位就是不平等的。(4)一、二两个意义之间有联系,第三个意义与第一个意义(通常是本义)则失去了语义联系,意义有很大的不同。

如何断定一个引申义是由它的前一个引申义派生出来的呢?一个比较可靠的办法是对前后两个意义作义素分析。上面说到的"徒"的三个意义可以作如下的分析:

步行:[无车] + [行走]

步兵:[随从于下] + [行走] + [偕同作战] + [人]

跟从的人:[随从] + [偕同行动] + [人]

从分析的结果可以看出,以上三个意义是一种层层引申的连锁型。还可以看出,相邻的两个意义有共同的义素联系起来;如果是不相邻的意义,就可能失去共同的义素(这不是绝对的)。

3.2.3 综合型是指一个引申序列中既有辐射型,也有连锁型。很多较为复杂的引申关系都是综合型。下面是"习"的几个主要意义:

1. 数飞:[鸟] + [反复] + [飞]

2. 反复:[事物] + [反复] + [发生,出现]

《左传·襄公十三年》:"祥(吉祥的征兆)习则行;不习,则增修德(更进一步修德)而改卜(重新起卜)。"唐代孔颖达解释"习"说:"岁因其善,谓去年吉今年又吉也。""去年吉今年又吉"就是反复出现的意思。

3. 练习、温习：[反复]＋[进行]
4. 熟习：[反复]＋[进行]＋[通晓]
5. 习惯：[反复]＋[出现]＋[不易改变的行为]

"数飞"是习的本义。根据以上的分析，习的引申序列可以表示如下：

3.2.4 对以上例证的分析表明，义素分析有助于对词义引申关系的认识；如果我们能够把这种认识用一个意义序列式正确地表示出来，就表明我们对一个词的意义引申过程有了一个清楚认识。

第四节 词义范围的变化

一

4.1.0 上面一节讨论的词义引申的方式，讲的是词义变化的轨迹；这一节讲的词义范围的变化，讲的是词义变化的结果。词义变化的结果有两种情况：第一，义位的增加或减少。第二，词义范围的变化。前一种变化是就一个词义位的数量说的；所谓词义范围的变化，是就一个词新旧义位的比较而言。当我们说一个词的意义发生变化或者增加了新义的时候，就需要分清是义位数量的变化还是意义范围的变化，两种情况需要分开加以考察。

4.1.1 从义位的增加和减少看，大致有三种情况。

第一,一些词的意义从古到今没有什么大的增减。比如:
1. 吹

《说文》:"吹,嘘也。"指吹气。《老子》二十九章:"或嘘或吹。"

——转指风吹。又特指吹奏。《韩非子·内储说上》:"齐宣王使人吹竽。"

2. 粗

《左传·哀公十三年》:"粱则无矣,粗则有之。"

——引申指粗大。《礼记·月令》:"其器高以粗。"

——又引申为粗疏,不精细。《颜氏家训·勉学》:"粗通经义。"

第二种情况是义位的减少。一个多义词,有的意义消亡了,有的还在用。比如"私":

《正字通》:"对公而言谓之私。"

《左传·昭公五年》:"为政者不赏私劳,不罚私怨。"

私又有爱的意思:

《释名·释言语》:"私,恤也。"

《战国策·齐策一》:"吾妻之美我者,私我也。"

现在公私意思还用,私爱的意思没有了。再比如"国"既有国家的意思,又有国都的意思:

《商君书·更法》:"便国不必法古。"

范仲淹《岳阳楼记》:"登斯楼也,则有去国怀乡,忧谗畏讥,满目萧然,感极而悲者矣。"

现在国都的意思没有了。

第三种情况是义位的增加,新的义位生成后一直沿用到现在。比如"家":

《说文》:"家,居也。"

后来转指人:

三国吴·康僧会《大安般守意经序》:"旁人不睹其形,种家不知其数也。"(种家指下种的人。)

《论衡·雷虚》:"夫如是,画雷之家画雷之状,皆虚妄也。"

家作人讲是一个新的义位,这个意思一直沿用至今。

这三种情况比较起来,最值得注意的是第二种。因为第一种变化不大,第三种是新的意义还在用,我们比较熟悉。第二种是有的意义不用了,对于那些消亡的意义我们一般总感到陌生,需要下功夫掌握。

二

4.2.0 先看下面的一个例子:

《孟子·万章下》:"尧之于舜也,使其子九男事之,二女女焉。"

这句话中的子,既包括九男,也包括二女,同后来的意义范围有所不同。

词的每一个意义都有一定的范围,比如:生物/动物/飞禽;人/女人/妇人。以上每一组中的三个意义不一样,这里并不牵涉词义的多少,只是意义的范围大小不同。我们看到,每一组中第一个意义是大的类别,下面依次分出小的、更小的类别;也就是说,第一个意义是上位义,下面依次是它的下位义。

4.2.1 前面说过,词义范围的变化是就义位而言。一般认为,词义范围的变化有三种情况:扩大、缩小、转移。下面分别加以说明。

(一)扩大

词义的扩大指意义由下位义变成了上位义。比如:

1. 菜

《说文》:"菜,草之可食者。"指植物性的蔬菜。《论语·乡党》:"虽疏食菜羹,必祭。"后来肉类、蛋类都可以称作菜,不再限于植物类的了。

2. 匠

《说文》:"匠,木工也。"本指木匠。《孟子·尽心上》:"大匠不为拙工(技术不高明的工人)改废绳墨。"后来指各种有技术的工人。

3. 响

《玉篇》:"响,应声也。"指回声。《水经注·江水》:"空谷传响,哀转久绝。"后来指声响。

4. 采

《说文》:"采,捋(luō)取也。"指采摘植物的果实等有用的部分。《诗经·周南·关雎》:"参差(cēncī)荇(xìng)菜,左右采之。"后来泛指采取。

在讨论词义的扩大的时候,有一种情况应当注意。比如"脸"这个词,原来指的是两颊。宋·晏殊《破阵子》词:"疑怪昨宵春梦好,元是今朝斗草赢,笑从双脸生。"因为是两颊,所以叫双脸。后来脸指整个面部,这是不是词义的扩大呢?我们注意到,脸的意义的变化与上面说的词义的扩大有所不同。上面说的扩大是意义由一个小类上升为所属的一个大类,而颊和面部不是小类和大类的关系,是整体和部分的关系。所以即使算作扩大,也和一般所说的扩大有所不同。

(二)缩小

缩小是意义由上位义变成了下位义。如:

1. 宫

《说文》:"宫,室也。"秦以前,不论居住者身份贵贱,居住的房屋都可以称宫。《左传·庄公十九年》:"边伯(周朝大夫)之宫近于王宫,王取之。"秦以后,宫专指帝王住的宫殿。

2. 虫（繁体作"蟲"）

《说文》："虫，有足谓之虫。"《大戴礼记·曾子天圆》："毛虫之精者曰麟，羽虫之精者曰凤，介虫之精者曰龟，裸虫之精者曰圣人。"现在的虫单用的时候主要指昆虫。

3. 禽

《说文》："禽，走兽总名。"禽作为名词，指猎获的对象，包括飞禽和走兽。《孟子·滕文公下》："终日不获一禽。"《三国志·魏书·华佗传》："吾有一术，名曰五禽之戏：一曰虎，二曰鹿，三曰熊，四曰猿，五曰鸟。"现在的禽主要指飞禽。

4. 寡

《小尔雅·广义》："凡无妻无夫通谓之寡。"《墨子·辞过》："宫无拘女（宫女），故天下无寡夫。"后来只是指失去丈夫的女性。

（三）转移

转移是词的意义由一个范围移动到了另一个范围。比如"兵"，本来的意思是兵器，成语短兵相接、弃甲曳兵都反映了这个词的原义。现在指士兵。兵器是一种器物，士兵是人，两个意义很明显属于两个不同的范围，这就是意义的转移。再比如：

1. 汤

《说文》："汤，热水也。"《孟子·告子上》："冬日则饮汤，夏日则饮水。"成语有赴汤蹈火、金城汤池、固若金汤。后来指以汁水为主的一种副食品，如鸡蛋汤、菜汤之类。

2. 史

《说文》："记事者也。"史是古代的一种文职人员，原包括在王的身边负责卜筮、星历的人，后来专指记事的人。《左传·宣公二年》："董狐，古之良史也。"后来主要指历史。
3. 孩

《说文》:"咳(孩),小儿笑也。"指婴儿笑。《老子》二十章:"若婴儿之未孩。"后来转指幼童。

4. 物

物本来指杂色的牛,《诗经·小雅·无羊》:"三十维物(物是说牛羊的毛色,三、十是说很多)。"引申指万事万物。《荀子·正名》:"物也者,大共名也。"又转指自己以外的人。《世说新语·文学》:"(杜)预少贱,好豪侠,不为物所许。"

5. 乐府

乐府本指一种官署,是汉代采诗的一种音乐机关。《汉书·礼乐志》:"内有掖庭(宫中官署名)材人,外有上林乐府。"后来转指一种诗体(乐府诗原来是配乐的)。

转移有两种情况。有的词,新的义位产生之后,旧的义位就不再用了,比如上面举到的"孩",婴儿笑一义后来就不用了。有的词,新义产生之后,旧义还在用。比如"家",家居的意思和人的意思都还在使用。上面举到的"兵"和"汤"情况又有不同:旧的意义还在用,但不能单用,只能作为语素义出现。

4.2.2 由上面的例证可以知道,转移的性质与扩大、缩小有所不同,这可以通过义素分析作进一步的比较。比如:

扩大:匠1:[治木] + [工人]
匠2:[治木] + [治陶] + [冶金] + [工人]
缩小:宫1:[君] + [臣] + [民] + [居舍]
宫2:[君] + [居舍]
转移:汤1:[热的] + [水]
汤2:[以汁水为主的] + [副食]

第三章我们说到,一个义位的语义表达式可以归纳为两部分:

指称义素和区别性义素。从上面的分析可以看出,扩大缩小是义位的指称义素没有变化,转移则是义位的指称义素发生了变化,也就是所属的义场发生了变化。比较扩大和缩小可以看出,两者的不同在于区别性义素的变化不同:扩大是义位的区别性义素扩展了,缩小则是义位的区别性义素紧缩了。

4.2.3　就转移来看,虽说都是指称义素发生了变化,但情况又有所不同。一类是汤的变化。从上面分析可以看到,由汤1到汤2,不光是指称义素发生了变化,区别性义素也发生了变化。另有一类,比如"涕",古代指的是眼泪。《列子·汤问》:"悲愁垂涕相对。"后来指鼻涕。其变化可以分析如下:

涕1:［目中］＋［津液］

涕2:［鼻中］＋［津液］

从上面分析看,涕的指称义素好像没有变,但实际情况是古人把津液又分为几类:目液、鼻液和身液。① 从涕的变化来看,虽然所依从的大类没有变,但所属的小类变了。这也是一种转移,这类转移没有汤的变化幅度大,为了与一般所说的转移有所区别,有的学者把这种情况称为易位。②

三

4.3.0　在谈到词义变化的时候,词义轻重的变化和色彩的变化也是值得我们注意的。轻重指的是一种程度,不同的词,词义的轻重有的不一样。拿表示温度的词来说,冷与凉不同,热与温也不同。同一个词,不同的义位意义的轻重有的也不一样。《商君书·开塞》里讲"过有厚薄,则刑有轻重",《左传·宣公二年》讲

---

① 《说文》:"汗,身液也。"(依《段注》本)
② 蒋绍愚《古汉语词汇纲要》第81页。北京大学出版社,1989年。

"人谁无过",前后两个"过"意义的轻重不一样:前一个指罪过,词义要重;后一个指过失,词义要轻。

4.3.1 有些词义的轻重古今有加重或减轻的变化。词义加重的例子如:

1. 诛

《说文》:"诛,讨也。"指责备、谴责。《周礼·地官·司救》:"司救,掌万民之邪恶过失,而诛让(责备)之。"

——词义加重,引申为惩罚:

《韩非子·奸劫弑臣》:"圣人之治国也,赏不加于无功,而诛之必行于有罪者也。"

2. 诬

《说文》:"加言也。"(依玄应《一切经音义》卷五)指说话夸大失实。《大戴礼记·曾子立事》:"不能行而言之,诬也。"

——引申为欺骗:

《左传·襄公二十七年》:"以诬道蔽诸侯。"

3. 谤

《玉篇》:"谤,对他人道其恶也。"原有议论批评过失的意思。《国语·楚语》:"近臣谏,远臣谤。"

——引申为毁谤:

《说文》:"谤,毁也。"《史记·屈原列传》:"信而见疑,忠而被谤。"

4.3.2 词义减轻的例子如:

1. 购

《说文》:"购,以财有所求也。"指悬赏征求,重金收买。《战国策·韩策二》:"韩取聂政尸暴于市,悬购之千金。"

——后来指一般的买,词的意义减轻了。

2. 取

《说文》:"取,捕取也。"古代捕获到野兽或战俘时割取左耳。

——引申常指用强力取得,据为己有:

《商君书·去强》:"兴兵而伐必取,取必能有之。"

——后指一般的获得。

3. 诉

《说文》:"诉,告也。"古代常指倾诉心中的冤苦、愤懑不平。晋·潘岳《寡妇赋》:"殷忧(忧愁)结而靡(无法)诉。"《后汉书·明帝纪》:"百姓愁怨,情无告诉。"

——后来指把某种情况或想法说给人听。

4.3.3 有些词的词义包含有情感色彩,情感色彩表明说话人的态度。有表示肯定满意的,这就是褒义;有表示不满贬斥的,这就是贬义。一些词的情感色彩古今也有变化。比如:

1. 爪牙

这个词本指得力的武臣、卫士,是一个褒义词。《诗经·小雅·祈父》:"祈父,予王之爪牙。"宋·朱熹《诗集传》:"鸟兽所用以为威者也。"《国语·越语上》:"夫虽无四方之忧,然谋臣与爪牙之士,不可不养而择也。"

——这个词后来指帮凶一类的人。

2. 妖

唐玄应《一切经音义》引《三苍》:"妖,艳也。谓少壮妍好之色。"三国魏·曹植《美女篇》:"美女妖且闲(娴雅),采桑歧路间。"

——后来的妖有妖邪不正的意思,带有贬义。

3. 媚

《说文》:"媚,说(悦)也。"谓亲爱、喜爱。《诗经·秦风·驷驖(tiě)》:"公之媚子,从公于狩。"朱熹《诗集传》:"媚子,所亲爱之人也。"

——后来媚引申有取悦于人的意思,含有贬义。
4.3.4 也有的词变化之后带有褒义。如:
1. 祥

祥原来指预兆,是一个中性词。《左传·僖公十六年》:"是何祥也?吉凶安在?"《论衡·异虚》:"善恶同时,善祥出,国必兴;恶祥见,国必亡。"
——后来祥主要指吉兆。

2. 瑞

《说文》:"瑞,以玉为信也。"玄应《一切经音义》引《仓颉篇》:"瑞,应也。"这也是一个中性词,包括吉凶两个方面的征验。《论衡·指瑞》:"占者因其野泽之物,巢集城宫之内,则见鲁国且凶,传主人不吉之瑞矣。"
——后来瑞也主要指吉兆。

3. 深刻

《汉书·食货志上》:"刑罚深刻,它政被乱。"指严苛,不宽缓。含有贬义。
——现在的深刻是一个褒义词。

第五节　词义变化的义素分析

一

5.1.0 第八章我们曾讲到义素分析。在考察词义变化的时候,如果能够尝试作一些义素分析,就会对词义的变化有一个更深入的认识。

前面我们已经指出,词义就是一个词在整个语义系统中所占的位置和空间;如果一个词有几个义位,这个位置和空间就是几个义位的总和。多义词有几个义位,又构成一个小的语义系统,在这个小的语义系统中每一个义位又有自己的一个位置和空间。前面说到的词义范围,就是指这个位置和空间而言。

义位由义素构成,那么义素变化的总和就构成了一个义位的变化。如果把一个义位的语义构成成分归纳为指称义素和区别性义素两部分,那么从原则上讲,义素的变化应该有扩展与紧缩、存留、变换这样三个方面;每一个方面又可以从指称义素和区别性义素两部分分别加以考察。从前面一节我们对词义范围变化的分析可以看出:所谓词义的扩大,实际上就是区别性义素的扩展(见对"匠"的分析),指称义素未变;所谓词义的缩小,实际上就是区别性义素的紧缩(见对"宫"的分析),指称义素也未变;所谓词义的转移,实际上就是指称义素的变换。

5.1.1 比起扩大和缩小,词义的转移更为复杂一些,既要观察指称义素的变换,又要观察区别性义素的变化。转移既然是义素的变换,如前所说,就有一个变换的幅度问题。有的变换的幅度大,比如"汤",指称义素由水而变为副食。有的变换的幅度小一些,比如"闻",原来的意思是"知声",即耳朵对声音的感知(所谓"听而不闻");后来的意思是"知味",即鼻子对气味的感知。这样一种转移,是在感知这样一个范围内进行的,所以说变换的幅度要小一些。前面说到的易位与一般的转移比较,变换的幅度就要小。

从区别性义素来看,有的变化小一些,比如"兵",可以作如下分析:

兵1:[专门用来杀伤敌人] + [器具]
兵2:[专门杀伤敌人] + [有组织] + [人]

我们看到,两个义位有共同的的区别性义素。有的区别性义素变化大一些,比如"攻"有治的意思(《广韵·冬韵》:"攻,治也。"),古代有"攻木、攻金、攻皮"的说法。另一个意思是攻击。两个意思可以作如下分析:

攻1：[对某种材料] + [加工修治]
攻2：[对敌方] + [武力] + [打击]
我们看到,两个义位没有共同的区别性义素。

二

5.2.0 前面讲到词义变化的趋势是从个别到一般,从具体到抽象,也可以尝试用义素分析作进一步的考察。比如"集",从鸟的聚集到很多事物(包括人)的聚集,是从个别到一般。我们注意到,集的指称义素(聚集)没有变,变化的是区别性义素,是区别性义素的扩展。"析"的变化,是从具体到抽象。我们注意到,析的指称义素(分离)也没有变化,变化的是区别性义素;区别性义素不但扩展,而且抽象化了。

5.2.1 前面讲到的词义变化的三种方式,也可以尝试用义素分析作进一步的考察。比如"节"的本义是竹节,可以分析为：
竹节：[竹] + [限制,分段]
分析表明,节的指称义素是分段。对其他的七个意思(见本章第三节)进行分析可以知道,指称义素基本上没有变化(或侧重于分段,或侧重于限制),变化的是区别性义素,由一个范围向另一个范围不断地转换。就节来看,它的区别性义素又是事物类的区别性义素。这就构成辐射型的引申。

5.2.2 第三节讲连锁式引申时以"徒"为例,说到徒的第三个义位(跟从的人)与第一个义位(步行)失去了联系,这就是说,两个义位已经没有共同的义素了,所以我们感到两个意思差别很大。从分析可以知道,共同义素的失落是义素转换的结果。与此相反,"集、析、节"的指称义素从一个义位到另一个义位基本上没有变化,这就是义素的遗传。不只是指称义素有遗传,区别性义素也有存留。比如前面说到"习",我们可作如下的分析：

1. 数飞:[鸟] + [反复] + [飞]
2. 反复:[事物] + [反复] + [发生,出现]
3. 练习、温习:[行为] + [反复] + [进行]
4. 熟悉:[反复] + [进行] + [通晓]
5. 习惯:[反复] + [出现] + [不易改变的行为]

以上的分析表明,习的区别性义素"反复"贯穿于"习"的五个义位,换句话说,这个义素由上一个义位传给下一个义位,我们把这样的义素叫做遗传义素。

遗传义素在对词义变化的分析中占有重要的地位,正是有了遗传义素,我们才得以清楚地看到词义是怎样由一个义位派生出另一个义位的,因为相邻的两个义位总是有一个共同的义素。当一个遗传义素贯穿于一个多义词的所有的义位的时候,这个义素就变成了一条纽带,使得一个词的几个义位构成一个小的语义系统,比如习的"反复"义、析的"分离"义就是这样的义素。当一个遗传义素在引申的途中失落的时候,便会造成意义的中断,这时候一个词义便会发生很大的变化,如同上面讲的"徒"的情况。

5.2.3 词义的引申还有一些问题需要研究,比如:1. 引申义和假借义的区分。一个意义是由某个词的某个意义引申出来呢,还是与这个词根本就没有关系呢,有时不好判断。2. 如上面所说,遗传义素的失落会造成意义的中断,辗转引申的结果会弄得面目全非,那么后起的一个意义与历史上某个词有联系还是没有联系呢(比如快速的快与快意的快),有时也不好判断。3. 如果前后两个意义一个共同的义素也没有,从语义单位的同一性来说,如何看待这两个意义的关系呢?

第十章　古汉语中词与词的意义关系

　　我们在前面已经着重指出,语言中的词汇是一个系统,词与词的对立和联系构成了这样一个系统,这个系统具体体现为词与词的各种意义关系。一般认为,词与词的意义关系有两个方面:组合关系和聚合关系。为了表达一个意思,词与词结合在一起的时候,在意义上要彼此适应互相协调,这就是组合关系。一些词的意义共处于一个范围之中,有着这样那样的对立关系(在同类句法结构中,它们往往可以在相同的位置上出现),这就是聚合关系。通常说的同义关系、反义关系都是聚合关系。

　　在组合关系方面,古今比较,一些词有不同程度的变化。比如"举",是使某一对象离开原处向上移动,就这一意义看,古今没有大的变化,但古代可以说"举趾"(见《诗经·豳风·七月》),现在一般说抬脚,不说举脚。再比如"乘"在古汉语中有下面的意义:

　1. 登上。《诗经·豳风·七月》:"亟其乘屋(登上屋顶)。"
　2. 欺凌。《国语·周语》:"乘人不义。"
　3. 用牲口驾车。《周易·系辞下》:"服(驾)牛乘马。"

在现代汉语中,与乘搭配的一般是交通工具(乘车之类),乘不再与屋、人和马构成组合关系。

　　古汉语中词义的聚合关系应当如何分类,学者们的意见还不尽一致。在这一章中,我们主要讨论几种重要的聚合关系,这几种关系是:同义关系、反义关系、类义关系、上下义关系。词的同源关系也是一种重要的语义关系,也需要作必要的论述。

第一节　同义关系[①]

1.1.0　讨论词的同义关系,有两点需要首先明确。第一,意义的相同指义位而言。如果一个词是多义词,它的几个义位就可能分别与不同的词构成同义关系。如诛有下面的几个意义:

1. 责备。《周礼·地官·司救》:"司救掌万民之邪恶过失,而诛让之。"
2. 惩罚。《韩非子·奸劫弑臣》:"赏不加于无功,而诛必行于有罪者也。"
3. 诛杀。汉·晁错《贤良文学对策》:"害民者诛。"

这三个意义分别与责、罚、杀构成同义关系。

第二,前面已经强调,义位是一种语言义,所以讨论同义关系要与词义的所指也就是言语义区别开来。比如"奋笔疾书"和"挥笔疾书",在这两种说法中奋和挥表示的动作差不多,但我们不能因此就说它们是同义关系,因为实际的动作相同是一种所指,所指不是语言义。

1.1.1　讨论同义关系主要有两个问题需要解决:第一是同义关系的确认,第二是同义关系的辨析。确认同义关系需要将同义关系与其他各种聚合关系区别开来,这里有几点是应当注意的。

第一,构成同义关系的义位不但指称义素必须是相同的,而且一部分区别性义素也是相同的。只有指称义素相同才能保证这些义位处在同一个意义范围之中;但我们不能反过来讲指称义素相同的就一定是同义关系,因为其他的聚合关系(比方说构成反义

[①]　在讨论同义词的时候,一般还要谈到等义词。等义词又称为绝对同义词,指意义没有任何差别、在任何情况下都能够互相代替的词(比如公尺和米)。这里对等义词不作讨论。

关系的义位)也处于同一个意义范围之中。在古代汉语中,"高"和"崇"是同义关系,"高"和"下"(相当于现代汉语的"低")是反义关系,它们的指称义素都是指上下的距离;"高"和"崇"所以能够构成同义关系,是因为它们有相同的区别性义素。

由此可知,对义位进行正确的语义分析是确定同义关系的重要一环。比如"逐"和"追",有学者指出,在甲骨文中逐是追野兽,追是追人,如果这样看,好像不是同义关系。可以对这两个词的语义结构作如下的分析:

逐:〔赶上〕+〔获取〕+〔野兽〕+〔迅速行动〕

追:〔赶上〕+〔获取〕+〔人〕+〔迅速行动〕

从上面的分析可以看出,这两个词不只是指称义素相同,也有相同的区别性义素,当人们在使用中不再计较兽和人的区别的时候,它们就构成了同义关系。

第二,构成同义关系的义位必须是同位关系。义位有层级性,处于上位的意义包含处于下位的意义;从逻辑学上说,就是属和种的关系。比如:

女 《说文》:"女,妇人也。"

妇 《广雅·释亲》:"女子谓之妇人。"

从实际情况看,女和妇都是女性,能不能就此笼统地说它们是同义关系呢?《正字通》:"女子已嫁曰妇。"女指女子,包括已婚和未婚。在古代汉语中,妇指出嫁的女子,未出嫁的女子一般不能称妇,《周礼·地官·媒氏》:"女二十而嫁。"这句话中的女就不能改成妇。所以《段注》说:"浑言之,女亦妇人;析言之,适人(出嫁)乃言妇人也。"《左传·襄公八年》讲"夫妇男女",可以说明这两个词不处在同一个层位上。

不但上下有一个层位问题,左右也有一个层位问题。比如"坐"和"跪",能不能说是同义关系呢?说它们同义,因为古代坐和跪的姿势差不多。这是从实际的姿势讲,从词在语义系统中的分布看,与坐意思差不多的词有居、处,与跪意思差不多的词有跽(jì),相关的词有立、伏,需要联系起来考虑。① 它们的关系是:

从上面的分布可以看出,"坐、居、处"处在一个层位上,"跪、跽"处在一个层位上,应当分别看作同义关系;坐和跪的关系则有所不同,不能同等看待。这些词都是表示身体处静不动,如果坐和跪可以看作同义关系,那么跪和伏是不是也可以看作同义关系呢? 显然不能。同样的道理,"奔、走、行、步"也可以表示如下:

从上面的分布可以看出,"奔、走"处于同一层位,构成同义关系;"行、步"处于同一层位,构成同义关系;"走、行"不构成同义关系。

第三,语言是一种交际工具,词的意义关系体现在人们对语言的使用中。有些词,就其实际指称的事物看有所不同,但在实际使用中人们并不着意于这种区别,而是着眼于它们相同的一面,也可以构成同义关系。前面在分析追和逐的时候曾谈到这一点。比起追和逐来,有些词区别性义素的对立更为明显,比如"牍"和"牒",一个是厚,一个是薄。如果这样看就成了反义关系。需要注意的是,这两个词还有相同的区别性义素:牍和牒的功能是书写。在使用中人们不是着意于它们相互对立的区别性义素,而是着眼于相

---

① 居有坐的意思。《荀子·宥坐》:"居,吾语女(rǔ)其故。"处有坐的意思。《诗经·小雅·四牡》:"不遑(闲暇)启处。"毛传:"启,跪;处,居也。"跽也是跪,上身挺直,又叫长跪。

同的区别性义素(比如功能),这样也就构成了同义关系。词语的使用情况需要通过大量的文献进行考察。

第四,古人对词义的训释给我们确定同义关系提供了基础,应当很好地加以研究。这一方面,训诂学上常常提到的三种释义方式"互训、同训、递训"就很值得我们注意。互训就是两个词互相训释。如《说文》:

饥,饿也。/饿,饥也。
恐,惧也。/惧,恐也。
珍,宝也。/宝,珍也。

同训是用同一个词去训释几个词。如《说文》:

式,法也。/模,法也。/辟,法也。/范,法也。

递训是就用B词去训释A词,又用C词训释B词。如《说文》:

逆,迎也。/迎,逢也。/逢,遇也。

这三种训释方式比较起来,在确认同义关系时互训的可靠性更大一些。如果不是训释错误的话,两个词既然可以互相解释,那就说明它们在某一义位上构成了同义关系。需要注意的是,古人没有义位的概念,我们需要认定他们是在哪一个义位上进行解释的。比如同训中三个例子的"法"就表示不同的意思:解释"式"的法是模式、式样的意思,解释"模、范"的法是型范的意思,解释"辟"的法是法令的意思。从古代的训释看,训释词和被释词的义位有的相应,有的不相应,需要仔细分辨。

1.1.2 上面我们说到,构成同义关系的义位,它们的区别性义素有相同的部分,那么另有一部分就是不同的,这就需要进行辨析。同义关系的辨析是一件很细致的工作,有两方面的问题需要注意。

第一,有一些词的意义不单有理性意义,还有附属意义(如感情色彩、语体色彩等)。两种意义在语义结构中所处的地位是不同的,辨析时不能同等看待。比如"首"和"头"是同义词,首的书

面语色彩就浓一点。"周"和"比"有同义关系,都有结合的意思:

　　《韩非子·孤愤》:"朋党周比以蔽主。"

但它们的感情色彩不同,周是以义合,比是以利合:

　　《论语·为政》:"君子周而不比,小人比而不周。"

　　第二,如果对名词、动词、形容词的理性意义作义素分析,就可以看到它们的语义构成各有侧重,辨析的时候可以分开来考虑。比如名词的语义结构,常常牵涉到范围规模大小、性质、形制状态、制作材料、功用等方面,从上面举到的"胾、脟"就可以看出。上面说到的"模、范"则是制作材料的不同。唐玄应《一切经音义》:"以土曰型,以金曰镕,以木曰模,以竹曰笵。四者一物材别也。"①又比如"宫"和"室"是同义关系:

　　《尔雅·释宫》:"宫谓之室,室谓之宫。"

分开来讲,宫指整个的住宅:

　　《墨子·号令》:"父母妻子皆同其宫。"

室指房间:

　　《论语·先进》:"由(人名)也升堂矣,未入于室也。"

这是范围大小的不同。再比如"园"和"圃"也是同义关系。分开来讲,园是种果树的地方:

　　《说文》:"园,所以树果也。"《墨子·非攻上》:"今有一人,入人园圃,窃其桃李。"

圃是种蔬菜的地方:

　　《说文》:"种菜曰圃。"《诗经·齐风·东方未明》:"折柳樊圃。"毛传:"圃,菜园也。"

这是范围性质的不同。

　　动词的语义结构有以下几个方面需要考虑:1. 动作行为本身的方式状态;2. 动作的施事(动作的发出者)和受事(动作的接受

---

① 段注引《通俗文》:"规模曰笵。"文献中笵又作"範"。

者);3.动作凭借的事物(如工具之类)。《说文》:"撼(撼),摇也。""撼"和"摇"是同义关系。比较起来,撼的力度大,猛烈。《宋史·岳飞传》:"撼山易,撼岳家军难。"常说的"蚍蜉撼大树",都不能改成摇。《古诗十九首》之九说"东风摇百草",也不能换成撼,这是方式状态的不同。"诛"和"弑"是同义关系。诛常指杀有罪者或无道者。《荀子·正论》:"诛暴国之君如诛独夫。"弑指在下位者杀在上位者。《荀子·富国》:"是以臣或弑其君,下或弑其上。"这是施事受事的不同。前面说到的"追、逐"是受事的不同。"刍"和"豢"是同义关系,都指喂养牲畜。刍是割草,转指用草喂养牲畜。《说文》:"豢,以谷圈养豕也。"《国语·楚语》:"刍豢几何?"韦昭注:"草养曰刍,谷养曰豢。"这是凭借的不同。

形容词的语义结构主要考虑以下几个方面。1.事物的性状(程度、性质等)特征;2.性状所联系的事物或方面。《说文》:"燠(yù),热在中也。"又:"暑,热也。"燠和热是同义关系。《尚书·洪范》:"曰燠,曰寒。"孔颖达疏:"燠是热之始(初始),暑是热之极(极点)。"这是性状的不同。完和备是同义关系,都表示没有缺失。分开来讲。完是完整,没有残缺。《荀子·劝学》:"巢非不完也。"成语有完璧归赵。备是各部分齐全,每样都不缺少。《荀子·天论》:"养备而动时,则天不能病。"这是性质特征的不同。肥和腯是同义关系。《左传·桓公六年》:"吾牲牷肥腯,粢盛丰备。"《说文》:"肥,多肉也。"又:"腯,牛羊曰肥,豕曰腯。"段注:"按人曰肥,兽曰腯,此人物之大辨也。又析言之,则牛羊得称肥,豕独称腯。"这是性状联系的事物不同。

第二节 反义关系

一

2.1.0 词的反义关系也是一种聚合关系。反义关系由两项构成,一般认为有以下三种类型。

1. 互补关系。比如:

生——死 存——亡 作——息 男——女
有——无 是——非 断——续 真——伪

互补关系的特点是:构成反义关系的两项非此即彼,没有中间状态。

2. 极性关系(渐进关系)。比如:

大——小 多——寡 优——劣 高——下
始——终 本——末 前——后 抑——扬

极性关系的特点是:就两项的所指看,有一个中间状态,如不大不小、不多不少。对中间状态而言,构成反义的两项处于两极;两极是相对而言的,没有确定不变的界限。

3. 反向关系(相对关系)。比如:

买——卖 取——予 授——受 问——答
嫁——娶 主——仆 夫——妻 主——宾

反向关系的特点是:两项之间没有中间状态,一项之中蕴含着另一项。如买的行为蕴含着另一方卖的行为,甲是乙的夫蕴含着乙是甲的妻。

2.1.1 从上面例子可以看出,三种类型有共同的一面:在一个语义范围中,两项处在这个范围中的两端构成对立关系。虽然都是对立关系,但三种类型的性质又有所不同。在互补关系中,一

第十章 古汉语中词与词的意义关系

个语义范围中只有 A、B 两项,不是 A 就是 B,一项意义的正义就是另一项意义的反义。比如"男"的正义就是"女"的反义。在极性关系中,对立的两项处在语义范围的两极,两极之间有一个中间状态,合起来表现为一种数量的增减(如大、小)或过渡变化(如前、后)。所谓中间状态是就实际的所指而言,从语言的层面看,表示这种中间状态的词并不多(常见的是大、中、小的"中"),这是我们需要注意的。从词汇意义看,反向关系常表现为名物的意义和行为的意义。名物的意义是,一方名义的存在以另一方名义的存在为前提,或者说双方互为前提,比如"夫"的存在以"妻"为前提,反之亦然。行为的意义是,一方行为的存在以另一方行为的存在为前提,比如"嫁"的存在以"娶"为前提。以上三种关系可以表示如下:

互补关系:$A = -B, B = -A$

极性关系:$A \leftarrow\!|\!\longrightarrow\!|\!\rightarrow B$

反向关系:$A \rightleftarrows B$

2.1.2 确定反义关系,也有几点是需要注意的。

第一,与同义关系一样,反义关系也是就义位而言的,这是应当首先明确的。一个词如果有几个义位,就可能与几个词构成反义关系。《韩非子·五蠹》:"轻辞天子,非高也,势薄也。"这里的"薄"是小的意思。由此可以知道,"薄"既可以与"厚"构成反义关系,也可以与"大"构成反义关系。又比如"疏",既可以说"疏密",也可以说"亲疏",就是因为疏有稀疏和疏远两个义位。其反义关系可以表示为:

疏1:(稀疏) $\longleftrightarrow$ 密

疏2:(不亲近) $\longleftrightarrow$ 亲

再比如"通"有通达的意思,又有贯通的意思,就这两个意思看,既可以与"穷"构成反义关系,也可以与"塞"构成反义关系。如果两个反义词各有几个义位,还可以构成互相对应的几组反义关系。比如"多"和"少",既表示数量的大小,又表示称赞和轻视。《史记·商君列传》:"反古者不可非而循礼者不足多。"《论衡·程材》:"儒生之徒亦自相少。"两者对应的关系是:

　　　　多1:(数量较大)　←——→　少1:(数量较小)
　　　　多2:　(称赞)　　←——→　少2:(不赞同,轻视)

　　第二,与同义关系一样,构成反义关系的义位也必须有共同的指称义素。就区别性义素而言,构成同义关系的义位应当有相同的区别性义素,构成反义关系的义位则必须有相互对立的区别性义素。互补关系中区别性义素的对立是很明显的。极性关系的例子如"大、小":

　　　　大:[数量多] + [体积、面积、规模等]
　　　　小:[数量少] + [体积、面积、规模等]

反向关系的例子如"买、卖":

　　　　买:[付与对方货币] + [得到需要的物品] + [行为]
　　　　卖:[付与对方物品] + [得到相应的货币] + [行为]

如果要深入地了解反义关系的构成,就需要对区别性义素作具体的分析。

　　词义反映了人们对客观事物的认识和区分,一个义位与另一个义位构成对立,有的反映了客观事物的对立,也有的反映了人们主观上的认识。"男、女""昼、夜""天、地"等反映的是客观事物的对立关系,"尊、卑""寿、夭""荣、辱"的对立又反映人们的认识。

　　第三,语言是供人使用的,不能说实际事物有对立关系的就一定能够构成反义关系,还要考虑一个义位的使用情况。上面谈到同义关系的时候,曾举"牒、䐑"为例。如果作义素分析,它们也有相互对立的区别性义素(薄、厚),我们所以看作是同义关系,是因为在使用中人们着眼于同。再比如"颈"和"项",区别开来看,也有部位前后的不同,从使用情况看,也不能看成反义关系。从语用的层面看反义关系，人们在使用中是着眼于异，在表述中常常用于对举。比如"哭"和"泣"，一个是有声，一个是无声，区别性义素有对立关系；在使用中，与"哭"对举的常常是"笑"而不是"泣"。从这一点考虑，"哭"的反义词与其说是"泣"，还不如说是"笑"。"黑、白"的对立不只是颜色上的实际区别，也反映了人们的认识。有一个时期，黑表示反动，红表示革命，也形成了对立关系，不过使用的时间不长。

二

2.2.0 在训诂学中有反训的说法，意思是一个词可以有相反的两个意思。反训讲的是一个词中义位与义位的关系，与词的反义关系性质不一样，这里按照一般的习惯与反义关系放在一起作简单的介绍。

晋代的学者郭璞在给《尔雅·释诂》作注的时候提出一种说法叫做"美恶不嫌同名"。比如他认为"肆"这个词既有故的意思，又有今的意思，故与今意思相反，认为这是"义相反而兼通"。后来的学者把这种现象又叫做"美恶同辞"。这就是通常说的反训。古人说话简略，有含糊不清的地方，使得后人对反训产生了一些不同的看法：比如反训是不是一个科学的术语；如何准确地界定这个术语等等。我们的看法是反训是一种词汇现象，这种现象是存在的，但应当严格界定，不能过分夸大。首先应当注意的是要划清字和词的界限。比如"故"，有表示时间的故（故旧），有用作连词的故（所以）；同样，"今"也有表示时间的今和用作连词的今。从字与词的对应关系看，是一个"故"字记录了两个词。根据一些学者的研究，《尔雅·释诂下》里的"肆"是作连词用的，与表示时间的故、今没有关系，郭璞没有区分字和词，结论就有问题。

2.1.1 反训作为一种词汇现象，有下面几种情况值得注意。

第一,去取关系。去是离去,取是纳进。比如"贷":

《广雅·释诂二》:"贷,借也。"

《左传·昭公三年》:"以家量(量器)贷而以公量收之。"

《史记·主父偃列传》:"家贫,假贷无所得。"

贷既为借出,又为借入。又如"赋":

《说文》:"赋,敛也。"

《孟子·离娄上》:"赋粟倍他日。"

《韩非子·外储说右上》:"于是为十玉珥而美其一以献之,王以赋十孺子。"

前两例是收入,后一例是分出、授予。段玉裁说:"敛之曰赋,班之亦曰赋。"讲的就是这个意思。又比如"删":

《广韵·删韵》:"删,除削也。"

《汉书·律历志上》:"删其伪词,取正义,著于编。"

《史记·司马相如列传》:"故删取其要,归正道而论之。"

第一例是删除的意思,第二例是节取的意思。《说文》"删"字《段注》说:"凡言删剟者,有所去即有所取。"两个意思是一种去取关系。

第二,相与关系。相与是在一起的意思。比如"与":

《国语·齐语》:"桓公知天下诸侯多与己也。"

《左传·襄公二十五年》:"一与一,谁能惧我?"

前一例,与是亲附的意思;后一例,与是对付的意思。两个意思相对。又比如"分":

《史记·秦始皇本纪》:"分天下以为三十六郡。"

《三国志·吴书·吕蒙传》:"与关羽分土接境,知羽骁雄,有兼并心。"

前一例是分开的志意思,后一例是相接的意思。一分为二,一件事物分开后的两部分又有相接的关系。

第三,反向关系。比如"被":

《诗经·大雅·既醉》:"其胤(后继人)维何？天被尔禄。"

《墨子·尚贤中》:"万民被其利。"

被是被子。从上而言,是加被的意思,如前一例。从下而言是蒙受的意思,如后一例。又比如"奉":

《周礼·地官·大司徒》:"祀五帝,奉牛牲。"

《左传·成公十六年》:"子叔婴齐(人名)奉君命无私。"

奉就是捧,从下对上而言,可以是恭敬地献出,如前一例;上对下有所赐,则是恭敬地接受,如后一例。

第三节　类义关系

3.1.0　《荀子·议兵》:"古之兵,戈、矛、弓、矢而已矣。"戈、矛、弓、矢是四种兵器的名称,我们把这四个词的意义关系称为类义关系。从这个例子可以看出,词的类义关系有以下几个特点:1. 词义表示的类别是同一大类下面的各个小类,也就是说上类词必须包含下类词。上面的例子中,兵是大类的名称,是上类词;几种兵器表示小类的名称,是下类词。2. 构成类义的关系的词处于同一位次,下类词不互相包含,比如戈不包含矛,矛也不包含弓。3. 从语义构成看,构成类义关系的词有相同的指称义素,这个指称义素就是上类词。从区别性义素看,它们的区别性义素既不表现为同义关系,也不表现为相反的意义关系。比如上面四种兵器,它们的形制、制作材料和使用方法都有不同,但这些区别并不表现为意义的相反相对。从几个特点我们可以了解类义关系与同义关系、反义关系的区别。

3.1.1　下面是类义关系的一些例子:

1. 《尔雅·释诂上》:"禋、祀、祠、尝、禴(yuè),祭也。"

又《释天》:"春祭曰祠,夏祭曰礿(禴),秋祭曰尝,冬祭曰蒸。"

2. 又《释诂下》:"崩、薨、无禄、卒,死也。"
《礼记·曲礼下》:"天子死曰崩,诸侯曰薨,大夫曰卒,士曰不禄,庶人曰死。"

3. 又《释诂下》:"痒、疧、瘯,病也。"

4. 又《释器》:"彝、卣(yǒu)、罍(léi),器也。"郭璞注:"皆盛酒尊。"

5. 又《释器》:"鼎绝大谓之鼐(nài),款足(足中空)者谓之鬲。"

6. 又《释器》:"肉(玉璧的边)倍好(璧的孔)谓之璧,好倍肉谓之瑗(yuàn),肉好若一谓之环。"

7. 《左传·庄公三年》:"凡师,一宿为舍,再宿为信,过信曰次。"

8. 《诗经·豳风·七月》:"言私其豵,献豜于公。"毛传:"豕,一岁曰豵,三岁曰豜。"

3.1.2　词的类义关系有时不好划分,主要是与词的同义关系有纠葛。同义关系也是一种分类;构成类义关系的词既然是属于同一类,二者就有相同的一面。区分类义关系与同义关系,可以从两个方面考虑。

第一,从区别性义素看,构成同义关系的义位有明显相同的区别性义素;构成类义关系的义位,没有显著相同的区别性义素,或者其相同的区别性义素在语义构成中和使用中并不占有重要地位。比如上面说到的"戈"和"矛":

《尚书·牧誓》:"称(举)尔戈,比(并列)尔干,立尔矛。"孔颖达疏:"戈短,人执以举之,故言称。矛长,立之于地,故言立也。"

又:"不愆于四伐、五伐、六伐、七伐,乃止齐焉。"孔颖达疏:"上有戈矛,戈谓击兵,矛谓刺兵。"

从上面的解释可以看出,对于类义关系,人们看重的是区别性义素的差别而不是它们的相同之处。

再比如笔、墨、纸、砚,我们所以不认为它们是同义关系,就是因为它们是不同的书写用具。它们的语义结构可以有两种分析:

  区别性义素   指称义素
1. [形制、材料] + [作用] + [用途] [用具]
2. [形制、材料] + [作用]   [书写用具]①

依照第一种分析,把用途"书写"看作区别性义素,它们有共同的区别性义素;依照第二种分析,把书写用具看作指称义素,它们就没有共同的区别性义素。豻和貙,如果把家畜看作指称义素,豕就是它们共同的区别性义素;如果把豕看作指称义素,它们没有共同的区别性义素。由此看来,对指称义素的分析有一个层级问题。

  第二,对义位作义素分析是一个方面,还必须与义位的使用结合起来考虑(在讨论词的同义关系、反义关系时我们都讲到这个问题)。比如"牺、牲",依照古书的解释,牺是毛色纯而不杂的牛。(《礼记·曲礼下》:"天子以牺牛,诸侯以肥牛。")牲是身体完全的牛。这样看,两个词是一种类义关系。但从实际的使用看,牲、牺常常混用而不加区别,都指用以祭祀的牲畜。《左传·庄公十年》:"牺牲玉帛,弗敢加(把不好的说成好的)也,必以信。"其间的界限不太被看重,牺、牲就成了同义关系。从使用看,同义关系表现为同义连用,反义关系表现为对举,类义关系表现为列举。比如《孟子·滕文公下》:"瀹(yuè,疏通)济漯 tà 而注诸海,决汝汉、排淮泗而注之江。"济、漯、汝、汉、淮、泗是列举的六条水名。《三国志·魏书·华陀传》:"吾有一术,名五禽之戏:一曰虎,二曰鹿,三曰熊,四曰猿,五曰鸟。"这里是列举的五种禽兽。

  3.1.3 与现代汉语比较,古汉语对有些类别有过细的划分。

---

① 比如墨用以着色,这是作用;用以书写,这是用途。

上面举到的犹和豺就是这样。再比如《尔雅》中的例子：
1. 《释器》："圭大二尺为之玠，璋大八寸谓之琡(chù)，璧大六寸谓之宣。"
2. 又："金镞(箭头)剪(剪齐)羽谓之鍭(hóu，箭名)，骨镞不剪羽谓之志。"
3. 又《释乐》："大钟谓之镛，其中谓之剽(piāo)，小者谓之栈(zhǎn)。"
4. 又《释山》："山大而高，崧(sōng)。山小而高，岑(cén)。锐而高，峤。"
5. 又："多草木，岵(hù)。無草木，峐(gāi)。"
6. 又《释畜》："羊：牡，羒(fén，白色的公羊)；牝，牂(zāng，白色的母羊)。"

上面的例子，在第一章谈到通名和专名的时候曾举到过，这一节是从词义关系的角度加以说明。这样一些表示类义关系的词显示了一个时期特有的词汇面貌。这类词很多是生僻词语，给我们阅读古书造成了不小的障碍。

第四节　上下义关系

4.1.0　上面说到的类义关系是大类下分出的小类，表示小类的词处于同一位次，是一种同位关系；表示大类的词与表示小类的词处于不同的位次，就是一种上下义的关系。比如上面举到的山与崧、岑、峤，羊与羒、牂，祭与禴、烝、尝，死与崩、薨、卒都是上下义关系。处于上位的是上位词，上位义；处于下位的是下位词，下位义。下面是《说文》中一些上下义关系的例子：
1. 菜，草之可食者。
2. 荤，臭(有辛辣味的)菜也。
3. 习，数(反复多次)飞也。

4. 翔,回(回旋)飞也。
5. 扑,小击也。
6. 耆(qí),老也。
7. 顾,还(转过头)视也。
8. 痼,久病也。
9. 响,应声也(回声)。
10. 缃,帛浅黄色也。

上面的位次关系可以表示如下：

上位：草　菜　飞　飞　击　老　视　病　帛

　　　↓　↓　↓　↓　↓　↓　↓　↓　↓

下位：菜　荤　习　翔　扑　耆　顾　痼　缃

4.1.1 从上面的例子可以看出：第一，如果对下位义作义素分析,上位义表示的就是它的指称义素,另有区别性义素将下位义显示出来。如：

菜:可食 +草

翔:回旋 +飞

痼:时间长 +病

第二,上下义是相对的,下位义之下还可能有下位义。如：

菜:可食 +草

荤:有辛辣味 +菜

三个词的关系是:草——→菜——→荤

第三,上下义的关系并不是固定不变的,这表现在两个方面。一方面,由于特指或泛指的原故,使得有一些词兼有上位义和下位义。比如金,作金属讲是上位义,作黄金讲是下位义。洗,《说文》:"洗,洒(xǐ)足也。"作洗脚讲是下位义,作洗涤讲是上位义。牙,《说文》:"牙,壮齿也。"作白齿讲是下位义,作牙齿讲是上位义。上面的关系可以表示为：

另一方面，由于词义的变化，意义的位次也会发生变化。比如"唱"，原来是领唱的意思，后来的意思是歌唱；响，原来的意思是回声，后来指一般的声响，都是由下位义变成了上位义。这样一种变化也就是我们前面说的词义的扩大。禽，原来指猎获的对象，包括飞禽和走兽，后来指飞禽，这是由上位义变成了下位义，也就是前面讲的词义的缩小。

4.1.2 关于上下义关系，我们还应当注意到古代学者的训释方式。从上面的例子可以看到，释义方式大致有两类：

1. 区别性义素 +指称义素

荤，臭菜也。

习，数飞也。

扑，小击也。

痼，久病也。

2. 指称义素 +区别性义素

菜，草之可食者。

缃，帛浅黄色也。

第一种方式比较容易分析；遇到第二种方式，就需要加以辨析，转换成一个一般的语义表达式。

有一些释义，训释词只是一个词（所谓单词释义），不知道这个词表示的是指称义素还是区别性义素，那就要结合文献，仔细进行考察。

第五节 词的同源关系

一

5.1.0 音和义是一个词不可分割的两面,在考察词的意义关系时,还应当考虑到语音方面(指古代的读音)的因素。传统的训诂学讲因声求义,一方面是说不拘泥于字形的结构,而是通过读音考察一个字表示的是什么意义。前面讲的对假借字的分析就属于这方面的问题。另一方面,对于一部分词来说,选择某个语音形式去表示某种意义,或者说用这样一个名称而不用那样一个名称去标示某种事物,有一个根据所在,这叫做词的内部形式或者说词的理据。比如汉代刘熙的《释名》:

《释姿容》:"负,背也,置项背也。"

《释首饰》:"梳,言其齿疏也。"

从读音看,负和背有密切的关系;从意义看,负和背都是负荷的意思,是同义关系。第二例中梳和疏的读音完全相同;从意义看,所以用 shū 这样一个读音标示梳子这样一个事物(这里用现代的读音只是用以说明问题),是因为梳子的齿比较稀疏(可以与篦子比较)。由上面的两例可以看出,用什么样的音去标示什么样的意义或事物,中间有着某种联系。由此我们可以进一步想到,当考察某些词在意义上的关系的时候,还应当考虑到它们在语音上的联系。我们说某些词,并不是说所有的词的音和义都有必然的联系,这一点是应当明确的。

可以看出,古汉语中一些词的读音有着密切的联系,这些词的意义又都包含有所标示事物的共同特征,就是说它们有共同的语源。在古汉语词汇研究中就把这样的词叫做同源词。

5.1.1 从对上面例子的分析已经知道,一些在意义有联系的词在语音上也有联系。在古汉语词汇的研究中就把某些这样的词叫做同源词。① 说是一些词,就是说并不是所有音义有联系的词都是同源词。判定同源词有两个最重要的条件:(1)读音相同或者相近;(2)有共同的语源义。一个是声音方面的条件,一个是意义方面的条件。声音方面讲相近,是说声母、韵部必须都相同或相近。如果只是韵部相同,而声母相差很远;或者只是声母相同,而韵部相差很远,都不符合这个条件。意义方面讲共同,不是说一个词的随便哪一个义位,而是指它的语源义。人们在给某些对象命名时有时以联想到的这些对象的某种特征为依据,这种命名时所依据的对象的特征体现在词义中,就是我们说的语源义。比如在给梳子命名时联想并依据的特征就是稀疏。再比如"牷"是古代祭祀时用的牲畜,在给这类牲畜命名时联想并依据的特征就是它的身体完全无残伤。稀疏和完全这样的特征分别体现在这两个词的词义中,就是"梳"和"牷"这两个词的语源义。在语音方面,不同的同源词联系有所不同,从声母方面讲,最常见的是双声和旁纽;从韵部方面说,最常见的是叠韵和对转(双声、旁纽、叠韵、对转,见本书音韵部分的有关说明)。

5.1.2 下面是几组同源词的例子(为简明起见,语音方面的说明从略。意义方面除特别说明外一般依照《说文》)。

1. 决,行流也。(意思是打开口子,疏导水流。)
   抉,挑也。(意思是剔出。)
   诀,诀别也。(见《说文》新附,意思是分别。)
   玦,玉佩也。(是古代一种有缺口的玉饰。)
   缺,器破也。

---

① 王力《同源字论》和《同源字典》对同源词有全面的考察。见《王力文集》第八卷,山东教育出版社,1990年。

——共同的语源义是断开,失去完整性。
2. 勾,曲也。
   钩,曲钩也。
   笱,曲竹捕鱼笱也。(一种捕鱼器具,用弯曲的竹子编制。)
   ——共同的语源义是弯曲。
3. 惊(驚),马骇也。
   警,戒也。
   儆,戒也。(意思戒备,使警觉。)
   ——共同的语源义是戒惧。
4. 卷,膝曲也。(意思是膝盖弯曲。)
   拳,意思是手指弯曲握起来。
   蜷,意思是躯体弯曲。
   鬈,指头发卷曲。
   ——共同的语源义是蜷曲。
5. 乔,高而曲也。
   桥,架高的通道。
   峤,《尔雅·释山》:"锐而高,峤。"
   骄,马高六尺为骄。
   ——共同的语源义是高。
6. 非,违也。(意思是违离正确的,不对。)
   诽,谤也。(意思是认为对方不对,用语言表示反对。)
   ——共同的语源义是背离,反对。
7. 敛,收也。
   殓,意思是将死者入棺。
   ——共同的语源义是收束。
8. 超,跳也。
   跳,一曰跃也。
   ——共同的语源义是跃起。

9. 冢(通作蒙),覆也。
   冒,冢而前也。
   ——共同的语源义是覆盖。
10. 敂(通作叩),击也。
    攷(通作考),敂也。

5.1.3 前面我们介绍区别字的时候,曾说到有一类区别字是由于词义的引申而生成的(如溢和悌);我们还曾进一步分析,前后两个字表示的是两个词。从字的角度说,它们是本源字与区别字的关系;从词的角度说,前后两个字表示的是同源词。这是同源词中的一大类,应当注意。

5.1.4 在判定同源词的时候,从语音方面看,有些好识别,比如梳和疏;有些读音变化比较大的,就不好识别,比如背和负、超和跳,这需要具备一些古音方面的知识。

从意义方面看,上面说过,同源词必须有共同语源义,不是随便哪一个意义都可以看作语源义的。比如"境"和"界",读音相近,主要的意义也相同,都是边界的意思,但它们的语源义并不一样。境本来写作竟。《说文》:"乐曲尽为竟。"意思是终了、完结,边境的意思即取义于此。从书写形式看,边境的意思原来就写作竟。《左传·宣公二年》:"子为正卿,亡不越竟,反不讨贼。"界,是一个从田介声的形声字,声符介又表示分隔的意思。界作边界讲,即取义于此。由此可以知道:(1)境的语源义是终了,界的语源义是分隔,两个词不能构成同源关系。(2)境的同源词是竟,界的同源词是介。(3)两个词都有边界的意思,这两个词是同义关系。同义关系的构成是因为两个词由各自的语源义生发出相同的意义。再比如"但"和"特":

《说文》:"但,裼(xī)也。"(后通作"袒")
又:"特,特牛也。"

但的意思是敞开或者脱去上衣,露出内衣或身体。特本指公牛。

引申为单独的,指一头牲(参见《段注》)。又引申为独特的、杰出的,虚化后用作范围副词。虽然两个词在文献中都作范围副词用,都表示仅只义,但它们的语源义并不一样,不能认为是同源关系。

二

5.2.0　在考察同源词的时候,要注意同源词与同源字、同源词与同义词、语源义与本义的关系。

5.2.1　在介绍同源词的时候,也常常要说到同源字,这两个概念是有区别的。同源字是记录一组同源词的几个不同的字;没有同源词,就不会有同源字。

明确了这一点,我们就不难知道,如果两个字的关系是假借字与本字的关系,或者是异体关系,那么就不能认为它们所表示的词是同源关系。如:

《说文》:"暵(hàn),干也。"

又:"熯(hàn),干貌。"《段注》:"此与日部同音同义,从火犹从日也。"

这两个字都是干燥的意思,但不能认为它们表示的是一组同源词,因为这是两个异体字,而异体字表示的是同一个词。又如:

《说文》:"措,置(放置)也。"

又:"错,金涂也。"(意思是用金属涂饰镶嵌。)

又:"厝(cuò),厉石也。"(指一种磨刀石。)

三个字在文献中都有错置的意思,但不能认为它们表示的是三个同源词,在措置这一意义上,很明显后两个字是假借字。也就是说三个字表示的是同一个词。

从书写形式看,同源词的书写形式大致有以下三种情况。

(1) 书写形式相同。比如:长(zhǎng)/长(cháng);間間(jiān)/間間(xián)。

(2)书写形式相近。比如:反／返;解／懈;衷／中。
(3)书写形式不同。比如:上／尚;刚／坚;分／别。
同源字是书写同源词的,所以我们要注意同源词的书写形式。

5.2.2 同源关系与同义关系。有一部分同源词是同义关系,比如上面说到蒙和冒、叩和考(它们的组合关系有不同)。也有的不是同义关系,比如玦和缺、峤和桥。后面一类所以不是同义关系,是因为它们的指称义素不一样。如果同源词都是同义关系的话,那么两者就没有区分了。

5.2.3 语源义与本义的关系。由上面几点可以看出,语源义蕴含于本义之中,但又不是本义的全部。比如玦和缺可以作如下的分析:

　　玦:[有缺口] + [环形] + [玉饰]
　　缺:[有缺口] + [器皿]

再比如峤和桥:

　　峤:[高] + [尖] + [山]
　　桥:[高出水面或地面] + [跨越障碍] + [通道]。

可以看出所谓蕴含,是说在本义的语义结构中,语源义往往体现为某一区别性义素。也有一些语源义是隐性的,这里就不作讨论了。

总之,在确定同源词的时候,应当采取慎重的态度。

三

5.3.0 在考察词义关系的时候,我们应当注意古代学者的研究。比如,一些字的形体结构就有助于我们认识同源词之间的语音联系和意义联系。上面表示第5组同源词的几个字,从结构上看它们的声符是乔;换句话说,以乔作声符的这几个字都有高的意思。其他几组例子也有类似的情况。这类例子表明,一部分形声字的声符不光可以表音,也可以表义,而且词的语源义往往就由声符体现出来。从意义上看,一部分同源词的关系是:一个共同的语源义体现于不同的事类,分别用几个词来表示,从而构成了同源关系。比如决是就水而言,抉是就动作而言,诀是就行为而言,玦是就玉器而言,缺是就器皿而言。这些不同的事类用形声字的义符表示。我国古代的学者已经注意到了这种现象。晋代杨泉的《物理论》(见《艺文类聚·人部》)已经提出了这一点。到了宋代,有一个叫做王圣美的学者说得更加明确(见《梦溪笔谈》卷十四)。比如他认为,浅、钱、残、贱这些字从戋得声,都有小的意思。得出结论说,"凡字,其类在左,其义在右"。形声字的义符在左,表示事类;声符在右,表示一个共同的意义,这样一种观点被称为右文说。需要注意的是,这只是就一部分字而言,并不是所有的声符都可以表义。

5.3.1 在比较词义的异同时,古代学者经常有"浑言/析言、统言/析言、散文/对文"等说法,对此我们也应当有所了解。这些术语是就一些意义相近的词讲的。"浑言、统言、散文"是说在解释或使用的时候不加区别,"析言、对文"是说在解释或使用的时候加以区分。比如《段注》对《说文》的解释("——"号后是《段注》的解释):

1. 走,趋也。——《释名》曰:徐行曰步,疾行曰趋,疾趋曰走。此析言之,许浑言不别也。
2. 牙,牡齿也。(段注本"牡"作"壮")——统言之皆称齿称牙,析言之则前当唇者称齿,后在辅车者称牙。
3. 路,道也。——《释宫》"一达谓之道路",此统言也。《周礼》"浍上有道,川上有路",此析言也。
4. 讽,诵也。——《周礼·大司乐》注:"倍文曰讽,以声节之曰诵。"倍同背,谓不开读也。诵则非直背文,又为吟咏以声节之。《周礼经》注析言之,讽诵是二。许统言之,讽诵是一。
5. 踣(bó),僵也。——孙炎曰"前覆曰仆",《左传》正义曰

"前覆谓之跆"。对文则偃与仆别,散文则通也。

由上面的例子可以知道,古人说的析言和浑言是讲词义关系的。其中很多是同义关系,比如上面例子中的牙和齿、道和路。也有的不是。比如《说文》:

> 鮥(luò),叔鲔(wěi)也。

《段注》:

> 叔鲔者,鲔之小者也,对王鲔为辞。叔鲔名鮥,则王鲔不名。而以鮥注鲔者何也?浑言析言不同。

依段注的意思,小一点的鲔又称鮥。这样看来,鮥是鲔的一种,两者是大类和小类的关系。浑言和析言的说法反映的意义关系并不一样,对古人的解说要作具体的分析。

第六节 词义关系的变化

6.1.0 对于词与词的意义关系,还要有一个历史的观点:就是说词的意义关系不是一成不变的;既然词义在不断地变化,那么它们之间的关系也必然会随之发生改变。这里主要讨论同义关系和反义关系的变化。

6.1.1 同义关系的变化,有以下几种情况值得注意。

第一,有的词过去有同义关系,后来没有了。比如"植、艺、树、种"这几个词过去都有种植的意思:

> 《战国策·燕策》:"植于坟(水名)篁(huáng,竹田)。"
> 《诗经·齐风·南山》:"艺麻如之何?"
> 《孟子·梁惠王上》:"五亩之宅,树之以桑。"
> 又《滕文公上》:"许子(人名)必种粟而后食乎?"

在现代汉语中,艺和树不再与种、植构成同义关系了。再比如"险"和"阻"都有路不平难走的意思:

> 《周礼·夏官·司险》:"以周知其山林川泽之阻。"

《左传·成公二年》:"苟有险,余必下推车。"
在现代汉语中,阻主要用作动词义,是阻拦的意思,不再与险构成同义关系。

　　第二,几个词原来没有同义关系,后来成了同义词。比如"穷"和"贫"原来不是同义词。

　　贫是钱少无法维持生活;穷是尽头、走到尽头的意思:
　　　《楚辞·九歌·云中君》:"横四海兮焉穷?"
引申指在社会生活中特别是政治上无出路:
　　　《孟子·尽心上》:"穷不失义。"
又引申为在经济生活中无出路、困窘,与贫构成同义关系:
　　　《左传·文公十八年》:"不分孤寡,不恤穷匮。"
再比如"熬"和"煮",原来也没有同义关系:
　　　《说文》:"煎,熬也。"
　　　又:"熬,煎干也。"《尚书·费誓》:"峙(zhì,储备)乃糗(qiǔ)粮。"郑玄注:"糗,熬谷也。"
熬和煎一样,指把米、麦等炒干、烤干。后来熬转指加水煮,就与煮成了同义词:
　　　《新唐书·摩揭陀传》:"太宗遣使取熬唐法。"

　　第三,同义词的减少。原来的一组同义词中,有的词还在,有的到了后来就消亡或很少单独用了。比如"炊"和"爨"原来是一对同义词,指烧火做饭:
　　　《梁书·阮孝绪传》:"家贫,无以爨。"
后来用炊不用爨。"尊"和"严",原来都有尊敬的意思:
　　　《孝经·圣治章》:"孝莫大于严父。"
在这个意义上后来用尊不用严。"尽"和"殚(dān)"都是尽的意思,是一对同义词:
　　　《汉书·杜钦传》:"殚天下之财。"
在这个意义上后来用尽不用殚。

6.1.2 同义词减少的原因主要有两个。一是有的词已经消亡了(文言用法的残存或仿用不算),如上面讲到的籑、殚就是如此。另一个原因是词还在,但意义发生了变化,如上面讲到的树和艺。树指树木、树立,艺指技艺、文艺,种植的义位已经没有了。又比如"末、标、杪(miǎo)"这三个词,原来都指树的末端:

《左传·庄公十一年》:"末大必折。"

《管子·霸言》:"大本而小标。"

晋·陆机《感时赋》:"猿长啸于木杪兮。"

在现代汉语中,末主要指终了、末了,标指标明,义位都减少了;杪这个词则不再用了。

6.1.3 关于反义关系的变化,至少有以下三个方面我们应当注意。

第一,反义关系中的一项未变,另一项变了。比如过去"高"和"下"构成反义关系:

《老子》二章:"长短相形,高下相倾。"

后来高和低构成反义关系,前面一项高未变,后面一项下变成了低。再比如过去"情"指实情、本然的情况,所以"情"和"伪"可以构成反义关系:

《左传·僖公二十八年》:"晋侯在外十九年矣……险阻艰难,备尝之矣;民之情伪,尽知之矣。"

后来"真"和"伪"构成反义关系,反义关系中的一项情变成了真。再比如"穷、达"、"穷、通"过去是反义关系:

《孟子·尽心上》:"穷则独善其身,达则兼善天下。"

《庄子·让王》:"古之得道者,穷亦乐,通亦乐。"

后来"穷"和"富"构成反义关系,其中的一项也发生了变化。

词义关系的变化是词义变化的结果。高低的低刚出现时常作动词用:

《庄子·盗跖》:"据轼低头,不能出气。"

后来下常用作动词,低不光是用作动词,还表示高度,高下就变成了高低。情伪的情后来主要用作感情义,它的位置由真取代。穷由穷尽义引申为穷困义,从而与富构成了反义关系。

第二,某个词的反义词原来有几个,后来有的不用了,这是反义词的减少。比如"多"这个词,过去既可以与"少"构成反义关系,又可以与"寡"构成反义关系;现在主要用多少,不怎么用多寡了,这是因为寡用得少了。

再比如"美"这个词,过去既可以与"丑"构成反义关系,又可以与"恶"构成反义关系:

《左传·昭公二十八年》:"昔贾大夫恶,娶妻而美。"

上例中的恶指长相。后来恶这个词主要用作抽象的丑恶、凶恶义,就长相讲就不再与丑是反义词了。

第三,原来构成反义关系的两项后来都发生了变化。比如"辩"原来有口才敏捷、善于言辞的意思,"讷"(nè)是言语迟钝、不善言辞的意思,两个词可以构成反义关系:

《韩非子·难言》:"捷敏辩给,繁于文彩。"

《史记·李将军列传》:"(李)广讷口少言。"

《世说新语·文学》:"江左殷太常父子并能言礼,亦有辩讷之异。"

后来辩的主要意思是辩论,讷则已经很少单独使用了。再比如"丰"是宽大的意思,"杀"过去又读作 shài,是减损的意思,两个词可以构成反义关系:

唐·白居易《庐山草堂记》:"广袤丰杀,一(全都)称心力。"

现在丰的主要意思是多、盛,宽大的意思用得不多;杀的减损义现在已经不用了。

前面说过,考察词的同义、反义关系要以义位为单位,词的意义关系的变化进一步说明了这一点。

第十一章　词汇的发展变化

第一节　旧名的继承与消亡

1.0.0　在前面两章中,我们考察的是词义的发展变化和词义关系的变化;这一章我们换一个角度——从名称的角度看一看词汇从古到今有什么样的变化。同样的事物,同样的观念,同样的行为动作,我们要考察在过去是怎么说的,后来又是用一个什么样的名称来表达的。比如说树,现在叫树,过去叫木;脚,现在叫脚,过去叫足;给,过去叫与,现在叫给。如此等等。

1.0.1　从大的方面说,无非有两个方面:名称或者是变了,或者是没有变;我们要考察的是前一个方面,但后一个方面也不能忽视,因为它们之间有连带的关系。名称的变化可以大致分为几种情况:

1. 事物或观念不存在了,表示它们的名称也随之在语言中消亡。

2. 事物或观念还在,但表示它们的名称有变化。这种变化包括:

(1)指称同样的事物,旧的名称减少了;

(2)指称同样的事物,增加了新的名称;

(3)指称同样的事物,换了新的名称;或者用的是单音词,或者换成了一个双音词,或者在称说时要用一个词组。

下面分别加以讨论。

第十一章 词汇的发展变化

一

1.1.0 这一节讨论旧名的继承,就是说表示同样事物的名称从古到今没有什么改变。

如果把古代的词汇同现代进行比较,就可以看到,有相当一部分属于基本词汇的词现在仍然在使用。比如下面这些都是出现在《诗经》中的词:

1. 关于自然方面的:

   天、地、日、月、海、谷(山谷)、风、火、光、岸、尘、冰

2. 关于生产活动方面的:

   耕、田、谷(谷物)、稻、桑、场、仓、采、蚕、钓、斧、藏

3. 关于人和人体的:

   人、父、母、兄、弟、舅、肩、背、耳、肺、喉

4. 关于社会生活方面的:

   国、家、城、池(池塘)、公、道、祸、福、鬼、神、祭、歌、舞、刀、布、带、床、鼎

5. 关于方位、时间、颜色方面的:

   方、东、北、古、今、冬、春、晨、黑、白、黄

6. 关于动物、植物方面的:

   松、柏、草、蒿、豹、鳖、豺、虫、龟、鹤、狐、虎、牛、羊、羔、蟋蟀、雌、雄、吠、巢

从词性上看,除了上面列举的名词,动词、形容词也占有突出的地位。比如:

爱、拔、拜、包、保、比(比拟)

剥、簸、播、补、沉、成、盛(chéng)

春、抽、出、穿(穿过)、吹、垂、代

到、倒、得、登、动、断、反、飞

伏、改、敢、告、观、裹、号(叫喊)
贺、呼、毁、话
安、饱、常、诚、定、富、干(乾)
扁、薄、多、少、长、大、肥、高
厚、美、恶、好、和(和谐)

从意义上看,这些词都是与人们的社会生活密切相关的。

1.1.1 前面我们一再谈到词义的变化,那是问题的一个方面;问题的另一个方面是,汉语中还有不少的词,它们的意义古今变化并不大。尽管汉语的词汇在不断地丰富,特别是双音词越来越多,但大量的双音词,包括很多表示最新事物的双音词都是由原有的语素构成的(如"卫星、导弹"之类),如果把语素看作汉语的基本语义单位,语素数量的增长并不像我们想像的那么迅速。

二

1.2.0 在一个社会中,如果某种事物或概念已经没有了,那么表示这种事物或概念的词也就会在日常交际中随之趋于消失(写历史的书自然除外),这就是旧名的消亡。下面举例加以说明。

祭祀是古代的大事,前面讲到专名时说过,古代祭祀有着特别复杂的名称。有以时间区分的,如:

祠,春祭。　　禴(yuè),夏祭。
尝,秋祭。　　烝,冬祭。
蜡(zhà),一种年终的祭祀。

有以祭祀的场合区分的,如:

祃(mà),军中祭。
祫(xiá),在太庙中合祭祖先。
祼(guàn),灌祭。

禊(xì),消除不祥之祭。
禫(dàn),除丧服之祭。
禬(guì),除病消灾的祭祀。
祖,出行时祭路神。
禅(shàn),帝王祭地。
禋(yīn),祭天的典礼。
禷(lèi),因特别的事故举行的祭祀。

与祭祀有关的事物:
脤(shèn),祭祀用的生肉。
祐,宗庙内藏神主的石盒。
祊(bēng),宗庙内设祭的地方。
祧(tiāo),远祖的庙。

下面是与房屋建筑有关的一些词:
扆(yǐ),君主宫殿中设在堂屋前的一种屏风。
棖(chéng),树在门两旁的木柱。
坫(diàn),室内放东西的土台。
闍(dū),城门上土筑的高台。
塾,宫门内两侧的房屋。
阁,防止门扇自动闭合的一种长木。
槶(huī),钉在墙上的一种木橛。
塒(shí),土墙上挖洞,供鸡栖息。
闑(niè),门中央树立的短木。

下面是关于器物方面的一些词:
豆,一种形似高脚盘的器物,放食物用。
笾(biān),一种竹编的盛食器,形状像豆。
登(本作镫),一种瓦制的盛食器,形状像豆。
瓯瓿(ōubù),盆一类的瓦器。
彝,祭祀用的青铜器。

卣(yǒu)，一种青铜制的酒尊。
罍(léi)，一种酒器。
鍭(hóu)，一种有金属箭头的箭。
矰(zēng)，一种系有丝线射出以后可以收回的短箭。
弭(mǐ)，两端设有装饰的弓。
珧(yáo)，弓的两端用贝壳装饰。
㧋(bīng)，箭筒的盖子。

上面的这些词记录的是某一时期或某一场合出现的事物，都有鲜明的时代特征；即使在那个时代里，一些词使用的范围也是有限的。随着旧事物消失，人们也就不再使用了。它们是词汇中的一般词汇，平时所说的生僻词语，很多都是这类词。

1.2.1 另有一类旧名的消亡与上面说的有所不同。第四章讲到词的类义关系时曾说到古人对一些事物和概念有过细的分类，如把猪分成豵、豝，把钟分为镛、剽，把山分为崧、岑等。这些词标示的事物和概念还在，但指称它们的名称没有了。现在如果要表述这些事物，一般要用词组，这类变化我们也应当注意。

第二节　新名的生成

一

2.1.0 与旧名的消亡相对的是新名的生成。从名称与指称对象的关系看，大致有两种情况：第一，指称的对象或概念没有变，用以表示的是一个新的名称。《说文》："船，舟也。"段玉裁注："古曰舟，今曰船。如古言履，今言鞋。"第二，指称的对象是新出现的，要用一个新的名称去表示它。比如"炮"（本作"礮"），是用机械抛射石头的一种武器，这个词在先秦文献里是看不到的，因为那个时候还没有这种武器。两种情况比较起来,第一种情况尤其值得注意。就基本词汇的变化而言,很多是指称的对象或概念没有变,而表示它们的词变了。比如过去说惧,后来说怕;过去说洟,后来说涕(鼻涕);过去说坚,后来说硬;过去说食,后来说吃。如此等等。

2.1.1 从新名的构成看,大致有三种情况。

第一,新语素的生成。比如说"脖",《说文》没有收,南朝时的《玉篇》里虽然收了这个字,但那是另一个意思。此前的文献也没有见到脖作颈讲的用例,可知这是一个新的语素。

第二,旧语素的演化。比如说"脚",《说文》解释为"胫",原来指从膝盖到踝骨的部分:

《墨子·明鬼下》:"羊起而触之,折其脚。"

后来脚代替了足,对于足这个指称对象来讲,脚就是一个新名。前面讲到词义的变化,由此可知词义的变化与名称的变化是一个问题的两面:对于足这个指称对象来讲,表示它的名称变了;对于脚这个语素来讲,指称的对象也就是意义变了。

第三,旧有语素的组合。复音化是汉语词汇发展的总趋势。上面说过构成复音词的语素很多是原有的;这就是说,从语素来讲是旧的,从词来讲是新的。比如下面这些复音词:

蔬菜	道路	制度	指导	地方
构思	辉煌	报告	保持	保护
祝贺	指挥	沉默	成就	穿越
改变	改革	皮肤	市民	砍伐
媳妇	父亲	树木	山峰	河流

这样的例子可以说不胜枚举。

二

2.2.0 以上讲到新名生成的三种情况,下面分别作简单的讨论。

2.2.1 新的名称随着时代的发展在不断地生成,对新语素的生成我们应该给以充分的注意。旧的训诂学不重视秦汉以后出现的新词,王力先生指出:"新训诂学首先应该矫正这个毛病,把语言的历史的每一个时代看作有同等的价值。汉以前的古义固然值得研究,千百年后新起的意义也同样地值得研究。无论怎样俗的一个字,只要它在社会上是占了势力,也值得我们追求它的历史。"①这里说的追求历史就是要追本溯源,考察一个语义单位使用的历史和语言形式本身的变化。比方说"喝",相对于"饮",它是一个新的语素。《说文》:"欬,啜也。"段玉裁认为,欬与吸意相近。《广韵·合韵》:"欬,大啜也。"读音是呼合切。较早的例子出现在汉代:

  班固《东都赋》:"吐焰生风,欬野喷山。"

  张衡《西京赋》:"抱杜含鄠(鄠音 hù。杜、鄠都是地名),欬沣吐镐(沣、镐是水名)。"

这两个例子中的"欬"是吸纳的意思,带的宾语不专指液质。在汉译佛经中,这个字又写作"哈"。佛经中有"欬烟、欬粥"的说法,欬的饮取义就明确了。② 大约在近古晚期,这个词用得越来越多了。③ 如:

  《新校元刊杂剧三十种》:"富汉每喝菜汤,……

---

① 《王力文集》十九卷,山东教育出版社,1990 年。
② 参蒋绍愚《近代汉语研究概况》,284 页。北京大学出版社,1994 年。
③ 参崔宰荣《汉语吃喝语义场的演变》,《语言学论丛》24 辑。

《金瓶梅》二十三回:"叫你姐夫寻了衣裳,来这里呵瓯子酒去。"

从语言形式看,依照《说文》的解释,"喝"是声音嘶哑的意思,这个字本来与饮取没有关系。后来成了这个词的正式书写形式。

再比如"晒",相对于"暴"(pù),它也是一个新的语素:

《方言》卷七:"晒,暴(曝)也。秦晋之间谓之晒。"

又卷十:"晒,干物也。扬楚通语也。"

在东汉魏晋北朝时期的一些文献里,经常可以看到"晒"的用例。有学者认为,晒始见于西汉,最初可能是个方言词。推测不晚于四世纪初,晒在口语中已经取代了文言词"暴"。①

再比如"跑",相对于"走",是一个新的语素:

《广韵·肴韵》:"跑,足跑地也。"

这是指兽用前爪刨地。后来用这字表示奔跑的意思,从语素来说是一个新的:

唐·马戴《边将》诗:"红缰跑骏马,金镞掣秋鹰。"

2.2.2 我们注意到,汉民族古代语言的词汇有两大类:一类是文言词,还有一类是比较接近当时口语(有的学者称为古白话)的语词。文言在先秦时期已经成熟,作为一种稳定书面语,一直没有什么大的变化。后一类则不同,随口语的变化而经常处于变动之中。比起语法和语音来,词汇的变化尤为迅速,新语素的不断生成就直接反映了这种变化。

三

2.3.0 上面说过,有一些旧语素的意义改变之后,对于它所表示的事物也就成了一个新的名称。这方面的例子我们在前面讨

---

① 参汪维辉《东汉—隋常用词演变研究》,248页。南京大学出版社,2000年。

论词义的变化时已经举过不少(词义的转移和易位表现得最为明显),下面从名称改变的角度再举例说明。

1. 把

《说文》:"把,握也。"

本义是握持。由此引申为器物上便于握持的部分,后来代替了柄,也就是换了一个名称:

《隋书·五行志上》:"金作扫帚玉作把。"

2. 管

本指竹管和竹管制成的物件(如乐器之类)。古代的钥匙是管状的,因此匙也称管,这是一个新的名称:

《左传·僖公三十二年》:"郑人使我掌其北门之管。"

3. 官

本指馆舍,居住的地方:

《字汇》:"官,官舍曰官。"

《论语·子张》:"夫子之墙数仞,不得其门而入,不见宗庙之美,百官之富。"

后来专指官署或收藏文书的地方。由此又转指官职、官员,成了一个新的名称。

4. 术

本指邑中的道路:

《说文》:"术,邑中道也。"

《吕氏春秋·孟春》:"皆修封疆,审端(正确无错误)径术。"

由此引申为门径、方法。各种操作方面应当遵循的方法、手段就是技术、技艺。

5. 艺

本指种植:

《说文》:"艺,种也。"

《孟子·滕文公上》:"树艺五谷。"

种植需要一定的技能,由此引申为技艺,成为一个新的名称。

6. 权

这是一个借字,常见的假借义是秤锤:

《庄子·胠(qū)箧》:"为之权衡以称之。"

权用来表示一种力(重力),这个意思抽象化后,比喻权力、权势,也是一个新的名称。

由上面的例子可以看出,一个旧的语素在意义变化之后又成为一个新的名称,从名称来讲是两个,从语素来讲是一个。如果一个语素的意义演化愈来愈远,我们会觉得它们不像是一个语素。比如"信",本来的意思是信实,后来的意思是书信,两个意思离得很远,但只要能够在意义上建立起联系,我们仍然看作一个语素。

2.3.1 从读音上看,一些语素的意义或词性变化之后,其读音也会跟着发生变化。比如"恶",就有 è(旧读入声)和 wù 两个读音:

《荀子·王霸》:"无国而不有美俗,无国而不有恶俗。"

《荀子·天论》:"天不为人之恶寒也辍冬,地不为人之恶辽远也辍广。"

我们看到,无论是意义、词性还是读音,都有很大的变化。再比如(有的例字用例从略):

1. 好

读 hǎo,是形容词的意义(不坏);读 hào,是动词的意义(喜欢)。

2. 度

读 dù,是名词的意义(法度、制度);读 duó,是动词的意义(推测):

《左传·昭公三年》:"公室无度。"

《三国志·蜀志·诸葛亮传》:"孤不度德量力,欲信(伸)大义于天下。"

3. 难

读 nán,是形容词的意义(困难);读 nàn,是名词的意义(祸难)。

4. 胜

读 shēng,是动词承担的意思:

《韩非子·扬榷》:"枝大于本,将不胜春风。"

读 shèng,是动词胜利的意思:

《孙子·谋攻》:"是故百战百胜,非善之善者也。"

5. 分

读 fēn,是动词的意义(分开):

《论语·微子》:"四体不勤,五谷不分,孰为夫子?"

读 fèn,是名词的意义(划分出的部分):

诸葛亮《出师表》:"此臣所以报先帝而忠陛下之职分也。"

传统上把前一种读音叫做"本音"或"如字",把后一种变读音叫做"破读"或"读破";在现代汉语中仍然保留着这样一些破读音。语素是最小的音和义的结合体,既然音和义都发生了变化,很多破读音所标示的语义单位可以看作是一个新的语素。所以有的书把这种变化称为音变构词。

四

2.4.0 我们在第一章说过,就词的语音结构来说,复音化是汉语词汇变化的一个总的趋势。下面是东汉康孟祥译《修行本起经》卷下中的一段话,可以看出双音词日益增多的趋势:

于是复前行,望见丛林山,其地平正,四望清静,生草柔弱,甘泉盈流,花香茂洁。中有一树,高雅奇特,枝枝相次,叶叶相加,花色翁郁,如天庄饰。天幡在树顶,是则为元吉。

2.4.1 从结构上看,汉语的复音词大致可以分为三类:1. 叠音词。这在第一章中已经作过介绍。2. 复合词。一个词由词根语素和词根语素构成,就是说一个词包含的几个语素都有实在意义。3. 派生词。由词根语素和词缀构成。就是说一个语素有实在意义,另一个语素的意义不那么实在,一般称为词缀。比如前缀的"阿、老",后缀的"子、儿、头"等(讲古汉语的时候,有时候习惯上称为词头、词尾)。在汉语词汇发展史上,派生词的发展是一件大事。如:

《古诗为焦仲妻作》:"府吏得闻之,堂上谓阿母。"

《世说新语·忿狷》:"汝讵复足与老兄计?"

《史记·高祖本纪》:"使两女子洗足。"

汉·无名氏《陌上桑》:"东方千余骑,夫婿居上头。"

《西厢记》第四本第三折:"有什么心情花儿靥(yè)儿,打扮的娇娇滴滴的媚。"

2.4.2 下面主要就复合词作一些讨论。

上古汉语以单音词为主,后来的双音词很多都是原有语素的组合。从下面几条秦以后文献的例子可以看出这种变化的轨迹:

1. 《吕氏春秋·慎行》:"始而相与,久而相信,卒而相亲。"
2. 司马迁《报任安书》:"故祸莫惨于欲利,悲莫大于伤心。"
3. 《汉书·杜周传》:"三尺(指法令)安出哉?前主所是为律,后主所是著为令;当时为是,何古之法乎?"
4. 《周书·文帝纪下》:"是子才,由于公;不才,亦由于公。"

"相信、伤心、当时、由于"在现代汉语中都是双音词,在上面四个例子中还不是双音词。第1例"相信"指互相信任,第2例"伤心"指精神上受到伤害,第3例"当时"指法律要适应时代,第4例"由于"是依赖于、凭借于的意思。这些结构虽然还不能看作是双音词,但不难看出它们在意义和结构上有一脉相承的关系。

2.4.3 汉语复音词的数量越来越多,其原因还需要深入研究。语言是人类最重要的交际工具,社会的发展对语言的交际功能提出了越来越高的要求。就词来说,它是一种音义结合体,人类的交际要求以有限的语音构成表达愈来愈丰富的内容,所以分析这个问题一方面要考虑音,另一方面要考虑义。

从音的方面说,汉语史研究者一般认为汉语的语音系统从古到今是大大的简化了。王力先生在《汉语史稿》中说:"现在我们还不太了解唐末和宋代的实际语音情况,但是有种种迹象使我们相信从 8 世纪起,实际语音要比《切韵》系统简化了一倍。到了《中原音韵》时代(14 世纪)又比 8 世纪的实际语音简化了一倍以上。"在普通话中,声母有 22 个(包括零声母),韵母 38 个,如果不计声调,可能构成基本音节应该接近 800 个,实际出现的只有 400 多个。音节在不断地减少,而表达的内容又在不断地增加,其结果是每个音节的负担(每个音节表示的语义单位)越来越重,结果是同音词越来越多,很明显这不利于人们的交际。

从义的方面说,跟单音词比较,双音词表达的意义更加丰富、更加明确,而意义丰富而明确正是人们交际的基本要求。比如:

《左传·隐公元年》:"都城过百雉,国之害也。先王之制,大都不过参(sān)国之一。"

又:"(共叔段)缮甲兵,具卒乘,将袭郑。"

《汉书·律历志上》:"汉兴,方纲纪大基,庶事草创,袭秦正朔(指历法)。"

第一例中有两个国,第一个国是国家的意思,第二个是国都的意思。后两例中的袭,第一个袭是袭击的意思,第二个袭是沿袭的意思。比较以后不难看出,用单音词表达,意义有时不够明确,因为同一个音节可以表示两个词或两个义位,需要根据上下文仔细判断。如果转换成双音词,两个音节表示的是哪一个词或哪一个义位,就十分明确了,因为双音结构中一个音节对另一个音节在意义上起了一个限定的作用。比如国家的"家"、国都的"都"限定了"国"的意义。

在复合词中,如果两个词根语素的意义同中有异,就可以表达更丰富的意义。比如:

《北史·赫连子悦传》:"自是人属近便(近且方便),行路称之。"

《宋史·魏了翁传》:"风俗苟偷,边备废弛(荒废松懈)。"

宋司马光《太子太保庞公墓志铭》:"至于庐舍饮食,无不尽心为之驱处,使皆完美(完备美好)。"

《西游记》五十一回:"那小男童生得相貌清奇,十分精壮(精悍强壮)。"

从括号中的解释可以看到,这些双音词表达的意义是一个单音词无法比的。

2.4.4 如何判断一个语言片断是词组还是一个复音词,还有待深入研究。就上面说的三类复音词而言,叠音词和派生词比较容易界定,因为它们在形式上有明显的特征;不容易确定是复合词,因为复合词在形式上与词组没有明显的区别。汉语词汇的复音化是一个动态的渐进的过程,应当先设定一个共时的平面,然后考察一个词在某一共时平面中所处的状态。

就一个语言片断所处的状态而言,结构的稳定性和意义的单一化是确定双音词的两个最基本的标准。结构的稳定性可以从两方面判断:

第一,一种结构形式在某一时期已经比较稳定地在语言中使用。这里说的稳定有两层含义:1. 一种结构形式在语言中是经常地普遍地而不是偶然地个别地使用;2. 如果原来有两种结构形式,其中的一种形式被经常地使用,复音结构中前后两项倒置的情况已经基本消失。

第二,双音结构中的两个语素或其中一个语素在自然交际中已不怎么单用;或者虽然可以单用但与在复合结构中的意义有所不同。符合这两个条件就可以承认其结构的稳定性。

古汉语中的一些复音形式在结构上不够稳定,主要表现为前后两项可以倒置而意义基本不变。① 如:

简易／易简	肥腯／腯肥	人民／民人
会计／计会	朋友／友朋	学问／问学
物类／类物	意志／志意	服从／从服
安慰／慰安	讴歌／歌讴	忌讳／讳忌
雕刻／刻雕	风光／光风	驱驰／驰趋

后来两种形式中的一种比较稳定地经常地被使用,前后倒置的情况已经基本消失,就凝固成了一个双音词。

结构的不稳定性还表现为有些双音结构是一种临时的组合。如:

《孟子·告子上》:"彼长而我长之。"赵岐注:"告子言见彼人年长大,故我长敬之。"

又:"是以长为悦者也,故谓之外也。"赵岐注:"所悦喜老者在外,故曰外。"

如果与"尊敬、喜悦"比较,就可以看出"长敬、悦喜"是一种临时组合。

上面第二条说的语素不能单用,也就是说一个语素必须与别的语素结合在一起构成一个凝固结构,换句话说就是这个语素已经丧失了词的地位,在语言中出现的是语素义而不再是词义。比如"伟大"是一个双音词,其中的"大"可以单用,"伟"就不能单

---

① 下面的例子引自曹先擢《并列式同素异序同义词》,《中国语文》1979 年第 6 期。

用。上面例子中的"简、民、朋、志、慰、讴"用起来也不自由。① 也有的可以单用,不过单用时是另外一个意思。比如"兵",单用时作士兵讲;作兵器讲的兵就不能单用,只能作为语素使用,所以我们把"兵器"看作一个双音词。

2.4.5 意义的单一化可以考虑下面三个因素。

第一,两个词根语素结合以后,整个词的意义偏指其中一个语素的意义。比如"国家",过去的国、家各有不同的意思;作为一个双音词,"国家"只有国的意思,没有家的意思。

第二,两个词根语素结合以后,原有的两个语素意义界限消失,合成一个单一的意义。界限消失是指人们在日常交际中没有意识到或者说并不太理会两个语素的原有意义,而是作为一个整体去理解。所谓日常交际是一种自然状态的交际,而不是有意识地咬文嚼字。如"伟大、道德、仁义、声音、恭敬、城池"等。这些双音词中的语素原来各有意义,成为一个词之后,意义的界限消失了。有一些双音词,原有的语素义很具体,结合以后成为一个抽象的意义,尤其可以显示出这种意义的单一性。比如"规矩",《孟子》里讲"大匠诲人必以规矩"的"规、矩"就各有具体意思,分别指画圆和画方的工具;双音词"规矩"表示的则是一个抽象的意思。

与复音词意义的单一化相对,如果是一个词组,则表现为意义的离散性。就是说整个词组的意义是各个语素意义的加合。如:

《孟子·梁惠王上》:"虽有台池鸟兽,岂能独乐哉?"

又《万章下》:"辞尊居卑,辞富居贫,恶乎宜乎?"赵岐注:"辞尊富者安所宜乎?"

第一例中的"台池鸟兽",即有台、有池、有鸟、有兽。第二例赵注中的"尊富",分别指正文中的"尊"和"富"。这两个结构呈现的是意义的离散性,都不具有意义的单一性。

---

① "立志"、"有志不在年高"这样的说法我们看作是非自由形式。

第三,有一些双音结构,合起来是一个整体的意义,分开来似乎也有意义。比如古书中见到的"园囿、衣食、饥寒、放辟、邪侈、田畴、禽兽",分开来讲好像也无不可。不过从结构上看,它们的组合形式已经十分稳定,还没有发现倒置的情况,而且有一些语素如"囿、辟、畴"单用的情况也很少。从意义上看,"园囿"指逸游之地,"衣食"指生活的依靠,"饥寒"指生活困顿,"田畴"指田地,"禽兽"与人相对,指野兽,不再区分禽和兽。这些结构意义单一,应当看作是一个双音词。

第三节 古汉语词汇的系统问题

3.1.0 与语言中语音和语法一样,词汇也有一个系统。词汇的系统性可以拿一个简单的例子来说明。比如英语的 uncle,译成汉语可以是伯父、叔父、舅父、姨父、姑父。这个例子启示我们,一个说英语的人和一个说汉语的人面对同样的外部世界,英语用一个词表示,汉语用好几个词表示,英语一个词的意义范围相当于汉语的好几个词,也就是说英语中一个词得到的意义份额与汉语中一个词得到的意义份额很不一样,这就构成了词与词的不同关系。这表明了两种语言各有自己的词汇系统。

就同一种语言来说,不同时代的词汇系统也有差异。拿人体部位来说,古代汉语与现代汉语就不一样。古汉语中与肢体有关的词有(参《段注》的有关说明):

古:肱:相当于上臂的部分。臂:相当于下臂的部分。股:相当于大腿的部分。胫:相当于小腿的部分。胳:与肱相对的腋下部分。胠:(qū):与臂相对的腋下部分。

今:胳膊　　腿　　腋下

可以用表格表示这种差异:

对象	肢体					
	上肢		下肢		腋下	
古	肱	臂	股	胫	胳	肽
今	胳膊		腿		腋下	

由上表可以看出：1. 肢体是外部对象，与肢体有关的词构成了一个意义范围。2. 同一个意义范围，古今语义的格局不一样。3. 古今格局不同，是因为包含的语义单位的多少不一样。也就是说每一个语义单位占有的意义区域不一样，这样的语义区域称为义域。① 4. 义域之间存在着既互补又对立的关系，就是说一个义域的大小取决于另一个义域的大小，比方说"臂"的存在决定了"肱"的语义区域的大小。

3.1.1 以上几点构成了我们说的词汇系统。回过头来看我们前面讲到的各种词义关系和词义的各种变化，无不与词汇系统有关系。传统训诂学对词汇的研究有一个大的缺陷，就是没有把词汇看成一个系统，而是单个地孤立地进行考释，这种研究被称作"原子主义"，我们今天应当加以避免。

3.1.2 基于上面的理解，我们可以从以下几个方面考虑古汉语的词汇系统。

第一，上面说，与肢体有关的词构成一个意义范围，现代语义学把这样的意义范围叫做语义场。上世纪二三十年代，国外的一些语言学家提出了语义场的理论。一个语义场由若干语义单位构成，这些语义单位相互联系，又相互制约。比如上面有关肢体的词就可以看作一个语义场。这样我们在分析一个时期词汇面貌的时候，就不是单个地而是"成片"地有联系地进行考察。

---

① 参蒋绍愚《关于"义域"》。见《蒋绍愚自选集》，河南教育出版社，1994年。

语义场有两类，一类是着眼于语义单位之间的聚合关系，前面讨论的同义关系、反义关系就属于这一类。还有一类着眼于语义单位之间的组合关系，前面也做过简单的说明。这两类语义场又是互相联系的，组合关系的变化会影响到词的聚合关系。比方说"斩"，在现代汉语中"斩"与"杀"是同义关系；在古代汉语中，"斩"还可以与"伐"构成同义关系：

《周礼·考工记·轮人》："轮人为轮，斩三材必以其时。"

《礼记·月令》："乃命虞人入山行（巡视）木，毋有斩伐。"

语义场又是有层次的。在上面的表格中我们看到，有关肢体的词是一个语义场，有关上肢的词是下面的一个语义场，两个语义场的层级不同。前面讲到的词义的上下位关系也就是语义场的层次问题，比如说"肢"这个词处于上位，"股"和"臂"就处于下位。

正确地划分语义场是认识古汉语词汇系统的重要一环，这方面的问题还有待深入研究。

第二，上面说过，一个语义场由一个或几个语义单位构成。这里说的语义单位可以是词，也可以是义位。对于古汉语来说，义位这一级语义单位尤其显得重要。前面在说到词的意义关系时，我们曾一再强调这一点。一方面是因为一个词可以有几个义位；另一方面，古汉语中一个语素所表示的意义有着特别复杂的关系。从引申的轨迹看，有种种的序列，我们还没有完全考察清楚。一个意义复杂的语素，各项意义的距离有远有近，有的已经远到失去了共同的义素，甚至可以看作不同的词。比如前面举到的"徒"，本来的意思是徒步，与现在学徒的"徒"离得就很远。学徒的徒与范围副词的徒（"家徒四壁"）离得就更远。再比如"信"，本来的意思说话信实，与现在书信的意思差得也很远。这些不同的意义就不能归入一个语义场。从实际情况看，进入语义场的很多是一个一个义位，所以如果单纯考虑词这一级语义单位，划分出的语义场就不会符合实际的语义系统。

第三,语义单位之间的意义关系是一种语言词汇系统最重要的方面。一个语义场中的语义单位既处于相互制约的关系,要确定某个语义单位的意义,就不能孤立地进行考察,必须考虑到这个语义场中其他的语义单位的意义,考虑到语义单位之间的相互关系。比如古汉语中的"臂",在与"肱"相对立的时候,它指胳膊的下部,是一个下位词;当失去这种对立的时候,它指整个上肢,是一个上位词(所谓浑言不别)。在现代汉语中,"肱"已经不再用了,失去了原有的制约关系后,臂就统指整个上肢。

第四,在考虑词义变化的时候,也必须放在一个系统中去考察。上面说的有关肢体的词的变化就是一个例子。再比如在讲到易位时曾举到"涕"的变化,可以作如下的对比:

	津液		
	目液	鼻液	身液
古	涕	洟	汗
今	泪	涕	汗

我们看到:1. 语素"洟"不再用了,它的位置由涕填补;2. "泪"是一个新出现的语素;3. "涕"的语义范围发生了转移,它原来的位置由"泪"填补;4. "汗"的意思始终没有变化。这样一些变化结合在一起,引起了整个系统的变化。

我们还曾谈到与洗有关的一些词的变化,可以表示如下:

对象	身	首	面	脚	手
古	浴	沐	頮(huì)	洗	盥
今	洗				

我们看到,这种变化与"涕"的情况又有不同,主要体现为组合关系的变化:洗所涉及的对象原来由几个不同词对应,后来只用洗一个词,这就是前面说的词义范围的变化。但不论是什么样的变化,都影响到整个系统的变化。

再比如"书"。在古汉语中,书作动词讲是书写的意思,作名词讲指写下的文字。后来表示这些意义的名称发生了变化,表示如下:

意义	书写	写下的文字
古	书	书
今	写、书写(书面语)	文书、书信、书籍

我们看到:1. 动词书的意义由另一个单音词"写"和双音词"书写"表示;2. 名词书的意义由几个双音词表示。古代的"书"原是一个词,后来成了一个语素,同样也引起了语义系统的变化。

对古汉语的词汇系统我们认识得还不够,需要作深入研究。

参考文献

高守纲:《古代汉语词义通论》,语文出版社,1994年。
贾彦德:《汉语语义学》,北京大学出版社,1992年。
蒋绍愚:《古汉语词汇纲要》,北京大学出版社,1989年。
吕叔湘:《汉语语法分析问题》,商务印书馆,1979年。
裘锡圭:《文字学概要》,商务印书馆,1988年。
石安石:《语义论》,商务印书馆,1993年。
索绪尔:《普通语言学教程》,商务印书馆,1980年。
王力:《汉语词汇史》(《王力文集》11卷,山东教育出版社,1990年。)
　　《同源字典》,商务印书馆,1982年。
　　《训诂学上的一些问题》(《王力文集》19卷,山东教育出版社,1990年)
叶蜚声、徐通锵:《语言学纲要》,北京大学出版社,1981年。
张联荣:《古汉语词义论》,北京大学出版社,2000年。
张永言:《词汇学简论》,华中工学院出版社,1982年。
张志毅:《词汇语义学》,商务印书馆,2001年。
赵克勤:《古汉语词汇学》,商务印书馆,1994年。
赵元任:《中国现代语言学的开拓和发展》,清华大学出版社,1992年。

第三部分

语　法

第十二章 古代汉语的基本词类

我们学习的古代汉语主要是指先秦两汉时期的汉语口语以及在口语基础上产生的书面语,即文言。从语言学的角度来看,文言并不是一种共时状态下的具有同质性的语言,不同历史时期的文献所使用的文言是有差异的,产生差异的主要原因之一是口语演变对文言作用的结果。口语演变对文言的作用曲折地反映在文言里,研究不同时期文言之间的差异,探索文言的不同时间层次,是汉语史研究的重要内容之一,这是一种历时的研究。我们研究古代汉语,学习古代汉语,是把文言作为一个泛时的语言系统来对待的,即在研究和学习的过程中忽略不同时期文言间的差异,充分发掘和把握文言的大同,在此基础上建立起一个泛时的文言系统。具体到语法方面,就是要建立和掌握这样一个泛时的文言语法系统。从古代汉语学习的角度来看,建立和掌握这样一个系统是完全必要的,它可以指导我们的学习。对于泛时的语法系统,我们要从宏观上充分把握文言的特点,揭示文言各个层面的结构特征,而不拘泥于不同时期文言间的差异,这就是求其大同。其实大同也是相比较而存在的,寻求古代汉语语法的大同或者说古代汉语语法的特点,我们设定的参照对象是现代汉语,我们的目的是在古代汉语和现代汉语的比较中发掘并把握古代汉语的特点,从而学好古代汉语。

把握古代汉语的词类系统是为了进一步研究和学习古代汉语的句法结构和古代汉语的句类。古代汉语的词类系统就实词来说与现代汉语大体相似,但也存在重要的差别;就虚词而言差别就更大了,可以说古今汉语的虚词系统完全不同。在现代汉语里,最小的语法单位是语素。在古代汉语里,以单音节词为主,语素和词基本重合,所以我们可以认为古代汉语的最小语法单位是词;高一级的单位是词组,也称为句法结构;再高一级的单位是句子,句子与词组的结构方式相同,词组在具备条件的情况下可以实现为句子。从宏观上看,古代汉语的词类首先可以分成实词和虚词两大类。实词包括:名词、代词、数词、形容词、副词、介词、动词。虚词包括:连词、助词、语气词。古代汉语里还有一些词缀,一般称为词头和词尾。在实词范围内,名词和动词是语法性质对立的两极,其他词类处于两极之间。代词的语法性质接近于名词,与名词同属于体词性词类(或称为名词性词类);数词、形容词、副词、介词的语法性质接近于动词,与动词同属于谓词性词类。对谓词性词类还可以再作进一步的分析,数词、形容词和副词三者的语法性质更为接近,可以称为形容词性词类;介词和动词的语法性质更为接近,可以称为动词性词类。

词类是词的语法分类,确定古代汉语某词词类归属的方法同确定现代汉语某词的词类归属有所不同,现代汉语是活的语言,话语生成的机制存在于人们的头脑中,哪一种组合可以成立、哪一种组合不能成立人们都有较为一致的标准,因而利用语法分布基本上可以解决现代汉语的词类问题,尽管如此,现代汉语词类系统的建立和某词词类归属的确定仍不可能完全离开词义的分析。古代汉语是一种已经退出了交际领域的语言,古代汉语的话语生成机制已经不存在于人们的头脑之中,我们不能主观地替代古人去判断哪一种组合可以成立,哪一种组合不能成立,因而我们不可能用自己生成的文言句子来研究古代汉语语法问题,而只能从现有的文言语言材料中归纳出古代汉语的词类系统。某个词在某一语法位置上出现的频率在确定其所属词类方面具有重要意义,统计的方法是确定古代汉语词类的最基本的方法,所谓活用、兼类都要有一个量的标准或者说频率的标准。同现代汉语一样,古代汉语词类的确定也离不开词义的分析,古代汉语一字多词、一词多义的现象比现代汉语要多,词类的确定必须以义项的分析为基础,也就是说必须解决好词的同一性问题,然后才能着手把每个义项归入词类。解决词的同一性问题离不开词义的分析,也离不开语法分布的分析,总之,古代汉语词类系统的建立必须重视词义的分析。

第一节 名 词

古代汉语的名词有专有名词和一般名词,专有名词包括人名、地名、山名、水名等,如"尧""舜""禹","韩""赵""魏","嵩""岳""泰""岱","江""淮""河""汉"。一般名词除"人""手""刀""口""马""牛""羊"等普通名词外,还包括集合名词和抽象名词,集合名词如"师""旅""乡""党",抽象名词如"道""德""礼""威仪""古今"。

1.1 名词的语法功能。古今汉语的名词一般多作句法结构中的主语、宾语、定语和名词性偏正结构的中心语。但是,古代汉语的名词还有两项基本的语法功能是现代汉语名词所不具备的,一是作判断句的谓语,二是作状语。

1.1.1 充任偏正结构的中心语,受其他类词的修饰。修饰语可以是数词或"数词+单位名"组合,例如:

1)千金之裘,非一狐之腋也。(《史记·叔孙通列传》)
2)子之兄弟事之数十年。(《孟子·滕文公上》)
3)犹以一杯水救一车薪之火也。(《孟子·告子下》)
4)佗临死,出一卷书与狱吏。(《三国志·魏书·方技传》)

修饰语也可以是名词或代词,例如:

5)王子宫室、车马、衣服多与人同。(《孟子·尽心上》)
6)秦孝公据崤函之固,拥雍州之地。(《史记·秦始皇本纪》)
7)三人行必有我师焉。(《论语·述而》)

8) 吾妻之美我者，私我也。(《战国策·齐策》)

9) 我非爱其财而易之以羊也。(《孟子·梁惠王上》)

修饰语还可以是形容词，例如：

10) 太子豫求天下之利匕首。(《史记·刺客列传》)

11) 大行不顾细谨，大礼不辞小让。(《史记·项羽本纪》)

12) 今君有区区之薛。(《战国策·齐策》)

13) 今将军欲举倦疲之兵，顿之燕坚城之下。(《史记·淮阴侯列传》)

1.1.2　充任判断句的谓语。例如：

1) 天下者，高祖天下。(《史记·魏其武安侯列传》)

2) 黥布，天下猛将也。(《史记·魏其武安侯列传》)

名词作判断句谓语的语法功能详见判断句节。

1.1.3　充任状语。这是古代汉语名词的基本语法功能之一，也是古代汉语语法的一个重要特点。现代汉语只有时间名词才能作状语，古代汉语除专有名词外一般名词都可以作状语。名词作状语有下面几种类型。

1. 表示时间。例如：

1) 旦日飨士卒，为击破沛公军。(《史记·项羽本纪》)

2) 项伯乃夜驰之沛公军。(《史记·项羽本纪》)

由名词充任的时间状语有时不是单纯的时间修饰，而是表达更为复杂的意义。例如：

3) 吾日三省吾身。(《论语·学而》)

4) 良庖岁更刀，割也；族庖月更刀，折也。(《庄子·养生主》)

5) 吾困于此，旦暮望若来佐我。(《史记·淮阴侯列传》)

6) 以千百就尽之卒，战百万日滋之师。(韩愈《张中丞传后叙》)

7) 日君以骊姬为夫人。(《国语·晋语》)

例三"日"表示"每日"，例四"岁""月"表示"每年""每月"，例五

"旦暮"表示"从早到晚",例六"日"表示"一天一天",例七"日"表示"从前"。

2. 表示处所或方位。例如:

1) 君王宜郊迎。(《史记·陆贾列传》)
2) 乃病免家居。(同上)
3) 徒多道亡。(《汉书·高帝纪》)
4) 舍适子不立而外求君。(《左传·文公七年》)
5) 及寡人之身,东败于齐,……西丧地于秦七百里,南辱于楚。(《孟子·梁惠王上》)

例一"郊"、例二"家"、例三"道"表示处所,例四"外"、例五"东""西""南"表示方位。

3. 表示比喻。例如:

1) 庶民子来。(《孟子·梁惠王上》)
2) 豕人立而啼。(《左传·庄公八年》)
3) 天下之士云合归汉。(《汉书·梅福传》)
4) 嫂蛇行匍伏。(《战国策·秦策》)
5) 少时,一狼迳去。其一犬坐于前。(《聊斋志异·狼》)

名词充任表示比喻的状语,都有"像……一样"的意思。名词作状语的偏正结构词序为"名词+动词",这一组合同主谓结构的词序排列相同,但是直接成分之间的结构关系不同。偏正结构是前项修饰后项,主谓结构是后项陈述前项。以上五例在名词状语的前面都有一个动作的施事者出现,即"庶民""豕""士""嫂""其一(狼)",因而我们不会把作状语的名词"子""人""云""蛇""犬"误认作施事者。但是在古文中有时名词状语的前面不出现动作的施事者,例如:

6) 操刀挟盾,猱进鸷击。(《清稗类钞·冯婉贞胜英人于谢庄》)
7) 潭西南而望,斗折蛇行,明灭可见。(柳宗元《小石潭记》)

例六、七中的名词"猱""鹜""斗""蛇",前面都没有出现施事者,在这种情况下容易把"猱""鹜""斗""蛇"等名词误认为施事者。遇到这种情况,我们必须根据上下文搞清楚"名词+动词"组合两项之间的语法关系,才能准确地判断出名词作状语。表示比喻这类名词作状语的现象在现代汉语的成语中还有所保留,如"狼吞虎咽""土崩瓦解"等。

4. 表示对人的态度。例如:

1)今而后知君之犬马畜伋。(《孟子·万章下》)
2)学士皆师尊之。(《汉书·董仲舒传》)
3)彼秦者,……虏使其民。(《战国策·赵策》)
4)君为我呼入,吾得兄事之。(《史记·项羽本纪》)
5)余年少,父事张耳,两人相与为刎颈之交。(《史记·张耳陈余列传》)

表示对人态度的名词状语都可以译为"像对待……一样",例一为"像对待犬马一样",例二、例三可以类推。例四为"像对待兄长那样",离开上下文,"吾得兄事之"是有歧义的,可能是"像对待兄长那样",也可能是"像兄长(对待弟弟)那样",两者意思正相反。我们把前者归入"表示对人的态度",把后者归入"表示比喻"。其实二者都具有比喻意义,它们的不同点在于,"表示比喻"是说明主语像什么,而"表示对人的态度"是说明宾语像什么。从作状语的名词与被修饰的动词之间潜在的语法关系的角度看,前者名词是后面动词的潜在主语,后者名词则是后面动词的潜在宾语。例五同例四,"父事张耳"即"像对待父亲那样对待张耳"。《史记·楚世家》"鬻熊子事文王",此例同例五比较,"父事"和"子事"都是表示对宾语"张耳"和"文王"的尊重,但是二者的表达方式不同,"父事"属于"表示对人的态度"类,"子事"属于"表示比喻"类。表示对人的态度类的名词状语在现代汉语里基本没有保留。

5. 表示动作行为的依据或工具。例如:

1）失期,法皆斩。(《史记·陈涉世家》)
2）四人者年老矣,……义不为汉臣。(《史记·留侯世家》)
3）孤与老贼势不两立。(《资治通鉴》)
4）箕畚运于渤海之尾。(《列子·愚公移山》)
5）群臣有后应者,臣请剑斩之。(《汉书·霍光传》)
6）伍子胥橐载而出昭关。(《战国策·秦策》)

例一"法"意为"依据法",例二"义"为"依据义",例三"势"为"依据情势",三例名词作状语都表示动作行为的依据。例四"箕畚"意为"用箕畚",例五"剑"为"用剑",例六"橐"为"用橐",后三例名词作状语都表示动作行为的工具。这一类名词状语在现代汉语的成语里仍有保留,如:"势不两立""义不容辞""车载斗量"等。

1.2 名词的活用。在古代汉语里名词常活用作动词,可以活用为一般动词、使动动词、意动动词。总体情况是活用作一般动词的频率比较高,活用作使动动词和意动动词的频率比较低。有时名词后带了宾语之后会改变原有的读音,例如:

1）解衣衣(yì)我,推食食我。(《史记·淮阴侯列传》)
2）纵江东父老怜而王(wàng)我,我何面目见之。(《史记·项羽本纪》)

以上二例"衣""王"改变读音以后专用于表达动词的意义,与原词不再具有同一性,所以不属于词类活用的范围。

1.2.1 活用作一般动词。名词活用作一般动词后,词义会发生一些变化,例如:

1）赵主之子孙侯者,其继有在者乎。(《战国策·赵策》)
2）以其子妻之。(《论语·公冶长》)
3）左右欲兵之。(《史记·伯夷列传》)
4）曹子手剑而从之。(《公羊传·庄公十三年》)
5）范增数目项王。(《史记·项羽本纪》)
6）因面峰腋寺,作为草堂。(白居易《庐山草堂记》)

例一"侯"意为"封侯",例二"妻"为"嫁",名词活用为动词以后原名词在新的词义中作宾语。例三"兵"为"用兵刃",例四"手"为"用手持",原名词在新的词义中表示工具。例五"目"意为"使眼色",例六"面"为"朝向"、"腋"为"挟(在腋下)",原名词在新的词义中不再出现,只是动词意义同原名词有一定的语义关系,"朝向"一定同"面"有关,"挟"一定同"腋"有关。

古代汉语的方位名词经常活用作一般动词,例如:

7) 平原君乃置酒,……前,为鲁连寿。(《战国策·赵策》)

8) 沛公引军过而西。(《史记·高祖本纪》)

例七"前"为"向前",例八"西"为"向西",名词活用为动词以后原名词在新的词义中作宾语。

1.2.2 活用作使动动词。所谓使动动词是动词表示主语使宾语发出某种动作行为,或使宾语成为某类人或事物,或使宾语具备某种性质。名词、不及物动词和形容词都可以活用作使动动词。名词活用为使动动词,表示使宾语所代表的人或事物转变成为这个名词所代表的人或事物,或者使宾语发出与这个名词意义相关的动作行为。例如:

1) 大夫种、范蠡存亡越,霸勾践。(《史记·淮阴侯列传》)

2) 夫子所谓生死而肉骨也。(《左传·襄公二十二年》)

3) 筑室百堵,西南其户。(《诗经·小雅·斯干》)

例一"霸勾践"意为"使勾践成为霸主",例二"肉骨"为"使白骨长出肉",例三"西南其户"为"使门户朝西、朝南"。名词活用为使动动词都要经过一个中间环节,这就是先活用为普通的不及物动词,然后活用为使动动词。如:霸→成为霸→使……成为霸。

使动动词都是及物的,都可以带宾语。但有些时候名词活用为使动动词,宾语却不出现,例如:

4) (某人)天子不得而臣也,诸侯不得而友也。(刘向《新序·节士》)

例四"臣"和"友"都是名词活用作使动动词,但后面的宾语都没有出现。在这种情况下只有根据上下文仔细体会文意才能确定名词活用作使动动词,从而正确理解文意。

1.2.3 活用作意动动词。所谓意动动词是动词表示主语认为宾语具有某种性质,或者认为宾语属于某类人或事物。动词本身没有意动用法,只有名词和形容词可以活用作意动动词。例如:

1) 诸侯用夷礼则夷之,进于中国则中国之。(韩愈《原道》)
2) 窃窃然欲俎豆予于贤人之间,我岂杓人邪?(《庄子·庚桑楚》)
3) 夫人之,我可以不夫人之乎?(《谷梁传·僖公八年》)
4) 外黄富人女甚美,庸奴其夫。(《史记·张耳陈余列传》)
5) 天下乖戾,无君君之心。(柳宗元《封建论》)

例一是说"把用夷礼的诸侯当作夷",例二是说"把我当作俎豆",例三是说"把她当作夫人",例四是说"把自己的丈夫当作奴仆",例五是说"把国君当作国君"。意动突出主观上的认识,使动突出客观上的变化,二者是有差别的。有时主观认识也符合客观事实,例五就是这样,国君本来就是国君,"君君"是讲把国君当作国君来对待,仍然是突出了主观意识。

1.2.4 判断名词活用作动词的标准。一个名词活用作动词,它的语法位置,会发生改变,根据改变了的语法位置,我们可以判断名词活用作动词。

1. 两个名词相连构成一个组合,这个组合既不是联合结构也不是偏正结构,那么这两个名词中的一个一定活用为动词了。如果第一个名词活用为动词,那么就组成述宾结构。例如:

1) 魏王使客将军辛垣衍令赵帝秦。(《战国策·赵策》)
2) 然皆祖屈原之从容辞令。(《史记·屈原列传》)

例一"帝秦"即尊秦为帝,例二"祖屈原之从容辞令"即以之为祖,指学习屈原。名词"帝""祖"都活用为动词了,作述语,后面带宾

语。如果第二个名词活用为动词,那么就组成主谓结构。例如:

3)子房前!(《史记·留侯世家》)

例三名词"前"活用作动词,作谓语。古代汉语里常见同一名词重复相连构成一个组合,如"君君""臣臣""父父""子子",在一般情况下后一名词活用作动词,整个组合是主谓结构,意思是君要像君,臣要像臣,父要像父,子要像子。但有时此类组合不是主谓,而是述宾。例如:

4)天下乖戾,无君君之心。(柳宗元《封建论》)

例四"君君"即为述宾结构,意思是"把君当作君"。这种情况要根据上下文仔细分辨。

2. 名词出现在代词前面,活用作动词。例如:

1)不如小决使道,不如吾闻而药之也。(《左传·襄公三十一年》)

2)尔欲吴王我乎?(《左传·定公十年》)

3)徐庶见先主,先主器之。(《三国志·诸葛亮传》)

例一名词"药"位于代词"之"前,活用为动词,意为把它当作药。例二名词"吴王"位于代词"我"之前,活用为动词,意为使我成为吴王。例三名词"器"位于代词"之"前,意为像贵重的器皿一样宝贵。古代汉语的代词是不能带修饰语的,代词也不能和名词组合成并列结构,所以"名词+代词"格式只能是述宾结构。

3. 名词出现在助词"所"后面,活用作动词。例如:

1)乃丹书帛,置人所罾鱼腹中。(《史记·陈涉世家》)

2)寡君未知所过也。(《韩非子·难四》)

例一名词"罾"位于助词"所"后,活用作动词,意思是用网捕。例二名词"过(过错)"位于助词"所"后,活用作动词,意思是犯错误。

4. 名词出现在助动词"能""可""敢""欲"等后面,活用为动词。例如:

1)假舟楫者,非能水也。(《荀子·劝学》)
2)非敢后也,马不进也。(《论语·雍也》)
3)寡人欲相甘茂,可乎?(《史记·甘茂列传》)
4)子谓公冶长可妻也。(《论语·公冶长》)

例一名词"水"位于助动词"能"后,活用为动词,意思是游水。例二方位名词"后"位于助动词"敢"后,活用作动词,意思是殿后。例三名词"相"位于助动词"欲"后,活用为动词,意为作丞相。例四名词"妻"位于助动词"可"后,活用作动词,意为嫁女儿给他。由于助动词后面只能出现动词,所以名词出现在这个位置上就活用为动词了。

5. 名词出现在副词后面,活用作动词。例如:
1)晋灵公不君。(《左传·宣公二年》)
2)初,梁伯好土功,亟城而弗处。(《左传·僖公十九年》)
3)秦人闻之,悉甲而至。(《史记·廉颇蔺相如列传》)

例一名词"君"位于副词"不"后,活用作动词,意为不行君道。例二名词"城"位于副词"亟"后,活用作动词,意为修建城墙。例三名词"甲"位于副词"悉"后,活用作动词,意为穿着铠甲。值得注意的是这一规律只适用于叙述句,在判断句中副词是可以修饰名词谓语的。例如:
4)四海之内皆兄弟也。(《论语·颜渊》)
5)是乃狼也。(《左传·宣公四年》)

例四、五"兄弟""狼"都是名词,作判断句的谓语,可以接受副词的修饰而不活用为动词。

6. 名词后面带有一个介宾结构,构成一个组合,这个名词活用为动词。例如:
1)公与语,不自知膝之前于席也。(《史记·商君列传》)
2)与其饥死道路,为群兽食,宁毋毙于虞人,以俎豆于贵家。(马中锡《中山狼传》)

3) 师还,馆于虞。(《左传·僖公五年》)

例一名词"前"位于介宾结构"于席"前,活用作动词,意为向前移。例二名词"俎豆"位于介宾结构"于贵家"前,活用作动词,意为在俎豆中作为食物。例三名词"馆"位于介宾结构"于虞"前,活用作动词,意为驻扎。

7. 名词出现在连词"而"前面或后面,活用为动词。例如:

1) 隧而相见,其谁曰不然。(《左传·隐公元年》)
2) 汉败楚,楚以故不能过荥阳而西。(《史记·项羽本纪》)

例一名词"隧"出现在连词"而"前,活用为动词,意思是挖隧道。例二名词"西"出现在连词"而"的后面,活用作动词,意为向西行。连词"而"的基本语法功能是连接两个谓词性成分,所以名词出现在"而"的前后活用作动词。但是也有例外,例如:

3) 蟹六跪而二螯。(《庄子·马蹄》)

例三连词"而"前后的名词"六跪"和"二螯"都没有活用作动词,但是名词"六跪"和"二螯"在上例中作为描写句的谓语,连词"而"仍然保持了连接谓语中并列的两项的语法功能。

第二节 代 词

古代汉语的代词和现代汉语在大的格局方面相似,都是分为三类,即人称代词、指示代词、疑问代词。但是古今代词仍有很大的差别,主要表现在指示代词的系统性方面。另外,古代汉语里还有一类无定代词"莫"和"或",这是现代汉语所没有的。

2.1 人称代词。古代汉语的人称代词也有第一人称、第二人称和第三人称三类。但是在先秦汉语里没有真正的第三人称代词,只是借用指示代词来表达第三人称的意义。

2.1.1 第一人称代词主要有"吾""我""予(余)",这三个代词都可以作主语、宾语和定语。例如:

1) 如有政,虽不吾以,吾其与闻之。(《论语·子路》)
2) 曾子之母曰:"吾子不杀人"。(《战国策·秦策》)
3) 我非爱其财而易之以羊也。(《孟子·梁惠王上》)
4) 三人行,必有我师焉。(《论语·述而》)
5) 今者吾丧我。(《庄子·齐物论》)
6) 居,予语汝。(《庄子·达生》)
7) 王如用予,则岂徒齐民安,天下之民举安。(《孟子·公孙丑下》)
8) 启予手,启予足。(《论语·泰伯》)

例一"吾"作动词"以(用)"的宾语,在后一句里作主语。例三、四、五"我"分别作主语、定语和宾语。例六、七、八"予(余)"分别作主语、宾语和定语。值得注意的是,在汉代以前"吾"很少在动词或介词后作宾语,一般只能作前置的宾语,如例一"不吾以",而"我"可以作后置的宾语。魏晋以后"吾"才可以自由地作后置的宾语,例如:

9) 今人归吾,吾何忍弃去。(《三国志·蜀书·先主传》)
10) 东野与吾书。(韩愈《祭十二郎文》)

第一人称代词还有"朕",在秦以前"朕"是一个普通的第一人称代词,任何人都可以用。例如:

11) 朕皇考曰伯庸。(屈原《离骚》)
12) 汝何弗告朕。(《尚书·盘庚》)
13) 朕又何知。(《庄子·在宥》)

秦统一天下以后,始皇规定"朕"只能用于帝王自称,以后历代王朝都沿用这一规定,"朕"就只能用于帝王的自称了。

2.1.2 第二人称代词主要有"女(汝)""尔""若""而""乃",这五个代词在语法功能上有所不同。"女(汝)""尔""若"可以作主语、定语和宾语,例如:

1) 五侯九伯,女实征之。(《左传·僖公四年》)

2) 吾将残汝社稷,灭汝宗庙。(《国语·越语》)
3) 三岁贯女,莫我肯顾。(《诗经·魏风·硕鼠》)
4) 尔无我诈,我无尔虞。(《左传·成公元年》)
5) 胡瞻尔庭有悬貆兮。(《诗经·魏风·伐檀》)
6) 若为庸耕,何富贵也。(《史记·陈涉世家》)
7) 更若役,复若赋,则何如?(柳宗元《捕蛇者说》)
8) 予知之,将语若。(《庄子·知北游》)

例一、二、三,代词"女(汝)"分别作主语、定语和宾语。例四代词"尔"作主语和宾语,例五"尔"作定语。例六、七、八,代词"若"分别作主语、定语和宾语。第二人称代词"而"和"乃"一般只作定语,例如:

9) 往践乃职,无逆朕命。(《左传·僖公十二年》)
10) 高帝骂之曰:"乃公居马上得之,安事《诗》《书》"。(《史记·郦生陆贾列传》)
11) 欲利而身,先利而君。(《韩非子·外储说右下》)
12) 竖儒几败而公事。(《史记·留侯世家》)

例九、十,"乃"作定语,例十一、十二"而"作定语。"乃"和"而"有少量作主语的用例,如:

13) 今欲发之,乃能从我乎。(《汉书·翟义传》)
14) 夫差,而忘越王之杀而父乎。(《左传·定公十四年》)

例十三、十四"乃"和"而"作主语。在古代汉语里,"乃"和"而"是不能作宾语的。

2.1.3 第三人称代词在先秦汉语里是没有的,古人可能根本没有第三人称代词的概念。后代才产生的第三人称概念,在古代是用指示代词"之""其""彼"来表达的。为了方便阅读和理解,我们可以把"之""其""彼"看作第三人称代词。"之"只能作宾语,例如:

1) 爱共叔段,欲立之。(《左传·隐公元年》)

2) 马逸不能止,师从之。(《左传·成公二年》)
3) 从左右,皆肘之。(同上)
"其"只能作定语,例如:
4) 今者项庄拔剑舞,其意常在沛公也。(《史记·项羽本纪》)
5) 今吾于人也,听其言而观其行。(《论语·公冶长》)
6) 断其喉,尽其肉。(柳宗元《三戒·黔之驴》)
7) 散其党,收其余(与),闭其门,夺其辅,国乃无虎。(《韩非子·主道》)
8) 人臣不以其贤为其主,非可不诛也。(《韩非子·外储说左下》)

必须注意的是,"其"作定语所修饰的中心语有时是谓词性成分,如例七的"其余(与)""其辅"和例八的"其贤",就是"其+谓词性成分"组成的定中结构。例七"其余(与)"里的"余(与)"指参与者,"其辅"里的"辅"指辅助者,两个动词已经从表达动作行为转而表达动作行为的施事者,也就是说发生了转指化(详见助词节),谓词转指化以后就变成了名词。例八"其贤"里的"贤"没有发生转指化,而是发生了自指化(详见助词节),"贤"不再表示性质,而是事物化了,表示一种品行,谓词自指化以后不会变成名词,仍是谓词。转指化和自指化统称为指称化。例七的"其余(与)""其辅"和例八的"其贤"虽有上述不同点,但都是定中结构,这一点是相同的。"其+谓词性成分"组合有时不是定中结构,而是助词结构,或称为指称化的主谓结构。例如:

9) 操蛇之神闻之,惧其不已也,告之于帝。(《列子·汤问》)

例九"其不已"里的动词性成分"不已"自身并没有指称化,而是"其不已"整体上指称化了,在这种情况下,"其"字不是代词,而是助词,是指称化的标记,"其不已"整个结构是助词结构(参见助词节和助词结构节)。这样看来,"其+谓词性成分"组合本身就是同形异构,即有时是定中结构,有时是助词结构。确定这一组合结构类型的关键是,"其+谓词性成分"组合里的谓词性成分自身是否发生了指称化,谓词性成分自身发生了指称化,"其+谓词性成分"就是定中结构,如果谓词性成分自身没有发生指称化,只是"其+谓词性成分"整体上指称化,那么整个结构就是助词结构。另外,定中结构里的谓词性成分基本上是单个谓词,而助词结构里的谓词性成分往往是复杂的。

代词"彼"可以作主语和宾语,例如:

10)彼,丈夫也;我丈夫也;吾何畏彼哉。(《孟子·滕文公上》)

"彼"在主语和宾语的位置上仍带有很强的指示性,例十中的"彼"解释为"那个人"也是完全可以的。古代汉语借用"彼"表达第三人称作主语的出现频率是很低的,因为后代用第三人称作主语的地方,古代汉语一般是用名词作主语,或者省略主语。例如:

11)宋人或得玉,献诸子罕,子罕弗受。(《左传·襄公十五年》)

12)使子路反见之,(子路)至,则(丈人)行矣。(《论语·微子》)

例十一重复名词"子罕"作主语,例十二省略主语。

古代汉语中不仅第三人称代词作主语的现象出现频率低,第一、第二人称代词作主语的现象出现频率也不高,原因有两个,一是由于古代汉语省略主语的现象很普遍,二是由于古代习惯对自己用谦称,对听话人用尊称。例如:

13)臣闻之,疑行无成,疑事无功。(《商君书·更法》)

14)仆诚已著此书。(司马迁《报任安书》)

15)同是被逼迫,君尔妾亦然。(《乐府诗集·焦仲卿妻》)

16)君处北海,寡人处南海,唯是风马牛不相及也。(《左传·僖公四年》)

17)愚以为宫中之事,事无大小悉以咨之,然后施行。(诸葛

亮《出师表》)

18)夫以秦王之威,而相如庭斥之。(《史记·廉颇蔺相如列传》)

例十三至例十八都是用谦称代替第一人称作主语,例十八是蔺相如自称其名,自称其名也是一种谦称的方式。谦称也常常替代第一人称出现在定语或宾语的位置上,例如:

19)妾父为吏,齐中皆称其廉平。(《史记·孝文本纪》)

20)不效则治臣之罪。(诸葛亮《出师表》)

21)为老妾语陵,谨事汉王。(《史记·陈丞相世家》)

22)咨臣以当世之事。(同上)

例十九、二十谦称代替第一人称作定语,例二十一、二十二谦称作宾语。在古代汉语里也常常不用第二人称代词作主语,而用尊称作主语。例如:

23)君王与沛公饮,军中无以为乐,请以剑舞。(《史记·项羽本纪》)

24)子路问曰:"子见夫子乎?"(《论语·微子》)

25)今君有一窟,未得高枕而卧也。(《战国策·齐策》)

26)足下必欲诛无道秦,不宜踞见长者。(《史记·高祖本纪》)

27)甚矣,先生之毁儒也。(《墨子·公孟》)

28)今少卿抱不测之罪。(司马迁《报任安书》)

例二十三至二十八,都是尊称作主语表示第二人称,最后一例是司马迁称任安之字,称字也是尊称。尊称也常常替代第二人称出现在定语和宾语的位置上,例如:

29)足下事皆成。(《史记·陈涉世家》)

30)以子之矛,陷子之盾,何如?(《韩非子·难一》)

31)愿为足下扫室布席,幸无我逐也。(《史记·高祖本纪》)

32)吾不能早用子,今急而求子,是寡人之过也。(《左传·僖

公三十年》)

例二十九、三十,尊称替代第二人称作定语,例三十一、三十二作宾语。谦称和尊称都不是人称代词而是名词,由于上述原因,总体上古代汉语里人称代词的出现频率要比现代汉语低很多。

古代汉语没有数的语法范畴,人称代词在形式上没有单数复数的区别。例如:

33)我二人共贞。(《尚书·洛诰》)

34)吾与汝毕力平险。(《列子·汤问》)

35)尧舜之治天下,岂无所用其心哉。(《孟子·滕文公上》)

例三十三至三十五,人称代词都表达复数。古代汉语的第一、第二人称代词后可以加"侪""属""辈""曹"等,表达复数。"侪""属""曹"与现代汉语中的复数词尾"们"不同,它们是名词,有实在的意思,意为"一班人"。例如:

36)吾侪小人,食而听事。(《左传·襄公三十年》)

37)若属皆且为所虏。(《史记·项羽本纪》)

38)天生汝辈,固需吾辈食也。(马中锡《中山狼传》)

39)吾何以传女曹哉。(汪琬《传是楼记》)

2.2 指示代词。现代汉语的指示代词系统是近指和远指二分,古代汉语的指示代词系统与现代汉语很不相同,主要有以下五组:近指和远指,特指和泛指,旁指代词,无定代词,谓词性代词。

2.2.1 近指和远指,这一组代词主要有"此""是""斯""彼""夫"。其中"此""是""斯"是近指,相当于现代汉语的"这"。例如:

1)彼一时,此一时也。(《孟子·公孙丑下》)

2)是鸟也,海运则将徙于南冥。(《庄子·逍遥游》)

3)斯四战之地,攻守之场也。(《后汉书·冯衍传》)

"此"和"是"可以用来指人,意为"这人"。例如:

4)此亦妄人也已矣。(《孟子·离娄下》)

5）是食言多矣。（《左传·哀公二十五年》）

"彼"和"夫"是远指，相当于现代汉语的"那"。"彼"有很强的指示性，即使借用为第三人称代词也仍然带有较强的指示性。"彼"可以作主语、定语和宾语。例如：

6）彼一时，此一时也。（《孟子·公孙丑下》）

7）挹彼注兹。（《诗经·大雅·泂酌》）

8）危而不持，颠而不扶，则将焉用彼相矣。（《论语·季氏》）

"夫"的指示性比较弱，多作定语。例如：

9）夫二人者，鲁国社稷之臣也。（《左传·成公十六年》）

10）夫尚贤者，政之本也。（《墨子·尚贤》）

"夫"可以修饰很复杂的谓词性结构，仍起指示作用。例如：

11）予恶夫涕之无从也。（《礼记·檀弓》）

12）君子疾夫舍曰欲之而必为之辞。（《论语·季氏》）

例十一"夫"修饰"涕之无从"，例十二"夫"修饰"舍曰欲之而必为之辞"。位于句首的"夫"，有一部分用例的指示作用减弱，虚化为句首语气词，主要起提起话题的作用，表示后文将要发议论（详见语气词节）。

2.2.2 特指和泛指，这一组代词有"其"和"之""兹"。这一组代词的特点不在于近指还是远指，在文中译为这、那都可以。"其"表示特指，即总是含有特定的意义，并且总是作定语。一般代词都是指代前文出现过的名词（即前辞），而"其"不然，例如：

1）藏之名山，传之其人。（司马迁《报任安书》）

2）至其时，往会之河上。（《史记·滑稽列传》）

3）子曰："不在其位，不谋其政。"（《论语·泰伯》）

例一"其人"指合适的人，前人注为"与己同志者"；例二"其时"指约定好的时候；例三"其位""其政"是指特定的职位和与之相应的政事，三例"其"都是特指，而且没有前辞。"之"和"兹"的含义是泛指，或者说非特指。指示代词"之"可以作定语和宾语。例如：

4) 之二虫又何知。(《庄子·逍遥游》)
　　5) 曰:"以粟易之。"(《孟子·滕文公上》)
"兹"多作宾语,是较古的形式。例如:
　　6) 文王既没,文不在兹乎。(《论语·子罕》)
　　7) 念兹在兹。(《尚书·大禹谟》)
战国以后,文中用"兹"往往是引古书或是仿古。
　　2.2.3　旁指代词,表示"别的""其他的"等意义,主要有"佗"和"他"。旁指代词可以指事物也可以指人。"佗"多作定语,例如:
　　1) 佗邑唯命。(《左传·隐公元年》)
　　2) 亲戚或余悲,佗人亦已歌。(陶潜《挽歌诗》)
"他"可以作定语、宾语和判断句的谓语。例如:
　　3) 他人有心,予忖度之。(《诗经·小雅·巧言》)
　　4) 古之人所以大过人者无他焉,善推其所为而已。(《孟子·梁惠王上》)
　　5) 萧同叔子非他,寡君之母也。(《左传·成公二年》)
魏晋以后"他"用于专指某人,发展为第三人称代词。例如:
　　6) 某得此人大恩,性命昔在他手。(《太平广记·豪侠三·义侠》)
　　2.2.4　无定代词,有"或"和"莫"。这是古代汉语特有的一类指示代词,没有确定的指代对象,"或"是肯定的,意为"有的""有人""某人";"莫"是否定的,意为"没有什么""没有人"。无定代词只能作主语。"或"单用一般都是指人,例如:
　　1) 今或闻无罪,二世杀之。(《史记·陈涉世家》)
　　2) 或谓孔子曰:"子奚不为政?"(《论语·为政》)
有时"或"前有指人的名词,"或"指代其中一个或一些人。例如:
　　3) 宋人或得玉。(《左传·襄公十四年》)
　　4) 左右或欲引相如去。(《史记·廉颇蔺相如列传》)

句中连用几个"或",构成排比,"或"既可指人又可指事物。例如:
5) 钧是人也,或为大人,或为小人。(《孟子·告子上》)
6) 或百步而后止,或五十步而后止。(《孟子·梁惠王上》)
7) 夫物之不齐,物之情也。或相倍蓰,或相什伯,或相千万。(《孟子·滕文公上》)

例五、六、七,"或"不同于现代汉语的选择连词"或者",而是"有人""有的",仍是无定代词。

"莫"单用一般指人,表示广泛的否定。例如:
8) 保民而王,莫之能御也。(《孟子·梁惠王上》)
9) 吾有老父,身死莫之养也。(《韩非子·五蠹》)

有时"莫"前有名词,"莫"表示强调在某一范围内的否定,并且既可以指人又可以指物。例如:
10) 国人莫敢言,道路以目。(《国语·周语》)
11) 过而能改,善莫大焉。(《左传·宣公八年》)

在先秦汉语里,"莫"都是无定代词,汉以后"莫"发展为否定副词,表示禁止性的否定。例如:
12) 楚妃且勿叹,齐娥且莫讴。(陆机《吴趋行》)

也可以表示一般性否定。例如:
13) 诸将皆莫信,佯应曰:"诺。"(《史记·淮阴侯列传》)

2.2.5 复指代词"者"。复指代词"者"都位于名词或名词性成分后,用以重复指称前面的名词性成分,起强调作用。例如:
1) 陈胜者,阳城人也。(《史记·陈涉世家》)
2) 三子者出,曾皙后。曾皙曰:"三子者之言何如?"(《论语·先进》)
3) 所为见将军者,欲以助赵也。(《战国策·赵策》)
4) 辞曰:"责毕收,以何市而反?"孟尝君曰:"视吾家所寡有者。"(《战国策·赵策》)
5) 今者,项庄拔剑舞,其意常在沛公也。(《史记·项羽本纪》)

例一"者"复指名词"陈胜",表示强调,意思相当于"陈胜这个人"。例二"者"复指名词性偏正结构"三子"。例三、四"者"复指所字结构"所为见将军""所寡有",所字结构都是名词性的(详见助词结构节)。例五"者"复指时间名词"今"。

2.2.6 谓词性代词,可以分为两组,一组是"尔""若""然"。它们的意思是"如此""像这(那)样"。由于它们的词义相当于一个述宾结构,故称为谓词性代词。"尔"主要作宾语和定语。例如:

1) 公与为尔也。(《公羊传·僖公二十一年》)
2) 虽曰匪予,既作尔歌。(《诗经·大雅·桑柔》)(即使你说"不是我",我也已经作了如此之歌。)

例一"尔"作宾语,例二"尔"作定语。"若"只能作定语。例如:

3) 君子哉若人!尚德哉若人!(《论语·宪问》)
4) 以若所为,求若所欲,犹缘木而求鱼也。(《孟子·梁惠王上》)(若所为,如此之所为。若所欲,如此之所欲。)

"然"多作谓语。例如:

5) 木茎非能长也,所立者然也。(《荀子·劝学》)
6 河东凶,亦然。(《孟子·梁惠王上》)

另一组是"焉"和"诸","焉"的意思是"于此","诸"的意思是"之于",词义中都包括一个介词,介词是谓词性的,故"焉"和"诸"也可以归入谓词性代词。"焉"经常作补语,例如:

7) 制,严邑也,虢叔死焉。(《左传·隐公元年》)
8) 黯为人性倨……士以此不附焉。(《史记·汲黯列传》)
9) 过而能改,善莫大焉。(《左传·宣公二年》)

由于"焉"经常位于句末,所以一部分"焉"虚化为语气词了,表示提示语气。例如:

10) 我二十五年矣,又如是而嫁,则就木焉。(《左传·僖公二十三年》)

11) 王若隐其无罪而就死地,则牛羊何择焉。(《孟子·梁惠王上》)

例十、十一,句末的"焉"字意思已经很虚了,不好再解释成"于此",应该承认它们是语气词了。相当于"之于"的"诸"用在叙述句里。例如:

12) 公伐诸鄢。(《左传·隐公元年》)

13) 投诸渤海之尾。(《列子·汤问》)

用在疑问句末的"诸"相当于"之乎",词义中包含了疑问语气词"乎"。例如:

14) 闻斯行诸?(《论语·先进》)

15) 不识有诸?(《孟子·梁惠王上》)

2.3 疑问代词。根据疑问代词指代的询问对象,古代汉语的疑问代词可以分成三类:指人、指事物、指处所。三类之间存在相互交叉的现象。

2.3.1 指人的疑问代词有"谁"和"孰"。"谁"一般只用于指人,用法与现代汉语基本相同,主要用于一般问句。例如:

1) 谁习计会,能为文收责于薛者乎?(《战国策·齐策》)

2) 寡人将谁朝而可?(《战国策·燕策》)

3) 敢问谁之罪也?(《左传·襄公二十一年》)

4) 孟尝君怪之曰:"此,谁也?"(《战国策·齐策》)

例一"谁"作主语,例二作宾语,例三作定语,例四作判断句的谓语。

"孰"用于指人常出现在选择问句里,意思是"哪一个","孰"前一般都有表示范围的名词性词语。例如:

5) 吾与徐公孰美?(《战国策·齐策》)

6) 吾子与子路孰贤?(《孟子·公孙丑上》)

例五、六用"孰"在确定的范围内表达选择。在选择问句里,"孰"一般只作主语。有时"孰"出现在非选择问句中,这时"孰"的意思

与"谁"相似,但仍具有选择的意味。例如:

7)王者孰谓?谓文王也。(《公羊传·隐公元年》)

8)孰王而可畔也?(《吕氏春秋·行论》)

例七、八都是一般疑问句,例一"孰"作宾语,例二"孰"作定语,仍然具有"哪一个"的意思。另外,"孰"还可以用来指物、指处所。例如:

9)礼与食孰重?(《孟子·告子下》)

10)孰城,城卫也。(《公羊传·僖公二年》)

例九"孰"作主语,指事物。例十"孰城"意思是"在哪里建城","孰"作宾语,指处所。

"孰"和介词"与"连用,构成固定格式"孰与",表示比较。例如:

11)吾孰与徐公美?(《战国策·齐策》)

12)我孰与皇帝贤?(《史记·郦生陆贾列传》)

例十一的意思同"吾与徐公孰美",例十二的意思是"我与皇帝孰贤"。在使用"孰与"的句子里,谓语的核心谓词可以不出现。例如:

13)君料臣孰与舜?(《战国策·楚策》)

14)救赵孰与勿救?(《战国策·齐策》)

例十三的意思"您判断我和舜比,哪一个(更好)",例十四的意思是"救赵和不救,哪一种做法(更好)",两句的谓语核心谓词都没有出现。

"孰与"有时出现在反问句里,已经不是表示疑问。例如:

15)从天而颂之,孰与制天命而用之!(《荀子·天论》)

16)惟坐待亡,孰与伐之。(诸葛亮《后出师表》)

在这类反问句中,"孰与"前后供选择的两项优劣分明,一般是肯定后项而否定前项。因而"孰与"有了"哪里比得上"的意思。

2.3.2 指事物的疑问代词。"何""胡""曷""奚"主要指事

物,一般不用来指人。"何"的出现频率最高,语法功能也最丰富。例如:

1) 何贵何贱?(《左传·昭公三年》)
2) 大王来何操?(《史记·项羽本纪》)
3) 余何面目以视于天下乎?(《国语·越语》)
4) 曰:"是何也?"(《荀子·天论》)

例一至四"何"都指具体事物,可以译为"什么",分别作主语、宾语、定语和判断句的谓语。

"何"还常用来询问原因和方法。例如:

5) 许子何不为陶冶?(《孟子·滕文公上》)
6) 虽有君命,何其速也?(《左传·僖公二十三年》)
7) 结庐在人境,而无车马喧。问君何能尔?心远地自偏。
（陶渊明《饮酒》）

例五、六"何"询问原因,例七"何"既可以看作询问原因,译为"为什么",又可以理解为询问方法,译为"怎么(能做到这样)"。"何"询问原因和方法,一般出现在状语位置上,如例五、例七。也可能出现在判断句谓语的位置上,如例六,"何其速也"意思是"其速何也",谓语前置。

"何"也可以询问处所,意思是"哪里"。例如:

8) 子欲何之?(《战国策·秦策》)
9) 吾麋何在?(《新序·杂事》)

"胡""曷""奚"作状语,一般是询问原因,意思是"为什么"或"怎么"。例如:

10) 不狩不猎,胡瞻尔庭有悬狟兮?(《诗经·魏风·伐檀》)
11) 汝曷弗告朕?(《尚书·盘庚》)
12) 子奚乘是车也?(《韩非子·外储说左下》)

"曷"作状语,在早期可以用来询问时间,意思是"什么时候"。例如:

13) 时日曷丧？予及汝偕亡。(《尚书·汤誓》)(时日曷丧：这个太阳什么时候完蛋。)

14) 悠悠苍天，曷其有极？(《诗经·唐风·鸨羽》)(曷其有极：什么时候才能熬到头。)

"胡""曷""奚"也经常作介词的宾语，"胡""曷"常同介词"为"配合，构成"胡为""曷为"，仍是询问原因。例如：

15) 客胡为若此？(《战国策·齐策》)

16) 公曷为出此言？(《晏子春秋·内篇·问上》)

"奚"常与介词"以"配合，构成"奚以"，询问方法。例如：

17) 奚以知其然也？(《庄子·逍遥游》)

"奚"有时作动词的宾语，用来指具体事物或处所。例如：

18) 曰："奚冠？"曰："冠素。"(《孟子·滕文公上》)

19) 彼且奚适也？(《庄子·逍遥游》)

2.3.3 指处所的疑问代词，主要有"安""恶""焉"，意思是"在哪里"，经常作状语，询问处所。例如：

1) 臣在大夏时，见邛竹杖、蜀布。问曰："安得此？"(《史记·大宛列传》)

2) 王攻楚将恶出兵？(《史记·春申君列传》)

3) 且焉置土石？(《列子·汤问》)

也可以作表示存在、移动的动词或介词的宾语，询问处所。例如：

4) 沛公安在？(《史记·项羽本纪》)

5) 道恶乎往而不存？(《庄子·齐物论》)

6) 夫子将焉适？(《吕氏春秋·士节》)

"安""恶""焉"还可以在反问句里作状语，类似现代汉语"哪里"作状语，不再表示疑问，而是加强反问语气了。例如：

7) 今弗爱其子，安能爱君？(《韩非子·难一》)

8) 从许子之道，相率而为伪者也，恶能治国家？(《孟子·滕文公上》)

9)吴人焉敢攻吾邑？（《吕氏春秋·察微》）

第三节　形容词

古代汉语的形容词总体上同现代汉语相似，也有性质形容词和状态形容词两类。

3.1　性质形容词。古代汉语的性质形容词一般都是单音节的。例如：

1)闻柳下惠之风者，鄙夫宽，薄夫敦。（《孟子·万章下》）
2)子谓韶尽美矣，又尽善也。（《论语·八佾》）
3)季氏富于周公。（《论语·先进》）
4)民勇于公战，怯于私斗。（《史记·商君列传》）
5)业精于勤荒于嬉，行成于思毁于随。（韩愈《进学解》）

例一性质形容词作定语和谓语，例二受程度副词修饰，例三带比较对象补语，例四带处所补语，例五带原因补语。以上用例反映了性质形容词的基本语法功能。在古代汉语里，性质形容词活用为其他词类的现象是很常见的。

3.1.1　活用作名词。例如：

1)将军身披坚执锐，伐无道，诛暴秦。（《史记·陈涉世家》）
2)义不杀少而杀众，不可谓知类。（《墨子·公输》）
3)为肥甘不足于口与？轻暖不足于体与？（《孟子·梁惠王上》）
4)师者所以传道、受业、解惑也。（韩愈《师说》）

以上各例，形容词从表示某种性质转指表示具有某种性质的具体事物，都活用作名词了。形容词活用作名词有较强的修辞意味。

3.1.2　活用作动词。性质形容词可以活用为一般动词，也可以活用为使动动词或意动动词。活用为一般动词，例如：

1)诸君子皆与驩言，孟子独不与驩言，是简也。（《孟子·离

2)使上官大夫短屈原于顷襄王。(《史记·屈原列传》)

例一"简"意思是"简慢""慢待",例二"短"意思是"揭短""说坏话"。形容词活用作一般动词,都是用为及物动词,并且词义都有较大改变。

　　活用作使动动词,表示使宾语具有某种性质。例如:

　　3)王者不却众庶,故能明其德。(李斯《谏逐客书》)

　　4)诸侯恐惧,会盟而谋弱秦。(贾谊《过秦论》)

　　5)将军忠贤,能安刘氏也。(《汉书·霍光传》)

　　6)工师得大木,匠人斫而小之。(《孟子·梁惠王下》)

使动动词都是及物的,性质形容词活用作使动动词一般都带有宾语,如以上各例。形容词后带有宾语是判断形容词活用为使动动词的形式标记。但是,有时形容词活用为使动动词,宾语并不出现,这就必须仔细推敲上下文,才能正确理解。例如:

　　7)强本而节用,则天不能贫。……本荒而用侈,则天不能使之富。(《荀子·天论》)

　　8)君子易事而难说(悦)也。说之不以道,不说也。(《论语·子路》)

例七形容词"贫"活用作使动动词,意思是"天不能使人贫",对比后文"天不能使之富",就可以准确地做出判断。例八形容词"说"活用作使动动词,意思是"君子容易侍奉但不容易使他高兴",联系后文"说之不以道",就可以做出准确的判断。

　　活用作意动动词,表示认为宾语具有某种性质。例如:

　　9)齐君弱吾君,归弗来矣。(《左传·昭公十二年》)

　　10)孔子登东山而小鲁,登泰山而小天下。(《孟子·尽心上》)

　　11)(使民)甘其食,美其服,安其居,乐其俗。(《老子》第八十章)

意动是突出主观认识,使动是使客观情况发生改变。例一"弱吾君"是"认为吾君弱",对比使动用例"弱秦"(使秦削弱),可以看出二者的差异。有时主观认识符合客观情况,例如:

12) 时充国年七十,上老之。(《汉书·赵充国传》)

皇帝认为赵充国老了,赵充国年七十,也真的老了。此例"老"仍是活用为意动动词,因为突出主观认识。意动和使动也有重叠的情况,例如:

13) 膏铜有余,则车轻人。(《吴子·治兵》)

例十三意思是,在车轴上多膏油,就会使人感到车子轻快。形容词"轻"同时活用作使动动词和意动动词。

3.1.3 判断性质形容词活用作动词的标准。

1. 形容词出现在代词前,构成一个组合。例如:

1) 彼长而我长之,彼白而我白之。(《孟子·告子下》)
2) 信数与萧何语,何奇之。(《史记·淮阴侯列传》)

代词是不能带有定语的,形容词位于代词前,一定活用为动词,与代词一同构成述宾结构。

2. 形容词出现在助词"所"之后,一般活用为意动动词。例如:

1) 世之所高,莫若黄帝。(《庄子·盗跖》)
2) 俗之所贵,主之所贱也;吏之所卑,法之所尊也。(晁错《论贵粟疏》)

助词"所"一般只出现在及物动词前,故形容词位于"所"后都活用为动词了,"所高"是"认为高的","所贵"是"认为贵的"。

3. 形容词出现在助动词"能""可""足"等后面,活用为动词。例如:

1) 强本而节用,则天不能贫。(《荀子·天论》)
2) 厌其源,开其渎,江河可竭。(《荀子·修身》)
3) 子胥比干,皆不足贵也。(《庄子·盗跖》)

助动词后一般只能跟动词,所以形容词位于助动词后都活用为动词了。

3.2 状态形容词。 状态形容词都是表达静态的描写,即表示"……的样子"。从形式上分析,古代汉语的状态形容词都是双音节或多音节的,可分为三种类型:联绵字、重言、带"然""如""尔""若"等词尾。状态形容词一般不活用作动词,它的主要语法功能是作谓语和状语。

3.2.1 联绵字形容词,例如:

1)太傅之计,旷日弥久,心惛然恐不能须臾。(《史记·刺客列传》)
2)连衡者六印磊落,合从者骈组流离。(《后汉书·蔡邕传》)
3)山有小口,仿佛若有光。(陶渊明《桃花源记》)
4)众踥蹀而日进兮,美超远而逾迈。(《楚辞·哀郢》)

例一、二,联绵字形容词作谓语。例三、四,联绵字形容词作状语。

3.2.2 重言形容词,例如:

1)贤者以其昭昭使人昭昭,今以其昏昏使人昭昭。(《孟子·尽心下》)
2)其行填填,其视颠颠。(《庄子·马蹄》)
3)茕茕孑立,形影相吊。(李密《陈情表》)
4)无边落木萧萧下,不尽长江滚滚来。(杜甫《登高》)

例一、二,重言形容词作谓语。例三、四,重言形容词作状语。重言形容词还经常作定语,例如:

5)平原君,翩翩浊世之佳公子也。(《史记·平原君列传》)
6)拳拳之忠,终不能自列。(司马迁《报任安书》)

重言形容词还可以活用作名词。例如:

7)天之苍苍,其正色耶?(《庄子·逍遥游》)
8)人又谁能以身之察察受物之汶汶者乎?(《史记·屈原贾生列传》)(察察:洁净貌。汶汶:污垢貌。)

3.2.3 带词尾的形容词,例如:
1)而容崖然,而目冲然,而颡頯然,而口阚然,而状义然。(《庄子·天道》)
2)桑之未落,其叶沃若。(《诗经·卫风·氓》)
3)海内肃清,天下密如。(《后汉书·崔实传》)
4)子路率尔而对。(《论语·先进》)
5)力沛若有余。(《公羊传·文公十四年》)
6)天油然作云,沛然下雨,则苗浡然兴之矣。(《孟子·梁惠王上》)
7)宋人有闵其苗之不长而揠之者,芒芒然归。(《孟子·公孙丑上》)

例一、二、三,带词尾的形容词作谓语。例四、五、六、七,带词尾的形容词作状语。

第四节 数 词

古代汉语的数词同现代汉语的数词有较大的差别,现代汉语的数词属于体词范围,语法性质接近于名词,古代汉语的数词经常作谓语,因而属于谓词性词类。古代汉语数词的语法性质,特别是基数词的语法性质接近于形容词,《马氏文通》把数词归入静字(形容词),称为滋静字。

4.1 数词的形式。基数词在整数和零数之间一般都要加"有"字,例如:
1)吾十有五而志于学。(《论语·为政》)
2)朞三百有六旬有六日。(《尚书·尧典》)
3)割地而朝者三十有六国。(《韩非子·五蠹》)
4)朕临天下二十有八年。(《史记·匈奴列传》)

春秋以后,整数和零数之间就可以不加"有"字了。例如:

5）待我二十五年，不来而后嫁。（《左传·僖公二十三年》）

6）凡诸子百八十九家，四千三百二十四篇。（《汉书·艺文志序》）

分数的基本形式是在分母和分子之间加上"分"字和"之"字，并在"分""之"之间加入一个同分母有关的名词，例如：

7）方今大王之兵众，不能十分吴楚之一。（《史记·淮南衡山列传》）

8）岁行三十度十六分度之七，率日行十二分度之一。（《史记·天官书》）

有时"分"字可以省略，名词也可以省略，只保留"之"字。例如：

9）大都不过三国之一，中五之一，小九之一。（《左传·隐公元年》）

10）测其高下，得三之二焉。（韩愈《送廖道士序》）

有时在分子、分母间保留"分"字和"之"字。例如：

11）故关中之地，于天下三分之一。（《史记·货殖列传》）

12）余十二十九分之七。（《后汉书·律历志》）

有时分子、分母间不加任何字，例如：

13）卒之堕指者十二三。（《史记·匈奴列传》）

14）初是充国计者什三，中什五，最后什八。（《汉书·赵充国传》）

汉代以前汉语的序数词和基数词形式相同，尽管后代序数词的形式有了改变，但是表达年月日的序数词一直和基数词同形，例如：

15）三年春王三月壬戌，平王崩。（《左传·隐公三年》）

16）季父愈，闻汝丧之七日，乃能衔哀致诚。（韩愈《祭十二郎文》）

现代汉语里表达年月日的序数词仍然与基数词同形，如1949年10月1日。汉代以后，序数词有了不同于基数词的形式，即在数

字前加"第"。例如:

17) 闻河南守吴公治平,为天下第一。(《史记·贾谊列传》)
18) 云有第三郎,窈窕世无双。(《乐府诗集·焦仲卿妻》)

4.2 数词的语法功能。古代汉语数词的语法功能接近形容词,经常作谓语、定语、状语。例如:

1) 举所佩玉玦以示之者三。(《史记·项羽本纪》)
2) 北山愚公者,年且九十。(《列子·汤问》)
3) 军书十二卷,卷卷有爷名。(《木兰辞》)
4) (光武帝)生于济阳宫第二内中。(《论衡·吉验》)
5) 昔者桓公九合诸侯。(《韩非子·难二》)
6) 齐人三鼓。(《左传·庄公十年》)

例一、二,数词作谓语。例三、四,数词作定语。例五、六,数词作状语。序数词一般不作谓语和状语,只作定语,如例四。数词也可以作主语和宾语,例如:

7) 一之谓甚,其可再乎!(《左传·僖公五年》)(这样的事有一次都被认为过分了,难道还可以有第二次吗?)。
8) 问一得三,闻诗,闻礼,又闻君子之远其子也。(《论语·季氏》)
9) 闻河南守吴公治平,为天下第一。(《史记·贾谊列传》)

例七数词作主语,例八作宾语。例九是序数词作宾语,古代汉语的序数词一般不作主语。

第五节 动 词

古代汉语的动词和现代汉语的动词相似,也有及物动词、不及物动词、助动词三类。及物动词都可以带宾语,有时宾语不出现,但仍隐含在句法结构之中。不及物动词不能带宾语,只有在活用的情况下才带宾语。助动词常用的有表示意愿的"愿""欲""肯"

"敢",表示可以、能够的"可""能""足""得",表示应当的"宜""当""须",助动词一般位于充任谓语核心的动词或动词性成分前。

5.1 使动动词。使动动词是及物动词的一个小类,它的语义特征是表达使宾语发出某种动作、行为,使宾语具备某种性质,或使宾语成为某种人或事物。及物动词带有使动宾语的时候,就是使动动词。例如:

1)武丁朝诸侯,有天下,犹运于掌。(《孟子·公孙丑上》)
2)于是信、张耳佯弃鼓旗,走水上军。水上军开入之。(《史记·淮阴侯列传》)
3)夫精诚变天地,而信不谕两主。(邹阳《狱中上梁王书》)
4)能谤讥于市朝,闻寡人之耳者,受下赏。(《战国策·齐策》)

以上各例都是普通及物动词带使动宾语。例一"朝诸侯"是"使诸侯朝见自己",例二"入之"是"使他们进入军营",例三"谕两主"是"使两主明白自己的忠信",例四"闻寡人之耳"是"使寡人之耳闻谤讥"。普通及物动词直接带使动宾语的频率很低,有时及物动词带使动宾语后会改变读音。例如:

5)晋侯饮(yìn)赵盾酒。(《左传·宣公二年》)
6)圣王在上,而民不冻饥者,非能耕而食(sì)之。(晁错《论贵粟疏》)

例五、六,"饮"和"食"都改变了读音,专门用于表达使动动词的意义,和原动词已经不具有同一性了,应该看作两个不同的词。

不及物动词带使动宾语的频率很高,在这种情况下不及物动词就活用为及物动词了。例如:

7)项伯杀人,臣活之。(《史记·项羽本纪》)
8)买臣深怨(汤),常欲死之。(《汉书·朱买臣传》)
9)我能起死人。(《吕氏春秋·别类》)

10) 远人不服,则修文德以来之。(《论语·季氏》)

不及物动词活用作使动动词,有时宾语并不出现,而是处于隐含状态,这时必须根据上下文仔细推敲文意,才能做出正确的判断。例如:

11) 养备而动时,则天不能病。(《荀子·天论》)
12) 魏其谢病,屏居蓝天南山之下数月,诸宾客辩士说之,莫能来。(《史记·魏其武安侯列传》)
13) 操军方连舰船,首尾相接,可烧而走也。(《资治通鉴》卷六十五)
14) 今以钟磬置水中,虽大风浪不能鸣也。(苏轼《石钟山记》)

例十一至十四,不及物动词后宾语都没有出现,但仍活用为使动动词。意为"天不能使人病"、"没有人能使魏其来"、"可烧而使之走"、"大风浪不能使钟磬鸣"。

名词和形容词也时常活用为使动动词,详见名词节、形容词节。

5.2 意动动词。意动动词也是及物动词的小类,它的语义特征是认为宾语具有某种性质或认为宾语是某类人或事物。意动动词都是由名词或形容词活用而成的动词(详见名词节、形容词节),不可能是原本属于动词词类的动词。意动动词所带的宾语称为意动宾语。

5.3 为动动词及其他。为动动词也是及物动词的小类,它的语义特征是为宾语发出某种动作或行为。不及物动词和形容词都可以活用作为动动词,带为动宾语。例如:

1) 伯夷死名于首阳山下,盗跖死利于东陵之上。(《庄子·骈拇》)
2) 墨子见歧道而哭之。(《吕氏春秋·疑似》)
3) 吾非悲刖也,悲夫宝玉题之以石,贞士而名之以诳。(《韩

非子·和氏》)

例一、二,不及物动词带为动宾语,活用为为动动词,"死名"即"为名死","死利"即"为利死","哭之"即"为此哭"。例三形容词带为动宾语,活用为为动动词,"悲刖"即"为刖而悲","悲夫宝玉题之以石"即"为宝玉题之以石而悲"。普通及物动词也可以用作为动动词,例如:

4)伯氏不出而图吾君。(《礼记·檀弓》)

"图吾君"意思是"为吾君谋划(某事)",及物动词"图"带了为动宾语,用作为动动词。使动、意动和为动,都是对动词和宾语之间复杂语义关系的分析,其实动词和宾语之间的语义关系非常复杂,远不止这几种。使动、意动和为动只是其中比较常见的,此外还有"对动""与动"等等。例如:

5)不敢以其富贵骄士。(《史记·魏其武安侯列传》)

6)(项伯)素善留侯张良。(《史记·项羽本纪》)

例五"骄士"是"对士骄",例六"善留侯张良"是"与留侯张良友善"。我们在古文的阅读过程中要特别注意体会动词和宾语之间种种复杂的语义关系,才能准确理解古文的意思。

第六节 副 词

古代汉语的副词有七类:否定副词、时间副词、范围副词、程度副词、情态副词、语气副词、表敬副词。在副词的系统性上,古今汉语相类似,只是古代汉语多了一类表敬副词。古代汉语的副词一般只能作谓语的修饰语,即状语,不作其他句法成分。

6.1 否定副词。主要有"不""弗""毋(无)""勿""未""非""微"。

6.1.1 表示一般性否定用"不"和"弗"。"不"可以否定动词性成分和形容词性成分,例如:

1) 厩焚。子退朝,曰:"伤人乎?"不问马。(《论语·乡党》)
2) 故不登高山,不知天之高也。(《荀子·天论》)
3) 行至安阳,留四十六日不进。(《史记·项羽本纪》)
4) 若网在纲,有条而不紊。(《尚书·盘庚》)
5) 君子多乎哉? 不多也。(《论语·子罕》)

例一、二"不"否定述宾结构,例三否定不及物动词,例四、五否定形容词。"弗"字一般只用于否定及物动词,例如:

6) 夫兵,犹火也。弗戢,将自焚也。(《左传·隐公四年》)
7) 仲子,不义与之齐国而弗受,人皆信之。(《孟子·尽心上》)
8) 然则国乱将弗治与?(《荀子·不苟》)

例六至八,"弗"字否定及物动词,但动词的宾语都没有出现,这是否定副词"弗"区别于"不"的典型用法。在秦汉以前用"弗"的句子只有少数用例带有宾语,这属于例外。例如:

9) 今弗爱其子,安能爱君。(《韩非子·难一》)
10) 虽与之俱学,弗若之矣。(《孟子·告子上》)

"弗"字也有少量否定不及物动词和形容词的用例。例如:

11) 纳于大麓,烈风雷雨弗迷。(《尚书·尧典》)
12) 今吕氏王,大臣弗平。(《史记·吕太后本纪》)

例十一"弗迷"是指不迷路,"弗"否定不及物动词。例十二"弗平"是指大臣心中不悦,"弗"否定形容词。

6.1.2　表示禁止性否定用"毋(无)"和"勿",意思是"不要"。这两个否定副词都用于否定动词性成分,一般不用于否定形容词。例如:

1) 信乃令军毋斩广武君,有生得之者,购千金。(《汉书·韩信传》)
2) 临财毋苟得,临难毋苟免。(《礼记·曲礼上》)
3) 梁掩其口曰:"毋妄言,族矣。"(《史记·项羽本纪》)

4）硕鼠硕鼠,无食我黍,(《诗经·魏风·硕鼠》)
5）嗟! 人无哗,听命!(《尚书·费誓》)
6）百亩之田,勿夺其时。(《孟子·梁惠王上》)
7）己所不欲,勿施于人。(《论语·卫灵公》)
8）兵不如者,勿与挑战。(《战国策·楚策》)

例一、二、三,"毋"否定动词性成分。例四、五,"无"也是否定动词性成分,"无"和"毋"是同一个词的不同写法。例六、七、八,"勿"否定动词性成分。表示禁止性否定,是"毋""勿"同"不""弗"的重要区别。值得注意的是,"毋"和"无"也有用于一般性否定的用例,只是频率比较低。例如:

9）以我为君子也,君子安可毋敬也?(《韩非子·说林下》)
10）楚人来讨,能勿从乎? 从之,晋师必至。(《左传·襄公八年》)

例九、十,"毋"和"勿"都表示一般性否定,意思同"不"。

6.1.3 表示对尚未施行的某种动作行为,或对过去某种状况的否定,用否定副词"未",意思是"没有""还没有"。例如:

1）水旱未至而饥,寒暑未薄而疾。(《荀子·天论》)
2）今者出,未辞也,为之奈何?(《史记·项羽本纪》)
3）然而不王者,未之有也。(《孟子·梁惠王上》)
4）先帝创业未半,而中道崩殂。(诸葛亮《出师表》)

否定副词"未"还可以出现在句末,构成选择问句。例如:

5）君除吏已尽未? 吾亦欲除吏。(《史记·魏其武安侯列传》)
6）今哭而不悲,君知其解未?(《汉书·外戚传》)

"未"字的这一用法,在早期可以认为是在否定副词"未"后省略了动词性成分,如"已尽未尽""知其解未知","未"仍是作状语。

6.1.4 否定名词性成分,用否定副词"非"和"微"。"非"常用于否定名词性谓语,例如:

1) 子非鱼,安知鱼之乐。(《庄子·秋水》)
2) 白马非马。(《公孙龙子·白马论》)
3) 是非仁人之情也。(《荀子·不苟》)
4) 子曰:"(此)非吾徒也,小子鸣鼓而攻之,可也。"(《论语·先进》)

例一至四,"非"否定判断句的名词性谓语,同名词谓语一起构成否定性的判断。有时构成"非+名词+不+动词性成分"等组合,表示如果没有某种事物,就不会有某种动作或行为发生。例如:

5) 夫鹓鶵……非梧桐不止,非练实不食,非醴泉不饮。(《庄子·秋水》)
6) 孤非周公瑾,不帝矣。(《三国志·吴书·周瑜传》注)
7) 王非守御之具,其何以当之?(《战国策·赵策》)

例五、六,都是"非+名词+不+动词性成分"组合。例七有所不同,谓语的核心是疑问形式,但同上述组合表达的语义相同。"非"也可以否定动词性成分和形容词性成分,例如:

8) 人惟求旧,器非求旧,惟新。(《尚书·盘庚》)
9) 人能弘道,非道弘人。(《论语·卫灵公》)
10) 君子生非异也,善假于物也。(《荀子·劝学》)

例八,"非"否定述宾结构,例九否定主谓结构,例十否定形容词。

"微"一般不用于否定名词性谓语,用法与"非+名词+不+动词性成分"格式里的"非"相同。例如:

11) 微二子者,楚不国矣。(《左传·哀公十六年》)
12) 微夫人之力不及此。(《左传·僖公三十年》)
13) 微白起,吾不能灭赵乎?(《战国策·中山策》)
14) 微虞卿,赵以亡矣。(《新序·善谋》)
15) 微斯人,吾谁与归?(范仲淹《岳阳楼记》)

"微"字也有个别用例是否定动词性成分的,例如:

16) 虽读礼传,微爱属文。(《颜氏家训·序致》)

例十六"微"相当于"不"。

6.2 时间副词。对谓词性成分进行时间修饰的副词是时间副词。古代汉语的时间副词很丰富,数量很多,但是系统和现代汉语差别不大,只是时间副词各小类内部的具体成员有较大的差别。

6.2.1 表示过去时间的副词,主要有"向""已""既""业""尝""曾"。"向"表示追述过去,意思是"从前""先前"。例如:

1)向者见客之容,而今也见客之意。(《晏子春秋·内篇杂上》)

2)向者仆常厕下大夫之列,陪外庭末议。(《汉书·司马迁传》)

"向"也可以表示"过去""刚才"的意思,例如:

3)吾常无子,无子之时不忧,今子死,乃与向无子同,臣奚忧焉?(《列子·力命》)

4)向言人过,冒犯天威。(《辽史·耶律义先传》)

"已"表示"已经"。例如:

5)道之不行,已知之矣。(《论语·微子》)

6)其人与骨皆已朽矣。(《史记·老子韩非列传》)

"既"同"已",表示"已经"。例如:

7)未见君子,忧心忡忡;既见君子,我心则降。(《诗经·小雅·出车》)(降:平静。)

8)余幼好此奇服兮,年既老而不衰。(《楚辞·九章·涉江》)

有时"既"位于句首,意思相当于"不久""很快"。例如:

9)新筑人仲叔于奚救孙桓子,桓子是以免。既,卫人赏之以邑,辞。(《左传·成公二年》)

10)芮良夫曰:"……荣公若用,周必败。"既,荣公为卿士,诸侯不享,王流于彘。(《国语·周语》)(荣公若用:荣公若被任用。)

例九、十,"既"都位于句首,可译为"不久",但"既"的基本意义仍然是"已经",用于承上启下,表示前一件事已经结束(不久以后)……。

"业"表示动作已经完成,意思也是"已经"。例如:

11) 良业为取履,因长跪履之。(《史记·留侯世家》)
12) 相如欲谏,业已建之,不敢。(《史记·司马相如列传》)

"尝"表示"曾经"。例如:

13) 陈涉少时,尝与人佣耕。(《史记·陈涉世家》)
14) 孙膑尝与庞涓俱学兵法。(《史记·孙子吴起列传》)

"曾"表示"曾经"。例如:

15) 乐曾淫于宫中,子般执而鞭之。(《公羊传·闵公元年》)
16) 孟尝君曾待客夜食。(《史记·孟尝君列传》)
17) 萧何曾作沛中吏。(李白《猛虎行》)

在先秦汉语里,表示"曾经"很少用"曾",一般都用"尝",汉代以后"曾"的使用频率升高,逐渐取代了"尝"。

6.2.2 表示现在时间的副词,主要有"方""正""适"。这几个副词修饰谓词性成分,表示动作行为正在进行或某种事态正在持续,意思是"正""正好""恰好"。例如:

1) 如今人方为刀俎,我为鱼肉。何辞为?(《史记·项羽本纪》)
2) 国家方危,诸侯方贰,将以袭敌,不亦难乎。(《左传·定公四年》)
3) 可怜身上衣正单,心忧炭贱愿天寒。(白居易《卖炭翁》)
4) 丞相曾夏月至石头看庾公,庾公正料事。(《世说新语·政事》)
5) 夫身中大创十余,适有万金良药,故得无死。(《史记·魏其武安侯列传》)
6) 今贼适疲于西,又务于东,兵法乘劳,此进趋之时也。(《三国志·蜀书·诸葛亮传》注)

"方"有时表示"正要",有时表示"尚且""还"。例如:

7) 今方来,吾欲辱之,何以也?(《晏子春秋·内篇杂下》)
8) 天下方未定,故可因遂就宫室。(《史记·高祖本纪》)

例七"方来"是"正要来",例八"方未定"是"尚且未定"。"正要"和"尚且"仍属于现在时间范围。

6.2.3 表示将来时间的副词,主要有"且""将""行"。修饰动词性成分,表示将要进行某种动作行为。例如:

1) 若属皆且为所虏。(《史记·项羽本纪》)
2) 今吾尚病,病愈,我且往见。(《孟子·滕文公上》)
3) 乐以忘忧,不知老之将至云尔。(《论语·述而》)
4) 十年春,齐师伐我,公将战。(《左传·庄公十年》)
5) 行略定秦地。(《史记·项羽本纪》)
6) 善万物之得时,感吾生之行休。(陶渊明《归去来辞》)

6.2.4 表示动作行为始发时间的副词,主要有"初"。例如:

1) 令初下,群臣进谏,门庭若市。(《战国策·齐策》)
2) 照曰:"谢五言如初发芙蓉,自然可爱。"(《南史·颜延之传》)

例一、二"初"都是"刚刚"的意思。"初"字位于句首,表示追述过去的时间。例如:

3) 初,郑武公娶于申。(《左传·隐公元年》)

此例"初"的意思是"当初",不是副词,而是时间名词。类似的时间名词还有表示开始时间的"始",表示现在时间的"今",表示过去时间的"曩""昔"。

6.2.5 表示动作行为间隔时间的副词,主要有"遂""乃""辄""寻""旋"。这几个副词都表示两件事紧接,中间间隔时间很短,意思是"就""于是""不久"。例如:

1) 春,齐侯以诸侯之师侵蔡,蔡溃,遂伐楚。(《左传·僖公四年》)

2) 乃前拔剑击蛇,蛇遂分为两。(《史记·高祖本纪》)
3) 余左顾而欷,乃杀之;右顾而笑,乃止。(《左传·昭公二十四年》)
4) 广廉,得赏赐,辄分其麾下。(《史记·李将军列传》)
5) 先主寻悔,请还。(《三国志·蜀书·庞统传》)
6) (刘子骥)欣然规往,未果,寻病终。(陶渊明《桃花源记》)
7) 卓杀琼、珌,旋亦悔之。(《后汉书·董卓传》)
8) 刺足阳明脉,左右各三所,病旋已。(《史记·扁鹊仓公列传》)

6.2.6 表示最终时间的副词,主要有"终""卒"。意思是"终究""终于""最终"。例如:
1) 秦王度之,终不可强夺,遂许斋戒五日。(《史记·廉颇蔺相如列传》)
2) 韩信犹豫,不忍背汉,又自以为功多,汉终不夺我齐。(《史记·淮阴侯列传》)
3) (义帝)卒不许项羽,而遣沛公西略地。(《史记·高祖本纪》)
4) 晋人有冯妇者,善搏虎,卒为善士。(《孟子·尽心下》)

6.3 范围副词。对谓词性成分进行范围修饰的副词是范围副词,古代汉语的范围副词有两种,一是表示总括,即最大范围;二是表示特定范围,即较小范围。

6.3.1 表示总括的副词,主要有"皆""尽""毕""举""悉""俱(具)""咸""凡""率"。这些副词的意思相当于现代汉语里的"都""全""总共""一律""一般"等。例如:
1) 小人有母,皆尝小人之食矣,未尝君之羹。(《左传·隐公元年》)
2) 周礼尽在鲁矣。(《左传·昭公二年》)
3) 守国之道毕备矣。(《韩非子·守道》)

4) 治天下之大器举在此。(《荀子·儒效》)

5) 民俱有三年之食。(《国语·越语》)

6) 使天下咸安土乐业,亡有动摇之心。(《汉书·元帝纪》)

7) 由是先主遂诣亮,凡三往,乃见。(《三国志·蜀书·诸葛亮传》)

8) 庶民农工商贾,率亦岁万息二千,百万之家则二十万。(《史记·货殖列传》)

6.3.2 表示特定范围的副词,主要有"但(亶)""特""直""仅""徒""止""独"。意思相当于现代汉语的"只""仅仅""单单"等。例如:

1) 匈奴匿其壮士肥牛马,但见其老弱及羸畜。(《史记·刘敬传》)

2) 相如度秦王特以诈伴为予赵城,实不可得。(《史记·廉颇蔺相如列传》)

3) 寡人非能好先王之乐也,直好世俗之乐耳。(《孟子·梁惠王下》)

4) 市南门之外,甚众牛车,仅可以行耳。(《韩非子·内储说上》)

5) 孔子之仕,不为行道,徒求食也。(《论衡·问孔》)

6) 止可以一宿,而不可以久处。(《庄子·天运》)

7) 故人不独亲其亲,不独子其子。(《礼记·礼运》)

6.4 程度副词。程度副词多修饰形容词和一些表示心理活动的动词,表示某种性质、状态或动作的程度。

6.4.1 表示最高程度的副词,主要有"最""绝""至""极"。例如:

1) 群臣争功,岁余不决。高祖以萧何功最盛,封为酂侯。(《史记·萧相国世家》)

2) 桓公问管仲曰:"治国最奚患?"对曰:"最患社鼠矣。"(《韩

非子·外储说右上》)

3) 终逾绝险,曾是不意。(《诗经·小雅·正月》)

4) 公输子自以为至巧。(《墨子·鲁问》)

5) 汉使至轻我。(《汉书·张骞传》)

6) 洪泉极深,何以填之。(《楚辞·天问》)

7) 孤极知燕小力少,不足以报。(《战国策·燕策》)

6.4.2　表示较高程度的副词,主要有"太""特""殊""尤""良""甚""大"。例如:

1) 大臣太重,封君太众,若此则上逼主而下虐民。(《韩非子·和氏》)

2) 今子大夫报寡人也特甚。(《越绝书·荆平王内传》)

3) 孔璋章表殊健,微为繁富。(曹丕《与吴质书》)

4) 老臣今者殊不欲食。(《战国策·赵策》)

5) 辽西单于蹋顿尤强,为绍所厚。(《三国志·魏书·武帝纪》)

6) 苍本好书,无所不观,无所不通,而尤善律历。(《史记·张丞相列传》)

7) 孝公既见卫鞅,语事良久。(《史记·商君列传》)

8) 美志不遂,良可痛惜。(曹丕《与吴质书》)

9) 其道甚大,百物不废。(《周易·系辞下》)

10) 寡人甚好士。(《公孙龙子·迹府》)

11) 言之大甘,其中必苦。(《国语·晋语》)

12) 蔡文大奇其形貌。(《汉书·翟方进传》)

6.4.3　表示较低程度的副词,主要有"略""少""稍""微""颇"。例如:

1) 远者天下,近者境内,不可不略知也。(《荀子·君道》)

2) 今予病少痊,予又且复游于六合之外。(《庄子·徐无鬼》)

3) 陛下素骄之,弗稍禁,以至此。(《汉书·爱盎传》)

4) 涉浅水者见虾,其颇深者察鱼鳖,其尤深者观蛟龙。(《论衡·别通》)

5) 然战国之权变,亦有可颇采者,何必上古。(《史记·六国年表序》)

6.4.4　表示程度加深的副词,主要有"弥""加""益""愈""兹(滋)"。例如:

1) 今天下弥衰,圣王之道废绝。(《吕氏春秋·听言》)

2) (陆机谓戴渊曰)卿才如此,亦复作劫邪?渊便泣涕,投剑归机。辞厉非常,机弥重之。(《世说新语·自新》)

3) 邻国之民不加少,寡人之民不加多,何也?(《孟子·梁惠王上》)

4) 城中闻车驾至,众心益固。(《后汉书·庞萌传》)

5) 自是鲁人轻晋币,而益敬其使。(《左传·襄公十四年》)

6) 曷云其还,政事愈蹙。(《诗经·小雅·小明》)

7) 夫以汤止沸,沸愈不止。(《吕氏春秋·尽数》)

8) 人君好治宫室,大营坟墓,赋敛兹重。(《汉书·五行志下》)

9) 是以窦太后滋不说魏其等。(《史记·魏其武安侯列传》)

6.5　情态副词。情态副词是指从方式、速度或某一时段内的频率等方面修饰动作行为的副词。情态副词修饰的对象一般都是动词性成分。

6.5.1　表示动作行为方式的副词,主要有"俱""并""共""间""微""窃""弟(第)""猥""相"。表示"共同""一同"的副词有"俱""共""并"。例如:

1) 火炎崑冈,玉石俱焚。(《尚书·胤征》)

2) (鹬蚌相争)两者不肯相舍,渔人得而并禽之。(《战国策·燕策》)

3) 有能助寡人谋而退吴者,吾与之共知越国之政。(《国

语·越语》)

表示"秘密地""暗地""悄悄地""私下里"的副词,有"间""微""窃"。例如:

4) 魏王使客将军辛垣衍间入邯郸。(《战国策·赵策》)
5) 从郦山下,道芷阳间行。(《史记·项羽本纪》)
6) 微杀大夫谓之盗。(《谷梁传·哀公四年》)
7) 赵使人微捕李牧,斩之。(《史记·廉颇蔺相如列传》)
8) 齐使以(孙膑)为奇,窃载与之齐。(《史记·孙子吴起列传》)
9) 臣窃观君与苏公谈也,其辩过君。(《战国策·赵策》)

表示"只管""尽管"的副词有"弟(第)"。例如:

10) 君弟重射,臣能令君胜。(《史记·孙子吴起列传》)
11) 子第去,勿忧我。(《明史·贺逢圣传》)

表示"不当承受""不恰当"的副词有"猥",常用于表示自谦。例如:

12) 猥托宾客之上,诚自愧也。(《后汉书·隗嚣传》)
13) 先帝不以臣卑鄙,猥自枉屈,三顾臣于草庐之中。(诸葛亮《出师表》)

表示双方互动的副词有"相"。例如:

14) 邻国相望,鸡犬之声相闻;民至老死不相往来。(《老子》第八十章)

有时"相"不表示互相,而是只有一方施行动作或行为,"相"有指代动作行为对象的作用。例如:

15) 公拥兵数万,不肯相救。(《汉书·张耳陈余传》)
16) 儿童相见不相识,笑问客从何处来。(贺知章《回乡偶书》)

6.5.2 表示动作行为速度的副词,主要有:"遽""卒(猝)""暂""立""即""稍""渐"。表示速度较慢,强调渐进过程的副词有"稍""渐"。例如：

1）其后,秦稍蚕食魏。(《史记·魏公子列传》)
2）年齿渐长。(白居易《与元九书》)

表示速度很快,强调动作行为突发,表示"马上""立刻""一下子"等意思的副词有"遽""卒(猝)""暂""立""即"。例如：

3）仆人以告,公遽见之。(《左传·僖公三十四年》)
4）卒有寇难之事,又望百姓之为己死,不可得也。(《荀子·王霸》)
5）广暂腾而上胡马,因推堕儿,取其弓,鞭马南驰数十里。(《史记·李将军列传》)
6）沛公至军,立诛杀曹无伤。(《史记·项羽本纪》)
7）哙即带剑拥盾入军门。(《史记·项羽本纪》)

6.5.3　表示某一时间内动作行为频率的副词,主要有："数""累""亟""屡""仍""复"。表示某一动作行为的重复,用"复"字。例如：

1）久已,吾不复梦见周公矣。(《论与·述而》)
2）壮士,能复饮乎？(《史记·项羽本纪》)

表示多次进行某一动作行为的副词有"数""累""亟""娄(屡)""仍"。例如：

3）赵豹、平原君数欺弄寡人。(《战国策·赵策》)
4）大将军奇其才,累召不应。(《后汉书·张衡列传》)
5）(姜氏)爱公叔段,欲立之,亟请于武公。公弗许。(《左传·隐公元年》)
6）朕承鸿业十有余年,数遭水旱疾疫之灾,黎民娄困于饥寒。(《汉书·成帝纪》)
7）吾仍见上,上甚聪明,但拥蔽于左右耳。(《后汉书·盖勋传》)

6.6　语气副词。多用于修饰名词性谓语和动词性谓语,表达各种语气。语气副词有五类:确认、测度、惊异、命令和反问。

6.6.1 表示确认语气的副词,主要有:"乃""即""果""必""定""诚""心""固"。"乃""即"的意思是"就是",用于修饰名词性谓语。"果"的意思是"果真"。"必""定"的意思是"一定""确实"。"诚""信"的意思是"的确""实在"。"固"的意思是"本来"。例如:

1) 吕公女乃吕后也。(《史记·高祖本纪》)
2) 此即武王之所以诛纣也。(《墨子·非攻下》)
3) 孙子度其行,暮当至马陵,……庞涓果夜至斫木下。(《史记·孙子吴起列传》)
4) 人无远虑,必有近忧。(《论语·卫灵公》)
5) 项梁闻陈王定死,召诸别将会薛计事。(《史记·项羽本纪》)
6) 己诚是也,人诚非也,则是己君子而人小人也。(《荀子·荣辱》)
7) 闻大王将攻宋,信有之乎?(《吕氏春秋·爱类》)
8) 人固有一死,或重于泰山,或轻于鸿毛。(司马迁《报任安书》)

6.6.2 表示测度、商榷语气的副词,主要有"其""殆""盖"。意思是"大概""也许""恐怕"。例如:

1) 王送知䓨曰:"子其怨我乎!"(《左传·成公三年》)
2) 古人所以重施刑于大夫者,殆为此也。(司马迁《报任安书》)
3) 列御寇盖有道之士也。(《庄子·让王》)

有时"盖"位于句首,表示对所论不十分肯定,带有商榷语气。例如:

4) 盖均无贫,和无寡,安无倾。(《论语·季氏》)
5) 盖钟子期死,伯牙终身不复鼓琴。(司马迁《报任安书》)

6.6.3 表示惊异语气的副词有"竟""曾",意思是"竟然""居然""竟"。例如:

1) 白起为秦将,……攻城略地,不可胜计,而竟赐死。(《史记·项羽本纪》)
2) 观左氏之书,为传之最,而时经汉、魏,竟不列于学官。(《史通·鉴识》)
3) 吾以子为异之问,曾由与求之问。(《论语·先进》)
4) 曾西艴然不悦曰:"尔何曾比予于管仲!"(《孟子·公孙丑上》)

6.6.4 表示命令语气的副词有"其",意思是"还是""一定",表达一种比较委婉的命令语气,在命令中带有劝戒意味。例如:

1) 君其勿复言! 将令斯得罪。(《史记·李斯列传》)
2) 昭王之不复,君其问诸水滨。(《左传·隐公四年》)

6.6.5 表示反问语气的副词,主要有:"岂""其""庸""巨(讵)""宁"。意思是"难道""怎么"。例如:

1) 子不我思,岂无他人?(《诗·郑风·褰裳》)
2) 欲加之罪,其无辞乎?(《左传·僖公十年》)
3) 彗星之出,庸可惧乎?(《晏子春秋·外篇》)
4) 沛公不先破关中,公巨能入乎?(《汉书·高帝纪》)
5) 十人而从一人者,宁力不胜、智不若耶?(《战国策·赵策》)

6.7 表敬副词。表敬副词是古代汉语特有的一类副词,一般都是从动词虚化来的。说话人对听话人表示敬意有两种方式,一种是用敬辞直接向对方表达敬意,另一种是用谦辞表示自谦,这是间接向听话人表达敬意的方式。

6.7.1 敬词主要有"请""敬""谨""幸""惠""辱""垂""蒙"。"请"的意思是"请允许""愿意",修饰的对象是说话人自己的动作行为。例如:

1) 子曰："非礼勿视，非礼勿听，非礼勿言，非礼勿动。"颜渊曰："回虽不敏，请事斯语矣。"(《论语·颜渊》)

"敬""谨"的意思是"恭敬地""认真地"，修饰的对象也是说话人自己的动作行为。例如：

2) 天子为动容，改容式车，使人称谢："皇帝敬劳将军。"礼成而去。(《史记·绛侯周勃世家》)

3) 今主君欲一天下，收诸侯，存危国，寡人谨奉社稷以从。(《史记·苏秦列传》)

"幸""惠"的意思是，听话人作了某事使说话人感到"有幸""受惠"，修饰的对象是听话人的动作行为。例如：

4) 韩信曰："夫人深信我，我倍之不祥，虽死不易。幸为信谢项王。"(《史记·淮阴侯列传》)

5) 君若惠顾诸侯，矜哀寡人而赐之盟，则寡人之愿也。(《左传·成公十三年》)

"辱"的意思是，听话人做了某事对说话人有利而使听话人自己受损，也就是使听话人自己"受辱"，意思相当于"不耻"，修饰的对象也是听话人的动作行为。例如：

6) 君若犹辱镇抚宋国，……群臣安矣。(《左传·襄公十年》)

7) 曩者辱赐书，教以慎于接物，推贤进士为务。(司马迁《报任安书》)

"垂"修饰听话人的动作行为，表示在上者对在下者施加恩宠的意思。"蒙"与"垂"相对，修饰说话人自己承受的动作行为，表示在下者蒙受在上者的恩宠。例如：

8) 请诉之，愿丈人垂听。(马中锡《中山狼传》)

9) 禹锡在儿童时已蒙见器，终荷荐宠，始见知名。(刘禹锡《寄权舍人书》)

6.7.2　谦词主要有"敢""窃""忝""伏"。"敢"的意思是"斗胆""冒昧"，"窃"的意思是"私下里"，"忝"的意思是"有愧于"，

"伏"的意思是"伏在地上",都是用于贬抑自己抬高对方的谦词。例如:

1) 臣之见人甚众,莫及,臣不如也。臣敢以闻。(《史记·范雎蔡泽列传》)
2) 此楚庄王之所忧,而君说之,臣窃惧矣。(《吴子·图国》)
3) 臣忝备爪牙之任,不能早诛妖逆,至銮舆再迁。(《唐书·李晟传》)
4) 臣伏计之,大王奉高祖宗庙最宜称。(《汉书·文帝纪》)

第七节 介 词

　　介词多是由及物动词虚化而成的一类词,它仍然带有及物动词的特点,即要带宾语。在有些情况下及物动词的宾语可以隐含,但介词的宾语较少隐含,因为介词的语法功能就是组成介宾结构,把自己的宾语引介给谓语的核心,从而表达种种复杂的语法及语义关系。古今汉语介词的系统性基本上一致,但是某些介词的用法和介宾结构所处的语法位置古今是有差异的。介词的宾语可以是名词、代词、数词、形容词、动词、各类名词性或谓词性的词组(包括小句)。古代汉语的介词有两类:第一类主要有"于(乎)""以""为""因""由""自""从""与""及",这类介词的主要特点是所带宾语基本上是名词性的,带谓词性宾语是个别现象;第二类主要有"纵""虽""如""若""苟""令""倘""即""设""假""使",这类介词的主要特点是只能带谓词性宾语。第二类介词过去一般认为是连接偏正复句中从属分句的连词,其实所谓从属分句不过是第二类介词的宾语,介宾结构整体作后面谓语核心的状语(详见复句与单句节)。下面讨论古今差别较大的一些介词。

　　7.1 介词"于(於)"。介词"于"在甲骨文里已经大量运用,而"於"字的介词用例在西周金文中才出现。"于""於"两字原本的读音不同,作为介词,二者各自引介的成分也不尽相同。上古早期的文献金文、《诗》、《书》里"于"字的出现频率远大于"於",后来两字之间的界线消失了。《左传》中二字的频率基本相当,以后"於"字逐渐占了优势,取代了"于",汉字简化,"於"又简化为"于"。我们把古代汉语中的"于"和"於"处理为同一个词的不同写法。介词"于"可以引介与动作行为有关的处所、时间、涉及对象、主动者、原因,还可以引介同性质和状态的程度有关的比较对象。

7.1.1 引介处所。例如:

1) 秋,齐侯盟诸侯于葵丘。(《左传·僖公九年》)
2) (韩遂)于望垣硖北,为羌胡数万人所围,粮食乏绝。(《三国志·魏书·董卓传》)
3) 国人作乱,厉王出奔于彘。(《史记·晋世家》)
4) 桓公尸在床上六十七日,尸虫出于户。(《史记·齐世家》)
5) 夫谈有悖于目,拂于耳,谬于心而便于身者;或有说于目,顺于耳,快于心而毁于行者。(《汉书·东方朔传》)
6) 上古竞于道德,中古逐于智谋,当今争于气力。(《韩非子·五蠹》)

例一、二"于"引介动作行为发生的处所。例三引介动作行为到达的处所。例四引介动作行为起始的处所。例五引介表示心里感受的动词或形容词的处所。例六"于"引介的不是具体的处所,而是动作行为得以展开、进行的方面。引介处所的介词结构一般都位于谓语核心之后,也有个别用例在前,如例二。

7.1.2 引介时间。例如:

1) 宋祖生于丁亥,而建国于庚申。(《南村辍耕录·正统辨》)
2) 朕即位十三年于今,赖宗庙之灵,社稷之福,方内艾安,民人靡疾。(《史记·封禅书》)

例一引介动作行为发生的时间,例二引介终止或延续的时间。

7.1.3　引介与事对象。例如：

1）告纣之罪于天及殷民。(《史记·鲁周公世家》)

2）三公咸有功于民,故侯有立。(《史记·殷本纪》)

3）得一老翁,……貌状颇类于兽。(《搜神记·怪老翁》)

以上三例都是引介与事对象,例一意思是"向……",例二意思是"对……",例三意思是"与……"。

7.1.4　引介主动者。详见被动句节。

7.1.5　引介原因。例如：

1）然后知生于忧患而死于安乐也。(《孟子·告子下》)

2）业精于勤荒于嬉,行成于思毁于随。(韩愈《进学解》)

以上二例介词"于"的宾语都是谓词性成分,谓词性成分作宾语就已经不是典型的陈述,而是事物化了。

7.1.6　引介比较对象。谓语的核心一般都是形容词。例如：

1）冰水为之,而寒于水。(《荀子·劝学》)

2）人固有一死,或重于泰山,或轻于鸿毛。(司马迁《报任安书》)

7.2　介词"以"。"以"可以引介动作行为的凭借、时间、涉及对象、原因。"以"构成的介词结构可以在谓语核心前,也可以在谓语核心后。介词"以"的宾语有时可以位于"以"之前,有时可以隐含,例如：

1）君子义以为质,礼以行之,逊以出之,信以成之。(《论语·卫灵公》)

2）孝公用商鞅之法,移风易俗,民以殷盛,国以富强。(《史记·李斯列传》)

例一"以"的宾语前置。例二"以"的宾语隐含,承前省略。

7.2.1　引介凭借。例如：

1）许子以釜甑爨,以铁耕乎？(《孟子·梁惠王上》)

2）古之君子进人以礼,退人以礼。(《世说新语·方正》)

3)齐使者如梁,孙膑以刑徒阴见。(《史记·孙子吴起列传》)

例一引介工具,例二引介依据,例三引介身份。介词"以"构成的介宾结构一般都位于动词前,有时也可以出现在动词后,如例二。

7.2.2 引介时间。例如:

1)赏以春夏,刑以秋冬。(《左传·襄公二十六年》)

2)武以始元六年春至京师。(《汉书·苏武传》)

7.2.3 引介涉及对象。例如:

1)五亩之宅,树之以桑。(《孟子·滕文公上》)

2)伯楚以吕郤之谋告公。(《国语·晋语》)

7.2.4 引介原因。例如:

1)纣以其大得人心而恶之。(《韩非子·难二》)

2)刘公干以失敬罹罪。(《世说新语·言语》)

3)晋侯、秦伯围郑,以其无礼于晋,且贰于楚也。(《左传·僖公三十年》)

介词"以"引介原因,宾语一般都是谓词性成分。例一、二介词"以"引介原因,位于谓语核心之前。例三介宾结构位于谓语核心之后,仍然是引介原因。以前多把这种用法的"以"归入连词。我们认为不应该由于介词"以"的宾语是小句且位置后于谓语核心,就把"以"归入连词,"以"的语法性质不是由其后续成分的性质(是一般谓词性词组还是小句)决定的,而是由"以"自身的语法功能(即把自己的宾语引介给谓语核心)决定的,"以"在例三中仍是介词。

7.3 介词"为"。介词"为"构成的介宾结构只能位于谓语核心之前,介词"为"可以引介动作行为的涉及对象、目的、原因、施事者、假设条件。

7.3.1 引介涉及对象。例如:

1)今王事高祖甚恭,而高祖无礼,请为王杀之。(《史记·张耳陈余列传》)

2)臣请为王言乐。(《孟子·梁惠王下》)

7.3.2　引介目的。例如：

1)文章合为时而著，歌诗合为事而作。(白居易《与元九书》)

2)为道不为己，故逢患而不恶；为民不为名，故蒙谤而不避。(《论衡·问孔》)

7.3.3　引介原因。例如：

1)天行有常，不为尧存，不为桀亡。(《荀子·天论》)

2)天不为人之恶寒也辍冬，地不为人之恶辽远也辍广，君子不为小人之汹汹也辍行。(同上)

"为"引介原因时，宾语常常是谓词性的，如例二。

7.3.4　引介主动者。例如：

1)身体离散，为天下戮。(《吕氏春秋·慎大》)

2)夫良马固车，使臧获御之则为人笑。(《韩非子·难势》)

7.3.5　引介假设条件。例如：

1)王甚喜人之掩口也，为近王，必掩口。(《韩非子·内储说下》)

2)左右对曰："为其来也，臣请缚一人过王而行。"(《说苑·奉使》)

"为"引介假设条件时，宾语都是谓词性的，但是作宾语的谓词性成分的陈述性都已经减弱了，已经事物化了。过去一般都把上述用法的"为"归入连接偏正复句中条件分句的连词，把这一类介词认作连词始于《马氏文通》，此后人们一直沿袭这一认识。但是我们在沿袭马氏的同时却对马氏的另一个认识没有给予应有的重视，这就是把这一类成分与助词"者""所""之""其"并列看作"读之记"，即谓词性成分指称化的标记，马氏称之为"弁读之连字"。其实"连字"的认识和"读之记"的认识存在着不可调和的矛盾，"连字"的说法是对西方语法的模仿，"读之记"是对汉语语法的深刻观察。既然上述成分是"读之记"，那么其后续的谓词性结构就一定是"读"（即指称化的谓词性结构）而不是句。其实在古代汉语的语法系统中完全可以取消偏正复句（详见复句节），把所谓用连词连接的从属分句分析为介词带宾语，介宾结构整体作状语修饰谓语核心。这样分析更符合古代汉语的语言事实，也使得古代汉语的语法系统更为简明。因此，在本教材的语法系统里没有偏正复句，只有联合复句。过去一般所谓用连词连接的从属分句，本教材一律处理为介宾结构作状语，或介宾结构作补语。

7.4 介词"因"。介词"因"构成的介宾结构只能位于谓语核心之前作状语，"因"可以引介动作行为的凭借、依据、原因。

7.4.1 引介凭借。例如：
1) 吴子欲因楚丧而伐之。（《左传·昭公二十七年》）
2) 因其富厚，交通王侯。（《汉书·食货志上》）

7.4.2 引介依据。例如：
1) 君无听左右之请，因能而受禄，录功而与官。（《韩非子·外储说左上》）
2) 因时变法者，贤主也。（《吕氏春秋·察今》）

7.4.3 引介原因。例如：
1) 因此怒，遣人追杀王姊道中。（《史记·张耳陈余列传》）
2) 因使酒忤帅，斥逐落魄。（《唐宋传奇·南柯太守传》）

"因"引介原因时，宾语可以是谓词性的，如例二。谓词性成分前的"因"过去一般都归入连接偏正复句中原因分句的连词，在古代汉语里谓词性成分可以自由地作宾语，我们不应该把引介名词性成分的"因"归入介词，而把引介谓词性成分的"因"归入连词，凡引介原因的"因"都是介词。

7.5 介词"虽"。"虽"组成的介宾结构只能出现在谓语核心之前，作状语。"虽"用于引介条件，表示状语同谓语核心之间是让步转折关系。例如：
1) 颜渊曰："回虽不敏，请事斯语。"（《论语·颜渊》）

2) 众之所助,虽弱必强;众之所去,虽大必亡。(《淮南子·兵略》)

例一"虽"引介真实条件,意思是"虽然"。例二"虽"引介假设条件,意思是"即使"。介词"虽"的宾语都是谓词性的。

7.6 介词"苟"。"苟"组成的介宾结构也只能出现在谓语核心之前,作状语。"苟"用于引介假设条件。例如:

1) 苟子之不欲,虽赏之不窃。(《论语·颜渊》)
2) 苟富贵,无相忘。(《史记·陈涉世家》)

介词"苟"的宾语都是谓词性的,例一"子之不欲"是指称化的主谓结构,仍是谓词性成分(详见助词结构节)。

7.7 介词"与(其)"。介词"与(其)"引介背景条件,或者说比较对象,"与(其)"组成的介宾结构也只能出现在谓语核心之前。例如:

1) 与吾得革车千乘,不如闻行人烛过之一言。(《韩非子·难二》)
2) 与人刃我,宁自刃。(《史记·鲁仲连邹阳列传》)

介词"与(其)"的宾语都是谓词性成分,"吾得革车千乘"和"人刃我"都是主谓结构,或称为小句,都是指称化的谓词性成分,表示背景、条件或比较对象。句子的意思是"与……(相比),不如/宁可……"。

第八节 连 词

连词同介词的区别是:连词位于构成同一组合的两个直接成分之间;介词位于其中一个直接成分的开头,并与这个直接成分构成介宾结构。连词连接的两项是平列关系或是修饰与被修饰的关系。介词的语法功能是组成介宾结构,把自己的宾语引介给谓语的核心,介词连同引介的宾语同谓语的核心之间只能构成修饰关系或补充关系,不可能构成平列关系。以上是连词与介词的本质性差别,也是我们把"纵""虽""如""若""苟""令""倘""即""设""假""使""与(其)"归入介词的依据。古代汉语的连词主要有"与""及""以""并""且""而""则""况""故""之"。下面讨论古今差别较大的一些连词。

8.1　连词"与"。"与"连接的两项是并列关系,前后两项可以是词,也可以是词组,两项既可以是名词性成分,又可以是动词性成分。例如:

1) 晋人以垂棘之璧与屈产之乘假道于虞以伐虢。(《孟子·万章上》)
2) 客亦知夫水与月乎?(苏东坡《赤壁赋》)
3) 有白头如新,倾盖如故。何则?知与不知也。(《汉书·邹阳传》)
4) 知可以战与不可以战者,胜。(《孙子兵法·谋攻》)

8.2　连词"且"。"且"只能连接谓词性成分,前后两项可以是词、词组,也可以是小句。连接的两项之间是并列关系。例如:

1) 不义而富且贵,于我如浮云。(《论语·述而》)
2) 百工之事,固不可耕且为也。(《孟子·滕文公上》)
3) 子击因问曰:"富贵者骄人乎?且贫贱者骄人乎?(《史记·魏世家》)
4) 公语之故,且告之悔。(《左传·隐公元年》)

例一至四"且"都是连接谓词性成分。例一"且"前后两项是等立关系,意思是"富并且贵"。例二两项是共时关系,意思是"一边耕种一边做"。例三是连接两个分句,分句间是选择关系,意思是"……还是……"。例四也是连接两个分句,分句间是进层关系,意思是"(不但)……而且"。等立、共时、选择和进层都属于平列关系。

8.3　连词"而"。"而"是连接谓词性成分的连词,有时连接名词性成分,但被连接的名词性成分一般是作谓语的。"而"的前后两项可以是词、词组,也可以是小句。连接的两项之间可以是平列关系,也可以是修饰关系。

8.3.1 表示平列关系。例如:

1)宰予之辞,雅而文也。(《韩非子·显学》)
2)子贡一出,存鲁,乱齐,破吴,强晋而霸越。(《史记·仲尼弟子列传》)
3)是子也,熊虎之状而豺狼之声。(《左传·宣公四年》)
4)明者远见于未萌,而智者避危于无形。(《史记·司马相如列传》)
5)君子博学而日参省乎己,则知明而行无过矣。(《荀子·劝学》)
6)孔子登东山而小鲁,登泰山而小天下。(《孟子·尽心上》)
7)虞不用百里奚而亡,秦缪公用之而霸。(《孟子·告子下》)
8)今不恤士卒而徇其私,非社稷之臣也。(《史记·项羽本纪》)
9)此数宝者,秦不生一焉,而陛下说之,何也?(《史记·李斯列传》
10)人而无知,与木何异?(范缜《神灭论》)

例一至十,"而"字都是连接谓词性成分或名词性谓语(如例三)。前四例"而"字前后两项都是等立关系,"而"的意思是"并且"。例一是连接词与词,例二、三是连接词组,例四是连接分句,其中例三"而"连接的两项是作为描写性谓语的名词性成分。例五两项之间是进层关系,意思是"在博学的基础上又进一步参省乎己"。例六、七表示承接关系,例六是时间上的承接,例七是原因和结果的承接,"而"的意思是"就""便"。例八、九表示转折关系,例八是连接词组,例九是连接分句,"而"的意思是"但是""却"。例十"而"表面上位于主语和谓语之间,实际上仍是表示转折关系,意思是"身为人却无知"。等立、进层、承接和转折都属于平列关系。

8.3.2 表示修饰关系。例如:

1) 子路率尔而对。(《论语·先进》)
2) 顺风而呼,声非加急也,而闻者彰。(《荀子·劝学》)
3) 吾尝终日而思矣,不如须臾之所学也。(《荀子·劝学》)
4) (荔枝)若离本枝,一日而色变,二日而香变,三日而味变。(《旧唐书·白居易传》)

以上各例,"而"都是连接状语和中心语。例一、二"而"的前项表示动作行为的方式,例三、四表示动作行为的时间。

8.4 连词"以"。"以"是连接谓词性成分的连词,可以连接词、词组,一般不用于连接句子。"以"的作用相当于连词"而",连接的两项可以是平列关系(或称非核心关系,详见第十三章),也可以是修饰关系(或称核心关系)。例如:

1) 季康问:"使民敬、忠以劝,如之何?(《论语·为政》)
2) 属予作文以记之。(范仲淹《岳阳楼记》)
3) 余不听豫之言以罹此难也。(《吕氏春秋·审己》)
4) 若潜师以来,国可得也。(《左传·僖公三十二年》)

例一"以"连接的两项是等立关系。例二、三"以"前后两项是表示事理上的承接,构成连谓结构,例二后项表示前项的目的,例三后项表示前项的结果。连谓结构的直接成分是两个互不修饰的独立的陈述,因而它们之间的关系可以归入平列关系。例四"以"前后两项是修饰和被修饰的关系,"潜师"表示"来"的方式,"以"连接状语和中心语。

8.5 连词"则"。"则"也是连接谓词性成分的连词,可以连接词、词组和分句。"则"前后的两项不可能是等立关系,一般是承接关系或转折关系。例如:

1) 东道之不通,则是康公绝我好也。(《左传·成公十三年》)
2) 登斯楼也,则有去国怀乡,忧谗畏讥,满目萧然,感极而悲

者矣。(范仲淹《岳阳楼记》)

3) 夫夷以近,则游者众;险以远,则至者少。(王安石《游褒禅山记》)

4) 吾以子为鬼,察子,则人也。(《庄子·达生》)

5) 黔无驴,有好事者船载以入。至则无所用,放之山下。(柳宗元《三戒·黔之驴》)

例一、二、三"则"连接的两项是承接关系,例一后项是对前项的解释。例二两项有时间上的承接关系。例三表示事理上的承接,后项是前项的结果。"则"表示承接都有"那么""就"的意思。例四、五是转折关系,例四"则"的后项"人"虽然是名词性成分,但却是名词作谓语。"则"表示转折都有"却"的意思。承接和转折都属于平列关系。

8.6 连词"之"。"之"是一个很特殊的连词,只能连接定语和中心语。"之"大致相当于现代汉语里的"的",但二者有明显的差别,"的"总是粘着于其他成分,是定语的后附性成分,而"之"是介接性的,总是插在定语和中心语之间。例如:

1) 鹏之背不知其几千里也。(《庄子·逍遥游》)

2) 恻隐之心人皆有之。(《孟子·告子上》)

3) 故凡葬必于高陵之上,以避狐狸之患、水泉之湿。(《吕氏春秋·节葬》)

第九节 助 词

助词是古代汉语中高度抽象化、高度语法化的一个词类,它的语法功能是:与谓词性成分一起组成助词结构,表示谓词性成分指称化了。语言表达基本上是由两个部分组成的,一个是指称,一个是陈述。从语法的层面来说,谓词性成分表达典型的陈述,名词性成分表达典型的指称,但是陈述和指称可以相互转化。陈述转化为指称有两种情况,一种是转指,一种是自指。所谓转指是指谓词性成分由陈述转而指称动作行为的施事者或受事者,或者说谓词性成分转指化以后就"提取"了原谓词性成分的施事或受事。所谓自指,是指谓词性成分没有转指动作行为的施事者或受事者,只是自身一般地事物化了,不再是一个陈述。转指化和自指化统称为指称化。古代汉语的助词是谓词性成分指称化的标记,谓词性成分指称化不一定都需要标记,但是助词作为标记能帮助我们识别指称化,从而使我们更准确地理解文意。例如动词"食"加上助词"所",成为"所食",就转指动作行为的受事了,即"食物"。所谓转指总是和"提取"联系在一起,助词结构作为一个整体提取了与原谓词性成分核心动词相关的一个名词性成分(如施事或受事)即是转指。又如形容词"仁",在"仁者,人也"组合中没有转指,只是一般地事物化了,"仁者"即指"仁这种品德",这就是自指。所谓自指,是指助词结构作为一个整体没有提取与原谓词性成分核心动词相关的名词性成分,并没有转而指称施事或受事,而只是谓词性成分自身一般地事物化了、事件化了。

转指的助词结构的语法性质相当于一个名词,自指的助词结构仍是谓词性的。名词化同指称化密切相关,但二者并不等同。在古代汉语的语法系统里,必须清楚地区别指称化和名词化,只有转指化的谓词性成分才真正名词化了。(详见之字结构节)

古代汉语的助词有"者""所""之""其",它们分别组成"者"字结构(动词/形容词/数词+者)、"所"字结构(所+动词/形容词)、"之"字结构(主语+之+谓语)和"其"字结构(其+动词)。"者"既可以用于转指也可以用于自指,"所"只能用于转指,"之"和"其"只能用于自指(详见助词结构节)。《马氏文通》称"者""所""之""其"为"读之记",即"读"的标记,《马氏文通》的"读"实际上就是指称化的谓词性结构,助词也就是谓词性结构指称化的形式标记。

值得注意的是,古代汉语里同一个字形表达若干不同的词是很常见的现象,在虚词里这种现象尤其多见。助词"者"和代词"者"是两个不同的词,代词者的语法分布是"名词+者",助词"者"的语法分布是"动词/形容词/数词+者"。助词"之"和连词"之"是两个不同的词,连词"之"的语法分布是"定语+之+中心语",助词"之"的语法分布是"主语+之+谓语"。助词"其"和代词"其"也是两个不同的词,代词"其"的语法分布基本上是"其+名词",助词"其"的语法分布基本上是"其+动词"(参见§2.1.3)。助词"其"相当于"名词+助词'之'",因为这种用法的"其"包含了助词"之","其"本身也是谓词性结构指称化的标记,所以把它归入助词。

第十节　语气词

语气词是汉语特有的一个词类,语气词是专门用来表达语气的,但是汉语的语气表达不是仅仅由语气词承担的。语言的语气表达手段多种多样,形态丰富的语言可以用动词的曲折变化、语调以及句型来表达语气。形态不丰富的语言,如汉语,多用代词、副词等词汇形式,以及语调和语气词等手段表达语气。古代汉语的语气词同现代汉语的语气词相比,有很大差别。从位置上看,古代汉语的语气词有三类,即句首语气词、句中语气词、句末语气词。句首、句中语气词,现代汉语已经没有了,现代汉语只有句末语气词。古代汉语的句末语气词在现代汉语里也没有保留下来,中古以后汉语产生了一套全新的语气词,它们才是现代汉语语气词的来源。

10.1　句末语气词。句末不是指句子的最后一个字,而是指处于全句最高层次上的一个语法位置,在句子的层次分析中,第一次切分就要把句末语气词切分出来。句末语气词主要有"也"

"矣""焉""乎""与(欤)""邪(耶)""哉",下面分别讨论。

10.1.1 "也",句末语气词"也"表示静态的判断或确认,同表示动态变化的"矣"构成明显的对立和互补。"也"可以出现在下列句型的末尾。

位于判断句的末尾。例如:
1) 吴起者,卫人也。(《史记·孙子吴起列传》)
2) 法者,君臣之所共操也。(《商君书·修权》)
位于判断句末是语气词"也"最基本的用法。

位于描写句和叙述句末。例如:
3) 夫天地之道,博也,厚也,高也,明也,悠也,久也。(《礼记·中庸》)
4) 苛政猛于虎也。(《礼记·檀弓下》)
5) 其知可及也,其愚不可及也。(《论语·公冶长》)
6) 军中自是服其勇也。(《史记·李将军列传》)

例三、四"也"位于描写句末,加强描写性谓语(形容词谓语)的确定语气。例五、六"也"位于叙述句末,加强叙述性谓语(动词谓语)的确定语气。位于描写句和叙述句末的"也",同位于判断句末的"也"表达的语气是完全一致的。

位于祈使句末。例如:
7) 吾欲以国累子,子必勿泄之也。(《韩非子·外储说右上》)
8) 不及黄泉,无相见也。(《左传·隐公元年》)

祈使句属于叙述句(动词谓语句),"也"位于祈使句末,并不表达祈使语气,上二例祈使语气是由情态副词"必"和否定副词"勿""无"表达的,句末语气词"也"仍然表达一种肯定、论断的语气。

位于疑问句末。例如:
9) 君奚为不见孟轲也?(《孟子·梁惠王下》)
10) 高自知权重,乃献鹿,谓之马。二世问左右:"此乃鹿也?"左右皆曰:"马也。"(《史记·李斯列传》)

11) 不识臣之力也？抑君之力也？（《韩非子·难二》）

12) 非文王其谁能为此也？（《国语·晋语》）

疑问句涵盖了判断、描写和叙述三种句子。例九"也"位于特指问句末，有疑问代词指代询问对象的句子是特指问句。例十"也"位于是非问句末。例十一"也"位于选择问句末。例十二"也"位于反问句末。以上各例中，"也"都不表示疑问语气，例九疑问语气主要由疑问代词"奚"表达，例十疑问语气主要由语调和语境表达，例十一疑问语气由语调和选择连词"抑"表达，例十二反问语气主要由语气副词"其"和语调表达。至于"也"字仍然表达肯定的语气，由于"也"表达的语气肯定而且比较强烈，所以起到了加强疑问语气的作用。另外，在特指问句和是非问句里，用"也"往往强调这是一个需要回答的真问题，后文一般都有答案。

10.1.2　"矣"，句末语气词"矣"表示对动态变化的报道，同现代汉语里的"了"相似。"矣"也可以出现在多种句型的句末，但表达的语气是一致的。

位于叙述句末。例如：

1) 险阻艰难备尝之矣，民之情伪尽知之矣。（《左传·僖公二十八年》）

2) 今日病矣，予助苗长矣。（《孟子·公孙丑上》）

3) 公将鼓之，刿曰："未可。"齐人三鼓，刿曰："可矣。"（《左传·庄公十年》）

例一至三"矣"位于表示已然事态的叙述句末，表示事情已经发生了，说话人把事态的变化作为一种新的情况报告出来。有时"矣"也出现在表示未然事态的叙述句末。例如：

4) 夺项王天下者必沛公也，吾属今为之虏矣。（《史记·项羽本纪》）

5) 向吾不为斯役，则久已病矣。（柳宗元《捕蛇者说》）

例四、五"矣"表达预测、推断某种情况将来一定会发生，或在某种条件下一定会发生。情况虽不是已然发生的,但预测和推断这一行为本身却是已然的,"矣"仍然是把预测和推断作为新的情况报道出来。位于叙述句末是语气词"矣"最基本的用法。

位于描写句末。例如:

1) 今法律贱商人,商人已富贵矣;尊农夫,农夫已贫贱矣。(《汉书·食货志》)
2) 群臣有内树党以骄主,有外为交以削地,则王之国危矣。(《韩非子·说林上》)

位于描写句末的"矣"同叙述句末的"矣"相同,是把描写性谓语表达的事物某种性质、状态的变化作为一种新的情况报道出来。

位于祈使句末。例如:

3) 孟尝君不说,曰:"诺,先生休矣!"(《战国策·齐策》)
4) (匠石)曰:"已矣!君勿言之矣!"(《庄子·人间世》)

例三,祈使语气由语境和语调承担;例四,祈使语气由语境、语调和否定副词承担,句末语气词"矣"仍是报道一种变化,报道说话人对听话人的一种反映或态度上的一种变化。

位于疑问句末。例如:

5) (齐宣王)曰:"德何如则可以王矣?"曰:"保民而王,莫之能御也。"(《孟子·梁惠王上》)
6) 危而不持,颠而不扶,则将焉用彼相矣?(《论语·季氏》)

例五是特指问句,疑问语气主要由疑问代词"何"表达。例六是反问句,反问语气由语境、语调和疑问代词"焉"表达。句末语气词"矣"仍是报道一种变化,例五的意思是"德达到了哪种程度就可以称王了",例六意思是"到了上述这种严重的地步哪里还用得着助手呢",二例都隐含着一个发展过程。

10.1.3 "焉",句末语气词"焉"是从谓词性代词"焉"发展来的,当"焉"位于句末,又不能再解释为"于此"的时候,就虚化为语气词了。语气词"焉"一般都位于叙述句末,表示提示性的陈述语气。例如：

1）夫子言之,于我心有戚戚焉。(《孟子·梁惠王上》)
2）我二十五年矣,又如是而嫁,则就木焉。(《左传·僖公二十三年》)
3）于是予有叹焉。(王安石《游褒禅山记》)

以上三例"焉"都不能再解释为"于此",特别是例一和例三,前面已经有了介宾结构"于我心"和"于是","焉"就不可能再有"于此"的意思,只能是表示提示性的陈述语气。

10.1.4 "乎""与(欤)""邪(耶)",这是一组疑问语气词。"乎"是使用频率最高的疑问语气词,表达的疑问语气也比"与""邪"强烈。例如：

1）孔、墨不可复生,将谁使定后世之学乎？(《韩非子·显学》)
2）子见夫子乎？(《论语·微子》)
3）滕,小国也,间于齐楚,事齐乎？事楚乎？(《孟子·梁惠王上》)
4）学而时习之,不亦说乎。(《论语·学而》)
5）日食饮得无衰乎？(《战国策·赵策》)

例一"乎"位于特指问句末,意思同现代汉语的"呢"。例二"乎"位于是非问句末,意思同现代汉语的"吗"。例三"乎"位于选择问句末,意思同"呢"。例四位于反问句末,意思同"吗"。例五位于征询问句末,意思同现代汉语的"吧"。"乎"有时也出现在祈使句或感叹句末。例如：

6）长铗归来乎！出无车。(《战国策·齐策》)
7）文子曰："甚乎！其城杞也。"(《左传·襄公二十九年》)

例六"乎"位于祈使句末,意思是"长剑回去吧",祈使中仍带有征询的意味。例七"乎"位于感叹句末,意思是"城杞这件事,太过分了吧",感叹之中仍带有征询的意味。

"与(欤)"和"邪(耶)"也可以出现在各类疑问句末,只是表达的语气不如"乎"那样强烈。例如:

8) 是谁之过与?(《论语·季氏》)
9) 子之师谁邪?(《庄子·田子方》)
10) 燕可伐与?(《孟子·公孙丑下》)
11) 汝狗猛邪?(《韩非子·外储说右上》)
12) 无怀氏之民欤?葛天氏之民欤?(陶渊明《五柳先生传》)
13) 彼三术相反,而同出于儒,孰是孰非邪?(《列子·说符》)
14) 然则治天下,独可耕且为与?(《孟子·滕文公上》)
15) 子之道岂足贵邪?(《庄子·盗跖》)
16) 孔子曰:"无乃尔是过与?"(《论语·季氏》)
17) 得无楚之水土使民善盗邪?(《晏子春秋·内篇杂下》)

例八、九"与""邪"位于特指问句末,意思相当于"呢"。例十、十一"与""邪"位于是非问句末,意思相当于"吗"。例十二、十三"与""邪"位于选择问句末,意思相当于"呢"。例十四、十五"与""邪"位于反问句末,意思相当于"吗"。例十六、十七"与""邪"位于征询问句末,意思相当于"吧"。

10.1.5 "哉",句末语气词"哉"表达强烈的感叹语气,所以出现在感叹句末的频率最高,"哉"位于感叹句末意思相当于现代汉语里的"啊"。例如:

1) 子曰:"君子哉若人!尚德哉若人!"(《论语·宪问》)
2) 管仲之器小哉!(《论语·八佾》)

例一、二,谓语分别是名词性成分、动词性成分和形容词性成分,加上"哉"以后都成了感叹句。"哉"也时常出现在疑问句末。例如:

3) 悠悠苍天,此何人哉?(《诗经·王风·黍离》)
4) 天下有至乐无有哉?有可以活身者无有哉?(《庄子·至乐》)
5) 晋,吾宗也,岂害我哉?(《左传·僖公五年》)

6) 如仆尚何言哉！尚何言哉！（司马迁《报任安书》）

例三"哉"位于特指问句末，例四"哉"位于选择问句末，例五、六"哉"位于反问句末，意思都相当于现代汉语的"呢"。上述各例疑问语气是由疑问代词、选择问句型和副词表达的，"哉"位于疑问句末仍表示感叹语气，特别是在反问句里，"哉"表达的感叹语气更为强烈，如例五、六。

　　古代汉语的句末语气词都有自己特定的语气表达功能，不会因为出现在不同句型的末尾而背离自己特定的语气表达功能。有时几个句末语气词连用，每个语气词仍旧表达自己特定的语气，从而组合成句子的复杂语气，句子语气的重心往往由最后一个语气词表达。例如：

7) 然则夫子既圣矣乎？（《孟子·公孙丑上》）

8) 鄙夫可与事君也与哉？（《论语·阳货》）

例七"矣"报道变化，指达到了圣的标准，"乎"表示疑问。全句意思是"夫子已经是圣人了吗"，语气重心在疑问。例八"也"表示肯定，"与"表示反问，"哉"表示感叹，全句意思是"鄙夫难道可以同他一起事君吗"，语气重心在感叹。

10.2　句首、句中语气词。句首、句中语气词在中古汉语的口语里已经逐渐消失，但在脱离了口语的书面语（文言）里依然保留着。古代汉语的句首句中语气词主要有"夫""唯（惟、维）""也"。

10.2.1　句首语气词主要有"夫""唯"。句首语气词"夫"用于提起话题，引发议论。例如：

1) 夫三年之丧，天下之通丧也。（《论语·阳货》）

2) 夫志，气之帅也。（《孟子·公孙丑上》）

3) 夫披坚执锐，义不如公；坐而运筹，公不如义。（《史记·项羽本纪》）

4) 夫藏舟于壑，藏山于泽，谓之固矣。（《庄子·大宗师》）

例一、二"夫"后是名词性成分，例三、四"夫"后是谓词性成分。句首语气词"夫"是指示代词虚化来的,所以始终带有指示性,特别是当后面是名词性成分的时候指示性更明显,如例一、二。

"唯(惟、维)"位于句首,表示希望的语气。例如:

5) 故敢略陈其愚,惟君子察焉。(杨恽《报孙会宗书》)

6) 阙秦以利晋,唯君图之。(《左传·僖公三十年》)

有时"唯(惟、维)"也表示提起话题,发表议论。例如:

7) 君处北海,寡人处南海,唯是风马牛不相及也。(《左传·僖公四年》)

8) 惟十有三年春,大会于孟津。(《尚书·泰誓》)

10.2.2 句中语气词主要有"也"。"也"位于句中主要表示停顿,起舒缓语气引起下文的作用。例如:

1) 人不堪其忧,回也不改其乐。(《论语·雍也》)

2) 是岁也狄伐鲁。(《左传·襄公三十年》)

3) 声之宏也类有能。(柳宗元《三戒·黔之驴》)

4) 野马也、尘埃也,生物之以息相吹也。(《庄子·逍遥游》)

例一"也"位于主语后,例二、三位于状语后,例四位于并列的句法成分后,都表示停顿。

第十三章 古代汉语的基本句法结构

古代汉语基本句法结构的类型同现代汉语大体上相似,但是二者之间的差异也是很明显的。分析古代汉语的句法结构对于准确理解古文的意义十分必要。分析古代汉语的句法结构可以从三个方面进行:一是词序,即各词类在句法结构中的排列顺序,特定的词序排列可以用来标明某种句法结构。二是句法结构直接成分间的结构关系,古代汉语的结构关系有两个基本类型,一类是平列关系,等立、一般性转折、选择、承接、进层都包含在平列关系之中,平列关系结构的直接成分是互不陈述、支配、修饰、补充的,整个结构不存在一个结构的核心,因此这种结构关系也可以称之为非核心结构关系;另一类是非平列关系,定中、状中(含条件、因果、让步转折)、补充、支配、陈述都属于非平列关系,非平列关系结构的直接成分结合紧密,每个结构都具有一个结构核心,偏正结构之"正"为核心,述补、述宾结构之"述"为核心,主谓结构之"谓"为核心,因此这类结构关系也可以称为核心结构关系。对古代汉语来说,直接成分间结构关系的分析更为重要,同一个"动词+动词"组合,却可能是多种句法结构,即可能是联合结构、偏正结构、主谓结构、述宾结构、述补结构或连谓结构,同一词序排列却可以实现为多种不同的句法结构,其本质性的原因就在于直接成分间的结构关系不同。三是句法结构的语法性质,从语法性质的角度分析句法结构,则有三种类型:名词性结构,语法性质相当于一个名词;谓词性结构,语法性质相当于一个动词或形容词;指称化的谓词性结构,当谓词性结构出现在某些语法位置(例如主语和宾语)上的时候,谓词性就减弱或消失了,名词性增强或完全转变为名词性的,总之,从陈述转变为指称,这样的句法结构可以称之为指称化的谓词性结构。

第一节 联合结构

古代汉语的联合结构同现代汉语的联合结构相同,直接成分之间的关系是等立的,互不说明、修饰或补充。联合结构有名词性的,也有谓词性的。

1.1 名词性联合结构,直接成分都是名词或名词性成分。例如:

1)宋公、陈侯、蔡人、魏人伐郑,围其东门。(《左传·隐公四年》)

2)客亦知夫水与月乎?(苏轼《赤壁赋》)

3)吾与汝毕力平险。(《论语·子罕》)

4)汤掘窟,得盗鼠及馀肉。(《史记·酷吏列传》)

5)晋人以垂棘之璧与屈产之乘假道于虞以伐虢。(《孟子·万章上》)

例一、二联合结构的直接成分都是名词,例三直接成分是代词,例四、五直接成分都是名词性偏正结构。以上各例名词性联合结构都是作主语和宾语,名词性联合结构也可以作判断性或描写性的谓语。例如:

6)是子也,熊虎之状而豺狼之声。(《左传·宣公四年》)

7)蟹六跪而二螯。(《荀子·劝学》)

8)永州之野产异蛇,黑质而白章。(柳宗元《捕蛇者说》)

1.2 谓词性联合结构,直接成分都是谓词或谓词性成分。例如:

1)晋公子广而俭,文而有礼;其从者肃而宽,忠而能力。(《左传·僖公二十三年》)

2) 河水清且涟猗。(《诗经·魏风·伐檀》)
3) 学而不思则罔,思而不学则殆。(《论语·为政》)
4) 强本而节用,则天不能贫;养备而动时,则天不能病。(《荀子·天论》)

谓词性联合结构时常作谓语,如例一、二。也可以用来作为连谓结构的前直接成分,构成连谓结构,如例三。还可以在复句中作分句,如例四。

  1.3 转折关系的联合结构。谓词性联合结构直接成分之间可以是转折关系,也称为逆接关系。例如:
1) 置杯焉则胶,水浅而舟大也。(《庄子·逍遥游》)
2) 子温而厉,威而不猛,恭而安。(《论语·述而》)
3) 君子矜而不争,群而不党。(《论语·卫灵公》)
4) 危而不持,颠而不扶,则将焉用彼相矣。(《论语·季氏》)

第二节 偏正结构

  古今汉语的偏正结构基本相同,格式都是"修饰语+中心语",修饰语有两种类型,一类是定语,一类是状语。

  2.1 "定语+中心语"。这一类偏正结构的中心语多是名词或名词性成分,作定语的多是名词、代词、形容词或数词。例如:
1) 鸟兽之肉,不登于俎。(《左传·隐公五年》)
2) 尔言过已。虎兕出于柙,龟玉毁于椟中,是谁之过与?(《论语·季氏》)
3) 参差荇菜,左右流之。(《诗经·周南·关雎》)
4) 始吾以君为天下之贤公子也。(《战国·策赵策》)
5) 命夸娥氏二子负二山。(《列子·汤问》)

动词性成分也可以作定语,例如:
6) 汤掘窟,得盗鼠及馀肉。(《史记·酷吏列传》)

7) 卒定变法之令。(《史记·商君列传》)
8) 足下必欲诛无道秦,不宜踞见长者。(《史记·高祖本纪》)
9) 秦称帝之害奈何?(《战国策·赵策》)

例六动词"盗""馀"作定语,例七、八述宾结构"变法""无道"作定语,例九主谓结构"秦称帝"作定语。动词性成分在定语位置上已经不是典型的陈述,都指称化了。例六至例九,动词性成分作定语,都发生了自指化。以上各例都是名词性成分作中心语,谓词性成分也是可以作中心语带定语的,只是频率比较低。例如:

10) 天下安,注意相;天下危,注意将。将相和,……则权不分。权不分,……在两君掌握耳。(《汉书·陆贾传》)
11) 秦孝公据崤函之固,拥雍州之地。(《史记·秦始皇本纪》)
12) 域民不以封疆之界,固国不以山谿之险,威天下不以兵戈之利。(《孟子·公孙丑下》)
13) 尽狗马之乐,极耳目之欲,行邪枉之道,径淫辟之路,是乃国家之大贼,人主之大蜮也。(《汉书·东方朔传》)
14) 行其少顷之怒,而丧终身之躯。(《荀子·荣辱》)

谓词性成分作中心语以后都不再是典型的陈述,都指称化了。例十、十一谓词性成分"掌握""固"带了定语,发生了转指化,转指"掌握"和"固"陈述的对象,即"手中"和"地方",谓词性成分转指化就变成名词了。例十二、十三、十四谓词"险""利""乐""欲""怒"没有发生转指,只是一般地事物化,即发生了自指,自指化的谓词性成分没有变成名词,仍是谓词性的。因此,例十二、十三、十四是典型的谓词性成分带定语。

2.2 "状语+中心语"。这类偏正结构的中心语一般是谓词性成分,作状语的多是副词、形容词、数词、介宾结构和名词,动词性成分也可以作状语。例如:

1) 择其言尤雅者,故著为本纪书首。(《史记·五帝本纪》)

2) 馆舍未定。(《孟子·离娄上》)
3) 宋人有闵其苗之不长而揠之者,茫茫然归。(《孟子·公孙丑上》)
4) 靖郭君相齐,与故人久语,则故人富。(《韩非子·内储说下》)
5) 八年之中,九合诸侯。(《左传·襄公十一年》)
6) 梁使三反,孟尝君固辞不往也。(《战国策·齐策》)
7) 不义而富且贵,于我如浮云。(《论语·述而》)
8) 子犯以璧授公子。(《左传·僖公二十四年》)
9) 山居而谷汲者,媵腊而相遗以水。(《韩非子·五蠹》)
10) 老妇恃辇而行。(《战国策·赵策》)
11) 破广军,生得广。(《汉书·李广传》)
12) 尔之许我,我其以璧与圭归俟尔命。(《尚书·金縢》)

例一、二,是副词作状语。例三、四,是形容词作状语。例五、六,是数词作状语。数词作状语是古代汉语语法的特点之一,上古汉语没有动量词,动作行为的量往往用数词作状语的偏正结构来表达,如例五、六,也可以用数词作谓语的主谓结构来表达,例如《史记·项羽本纪》:"举所佩玉玦以示之者三。"例七、八,是介宾结构作状语。例九是名词作状语,普通名词作状语是古代汉语语法的重要特点,详见名词节。例十、十一是动词性成分"恃辇""生"作状语,此二例不是连谓结构,连谓结构的直接成分间是承接关系,没有结构核心,而以上二例两项之间是修饰关系,有结构核心。例十二状语是"尔之许我",是自指化的主谓结构作假设条件状语,详见助词结构节。以上各例,中心语都是谓词性成分。

在古代汉语里,名词性成分经常充任判断性或描写性的谓语,在这种情况下名词性成分也可以带状语。例如:

13) 是乃狼也。(《左传·宣公四年》)
14) 梁父即楚将项燕。(《史记·项羽本纪》)

15) 环滁皆山也。(欧阳修《醉翁亭记》)
名词性谓语所带的状语只能是副词。名词可以受副词修饰是古代汉语语法的特点之一,参见副词节和判断句节。

第三节　主谓结构

古今汉语的主谓结构有不少相同点,例如:古今汉语主谓结构的基本语序一致,都是主语在前谓语在后;名词性成分和谓词性成分都可以较自由地充任主语;主语都可以是受事成分;谓语多由谓词性成分充任。古今汉语的主谓结构也有许多不同点,即使在某些相同的方面也是同中有异,存在着明显的差别。

3.1　谓语可以置于主语之前。例如:
1)何哉,尔所谓达者?(《论语·颜渊》)
2)谁与,哭者?(《礼记·檀弓》)
3)子邪,言伐莒者?(《吕氏春秋·重言》)
4)贤哉,回也!(《论语·雍也》)
5)大哉,尧之为君也!(《孟子·许行》)
6)亦太甚矣,先生之言也!(《战国策·赵策》)
例一至六,谓语都置于主语之前,谓语前置以后都进一步得到了强调。值得注意的是,谓语前置一般都出现在句子层面上,也就是说,只有主谓结构实现为句子才会发生谓语前置,当主谓结构作为词组充任句法成分的时候没有谓语前置的现象。在古代汉语里,谓语前置是有条件的,只有疑问句和感叹句的谓语可以前置。例一、二、三是疑问句,例四、五、六是感叹句。

3.2　省略主语和暗换主语。古代汉语主谓结构的主语常有省略的情况,例如《淮南子·女娲补天》:"女娲炼五色石以补苍天,(　)断鳌足以立四极,(　)杀黑龙以济冀州,(　)积芦灰以止淫水。"第一个主谓结构的主语是"女娲",后面三个主谓结构的主语都没有出现,承前句主语而省略。承前句主语省略的现象在现代汉语里也很普遍,不会产生理解上的困难。古代汉语主语的省略不仅仅是承前句主语省略,情况比较复杂。例如:

1) 楚人为食,吴人及之,(　)奔,(　)食而从之,(　)败诸雍澨。(《左传·定公四年》)
2) 邴夏曰:"射其御者,(　)君子也。"(《左传·成公二年》)
3) 季氏以公鉏为马正,(　)愠而不出。(《左传·襄公二十三年》)
4) 蹇叔之子与师,(　)哭而送之。(《左传·僖公三十二年》)

以上各例,(　)处都省略了主语,而且都是承前省略。例一是承前句主语而省略,但是前句主语有两个,省略的主语有三个,其中的对应关系需要仔细推敲,"奔"的主语是"楚人","食而从之"的主语是"吴人","败诸雍澨"的主语是"吴人"。例二"君子"的主语是"其御者",此例主语承前句宾语而省。例三"愠而不出"的主语是"公鉏",承前句介词宾语而省。例四"哭而送之"的主语是"蹇叔",承前句定语而省。

古代汉语的主语还有蒙后省略的现象,例如:

5) 七月(　)在野,八月(　)在宇,九月(　)在户,十月蟋蟀入我床下。(《诗·豳风·七月》)
6) 殽有二陵焉;其南陵,夏后皋之墓也;其北陵,文王之所避风雨也。(　)必死是间,余收尔骨焉。(《左传·僖公三十二年》)

例五前三个主谓结构的主语也是"蟋蟀",承后句主语省略。例六"必死是间"的主语是"汝",承后句定语"尔"省略。

由于主语经常省略,导致并列或相承的主谓结构经常暗中更换主语。例如:

7) (　)请京,(　)使居之,(　)谓之京城大叔。(《左传·隐

公元年》)

8）王喜,告邵公曰:"吾能弭谤矣,（　）乃不敢言。"(《国语·周语》)

9）明日,子路行,以告。子曰:"隐者也。"（　）使子路反见之。（　）至,则（　）行矣。(《论语·微子》)

10）是请生,（　）居山上,（　）在丹山西。(郦道元《水经注·江水》)

例七意思是"姜氏为段请京,郑庄公让段住在那里,时人称段京城大叔",三个主谓结构的主语都不相同,由于省略主语,所以变换主语是暗中进行的。例八"乃不敢言"的主语是"百姓";例九意思是"孔子让子路回去见隐者,子路到了那里,隐者已经走了";例十意思是"罪犯请求活命,孟涂让他们住在山上,这座山在丹山西",主语在暗中经过了多次变换,我们必须仔细体会上下文意,才能正确理解。暗换主语在现代汉语中是不允许的,在古汉语里却是正常的。

3.3　谓词性成分作主语。在古代汉语里谓词性成分可以比较自由地作主语,出现在主语位置上的谓词性成分都会不同程度地发生指称化。例如:

1）知之为知之,不知为不知,是知也。(《论语·为政》)

2）劳师以袭远,非所闻也。(《左传·僖公三十二年》)

3）都城过百雉,国之害也。(《左传·隐公元年》)

4）富,人之所欲也;……贵,人之所欲也。(《孟子·万章上》)

以上各例主语都是谓词性成分,例一主语是述宾结构和谓词性偏正结构,例二是连谓结构,例三是主谓结构,例四是形容词。上述作主语的谓词性成分都发生了自指化,不再是典型的陈述,而是指某一件事了。由于它们并未发生转指化,转指施事者或受事者,所以它们仍然是谓词性成分,是自指化的谓词性成分。自指化的谓词性成分作主语,它的谓语一般都是判断性的或描写性的,而不是叙述性的,如上述各例。古代汉语的助词结构是具有标记的谓词性成分指称化形式,助词结构作主语的情况详见助词结构节。

3.4 受事主语。主语是受事的主谓结构是表示被动意义的,例如:

1) 昔者龙逢斩,比干剖,苌弘胣,子胥靡。(《庄子·胠箧》)
2) 珠玉财宝、车甲珍器,尽收入燕。(《战国策·燕策》)
3) 言听计用。(《史记·淮阴侯列传》)
4) 兵挫地削。(《史记·屈原列传》)

以上各例主谓结构的主语都是受事,谓语动词不借助专门表示被动意义的词语直接表示被动意义,被动意义的主谓结构同主动意义的主谓结构形式相同。现代汉语里也有大量这样的情况,例如"杯子打破了"。主语是受事的主谓结构一般都是独立成句的,作为词组充任句法成分的主谓结构受事成分一般不作主语。至于运用专门表示被动意义的词语构成的被动句式,古代汉语比现代汉语要丰富得多,详见叙述句节。

§3.5 名词性成分作谓语。这是古代汉语语法的主要特点之一,详见名词节和判断句节。

第四节 述补结构

述补结构是汉语里极富特色的句法结构,古代汉语的述补结构同现代汉语基本一致。从位置上看,述语在前补语在后。从语义关系上看,补语表示动作行为的与事对象、工具、时间、处所、原因、比较对象和施事者(详见介词节)。述补结构和述宾结构都是核心在前的结构,形式上相近,但二者直接成分间的结构关系不同,述宾结构是支配关系,述补结构是补充关系。古代汉语里充任补语的成分主要是介宾结构,名词性成分也可以作补语,谓词性成分作补语是后起的语言现象。

4.1 介宾结构作补语。例如：

1) 天将降大任于是人也。(《孟子·告子下》)
2) 四皓采荣于南山。(《汉书·扬雄传》)
3) 金重于羽者,岂谓一钩金与一舆羽之谓哉?(《孟子·告子下》)
4) 杀人以梃与刃,有以异乎?(《孟子·梁惠王上》)
5) 楚子弗从,临之以兵,惧而从之。(《左传·庄公十九年》)
6) 然后知生于忧患而死于安乐也。(《孟子·告子下》)

例一介宾结构作补语表示与事对象,例二表示处所,例三表示比较对象,例四、五表示工具或凭借,例六表示原因。

4.2 名词性成分作补语。例如：

1) 昔西伯拘羑里,演周易;孔子厄陈蔡,作春秋。(《史记·太史公自序》)(羑里:地名。)
2) 臣与将军戮力而攻秦,将军战河北,臣战河南。(《史记·项羽本纪》)
3) 齐桓公闻管子于鲍叔,楚庄闻孙叔敖于沈尹筮,审之也,故国霸诸侯也。(《吕氏春秋·察传》)(霸诸侯:在诸侯中称霸。)
4) 此时沛公亦起沛。(《史记·项羽本纪》)
5) 翱翔蓬蒿之间。(《庄子·逍遥游》)
6) 卒於邑悲哀而死政之旁。(《史记·刺客列传》)
7) 渔人甚异之,复前行,欲穷其林。林尽水源,便得一山。(陶渊明《桃花源记》)
8) 专趋人之急,甚己之私。(《史记·游侠列传》)(甚己之私:比自己的事还要急。)
9) 退而禅颇,名重太山。(《史记·廉颇蔺相如列传》)(重太山:比太山重。)
10) 诸侯骨肉莫亲大王。(《汉书·王吉传》)(莫亲大王:没有谁比大王你更亲。)

11) 我知之濠上也。(《庄子·秋水》)
12) 上亲拜禹床下。(《汉书·张禹传》)
13) 蒙恬为秦将,北逐戎人,开榆中地数千里,竟斩阳周。(《史记·项羽本纪》)(阳周:地名。)
14) 客闻之,请买其方百金。(《庄子·逍遥游》)
15) 高祖购求布千金。(《史记·季布栾布列传》)
16) 马已死,买其首五百金,反以报君。(《战国策·燕策》)
17) 故上兵伐谋,其次伐交,其次伐兵,其下攻城。(《孙子·谋攻》)
18) 今子有大树,……不夭斧斤。(《庄子·逍遥游》)(夭斧斤:被斧子砍倒。)
19) 纵有姊妫,以医幸王太后。(《史记·酷吏列传》)
20) 此人皆身至王侯将相,声闻邻国。(司马迁《报任安书》)
21) 乌桓时新中匈奴兵,明友既后匈奴,因乘乌桓敝击之。(《汉书·匈奴传》)(中匈奴兵:被匈奴兵中伤。)

以上各例,充任补语的都是名词性成分。充任述语的有不及物动词"厄""战""霸""起""翱翔""死""尽";有形容词"甚""重""亲";有及物动词"拘""知""拜""斩""买""购(求)""伐""夭""幸""闻""中(伤)"。值得注意的是,能够带名词补语的及物动词都不是双宾语动词,也不是能够带处所宾语的动词。观察以上各例述语和补语间的语义关系,补语表达动作行为进行的处所,如例一、二、三、四、五、六、七、十一、十二、十三;表达比较对象如例八、九、十;表达工具或凭借如例十四、十五、十六、十七;表达施事者如例十八、十九、二十、二十一。

名词性成分作补语是古代汉语语法的特点之一。在现代汉语里,动词后的名词性成分一般都归入宾语,而不分析为补语,这是有道理的,因为现代汉语里动词同其后名词间的语义关系尽管也比较复杂,但复杂的程度终究不如古代汉语。古代汉语里作补语的成分主要是介宾结构,例如《墨子·法仪》:"百工,为方以矩,为圆以规",但有时动词与名词间与上例完全相同的语义关系可以不借助介词,这就是名词作补语,如例十四"买其方百金"。现代汉语介宾结构作补语的频率大为减低,介宾结构作补语多转变为介宾结构作状语。古代许多名词作补语的组合现代汉语也都变成了介宾结构作状语,如例十四"买其方百金"现代汉语要说成"用百金买其方"。又如例十九"幸王太后"现代汉语要说成"被王太后宠幸",古代的名词补语演变为现代的介宾结构作状语。因此现代汉语动词与其后名词间的语义关系比古代简化了,这种简化可以作为现代汉语把动词后的名词一律处理为宾语的理由。但是,古代汉语语法必须充分重视动词同其后名词间语义关系的分析,把众多复杂的关系分析为两种不同的结构,即述宾结构和述补结构。另外,从古今汉语语法系统性的角度观察,现代汉语基本上没有普通名词作状语的现象,而在古代汉语里作状语是普通名词的基本语法功能之一,名词在动词前作状语和在动词后作补语是两种平行的语言现象,是同一个问题的两面,我们不能只承认其一而忽略其二。确定某种组合结构类型的依据不仅仅是词序或格式,更重要的是结构关系(包括语义关系)。《汉书·霍光传》:"剑斩之",人们并没有因为"剑"前没有出现介词,就把"剑"归入主语,而是依据结构关系把"剑"分析为状语。同样的道理,前文例十七"伐谋",也不应该由于"谋"前没有介词就把"谋"归入宾语,而是应该分析为名词作补语。如果把以上各例都归入述宾结构,将会使述宾结构的语义表达变得难以理解。

4.3 不及物动词和形容词作补语。不及物动词和形容词作补语是后起的语言现象,先秦汉语里没有这种现象。现代汉语谓词性补语的语义表达十分丰富,而作为其源头的古代汉语不及物动词和形容词补语的语义表达却比较单纯,基本上都表示动作行

为的结果(趋向也包括在结果之内)。例如:
1) 燕将攻下聊城。(《史记·鲁仲连邹阳列传》)
2) 汉王急,推堕孝惠、鲁元车下。(《史记·项羽本纪》)
3) 群儒既已不能辨明封禅事,有牵拘于诗书古文而不能骋。(《史记·封禅书》)
4) 汉氏减轻田租。(《汉书·王莽传》)
5) 火烈风猛,船往如箭,烧尽北船。(《资治通鉴·卷六十五》)
6) 乱石穿空,惊涛拍岸,卷起千堆雪。(苏轼《念奴娇·大江东去》)

第五节 述宾结构

古今汉语述宾结构的基本语序都是述语在前宾语在后,但是古代汉语里在某些条件下宾语要置于述语前,这是古代汉语语法的特点之一。

5.1 疑问结构里疑问代词充任的宾语要前置。例如:
1) 吾谁欺? 欺天乎? (《论语·子罕》)
2) 景公问于晏子曰:"为政何患?"(《晏子春秋·内篇问上》)
3) 曰:"奚冠?"曰:"冠素。"(《孟子·许行》)
4) 沛公安在? (《史记·项羽本纪》)
5) 臣实不才,又谁敢怨? (《左传·成公三年》)

例一和例三都分别是并列的两个句子,名词作宾语就位于述语之后,如"欺天""冠素",疑问代词作宾语就要前置。例五"又谁敢怨",当述语动词前有助动词时,疑问代词充任的宾语一般要置于助动词前。

疑问代词作介词的宾语也要前置。例如:
6) 谚曰:"谁为为之? 孰令听之? (司马迁《报任安书》)

7) 许子奚为不自织?(《孟子·梁惠王上》)
8) 曷为久居此围城之中而不去也?(《战国策·赵策》)
9) 将何以赡之?(《盐铁论·本议》)
10) 死者若可作也,吾谁与归?(《国语·晋语》)

例六至十,介词"为""以""与"的宾语都是疑问代词,宾语都置于介词前。

必须注意的是,只有疑问代词单独作宾语才受本条宾语前置规律的制约,如果宾语是一个组合,疑问代词只是其中的一个句法成分,那么整个宾语并不前置。例如:

11) 此为何名?(《韩非子·喻老》)
12) 欲于何所王之?(《史记·三王世家》)

例十一"何名"作述语"为"的宾语,没有前置。例十二"何所"作介词"于"的宾语,也没有前置。有时"何+名词"作宾语前置,例如:

13) 姜氏何厌之有?(《左传·隐公元年》)
14) 以尧继尧,夫又何变之有?(《荀子·正论》)

例十三、十四宾语"何厌""何变"都置于述语"有"前,但宾语前置的原因与疑问代词无关,是另一条宾语前置的规律在起作用,即用代词复指宾语前置(参见5.3)。

5.2 否定结构里指示代词或人称代词充任的宾语一般要前置。例如:

1) 不患人之不己知,患不知人也。(《论语·学而》)
2) 天下不心服而王者,未之有也。(《孟子·离娄下》)
3) 我无尔诈,尔无我虞。(《左传·宣公十五年》)
4) 吾有老父,身死莫之养也。(《韩非子·五蠹》)

以上各例代词充任的宾语都前置于述语。这类宾语前置必须同时具备两个条件,一是代词作宾语,二是必须在否定结构中,即结构中有否定词。例一"不己知"两个条件都具备,代词宾语"己"就前置,而"不知人"虽是否定结构,但宾语是名词"人"而不是代词,所以宾语不前置。如果宾语是代词,但是述宾结构中没有否定词,那么宾语也不能前置,如《论语·宪问》:"为命,裨谌草创之,世叔讨论之,行人子羽修饰之,东里子产润色之"。

当述语动词前有助动词或副词的时候,代词充任的宾语可以置于动词前,也可以置于助动词或副词前。例如:

5)行仁政而王,莫之能御也。(《孟子·公孙丑上》)
6)楚君之惠,未之敢忘。(《左传·僖公二十八年》)
7)三岁贯女,莫我肯顾。(《诗经·魏风·硕鼠》)
8)丘也闻不言之言矣,未之尝言。(《庄子·徐无鬼》)
9)武王至殷郊,系堕。五人御于前,莫肯之为。(《吕氏春秋·不苟》)
10)自古及今,未尝之有也。(《墨子·节葬》)

例五、六、七、八宾语置于助动词或副词前,例九、十宾语置于助动词或副词后。

句法结构中如果具有两个否定词,构成否定之否定,实际上是表示肯定,在这种情况下代词充任的宾语不前置。例如:

11)物莫不若是。(《庄子·人间世》)
12)长安中诸公,莫弗称之。(《史记·魏其武安侯列传》)

在先秦汉语中,否定结构里代词充任的宾语前置这一规律并不严格,存在较多的例外。例如:

13)知我者,谓我心忧。不知我者,谓我何求。(《诗经·王风·黍离》)
14)故人君者不可不慎己也。(《商君书·错法》)
15)房喜谓韩王曰:"勿听之也。"(《战国策·韩策》)
16)其未得之也,患不得之;既得之,患失之。(《论语·阳货》)
17)(武王见胶鬲)胶鬲曰:"西伯将何之?无欺我也!"武王

曰:"不子欺,将之殷也。"(《吕氏春秋·贵因》)
例十三至十七否定结构里的代词宾语(指带有·号的)都未前置,这表明在口语里否定结构的代词宾语很早就开始后置了,但在文言中仍呈现前置后置并存的局面,文言确是一种保存古代语言的稳定的书面语。

5.3 用"之""是""焉""斯""于"等作标记的宾语要前置。例如:

1) 吾以子为异之问,曾由与求之问。(《论语·先进》)
2) 宋何罪之有。(《墨子·公输》)
3) 又何马之能知也。(《列子·说符》)
4) 君亡之不恤,而群臣是忧。(《左传·僖公十五年》)
5) 我周之东迁,晋郑焉依。(《左传·隐公六年》)
6) 朋酒斯享,曰杀羔羊。(《诗经·豳风·七月》)
7) 赫赫南仲,猃狁于襄。(《诗经·小雅·出车》)
8) 唇亡齿寒,其斯之谓与。(《谷梁传·僖公二年》)
9) 子是之学,亦为不善变矣。(《孟子》)

以上各例宾语用"之""是""焉""斯""于"作标记,分别置于述语前。例四"亡之不恤",前置的宾语"亡"是动词,意思是"流亡";例一、二、三、五、六、七前置的宾语都由名词性成分充任;例八、九前置的宾语是代词"斯"和"是",当前置的宾语是代词时,一般只用"之"作标记。

有标记的宾语前置,前置的宾语可以是一个很复杂的成分。例如:

10) 岂不谷是为?先君之好是继。(《左传·僖公四年》)
11) 乔闻为国非不能事大字小之难,无礼以定其位之患。
    (《左传·昭公十六年》)

例十"先君之好是继","是"标记前置宾语"先君之好",前置宾语是一个较长的偏正结构。例十一"非不能事大字小之难","难"是

"担心"的意思,"之"标记前置宾语"不能事大字小",句义为"不担心不能侍奉大国安抚小国";"无礼以定其位之患","之"标记前置宾语"无礼以定其位",句义为"担心不以礼来巩固国家的地位",例十一两个前置的宾语都是很复杂的动词性成分。标记宾语前置同疑问代词充任的宾语前置、否定结构代词充任的宾语前置很不相同,如果说后者是古代汉语句法自身的规律,那么,前者更像是一种修辞手段,是强调宾语语义表达的手段。

标记宾语前置结构的前面可以加上表示强调语气的副词"惟(唯、维)",构成"惟+宾语+是/之+述语"的固定格式。例如:

12) 惟余马首是瞻。(《左传·襄公十四年》)
13) 天地之大,万物之多,而唯蜩翼之知。(《庄子·达生》)

例十二意思是"只看我的马头",例十三意思是"只知道蝉的翅膀"。"惟+宾语+是/之+述语"是一种强调宾语语义表达的固定格式。

同标记宾语前置有关的还有一种固定格式,即"此/是+之+谓……"格式。例如:

14) 诗曰:"孝子不匮,永锡尔类",其是之谓乎。(《左传·隐公元年》)
15) 四方之民莫不具至,此之谓圣治。(《庄子·天地》)

例十四"是之谓"就是"谓是","是"是前置的宾语,意思是"(这话)就是指这种情况"。例十五"此之谓圣治"即"谓此圣治","此"是间接宾语,置于述语之前,"圣治"是直接宾语,置于述语之后,意思是"称这种情况为圣治"。

5.4 代词"是"作宾语有时不必标记就可以置于述语前。例如:

1) 君子是则是效。(《诗经·小雅·鹿鸣》)
2) 昭王南征而不复,寡人是问。(《左传·僖公四年》)

例一"是则是效"意思是"遵循此,效法此","是"作为宾语置于述语前而没有任何标记。例二同例一。在以上二例中容易把"是"认作宾语前置的标记,而误认"是"前的名词"君子""昭王"为前置的宾语,要准确理解此类结构的文意必须仔细体会上下文。代词"是"作介词"以""用"的宾语也时常前置,构成"是以""是用",意思都是"因此"。例如:

3) 是以肠一日而九回。(司马迁《报任安书》)
4) 伯夷叔齐不念旧恶,怨是用希。(《论语·公冶长》)

第六节 连谓结构

连谓结构的直接成分都是谓词性的,连谓结构没有结构核心。连谓结构不同于谓词性偏正结构,偏正结构的直接成分间是修饰和被修饰的关系,而连谓结构直接成分间的关系是承接关系,包括时间上的承接和事理上的承接。承接关系属于非核心结构关系,前后两个陈述互不修饰或补充。从这一点观察,连谓结构接近于联合结构,但联合结构直接成分间是等立关系,不同于连谓结构的承接关系。汉语的连谓结构是一个很古老的句法结构,在殷商时代的甲骨文献里出现频率就很高;它又是汉语区别于世界其他主要语言的重要特点之一,世界其他主要语言不具备这一结构;连谓结构作为汉语独特的句法结构,它自身的演变和发展牵动了汉语语法整体的演变和发展,连谓结构的演变和发展在汉语语法发展史上占有特殊的重要地位。古今汉语的连谓结构基本一致,各直接成分的主语都是共同的,但古代汉语连谓结构两项之间往往有连词,而现代汉语的连谓结构直接成分紧接,中间一般没有关联词语。

6.1 表示时间上承接的连谓结构。例如:

1) 夫环而攻之,必有得天时者矣。(《孟子·公孙丑下》)
2) 委而去之,是地利不如人和也。(同上)

3) 予既烹而食之。(《孟子·万章上》)
4) 孔子登东山而小鲁,登泰山而小天下。(《孟子·尽心上》)
5) 入竟而问禁,入国而问俗,入门而问讳。(《礼记·曲礼上》)
6) 见兔而顾犬,未为晚也;亡羊而补牢,未为迟也。(《战国策·楚策》)
7) 入而徐趋,至而自谢。(《战国策·赵策》)
8) 尉剑挺,广起,夺而杀尉。(《史记·陈涉世家》)
9) 庄周家贫,故往贷粟于监河侯。(《庄子·外物》)
10) 景公说,大戒于国,出舍于郊。(《孟子·梁惠王下》)
11) 冬,王使来告难。(《左传·僖公二十四年》)
12) 然不自意能先入关破秦。(《史记·项羽本纪》)
13) 广行取胡儿弓,射杀追骑,以故得脱。(《史记·李将军列传》)
14) 今如此以百骑走,匈奴追射我立尽。(同上)

例一至十二,连谓结构的表示动作行为的两个直接成分在时间上前后承接。例十三、十四直接成分间既有时间前后承接的关系,又有同时进行的关系,意思是"一边跑一边拿起胡儿弓""一边追一边射我们"。另外,例一至八,连谓结构的两项用连词"而"连接,例九至例十四不用连词。

6.2 表示事理上承接的连谓结构。例如:
1) 自始合,矢贯余手及肘,余折以御,左轮朱殷。(《左传·成公二年》)
2) 晋灵公不君,厚敛以雕墙。(《左传·宣公二年》)
3) 诸郡县苦秦吏者,皆刑其长吏,杀之以应陈涉。(《史记·陈涉世家》)
4) 止子路宿,杀鸡为黍而食之。(《论语·微子》)
5) 欲速则不达。(《论语·子路》)

6) 夫穷高则危,大满则溢,月盈则缺,日中则移。(《后汉书·李固传》)
7) 虞不用百里奚而亡,秦缪公用之而霸。(《孟子·告子下》)
8) 今夫水,搏而跃之,可使过颡;激而行之,可使在山。(《孟子·告子下》)
9) 工师得大木,……匠人斫而小之。(《孟子·梁惠王下》)
10) 攻郑败之,以与韩。(《史记·赵世家》)
11) 击李曲军破之。(《史记·曹相国世家》)
12) 挠乱我同盟,倾覆我国家。(《左传·成公十三年》)
13) 余姑翦灭此而朝食。(《左传·成公二年》)

以上各例连谓结构的两项都有事理上的承接关系。例一至四后项表示前项的目的,用连词"以""而"连接。例五至例十三后项表示前项的结果,可以用连词"则""而"连接。也可以不用连词连接,如例十至例十三。例十二连谓结构"挠乱我同盟",意思是"挠我同盟而乱我同盟","挠"和"乱"不是同一组合的直接成分,二者没有直接的语法关系。例十三"翦灭此"与例十二结构相同。在先秦汉语里"挠乱我同盟""翦灭此"不是述补结构带宾语,而是连谓结构,但后代谓词性成分作补语的述补结构正是从此类后项表示前项结果的连谓结构演变来的。

第七节 助词结构

古代汉语的助词结构与现代汉语的助词结构形式上有很大差别,内部的系统性也很不相同。助词结构在古代汉语里的出现频率极高,语义表达复杂,语法功能丰富,是古代汉语的重要句法结构之一。

7.1 "者"字结构。动词、形容词、数词加"者"构成"者"字结构。例如:

1) 饥者易为食,渴者易为饮。(《孟子·公孙丑上》)
2) 吾闻用夏变夷者,未闻变于夷者也。(《孟子·滕文公上》)
3) 从山上望牛者,若羊,……远蔽其大也。(《荀子·解蔽》)
4) 长逝者魂魄私恨无穷。(司马迁《报任安书》)
5) 知我者,谓我心忧;不知我者,谓我何求。(《诗·王风·黍离》)
6) 冒顿立斩不射善马者。(《史记·匈奴列传》)
7) 王之不王,不为也,非不能也。曰:"不为者与不能者之形何以异?"(《孟子·梁惠王上》)
8) 是故智者之虑,必杂于利害。(《孙子兵法·九变》)
9) 大者王,小者侯。(《汉书·高帝纪》)
10) 金重于羽者,岂谓一钩金与一舆羽之谓哉。(《孟子·告子下》)
11) 原浊者流不清,行不信者名必耗。(《墨子·修身》)
12) 此五者,邦之蠹也。(《韩非子·五蠹》)
13) 四者无一遂,苟合取容。(司马迁《报任安书》)

例一是动词加"者",例二、三、四、五、六、七是各种动词性成分加"者",例八、九是形容词加"者",例十、十一是主谓结构加"者",例十二、十三是数词加"者"。"者"字结构的语法功能很丰富,可以作主语,如例一、四、五、九、十、十一、十三。可以作宾语,如例二、六。可以作状语,如例三,有人把此例看作偏正复句的条件分句,我们分析为状语,详见单句节。可以作定语,如例七、八。可以作名词性偏正结构的中心语,如例十二。

从陈述转化为指称的角度分析上述用例,可以看出助词"者"可以用于转指,表示转指的"者"字结构一般都是表示动作行为的施事者或谓词性成分陈述的主体(对象),我们可以说"者"字结构提取了原谓词性成分的施事或主体,如"饥者""渴者""长逝者""知我者""大者""小者""五者""四者"。例十一"原浊者""行不信者"情况比较特殊,原谓词性结构已有主语"原(源)""行",这里是转指大主语,即"河流""人"。表示转指的"者"字结构都转变为名词性成分了。有时"者"字结构不表示施事,但仍是转指结构。例如:

14) 攻而必取者,攻其所不守也。(《孙子兵法·虚实》)

15) 井蛙不可语于海者,拘于虚也。(《庄子·秋水》)

例十四、十五,"者"字结构都不表示施事,而是表示"……的原因",即"攻而必取的原因""井蛙不可语于海的原因"。表示原因的"者"字结构,它虽然没有提取原谓词性成分的施事或主体,但提取了与核心动词相关的另一个名词性成分,即原因或凭借,因而它也是转指化的结构,语法性质也是名词性的。表示转指的"者"字结构有时也可以表达受事,但这是有条件的,当"者"字结构里的动词是刑罚动词时,"者"字结构表示受事。例如:

16) 凡杀人者踣诸市,墨者使守门,劓者使守关,宫者使守内,刖者使守囿。(《汉书·刑法志》)(踣 bó:陈尸)

后代,不仅刑罚动词,一般动词后加"者"也可以表示受事了,如柳宗元《答韦中立论师道书》:"今书来,言者皆大过。""言者"不指说话人,而指说的话。

助词"者"也可以用于自指,自指的"者"字结构都是表示某种情况或背景,如例二"吾闻用夏变夷者""未闻变于夷者",意思是"我知道华夏改变夷狄(这事),不知道被夷狄改变(这事)"。例三"从山上望牛者",表示背景情况,是一种假设条件,作状语,意思是"(如果)从山上看山下的牛,牛就像羊一般大"。例十"金重于羽者"也是表示一种情况。表示自指的"者"字结构没有提取任何成分,只是表示原谓词性成分自身事物化了、事件化了。自指化的"者"字结构同原谓词性成分的语义基本相同,它没有变为名词性成分,仍然是谓词性的,这同汉语的基本特点(即谓词性成分可以自由地充任各种句法成分)是一致的。在自指的"者"字结构里,助词"者"只是一个指称化的标记,有时即使去掉这个标记整个结构的性质并不改变,仍是指称化的谓词性结构,如例二"吾闻用夏变夷者",去掉"者"字,"用夏变夷"仍是自指化的谓词性结构。如果把带标记的自指结构认定为名词性成分,把不带标记的自指结构认定为谓词性成分,就会自相矛盾。

7.2 "所"字结构。助词"所"附于动词性成分之前,构成"所"字结构。"所"字结构有三种类型,都表示转指,因而都是名词性结构。

7.2.1 "所+动词"。这类"所"字结构里的动词都是单个动词,并且都是及物动词。例如:

1) 虽古竹帛所载,丹青所画,何以过子卿。(《汉书·苏武传》)

2) 获秦王所乘云母车。(《资治通鉴》卷一○四)

例一"所载""所画"都是转指化的结构,这类"所"字结构作为一个整体,提取了动作行为的受事(宾语),与表示转指的"者"字结构正好形成互补。它的语义可以用一个名词性偏正结构来表达,即"载的东西""画的东西",这个偏正结构的中心语是动词的宾语,定语就是动词本身。"所+动词"组合表示的受事是抽象的,"所载""所画"的究竟是什么"所"字结构本身无法表达清楚。要清楚、具体地表达受事之物,就要在"所"字结构后添加中心语,让"所"字结构充任同位性定语,如例二"所乘云母车"。另外,"所"字结构前也可以带名词性定语,如上例"竹帛所载""丹青所画""秦王所乘",这类定语一般都是限定性的。

7.2.2 "所+介词+动词+(宾语)"。这类"所"字结构里的动词可以是不及物的,也可以是及物的,甚至可以带有宾语。例如:

1) 是乱之所由作也。(《荀子·正论》)

2) 是吾剑之所从坠。(《吕氏春秋·察今》)

3) 彼兵者,所以禁暴除害也。(《荀子·议兵》)
4) 此婴之所以不敢受也。(《晏子春秋·内篇杂下》)

例一"作"是不及物动词,"所"字结构提取了介词"由"的宾语,意思是"(乱子)发生的原因"。例二"坠"也是不及物动词,结构同例一,意思是"(剑)掉下去的地方"。例三动词"禁""除"都是及物性的,并且都带有宾语,"所"字结构不可能再提取动词的宾语,而是提取介词"以"的宾语,意思是"禁暴除害的工具"。例四核心动词"受"也是及物性的,宾语隐含而没有出现,"所"字结构仍是提取介词"以"的宾语,意思是"不敢接受的原因"。

7.2.3 "所+动词+(宾语)"。这类"所"字结构里的动词可以是不及物的,也可以是及物的,甚至可以带有宾语,这一点类似第二类"所"字结构。但是,这类"所"字结构里不出现介词,这一点又同第一类"所"字结构相似。例如:

1) 空队(隧)、要塞,人之所往来者。(《墨子·号令》)
2) 夙兴夜寐,无忝尔所生。(《诗经·小雅·小宛》)(忝,辱负。)
3) 诺,恣君之所使之。(《战国策·赵策》)(恣,任凭。)
4) 能不龟手一也,或以封,或不免于洴澼絖,则所用之异也。(《庄子·逍遥游》)
5) 所杀大臣多吕后力。(《史记·吕太后本纪》)
6) 假令仆伏法受诛,若九牛亡一毛,与蝼蚁何以异。……何也?素所自树立使然也。(司马迁《报任安书》)

例一动词"往来"是不及物性的,"所"字结构不可能提取"往来"的宾语,而是提取了与动词相关的另一个名词性成分,即动作行为的凭借,"所往来"的意思是指(借以)"往来的处所"。我们可以认为在"所"后省略了介词"以","所"字结构提取了介词的宾语。例二"生"是及物动词,尽管宾语没有出现,但"所"字结构不是提取动词的宾语,而是提取"凭借",可以认为"所生"等于"所由生

(子)","所"字结构提取介词"由"的宾语,意思指父母,而不是指子女。例三动词"使(用)"是及物性的,宾语已经出现了,"所"字结构不可能再提取"使"的宾语,"所使之"意思是"使用他的方式",提取的是动作行为赖以进行的方式。例四同例三,"所用之"意思是"使用它的方法"。例五同例三,"所杀大臣"意思是"杀大臣的计谋","所"字结构提取的是动作行为赖以进行的凭借。例六"所自树立"意思是"自己立身的处所",动词"树立"是及物性的,尽管宾语没有出现,但"所"字结构并没有提取"树立"的受事成分,而是提取了处所成分。

7.3 "之"字结构。助词"之"插在主谓结构之中,构成"主语+之+谓语"组合,这就是"之"字结构。"之"字结构是指称化的主谓结构,它不会提取与谓语核心动词相关的成分,只是表示原主谓结构自身事物化、事件化,因而"之"字结构都是自指的,它的语法性质是谓词性的。"之"字结构的语法功能很丰富,经常作主语和宾语。例如:

1) 予之不遇鲁侯,天也。(《孟子·梁惠王上》)
2) 人之爱其子,亦如余乎?(《左传·昭公十三年》)
3) 汤武之王,不脩古而兴;殷夏之灭也,不易礼而亡。(《商君书·更法》)
4) 不患人之不己知,患不知人也,(《论语·学而》)
5) 是以知仁义之不足以治天下也。(《商君书·画策》)
6) 孤之有孔明,犹鱼之有水也。(《三国志·蜀书·诸葛亮传》)
7) 天以一人之不敏,使上帝鬼神伤民之命。(《论衡·感虚》)

例一、二、三"之"字结构作主语,例四、五、六"之"字结构作动词的宾语,例七作介词的宾语。上述"之"字结构尽管位于主宾语的位置,但仍是谓词性成分,与一般谓词性成分作主宾语属于同类现象,差别仅在于"之"字结构带有自指化的标记,一般谓词性成分

作主宾语没有带上指称化标记。位于主宾语位置上的谓词性成分即使没有指称化的标记,也都指称化了。例如:

8) 民之望之,若大旱之望雨也。(《孟子·滕文公下》)
9) 民望之,若大旱之望云霓也。(《孟子·梁惠王下》)

例八、九,"民之望之"和"民望之"都是主谓结构作主语,都自指化了,所不同的是前者带有指称化的标记"之",后者没有标记。

作状语也是"之"字结构的主要语法功能之一。例如:

10) 晋公子重耳之及于难也,晋人伐诸蒲城。(《左传·僖公十三年》)
11) 媪之送燕后也,持其踵为之泣。(《战国策·赵策》)
12) 桑之未落,其叶沃若。(《诗·卫风·氓》)
13) 皮之不存,毛将安傅?(《左传·僖公十四年》)
14) 尔之许我,我以其璧与圭归。(《史记·鲁周公世家》)
15) 桓公之中钩,佯死以误管仲。(《史记·齐太公世家》)
16) 诸侯之见项王迁逐义帝置江南,亦皆归逐其主。(《史记·淮阴侯列传》)
17) 泾流之大,两涘渚崖之间不见牛马。(《庄子·秋水》)
18) 骊姬之爱,乱者五世。(《史记·太史公自序》)

例十、十一、十二"之"字结构作时间状语。例十三、十四"之"字结构作假设条件状语,有人把此类用例认作复句的条件分句,理由是前后两项主语不同。我们分析为状语,详见单句节。例十五、十六"之"字结构表示真实条件,作背景状语。例十七、十八"之"字结构作原因状语,此类用例也有人认作分句,我们分析为状语。例十八"骊姬之爱",是由受事成分作主语的主谓结构插入助词"之"构成的"之"字结构,意思是"骊姬被宠爱"。

"之"字结构还可以作定语、谓语,甚至可以独立成句,但是这样的用例不多。例如:

19) 始臣之解牛之时,所见无非牛者。(《庄子·养生主》)

20）凡说之难也，非吾知之有以说之之难，又非吾辩之能明吾意之难也。（《韩非子·说难》）
21）此天之亡我，非战之罪也。（《史记·项羽本纪》）
22）邻之厚，君之薄也。（《左传·僖公十三年》）
23）子曰："（宰）予之不仁也！"（《论语·阳货》）
24）孔子为政必霸，霸则吾地近焉。我之为先并矣。（《史记·孔子世家》）
25）定公问于颜渊曰："东野毕之善御乎？"（《荀子·哀公》）

例十九、二十"之"字结构作定语，例二十"非吾知之有以说之之难"意思是"并非是我的智慧不足以说服别人之类的困难"，"又非吾辩之能明吾意之难"意思是"也并非是我的辩才不足以表达清楚我的意思之类的困难"。例二十一、二十二"之"字结构作谓语。例二十三、二十四、二十五"之"字结构独立成句。"之"字结构独立成句，一般都是带有感叹或疑问语气的句子。通观"之"字结构的语法分布，同该结构谓词性的语法性质是完全相合的。

"之"字结构有一种比较特殊的格式，即"主语＋之＋于/与＋名词"。例如：

26）寡人之于国也，尽心焉耳矣。（《孟子·梁惠王上》）
27）民之于仁也，甚于水火。（《论语·卫灵公》）
28）虎之与人异类，而媚养己者，顺也。（《庄子·人间世》）
29）夫吴之与越，接土邻境，道易人通，仇雠敌战之国也。（《吕氏春秋·长攻》）

例二十六至二十九"之"字结构也是自指化的主谓结构，都是作主语的。"之"字结构"寡人之于国"的来源是：主谓结构"寡人于国尽心焉"加上助词"之"。助词"之"把原主谓结构的主语"寡人"和作状语的介宾结构"于国"组合在一起，成为"之"字结构，使原状语成为"之"字结构的小谓语（在这种情况下，介宾结构相当动宾结构），使原谓语成为整个句子的大谓语，这样就使得原状语和原谓语都得到了强调。其他三例"之"字结构的情况同例二十六。

7.4 "其"字结构。助词"其"加上动词（或形容词）性成分，构成"其"字结构。例如：

1) 秦人，其生民也陿厄，其使民也酷烈。(《荀子·议兵》)
2) 古之君子，其责己也重以周，其待人也轻以约。(韩愈《原毁》)
3) 平者，水停之盛也。其可以为法也，内保之而外不荡也。(《庄子·德充符》)
4) 操蛇之神闻之，惧其不已也，告之于帝。(《列子·汤问》)
5) 亲之欲其贵也，爱之欲其富也。(《孟子·万章上》)
6) 帝视而问，乃知其戚夫人，乃大哭。(《汉书·高祖吕皇后传》)
7) 及其未既济也，请击之。(《左传·僖公二十二年》)

一般情况下助词"其"等于"名词+之"，如《左传·僖公三十二年》："孟子，吾见师之出而不见其入也。""其入"等于"师之入"。所以"其"字结构相当于"之"字结构，也是自指化的主谓结构，并且它的语法性质也是谓词性成分。"其"字结构的语法功能不如"之"字结构丰富，一般只作主语和宾语。例一、二、三"其"字结构作主语。例四、五、六"其"字结构作动词的宾语，例六"其"后是名词性成分"戚夫人"，但这个名词性成分是作谓语的，原主谓结构的谓语是名词性成分，即"此人乃戚夫人也"，转化为"其戚夫人"，这个位置上的"其"不能解释为"名词+之"，但整个主谓结构还是自指化了，意思是"其人乃戚夫人这件事"。例七"其"字结构作介词的宾语，句意是"趁敌人还没有完全渡过河，请现在就攻击它"。

值得注意的是，古文中常出现"其+动词/形容词+者"的组合，例如：

1) 秦韩之地形，相错如绣。秦之有韩也，譬如木之有蠹也，……天下有变，其为秦患者，孰大于韩乎？(《史记·范雎

蔡泽列传》)

2) 其当验者,即验问之。(《汉书·平帝纪》)
3) 其起兵而攻胡、粤者,非以卫边地而救民死也,贪戾而欲广大也。(《汉书·袁盎晁错传》)
4) 其诽谤詈诅者,又先断舌。(《汉书·刑法志》)
5) 语之至者,臣不敢载之于书,其浅者又不足听。(《史记·范雎蔡泽列传》)

"其+动词/形容词+者"组合,都应该分析为"其+(动词/形容词+者)",也就是"其"修饰"者"字结构,这一语法位置上的"其"是指示代词,而不是助词。如例一"其为秦患者",意思是"那些成为秦国祸患的国家",指示代词"其"修饰转指的"者"字结构。例三"其起兵而攻胡、粤者",意思是"那个起兵攻胡、粤的主意",指示代词"其"修饰自指的"者"字结构。值得注意的是,"所+动词+者"组合的分析不同于"其+动词/形容词+者",前者应该分析为"(所+动词)+者",其中的"者"不是助词,而是指示代词,整个组合是指示代词"者"复指名词性成分"所"字结构。

第十四章　古代汉语的基本句类

　　句类也称句型。掌握古代汉语的句类可以增强古代汉语的语感,提高阅读古文的能力。从不同的角度可以对古代汉语的句子作出不同的分类,从句子的表达功能(谓语同主语间的关系)角度分类,可以得到判断句、描写句和叙述句三类;从谓语构成成分的语法性质角度分类,可以得到名词谓语句、形容词谓语句和动词谓语句三类;从句子本身的结构分类,可以得到复句和单句两类;从语气表达的角度分类,可以得到陈述句、祈使句、疑问句、感叹句等类。不同角度的句类之间存在着对应和交叉。从表达功能的角度分类和从谓语构成成分的语法性质角度分类得到的结果大部分是重合的,判断句多是名词谓语句,描写句多是形容词谓语句,叙述句多是动词谓语句。但是不重合的部分尤其要引起我们的重视,判断句不等同于名词谓语句,判断句也有一部分是动词谓语句,同样,描写句也不等同于形容词谓语句,叙述句也不等同于动词谓语句。

第一节　判断句

　　判断句是根据谓语同主语之间的表达关系给句子分类得出的一种句类,判断句的谓语一般是对主语表达的人或事物进行分类,判断主语表达的人或事物属于哪一类人或事物,或不属于哪一类人或事物。现代汉语的判断句一般要用判断动词"是"作述语,例如"我们是中国人",不用判断动词"是"的判断句也存在,例如"鲁迅绍兴人",但是不用判断动词的判断句出现频率很低。古代汉语的判断句与现代汉语很不相同,一般不用判断动词作述语,而是基本上用名词性成分作谓语,用判断句式本身来表达判断,并且多用句末语气词"也"来协助表达判断。例如:

1) 制,岩邑也。(《左传·隐公元年》)
2) 楚左尹项伯者,项羽季父也。(《史记·项羽本纪》)

1.1 古代汉语判断句的基本形式。古代汉语判断句的基本形式有七种,分述如下。

1.1.1 "主语+谓语+也"。例如:

1) 虢,虞之表也。(《左传·僖公五年》)
2) 夫管子,天下之才也。(《国语·齐语》)
3) 是社稷之臣也。(《论语·季氏》)
4) 此王业也。(《战国策·秦策》)
5) 劫天子,恶名也。(《战国策·秦策》)
6) 陈良,楚产也。(《孟子·滕文公上》)

这是古代汉语判断句最常见的形式之一,谓语都是名词性成分,句末语气词"也"加强判断语气。例一主语是名词;例二主语是名词性偏正结构;例三、四主语是代词;例五主语是述宾结构。谓词性结构出现在主语位置上即使没有指称化标记也自指化了,但其语法性质仍是谓词性的。例六谓语"楚产"本是谓词性成分,但此处已经转指化了,指"楚产之人",谓词性成分转指化即变为名词性成分。

1.1.2 "主语+者+谓语+也"。例如:

1) 兵者,凶器也。(《韩非子·存韩》)
2) 南冥者,天池也。(《庄子·逍遥游》)
3) 陈胜者,阳城人也。(《史记·陈涉世家》)
4) 君者,舟也;庶人者,水也。(《荀子·王制》)
5) 君者,出令者也。(韩愈《原道》)

这也是古代汉语判断句最常见的形式之一,不仅用了句末语气词

"也",而且还在主语后用了指示代词"者"复指主语,起提示主语、加强语气的作用。这种句式的判断意味更强一些。以上各例谓语都是名词性成分,例五的谓语"出令者"是转指化的结构,也是名词性成分。

1.1.3 "主语+者+谓语"。例如:
1)兵者,凶器。(《史记·酷吏列传》)
2)虎者,戾虫。(《战国策·秦策》)
3)陈轸者,游说之士。(《史记·张仪列传》)

1.1.4 "主语+谓语"。例如:
1)兵,凶器。(《汉书·晁错传》)
2)是炎帝之少女。(《山海经·北山经》)
3)所重,民、食、丧、祭。(《论语·尧曰》)

"主语+者+谓语"和"主语+谓语"两种形式在古文里的出现频率不高,由于不用句末语气词"也",后者甚至连起提示主语作用的代词"者"都不用,所以判断意味较弱。例三主语"所重",是谓词性成分转指化的结构,是名词性成分。

1.1.5 "主语+副词+谓语+(也)"。例如:
1)身非木石,独与法吏为伍。(司马迁《报任安书》)
2)劳师以袭远,非所闻也。(《左传·僖公三十二年》)
3)(此)乃歌夫"长铗归来"者也。(《战国策·齐策》)
4)少府徐仁,即丞相车千秋女婿也。(《汉书·杜延年传》)
5)相如素贱人,吾(廉颇)羞,不忍为之下。(《史记·廉颇蔺相如列传》)
6)此诚危急存亡之秋也。(诸葛亮《出师表》)
7)是皆秦之罪也。(《战国策·秦策》)

以上各例,副词修饰名词性成分充任的判断句谓语,这是古代汉语的特点,在现代汉语里副词一般是不修饰名词性成分的。(详见第十二章副词节)

1.1.6 "主语+为+宾语"。例如：

1）余为伯儵,余而祖也。(《左传·宣公三年》)
2）尔为尔,我为我,虽袒裼裸裎于我侧,尔焉能浼我哉。(《孟子·公孙丑上》)
3）知之为知之,不知为不知,是知也。(《论语·为政》)

以上三例都是动词"为"带宾语充任判断句的谓语。古代汉语里的"为"是个意义十分广泛的动词,常常出现在叙述句里。例如：

4）颍考叔为颍谷封人。(《左传·隐公元年》)
5）四体不勤,五谷不分,孰为夫子？(《论语·微子》)

例四"颍谷封人"是官职,"为"的意思是"作""担任"。例五"孰为夫子"意思是"哪一个算得上是夫子"。两例"为"都不是判断动词。"为"用作判断动词的用例很少,古代汉语的判断句基本上是不用判断动词的。

1.1.7 "主语+是+宾语"。例如：

1）此是何种也？(《韩非子·外储说左上》)
2）韩是魏之县也。(《战国策·魏策》)
3）此必是豫让也。(《史记·刺客列传》)
4）颙夷氏是其后也。(《论衡·龙虚》)

以上各例"是"字处于两种组合之中,一是"单个名词+是+名词性成分",二是"代词+是+名词性成分"。位于上述位置的"是"都是判断动词。

判断动词"是"来源于指示代词"是",指示代词"是"常常用来复指前文,例如：

5）千里而见王,是予所欲也。(《孟子·公孙丑上》)
6）德之不修,学之不讲,闻义不能徙,不善不能改,是吾忧也。(《论语·述而》)

例五、六"是"复指前文复杂的谓词性成分,作判断句的主语。判断动词"是"正是从指示代词"是"的这一用法发展来的,它经历了秦汉时代的起源和发展,到魏晋南北朝时已经成为口语中不可缺少的成分。魏晋以后,凡口语程度较高的作品判断动词"是"的出现频率就高,而仿古的文言作品仍然很少用判断动词"是",这种情况一直延续到白话文兴起的时代。

古代汉语里还有一个形容词"是",意思是"对的""正确的",例如《史记·魏其武安侯列传》:"魏其言是也",意思是"魏其的话对"。形容词"是"可以活用为意动动词,例如《史记·魏其武安侯列传》:"主爵都尉汲黯是魏其",意思是"汲黯认为魏其正确"。形容词"是"和判断动词"是"没有源流关系。

1.2 古代汉语判断句的表达功能。古代汉语判断句的主语和谓语在句法上构成判断关系,但在语义表达方面并不那么单一,古代汉语判断句的基本表达功能有五种,分述如下。

1.2.1 表示类属关系,即主语表达的人或事物属于谓语所表达的人或事物的同类。例如:

1) 陈胜者,阳城人也。(《史记·陈涉世家》)

2) 仲弓父,贱人。(《史记·仲尼弟子列传》)

3) 滕,小国也。(《孟子·梁惠王下》)

1.2.2 表示等同关系,即主语表达的人或事物就是谓语所表达的人或事物。例如:

1) 昔者鬼侯、鄂侯、文王,纣之三公也。(《战国策·赵策》)

2) 子之所慎,斋、战、疾。(《论语·述而》)

3) 梁父即楚将项燕。(《史记·项羽本纪》)

4) 余为伯儵,余而祖也。(《左传·宣公三年》)

以上两种判断句不仅在句法上构成判断,在逻辑上也构成判断。有一些判断句只是在句法上构成判断,而主语和谓语在逻辑关系上或语义关系上比较复杂。

1.2.3 表示比喻关系,即主语表达的人或事物在某些方面就像谓语表达的人或事物一样。例如:

1)君者,舟也;庶人者,水也。(《荀子·王制》)
2)君子之德,风;小人之德,草。(《论语·颜渊》)
3)曹公,豺虎也。(《资治通鉴》卷六十五)

1.2.4 表示主语同谓语之间某种复杂的语义关系,即说话人把复杂的表达内容,用判断句的形式表达出来,以求达到强烈确认的表达效果。例如:

1)夫战,勇气也。(《左传·庄公十年》)
2)百乘,显使也。(《战国策·齐策》)

例一战争并不等于勇气,例二百辆车并不等于显赫的使节,主语和谓语在逻辑上并不构成判断。但是主语和谓语间的语义关系是清楚的,即战争依靠勇气,拥有百辆车的使节是声势显赫的使节。用判断句形式表达使主语和谓语之间的关系得到了充分的强调。

1.2.5 谓语表示造成某种结果的原因。例如:

1)井蛙不可语于海者,拘于虚也;夏虫不可语于冰者,笃于时也。(《庄子·秋水》)
2)良庖岁更刀,割也;族庖月更刀,斫也。(《庄子·养生主》)
3)轻辞天子,非高也,势薄也;重争土橐,非下也,权重也。(《韩非子·五蠹》)

例一并列的两个句子都是表示指称化的"者"字结构(指"……的原因")作判断句的主语,"拘于虚""笃于时"分别作谓语。两句的谓语都是由谓词性成分充任的,但是谓词性成分在判断句谓语的位置上都指称化了,在此例中是自指化,指"……的情况"。例二"割""斫"作谓语,同例一。例三两句的谓语"非高也,势薄也""非下也,权重也",句子的意思是"古代轻易辞去天子之位,不是因为品格高尚,而是因为权势太薄";"现在拼命争夺官职,不是因为品格卑下,而是因为权势太重"。表示原因的判断句一般都是由谓词性成分充任谓语的,这一点不同于其他判断句。

第二节 描写句

描写句的谓语一般是由形容词性的成分充任的,古今描写句的差异不大。根据谓语的构成情况,古代汉语的描写句可以分成三类。

2.1 单个形容词作谓语。例如:
1) 长君之恶其罪小,逢君之恶其罪大。(《孟子·告子下》)
2) 孰谓子产智?(《孟子·万章上》)
3) 其进锐者,其退速。(《孟子·尽心上》)
4) 为君难,为臣不易。(《论语·子路》)
5) 夫夷以近,则游者众;险以远,则至者少。(王安石《游褒禅山记》)
6) 子温而厉,威而不猛,恭而安。(《论语·述而》)
7) 默默乎,河伯。女恶知贵贱之门,小大之家。(《庄子·秋水》)
8) 心絓结而不解兮,思蹇产而不释。(《楚辞·哀郢》)

例一、二、三、四、五是单个性质形容词作谓语。例六是单个性质形容词构成的联合结构作谓语。例七、八是状态形容词作谓语,其中例七状态形容词作谓语前置于主语。

2.2 以形容词为核心的谓词性偏正结构作谓语。例如:
1) 昔天下之网尝密矣。(《史记·酷吏列传》)
2) 其后阁下位益尊,伺候于门墙者日益进。(韩愈《与陈给事书》)
3) 关雎乐而不淫,哀而不伤。(《论语·八佾》)
4) 子贡曰:"贫而无谄,富而不骄,何如?"(《论语·学而》)
5) 是(此人)食言多矣,能无肥乎?(《左传·哀公二十五年》)

6) 冉子退朝。子曰："何晏也?"(《论语·子路》)

以上各例都是谓词性偏正结构作谓语。例一的谓语是时间副词修饰形容词,例二是程度副词修饰形容词,例三、四、五是否定副词修饰形容词,例六是疑问代词修饰形容词。其中例四和例六主语没有出现,可以认为省略了主语。

2.3 以形容词为核心的述补结构作谓语。例如:

1) 季氏富于周公。(《论语·先进》)
2) 毛先生以三寸之舌,强于百万之师。(《史记·平原君列传》)
3) 君危于累卵,而不寿于朝生。(《战国策·秦策》)(朝生:一种朝生暮死的植物。)
4) 德之流行,速于置邮而传命。(《孟子·公孙丑上》)
5) 君子莫大乎与人为善。(《孟子·公孙丑下》)
6) 晋国,天下莫强焉。(《孟子·梁惠王上》)
7) 夫冀北,马多天下。(韩愈《送温处士序》)
8) 夫人情莫亲父母,莫乐夫妇。(《汉书·贾捐之传》)
9) (屈原)明于治乱,娴于辞令。(《史记·屈原列传》)
10) 民勇于公战,怯于私斗。(《史记·商君列传》)
11) 夫子固,拙于用大矣。(《庄子·逍遥游》)
12) 入则无法家拂士,出则无敌国外患者,国恒亡。然后知(国家)生于忧患而死于安乐也。(《孟子·告子下》)(拂士:辅佐之臣。)
13) 业精于勤,荒于嬉;行成于思,毁于随。(韩愈《进学解》)

以上各例都是以形容词为核心的述补结构作谓语。例一至八,形容词所带的补语是比较对象补语,例一、二、三比较对象"周公""百万之师""累卵"是名词性成分。例四、五比较对象"置邮而传命""与人为善"是谓词性成分,但由于处在介词宾语的位置上,所以都指称化了。例六作补语的是特殊代词"焉"。例七、八作补语的不是介宾结构,而是名词"天下""父母""夫妇"。例九、十、十一形容词所带的补语是处所补语,意思是"在治乱方面精通""在辞令方面娴熟""在公战中勇敢""在私斗方面胆怯""在用大方面笨拙",例十一"用大"是指称化的谓词性成分。例十二、十三形容词带原因补语,意思是"因忧患而生存""因安乐而死亡""由于勤奋而精湛""由于玩乐而荒废"。

第三节 叙述句

叙述句一般是由动词性成分作谓语的。古今汉语的叙述句差别很大,因而在以往的古代汉语教材里,通论的语法部分关于叙述句的内容是最多的。如词类活用问题实际上讨论的是叙述句中特殊的述宾结构,古代汉语的语序问题其实主要是叙述句中述宾结构宾语的位置问题,古代汉语被动句的问题更是叙述句自身的问题。上述三方面的问题,除了古代汉语被动句之外,本教材前文有关章节已经全面涉及,另外,与古代汉语叙述句有关的句法成分省略问题和名词性成分作补语的问题,前文也已经全面涉及,故本节不再重复。本节将集中讨论古代汉语的被动句问题。

3.1 被动句和主动句。被动句和主动句是叙述句的两个基本类型,被动句是指谓语动词所表达的动作行为的受事成分作主语的句子,如"苹果被我吃了"。严格意义上的主动句与被动句相对,是指动作行为的施事成分作主语的句子,如"我吃苹果"。但是主动句也可以用来指被动句以外的所有叙述句,也就是说,在叙述句范围内除被动句外其他都归入主动句,如"这把刀切肉"。本教材采用比较宽泛的主动句说法,前文有关章节讨论的有关叙述句的问题基本上是关于主动句的问题。

3.2 古代汉语被动句的形式。古代汉语的被动句有两种情况,一种是不带标记的被动句,即单纯在意义上表示被动的被动句,另一种是带有形式标记的被动句。不带标记的被动句古今汉语都很普遍,带有标记的被动句古今之间具有很大的差异。

3.2.1 不带标记的被动句。这种句子在意义上是被动的,但在形式上与主动句相同,所以不能称之为被动句型。例如:

1) 鹿禽。(《粹》953)
2) 故不能推车而及。(《左传·成公二年》)
3) 文王拘而演周易,……屈原放逐,乃赋离骚。(司马迁《报任安书》)
4) 今急先封雍齿以示群臣,群臣见雍齿封,则人人自坚矣。(《史记·留侯世家》)
5) 蒙恬为秦将,北逐戎人,开榆中地数千里,竟斩阳周。(《史记·项羽本纪》)
6) 今子有大树,……不夭斧斤。(《庄子·逍遥游》)
7) 公子喜士,名闻天下。(《史记·魏公子列传》)

不带标记的被动句历史十分悠久,早在甲骨文时代就有,如例一,"鹿禽"即"鹿被擒"。现代汉语里这样的句子仍然很多,如"杯子打破了"。被动句谓语的核心动词一定是及物动词,在不带标记的被动句里,动词不借助任何专门表示被动意义的词语,自身就可以直接表示被动意义。以上各例,动词"及"的意思是"被赶上","拘"是"被拘押","放逐"是"被放逐","封"是"被封","斩阳周"是"被斩于阳周","夭斧斤"是"被斧斤砍倒","闻天下"是"被天下闻"。

在古代汉语里,动词前如果带有助动词"可""足""能"或形容词"难""易",则动词常常表示被动意义。例如:

8) 蔓,草犹不可除,况君之宠弟乎?(《左传·隐公元年》)
9) 君子可欺以其方,难罔以非其道。(《孟子·万章下》)
 (罔,欺骗。)
10) 文王不足法与?(《孟子·公孙丑上》)

11）吾惟竖子故不足遣,而公自行。(《史记·留侯世家》)
12）吾老矣,不能用也。(《论语·微子》)
13）众怒难犯,专欲难成。(《左传·襄公十年》)
14）人固未易知,知人亦未易也。(《史记·范雎蔡泽列传》)

以上各例动词都表示被动意义。但是助动词"可""足""能"或形容词"难""易"也时常出现在主动句里,所以不能把上述词语看作专门表示被动的词语。例如:

15）虑不先定不可以应卒,兵不先辨不可以胜敌。(《史记·仲尼弟子列传》)
16）此不足为勇也。(苏轼《留侯论》)
17）吾能居其地,吾能乘其舟。(《国语·越语上》)
18）牛刀可以割鸡,鸡刀难以割牛。(《论衡·程材》)
19）赦罚,则奸臣易为非。(《韩非子·主道》)

无标记的被动句在古文里的出现频率很高,它与主动句的表面形式相同,有时容易引起混淆。我们可以从三个方面去考察和识别一个句子是主动意义还是被动意义。(一)谓语动词如果是表示人的动作,而主语却是一个非指人的名词,那么这个句子是被动句。如上文例八"草犹不可除",动词"除"表示人有意识的动作,而主语"草"是一个非指人的名词,所以句子是被动意义。(二)谓语是及物动词,从表面上看主语也可以认为是这个及物动词所表示的动作行为的发出者,但是谓语动词后没有宾语,并且也无法补出宾语,在这种情况下,句子是被动意义。如上文例三"文王拘""屈原放逐","拘"和"放逐"都是及物动词,主语"文王""屈原"脱离具体语境也可以认为是动作行为的发出者。但是两个句子动词后都没有宾语,并且在具体语境中也无法补出宾语,因此"文王"和"屈原"只能是受事主语,两个句子都表达被动意义。(三)在主动宾完备的句子里,如果宾语所表达的事物属于主语所表达事物自身的一部分,动词所表示的动作行为又是对主语不利的,句子一般也是表示被动意义的。例如司马迁《报任安书》:"孙子膑脚,兵法修列。""孙子膑脚"是主动宾完备的句子,宾语"脚"是主语"孙子"的一部分,"膑"是刑罚动词,表示对孙子不利,孙子不可能对自己施以"膑"刑,所以句子是表示被动意义的。以上所列的三项识别标准不是绝对的,各自都有一些例外,但这三项标准可以帮助我们识别出绝大部分无标记的被动句。

3.2.2 带有标记的被动句。这种句子不同于无标记的被动句,它不仅在意义上是被动的,而且在形式上也有自己独特的标记,构成了被动句型。现代汉语多以"被"作为被动句的标记,古代汉语里有标记的被动句十分丰富,基本句型有五种。

1. "及物动词+于+施事者"。例如:

1)(楚怀王)内惑于郑袖,外欺于张仪。(《史记·屈原贾生列传》)

2)兵破于陈涉,地夺于刘氏,何也?(《汉书·贾山传》)

3)郤克伤于矢,流血及屦。(《左传·成公二年》)

4)帝年八岁,政事壹决于光。(《汉书·霍光传》)

"于"字可以看作被动句的标记。有时去掉"于+施事",句子仍表示被动意义。例如:

5)是以好恶见,则下有因,而人主惑矣。(《韩非子·外储说右上》)(人主的好恶表现出来了,臣下就会投其所好,人主就被蒙蔽了。)

6)任智则君欺。(《韩非子·八说》)(任智,任用智者。)

例五、六动词"惑""欺"后没有介宾结构,同例一、二比较,可以看出没有介词"于"引介施事成分动词本身仍表示被动意义。另外,在一些表示被动意义的句子里,表示施事者的名词性成分不需要介词"于"的引介,可以直接跟在动词后作补语。例如:

7)(大树)不夭斧斤。(《庄子·逍遥游》)

8)纵有姊妇,以医幸王太后。(《汉书·义纵传》)

动词后不一定需要介宾结构,动词本身就可以表示被动意义;施事成分不一定需要介词"于"引介,可以直接跟在动词后作补语,这说明介词"于"本身并不专门表示被动意义,句子的被动意义是动词在具体语境中表现出来的,介词"于"只是起锦上添花的作用,使句子的被动义更加明显。由于上述原因,"于"作为被动句的标记只是一种不十分鲜明的标记。

"及物动词+于+施事"句式经常出现在主动与被动对比的句子里。例如:

9)劳心者治人,劳力者治于人。(《孟子·滕文公上》)
10)君子役物,小人役于物。(《荀子·修身》)
11)先发制人,后发制于人。(《汉书·项籍传》)
12)夫破人之与破于人,臣人之与臣于人,岂可同日而言之哉?(《战国策·赵策》)

在主动与被动对比的句子里,介词"于"不是可有可无的,而是必不可少的,没有"于"就无法构成主动与被动的对比,正是由于这一点,"及物动词+于+施事"才被看作是被动句型之一。

介词"于"引介施事的用法是从引介处所的用法发展来的。引介动作行为的处所是介词"于"最基本的用法,甚至在一些表示被动意义的句子里,介词"于"也是引介处所,而不是引介施事者。例如:

13)(吾)围于陈蔡之间。(《庄子·山木》)
14)百里奚举于市。(《孟子·告子下》)

例十三意思是"孔子在陈蔡之间被人围困",例十四意思是"百里奚从市场上被提拔起来"。两句都表示被动意义,但施事者并没有出现,介词"于"引介的是动作行为发生的处所。在个别表示被动意义的句子里介词"于"究竟是引介处所还是引介施事者是不容易确定的。例如:

15)昔司马喜膑脚于宋。(邹阳《狱中上梁王书》)

16）屈原放逐于楚国。（《盐铁论·刺相》）

例十五、十六"膑脚于宋"和"放逐于楚国"都有两种理解，既可以理解为介词"于"引介动作行为发生的处所，又可以理解为引介施事者。这说明古人把施事者和动作行为发生的处所看作类似的成分，因而采用了同一结构形式。

介词"乎"的语法功能同介词"于"，"乎"也可以引介施事者。例如：

17）万尝与庄公战，获乎庄公。（《公羊传·庄公十二年》）

18）志乎古，必遗乎今。（韩愈《答李翊书》）

例十七意思是"宋万被庄公俘获"，例十八意思是"有志于古训的话，就会被今人遗弃"。介词"乎"引介动作行为的施事者。

2. "为+施事者+及物动词"。例如：

1）道术将为天下裂。（《庄子·天下》）

2）然则今有美尧、舜、汤、武、禹之道于当今之世者，必为新圣笑矣。（《韩非子·五蠹》）

3）吾子，白帝子也，化为蛇。当道，今为赤帝子斩之。（《史记·高祖本纪》）

4）何为为我禽？（《史记·淮阴侯列传》）

例一至四介词"为"用于引介动作行为的施事者。以上四例如果去掉介词"为"，就成了"天下裂""新圣笑""赤帝子斩之""我禽"，意思完全改变了，就不是被动句了，因此，可以说介词"为"不是可有可无的，"为"决定了句子的被动性质，在这一点上介词"为"同介词"于"很不相同。

介词"为"后的施事者有时不出现，"为"紧贴动词，仍然构成被动句式。例如：

5）父母宗族，皆为戮没。（《史记·刺客列传》）

6）若信者，亦以为禽矣。（《史记·淮阴侯列传》）

以上二例，介词"为"后省略了表示施事者的宾语，但句子仍是被动句。

3. "见+及物动词"。例如:
1) 人皆以见侮为辱。(《荀子·正论》)
2) 百姓之不见保,为不用恩焉。(《孟子·尽心下》)
3) 其见敬礼如此。(《史记·汲郑列传》)
4) (霍光)甚见亲信。(《汉书·霍光传》)
5) 厚者为戮,薄者见疑。(《韩非子·说难》)

"见"不同于介词"为"和"于","见"不能引介施事者,因而"见"是一个被动助动词而不是介词。例五"为戮"和"见疑"对用,可见二者都表示被动意义,但是"为戮"是介宾结构作状语的偏正结构(省略介词宾语),"见疑"是助动词作状语修饰核心动词。

"见"字句要表达施事者,就要同"于"字句结合,构成"见+及物动词+于+施事"组合,靠介词"于"来引介施事者。例如:

6) 昔者弥子瑕见爱于卫君。(《韩非子·说难》)
7) 以四百里之地见信于天下。(《吕氏春秋·贵信》)

由于"于"字句里的"于"有时可以省略,所以"于"作为被动句的标记是不鲜明的,和"见"字句配合使用,两者互补,"见"字句借"于"字引介了施事者,"于"字句借助"见"字进一步加强了被动标记,"见+及物动词+于+施事"是一种比较完善的被动句式。

有时"见+及物动词"组合并不是被动句式,而是表示主动意义。例如:

8) 人君见赏而人臣用其势,人君见罚而人臣乘其威。(《韩非子·喻老》)
9) 生孩六月,慈父见背。(李密《陈情表》)(生下我六个月,慈父就背我而离世。)
10) (吕布)因往见司徒王允,自陈卓几见杀之状。(《后汉书·吕布传》)

例八、九、十"见+及物动词"组合都不表示被动意义,而表示主动意义，"见赏"即"赏之"，"见罚"即"罚之"，"见背"即"背我"，"见杀"即"杀己"。一般认为，其中的"见"仍是助动词，但是有称代作用，指代动词的宾语。"见"字的这种用法还保留在现代汉语的一些固定格式里，如"有何见教""请勿见笑"。对于"见+及物动词"组合的被动和主动两种不同的用法，要结合上下文仔细加以分辨。

4. "为+施事者+所+及物动词"。例如：

1）先即制人，后则为人所制。(《史记·项羽本纪》)
2）大月氏王已为胡所杀。(《汉书·张骞传》)
3）微赵君，几为丞相所卖。(《史记·李斯列传》)
4）章由是见疑，遂为凤所陷。(《汉书·王章传》)

以上各例介词"为"引介动作行为的施事者，其中的"所"没有表示谓词性成分指称化的作用，"所"后的动词仍是典型的陈述，因而这个"所"不是助词"所"，而是标明其后动词是被动意义的标记。"为+施事+所+及物动词"句式起源于战国末期，在先秦文献中出现频率很低，汉代以后频率升高，东汉以后成了一种主要的被动句式，出现频率明显高于前三种被动句式。

同"为+施事者+及物动词"句式相仿，"为+施事+所+及物动词"句式也可以省略以介词"为"的宾语身份出现的施事成分。例如：

5）不者，若属皆且为所虏。(《史记·项羽本纪》)
6）官军加讨，屡为所败。(《旧唐书·黄巢传》)

有两种组合同"为+施事者+所+及物动词"句式密切相关，一是"为+施事+之+所+及物动词"。例如：

7）父母之于子也，岂可坐观其为寇贼之所屠剥，立视其为狗豕之所啖食乎？(《潜夫论·边议》)
8）此室入者，不为诸垢之所恼也。(《维摩诘所说经·观众生品》)

例七、八中"之所"的作用同"所",都是标明其后动词是被动意义的标记。另一种相关组合是"为+施事+所+见+及物动词",例如:

9) 羌胡被发左衽,而与汉人杂处,习俗既异,言语不通,数为小吏黠人所见侵夺。(《后汉书·西羌传》)

10) 有为法者,为生老病死所见逼迫。(《出曜经·惟念品》)

例九、十中"所见"的作用同"所",也是标明其后动词是被动意义的标记。在汉魏六朝时期的文献里上述两种句式比较常见,唐代以后消失了。

5. "被+(施事者)+及物动词"。在先秦汉语里,有一个及物动词"被",意思是"覆盖""遭受""蒙受"。例如:

1) 光被四表。(《书·尧典》)(四表:四海之外)

2) 下施万民,万民被其利。(《墨子·尚贤上》)

3) 泽被生民。(《荀子·臣道》)

4) 秦王复击轲,(轲)被八创。(《战国策·燕策》)

以上各例,动词"被"的宾语都是名词性成分。战国末期动词"被"的宾语可以是动词性成分了,这样动词"被"就有了虚化的可能。例如:

5) 今兄弟被侵,必攻者,廉也;知己被辱,随仇者,贞也。(《韩非子·五蠹》)

6) 国一日被攻,虽欲事秦,不可得也。(《战国策·齐策》)

以上二例分析作述宾结构或分析作被动句式似乎都可以。汉代以后"被+及物动词"的用例多起来了,例如:

7) 虽万被戮,岂有悔哉?(司马迁《报任安书》)

8) (屈原)信而见疑,忠而被谤。(《史记·屈原贾生列传》)

例八"被谤"和"见疑"相对,更显示出了"被"已经不再是及物动词,而是虚化为表示被动的标记了,一个新的被动句式产生了。在东汉以前"被"不能引介施事者,语法功能同"见",是个助动词。

东汉以后,"被"可以引介施事者了,"被"就发展为介词了。例如:
9) 臣被尚书召问。(蔡邕《被收时表》)
10) 亮子被苏峻害。(《世说新语·方正》)

至此,现代汉语里最重要的被动句式就产生了,以后这种被动句式逐渐取代了其他各种被动句式。但是在文言作品里仍多用其他几种被动句式,"被"字句出现的频率还是比较低的。另外,汉语的被动句在语义表达上有自己的特点,多表示不幸的或不希望发生的事,这个特点在古代汉语里更为明显。

第四节 复句与单句

复句与单句是从句子结构的角度分类而得出的句类,句子最高层次上直接成分间的结构关系是划分复句和单句的基本依据,结构关系决定每个具体的句子属于复句还是单句。古代汉语里直接成分间的结构关系有两种基本类型,一类是平列关系,等立、一般性转折、选择、承接、进层都包含在平列关系之中,平列关系的直接成分是互不说明、支配、修饰、补充的,整个结构不存在一个结构的核心,因此这种结构关系也可以称之为非核心结构关系。另一类是非平列关系,定中、状中(含条件、因果、让步转折)、补充、支配、主谓都属于非平列关系,非平列关系的直接成分结合紧密,每个结构都具有一个结构核心,因此这类结构关系也可以称为核心结构关系。句子最高层次上直接成分间为非核心关系的是复句,反之,直接成分间为核心关系的是单句。复句在最高层次上是没有句法核心的,但是从另一个角度看,复句的各分句都是一个独立的核心,这样复句就有了两个或两个以上的核心,但多核心其实即无核心;单句在最高层次上必须是有一个句法核心的。

4.1 古代汉语的复句。复句的下位句法单位是分句,根据分句间的结构关系,古代汉语的复句可以分为五种类型。

4.1.1 等立复句。两个或两个以上分句分别叙述、描写相关的几件事,或同一件事的若干方面。例如:

1) 目不能两视而明,耳不能两听而聪。(《荀子·劝学》)
2) 饥者易为食,渴者易为饮。(《孟子·公孙丑上》)
3) 是我一举而名实两附,而又有禁暴止乱之名。(《战国策·秦策》)
4) 既东封郑,又欲肆其西封。(《左传·僖公三十年》)(已经在东边把边界推到了郑国,又想要扩张西部的边界。)

以上四例,几个分句分别描写或叙述相关的几件事,构成等立复句。例一、二没有关联词语作为复句的标记,这反映了古代汉语复句的特点,少用关联词语,多用意合方式构成复句。例三分句间用连词"而"连接分句。例四两个分句有副词"既""又"修饰,副词在句中可以起关联作用,又称为关联词语。等立复句分句间的句法关系是平等的,但语义上可以是相对的,甚至是相反的。例如:

5) 知者乐山,仁者乐水。知者动,仁者静。知者乐,仁者寿。(《论语·雍也》)
6) 庖有肥肉,厩有肥马;民有饥色,野有饿莩。(《孟子·梁惠王上》)
7) 古之学者为己,今之学者为人。(《论语·宪问》)

例五、六各分句在语义上是相对的,例七分句在语义上相反。有的复句是多层次的,如例六,分号两边是构成复句的两个分句,每个分句又是一个复句,由逗号两边的分句组成。

4.1.2 转折复句。复句两分句间的转折关系都是非让步转折关系,至于让步转折关系,是单句中状语和中心语间的一种关系(详见4.2)。例如:

1) 今诸侯独知爱其国,不爱人之国。(《墨子·兼爱中》)
2) 今邯郸旦暮降秦,而魏救不至。(《史记·魏公子列传》)
3) 不有祝鮀之佞,而有宋朝之美,难乎免于今之世。(《论

语·雍也》)

4)万钟之禄,吾知其富于屠羊之利;然岂可以贪爵禄而使吾君有妄施之名乎?

5)性也者,吾所不能为也;然而可化也。(《荀子·儒效》)

以上各例,分句间都是一般性转折关系。例一分句间不用关联词语,例二、三、四、五使用了连词"而""然""然而",这三个连词在转折复句中出现的频率比较高。

4.1.3 选择复句。例如:

1)滕文公问曰:"滕小国也,间于齐楚。事齐乎?事楚乎?"(《孟子·梁惠王下》)

2)不知周之梦为蝴蝶与?蝴蝶之梦为周与?(《公羊传·昭公三十一年》)

3)不知天之弃鲁邪?抑鲁君有罪于鬼神,故及此也?(《左传·昭公二十六年》)

4)富贵者骄人乎?且贫贱者骄人乎?(《史记·魏世家》)

5)吾与富贵而诎于人,宁贫贱而轻世肆志焉。(《史记·鲁仲连邹阳列传》)

6)礼,与其奢也,宁俭;丧,与其易也,宁戚。(《论语·八佾》)

7)宁为鸡口,无为牛后。(《史记·苏秦列传》)

例一、二、三、四表示在并列的几件事里选择一件。例一、二不用关联词语,例三、四用连词"抑""且",连词"抑""且"相当于现代汉语里的"还是",经常用在表示选择的问句里。例五、六、七表示经过比较之后选择后者,例五介词"与"和副词"宁"组成"与……宁……"固定格式,作用同关联词语。例六"与其……宁……",例七"宁……无……"也是固定格式,同"与……宁……"。上述几个固定格式经常出现在选择复句里。

4.1.4 承接复句。承接复句的各分句在时间上或事理上承接,例如:

1) 吾十有五而志于学,三十而立,四十而不惑,五十而知天命,六十而耳顺,七十而从心所欲,不逾矩。(《论语·为政》)
2) 皆叩头,叩头且破,额血流地,色如死灰。(《史记·滑稽列传》)
3) (匈奴)逐水草迁徙,无城郭长处耕田之业。(《史记·匈奴列传》)
4) 原泉混混,不舍昼夜;盈科而后进,放乎四海。(《孟子·离娄下》)(盈科:注满凹下之处。)

例一、二各分句是按时间先后的次序安排的,后分句承接前分句。例三、四各分句是按事理的次序安排的,后分句承接前分句。承接复句往往由多个分句组成,并且分句间多不用关联词语,以上四例都没有用关联词语。承接复句的分句间也可以用副词或连词起关联作用,例如:

5) 韩魏闻楚之困,乃南袭至邓,楚王引归。(《战国策·秦策》)
6) 先世避秦时乱,率妻子邑人至此绝境,不复出焉,遂与外人间隔。(陶渊明《桃花源记》)
7) 吴人闻之,而出挑战。(《国语·越语》)
8) 子贡反,筑室于场,独居三年,然后归。(《孟子·滕文公上》)
9) 王之臣有托其妻子于其友而之楚游者,比其反也,则冻馁其妻子,则如之何?(《孟子·梁惠王下》)

例五、六用副词"乃""遂"作关联词语,例七、八、九用连词"而""然后""则"作关联词语。例六、例八和例九是多层次的复句,例六"遂"字前后为两个分句,构成承接复句;前分句又由三个分句构成一个承接复句。例八连词"然后"连接两个分句,前分句又是一个复句。例九第二个"则"字前后各为一个分句,构成承接复句;前分句第一个逗号两边各为一个分句,构成一个承接复句;前分句"则"字前后又为两个分句,构成一个承接复句。

4.1.5 进层复句。例如:

1)公语之故,且告之悔。(《左传·隐公元年》)
2)比及三年,可使有勇,且知方也。(《论语·先进》)
3)非独此五国为然而已也,天下之亡国皆然矣。(《战国策·魏策》)
4)非独治羊,治民亦犹是也。(《史记·平准书》)
5)庸人尚羞之,况于将相乎?(《史记·廉颇蔺相如列传》)
6)死马且买之五百金,况生马乎?(《战国策·燕策》)

进层复句同承接复句有相似之处,例一如果去掉连词"且"就是承接复句。这是由于进层复句的后分句同前分句也含有承接关系,但是进层复句的后分句表达的意思比前分句更进一层,各分句虽然在句法上是平等的,但在语义上后分句重于前分句,这是进层复句不同于承接复句和其它复句之处。另外,近层复句基本上都使用关联词语,这也不同于承接复句。例一、二用连词"且",例三用副词"非独""皆"组成固定格式"非独……皆……",例四固定格式"非独……亦……",例五固定格式"尚……况……",例六固定格式"且……况……",都用来表示进层关系。其中"尚……况……""且……况……"两种固定格式表达的进层意味犹重。

4.2 古代汉语的单句。单句是同复句相比较而存在的,过去一般认为复句有联合复句和偏正复句,从上文对古代汉语五种复句的讨论中可以看出,依据我们的复句标准,本教材只把过去一般认为是联合复句的句子认作复句。而所谓"偏正复句",因其两个直接成分间存在修饰与被修饰的关系,最高层次上存在句法核心,所以我们把它归入单句,认作谓词性偏正结构实现而成的单句。过去一般认为从属分句的部分,我们认作状语,过去一般认为主要分句的部分,我们认作中心语。对一般单句的讨论前文已经全面涉及,此处不再重复,本节集中讨论状中结构实现而成的单句,即过去一般认为"偏正复句"的那些句子。这些句子的共同特征是:最高层次都是偏正结构,并且充任状语的都是谓词性成分。如前文所述,谓词性成分位于非谓语核心位置就不再是典型的陈述,而转化为指称,上述单句中充任状语的谓词性成分都是自指化的谓词性成分。具体分析充任状语的自指化谓词性成分,有三种类型:有标记的指称化谓词性成分作状语,即助词结构作状语;无标记的指称化谓词性成分作状语;介宾结构作状语。

4.2.1 有标记的指称化谓词性成分作状语。主要是"之"字结构和"者"字结构作状语。分述如下。

1. "之"字结构作状语。例如:
1) 媪之送燕后也,持其踵为之泣。(《战国策·赵策》)
2) 吾兄弟之不协,焉能怨诸侯之不睦。(《左传·僖公二十二年》)
3) 父母之爱子,则为之计深远。(《战国策·赵策》)
4) 骊姬之爱,乱者五世。(《史记·太史公自序》)(因骊姬被宠爱,晋国乱了五代。)
5) 禹伤先人父鲧功之不成受诛。(《史记·夏本纪》)(功之不成受诛:因治水不成而被杀。)

以上五例都是"之"字结构作状语,例一表示时间修饰,例二、三表示假设条件,例四、五表示原因。有人把上述"之"字结构都看作复句的分句。我们认为"之"字结构是自指化的主谓结构(参看助词结构节),已经不是陈述,失去了实现为句子(包括分句)的资格,所以只能认作句法成分,修饰后面的句法核心,即作状语。

2. "者"字结构作状语。例如:
1) 鲁无君子者,斯焉取斯。(《论语·公冶长》)
2) 伍奢有二子,不杀者,为楚国患。(《史记·楚世家》)
3) 民众而不用者,与无民同。(《商君书·算地》)

4) 兵不如者,勿与挑战。(《战国策·楚策》)(军力不如人的话,不要挑战。)

5) 战士怠于行陈者,则兵弱也;农夫惰于田者,则国贫也。(《韩非子·外储说左上》)

以上五例都是"者"字结构作状语,表示假设条件,"者"字结构的意思是"如果……的话"。上述各例"者"字结构都是自指化的谓词性结构,都已不是陈述,只起修饰后面句法核心的作用,所以不是分句而是状语。

4.2.2 无标记的自指化谓词性成分作状语。例如:

1) 不违农时,谷不可胜食也;数罟不入洿池,鱼鳖不可胜食也;斧斤以时入山林,材木不可胜用也。(《孟子·梁惠王上》)

2) 沛公不先破关中,公岂敢入乎?(《史记·项羽本纪》)

3) 仲子,不义与之齐国而弗受。(《孟子·尽心上》)(仲子这个人,不义的话,把整个齐国交给他他都不会接受。)

4) 人有祸,则心畏恐;心畏恐,则行端直;行端直,则思虑熟;思虑熟,则得事理。(《韩非子·解老》)

5) 夫夷以近,则游者众;险以远,则至者少。(王安石《游褒禅山记》)

以上各例带点的部分都是条件状语,修饰后面的句法核心。这些作状语的谓词性成分尽管没有带上指称化的标记,但也都自指化了,是它们自身所处的语法位置使他们指称化的。比较例四分别位于谓语和状语位置上的同一句法结构,就可以清楚地看出这一点。在汉语里,谓词性成分位于非谓语核心位置上,就会从陈述转化为指称,不可能再实现为句(包括分句),而只能作为句法成分。汉语里的谓词性成分充任各类句法成分是比较自由的,我们可以承认谓词性成分作主宾语,作定语,作补语,为什么一定要把状语位置上的谓词性成分归入分句呢?究其原因,恐怕还是同用西方的语法观念看待汉语有关。在古汉语语法里应该把上述成分认作状语而不是分句。

有时作状语的无标记自指化谓词性成分带有表示确认语气的副词,例如:

6) 圣人果可以利其国,不一其用;果可以便其事,不同其礼。(《史记·赵世家》)

7) 王诚以一郡上太后,为太后汤沐邑,太后必喜。(《史记·吕太后本纪》)

8) 赵诚发使尊秦昭王为帝,秦必喜罢兵去。(《战国策·赵策》)

例六、七、八"果""诚"都是副词,表示"果真""确实"的意思,副词所在的谓词性结构作表示假设条件的状语,修饰句法核心。其实假设的意思不是由"果""诚"表达的,而是由语境表达的。过去一般把"果""诚"认作假设连词,认为类似用例都是假设复句,是假设连词连接假设分句。本教材处理为无标记的自指化谓词性成分作状语。

4.2.3 介宾结构作状语。这里讨论的介宾结构作状语,不是指一般的介宾结构作状语,而是指一般认为用连词连接的偏正复句中的从属分句(参看介词节)。根据介宾结构作状语的语义表达,可以把这种状语分为三类。

1. 介宾结构表示原因。例如:

1) 左右以君贱之也,食以草具。(《战国策·齐策》)

2) 以吾一日长乎尔,毋吾以也。(《论语·先进》)(因为我比你们年长一点,没人用我了。)

3) 吾以从大夫之后,故不敢不言。(《左传·哀公十四年》)

4) 先帝属将军以幼孤,即将君以天下,以将军忠贤能安刘氏也。(《汉书·霍光传》)

5) (舜)为不顺(悦)父母,如穷人无所归。(《孟子·万章

上》)

6) 文公为卫之多患也,先适齐。(《左传·闵公二年》)

7) (汤)为其杀是童子而征之。(《孟子·滕文公上》)

8) 舜不告而娶,为无后也。(《孟子·离娄上》)

以上各例,介词"以""为"连同后面的谓词性成分组成介宾结构,作状语或补语,表示原因,整个句子是单句。有人认为上述"以""为"不是介词而是连词,连接原因分句,整个句子是因果复句。这实际上是依据"以""为"后是名词性成分还是谓词性成分,把"以""为"各分析为介词和连词两个词,在名词前是介词带宾语,在谓词前是连词连接分句。这种处理不符合汉语的基本特点,即谓词性成分可以自由地充任句法成分,以及谓词性成分在非谓语核心位置上就会由陈述转化为指称的规律。值得注意的是,介词"以"和"为"与谓词性成分构成的表示原因的介宾结构,有时可以位于句法核心之后,作补语,其语法作用同状语,如例四和例八。这一点有别于其它介宾结构。

2. 介宾结构表示假设条件。例如:

1) 王若隐其无罪而就死地,则牛羊何择焉?(《孟子·梁惠王上》)

2) 王如知此,则无望民之多于邻国也。(同上)

3) 苟子之不欲,虽赏之不窃。(《论语·颜渊》)

4) 向使四君却客而不纳,疏士而不用,是使国无富利之实,而秦无强大之名也。(《史记·李斯列传》)

5) 假设陛下居齐桓之处,将不合诸侯而匡天下乎?(《汉书·贾谊传》)

6) 假令仆伏法受诛,若九牛亡一毛,与蝼蚁何以异?(司马迁《报任安书》)

以上各例,"若""如""苟""向使""假设""假令"从《马氏文通》以来都看作连词,但马氏并不认为它们连接的是分句,而认为连的是

"读"。后来人们比马氏又进了一步,认为它们连接的是假设条件分句,这种看法一直相沿至今。本教材把"若""如""苟""向使""假设""假令"等处理为介词(参看介词节),这些介词同后面的谓词性成分一起构成介宾结构,作状语,修饰句法核心,因而整个句子不是复句而是单句。

3. 介宾结构表示让步条件。例如:

1)纵子忘之,山川鬼神其忘诸乎?(《左传·定公元年》)
2)纵彼畏天子之诏,不敢动我,我独不愧于心乎?(《史记·田儋列传》)
3)纵江东父兄怜而王我,我何面目见之?(《史记·项羽本纪》)
4)吾纵生无益于人,吾可以死害于人乎哉?(《礼记·檀弓》)
5)虽君有命,寡人弗敢与闻。(《左传·隐公十一年》)
6)虽有兄弟,不如友生。(《诗经·小雅·常棣》)
7)仆虽罢驽,亦尝侧闻长者之遗风矣。(司马迁《报任安书》)
8)老仆虽弃,将军虽贵,宁可以势夺乎?(《史记·魏其武安侯列传》)

以上各例,"纵""虽"意思是"即使""虽然"。一般认为"纵""虽"是让步连词,连接让步分句。本教材把"纵""虽"处理为介词(参看介词节),"纵""虽"同后面的谓词性成分一起构成介宾结构,作状语,修饰句法核心。值得注意的是,介词"纵"组成的介宾结构所修饰的句法核心一般都是反问结构,如例一、二、三、四。介词"虽"组成的介宾结构所修饰的句法核心可以是反问结构,如例八,也可以是一般叙述结构,如例五、六、七。

参考文献

陈复华等:《古代汉语词典》,商务印书馆,1998年。
郭锡良、李玲璞等:《古代汉语》,语文出版社,2000年。
郭锡良、唐作藩、何九盈、蒋绍愚、田瑞娟:《古代汉语》,商务印书馆,1999年。
蒋绍愚等:《古汉语常用字字典》,商务印书馆,1998年。
马建忠:《马氏文通》,商务印书馆,1983年。
王力:《古代汉语》,中华书局,1962年。
王力等:《王力古汉语词典》,中华书局,2000年。
王力:《中国语法理论》,《王力文集》第一卷,山东教育出版社,1984年。
赵元任,丁邦新译:《中国话的文法》,香港中文大学出版社,1980年。
中国社科院语言所古代汉语研究室:《古代汉语虚词词典》,商务印书馆,1999年。
周法高:《中国古代语法》,台联国风出版社,1959年。
朱德熙:《语法答问》,商务印书馆,1985年。
　　　　《语法讲义》,商务印书馆,1982年。
　　　　《自指和转指》,《朱德熙文集》第三卷,商务印书馆,1999年。

　　本书的语法部分不仅参考了上述论著,而且使用了其中的一些例句,由于篇幅所限,未能一一注明。特此说明。

第四部分

音 韵

第十五章　关于汉语音韵的入门知识

第一节　为什么要懂一点汉语古音

1.0　学习古代汉语一般是从古文开始的,首先接触的是古代的词汇和语法。当我们学习古汉语达到了一定的阶段,就需要掌握一些古代的语音知识。研究古代汉语语音的学问叫做"音韵学"。"音韵"的本来意思就是语音,不分时代不论地点,现代人用这个概念时则主要指古代汉语的语音。

语言是由语音、语法、词汇三种要素构成的符号系统,语音是语言的物质外壳,词汇和语法都以语音为寄托,或者说,都要通过语音形式表现出来。在语言学研究中,语音研究是最基本的部分。不过,从学习古代汉语的次序来说,音韵总是放在后边的。这是因为,古人说的话我们是听不到了,古汉语的词汇、语法保存在书籍里边,是以文字为载体的,我们能用今天的读音去"读"就可以,不需要用古音去"说",这样一来古音就显得不怎么重要。但是,当我们需要进一步提高古汉语水平的时候,情况就不是这样了。许多词汇、语义现象,许多语法现象,有些古代文体的构成,都跟古音有关;阅读与理解的过程中遇到的不少问题要通过古音得到解决。所以,学习古汉语的过程中掌握一定的音韵学知识是重要的一环,研究古代汉语更要精通古音。

1.1　词汇问题是阅读古书遇到的首要问题,字义的理解有时候要涉及古音。比如说,古书中有很多文字"通假"现象,就是同一个词在不同的地方写成不同的字,其中有所谓"本字",有所谓

"假借字",对假借字不能按照它的常用意义去理解,一定要知道它在这里是被当作另外一个字使用的。辨别假借字,就得以它们的古代读音为条件。一个词用两个或几个字来代表,这几个字的古代读音一定是相同或很接近,但是现代读音却不一定相同相近。不懂得古音条件,就没有办法准确辨别假借字。比如古书常常用假借"罢"字代表"疲"字,这两个字的现代读音差别很大,为什么古书里可以通假,就因为它们都有相同的声母(並母),属于同一个韵部(歌部)。再深入一点说,研究古汉语词汇更需要古音知识。拿同源词来说,同源词是在原先一个词的基础上分化出的若干个词,分化以后的词的意义和读音都有密切联系,比如"背"和"负"是同源词,"剖"和"副"是同源词,从现代读音是看不出来的,但从古代读音看,条件就很清楚。

1.2 古代的诗歌以及其他韵文,都通过语音手段来构成它们的特有体裁,最常用的手段是押韵和平仄交替。押韵是把音节的后半部分(韵腹和韵尾)相同的字放在句子末尾,以造成回环叠加式的听觉美感;平仄规则是在一句话里交互使用音高不同的字(平声字和仄声字),以产生抑扬起伏的听觉美感。古代诗文的押韵、平仄都是按照古人的发音安排的,不懂得一些古音知识也无法深入体会那些文体的妙处。

1.3 古音知识对古籍校勘也很重要。举例来说,传世本《老子》有这样一段话:"修之于身,其德乃真;修之于家,其德乃余;修之于乡,其德乃长;修之于国,其德乃丰。"从古音看,"身真"(真部)"家馀"(鱼部)"乡长"(阳部)分别都是押韵的,只有末一句"国"跟"丰"不押韵,因此可以推测后两句可能有问题。研究者认为,"国"字不是原文,原文应该是"邦"字,"邦"和"丰"在秦汉以前在同一个韵部(东部),押韵和谐;汉朝人为了避讳而用同义字"国"代替了"邦"。近年考古发现的《老子》原文正是"邦"字。

1.4 研究中国古代文化的其他学科,也往往要借助于古音。

比如史书里边记录的一些民族或国家,后来去向不明,其名称用字的古音就是一条寻找的线索。历史学家考证汉代的"发羌"是后来藏族的祖先,证据之一是"发"字的古代汉语读音近似[pwat],跟藏族的自称[bod]很相像。

总之,音韵学是一门实用性的学科,古音知识有广泛的用途。

第二节 标注古音的方法

2.0 语音是听觉对象,实际说话时的语音一发即逝。要在书面上表示语音,即把听觉对象转换成视觉对象,就得有特定的代表符号。十九世纪以前的传统音韵学都用汉字作为语音的代表符号,二十世纪的现代音韵学增加了国际音标作为语音代表符号。古音的研究成果分"音类"和"音值"两个层次,用汉字作为语音的代表符号,主要功能是区别音类;用国际音标作为记音工具,既能区别音类,也能表示音值。

2.1 音类,指分析出的语音单位。汉语里的音节差不多是天然的独立单位,音韵学的研究基本上就是对音节以下的单位,即音节内部的构成成分进行分析。一个音节可以包括声母、韵头(也叫介音)、韵腹(也叫主要元音)、韵尾和声调五种成分,音类也主要指这些单位及其组合。一个单纯的音位可以是一个音类,两个以上音位的组合也可以是一个音类。用汉字表示音类的方法有两种,一种是用一个汉字代表一个音位,另一种是把具有某种共同成分的汉字算作一个类别,并给这个类别起一个名称。

2.1.1 用汉字代表一个单纯的音位,主要用在声母和声调。汉语的一个声母就是一个辅音音位;音节开头没有辅音的叫做"零声母",零声母也算一个音位。用一个汉字代表一个声母,是古代普遍运用的方法。代表声母的汉字叫"字母",每个字母代表的声母是它本身所包含的声母,例如字母"帮"代表的声母是[p],

字母"明"代表的声母是[m],字母"端"代表的声母是[t],字母"来"代表的声母是[l],人们分别称这些字母为"帮母""明母""端母""来母"。声调也用同样的方式表示,例如隋唐时代汉语有四个调类,分别用"平""上""去""入"四个字代表,人们分别称这些声调为"平声""上声""去声""入声"。

2.1.2 通过给汉字分类和命名来表示音类,用法多种多样。可以区分的音类既有单纯音位,也有音位组合成的上一层单位。有的音类是以特定位置上的单纯音位为标准来区分,比如,把包含[i]介音的字都算作一类,叫做"齐齿呼";把包含[u]介音的字算作一类,叫做"合口呼";把包含[y]介音的字算作一类,叫做"撮口呼";把没有以上三个介音的字算作一类,叫做"开口呼";这是以介音为标准的分类。有的音类是以音位组合成的更大单位为标准来区分,比如,包含韵腹[a]、韵尾[ŋ]、声调是平声的字算作一类,用"唐"字作为这一类的代表,这样区分的音类叫做"韵",韵的构成条件是韵腹、韵尾和声调都相同,韵的名称叫"韵目","唐"就是它所在韵的韵目。还有一种分类法,是把具有共同区别性特征的若干音类合为更大的一类,起一个名称,例如具有鼻音韵尾[m]、[n]、[ŋ]的韵统称为"阳声韵",具有塞音韵尾[p]、[t]、[k]的韵统称为"入声韵",没有韵尾或以元音为韵尾的韵统称为"阴声韵",这是根据韵尾的某一项发音方法的共性给韵归纳的类。

2.2 音值,是语音单位的实际读音。语音可以从物理属性和生理机制(发音机制)上说明,音韵学不从语音的物理性质上说明音值,而是以发音机制来说明音值。在书面上,音值用国际音标来表示。

国际音标是专门为记录人类的语音而创制的一套符号系统。国际音标的制定,原则上是一个符号只代表一个音素、一个音素只用一个符号代表,符号跟音值有固定的联系。音素分为辅音和元音。辅音音值以口腔的发音部位和发音方法来说明,如[p]的发音部位是双唇，发音方法是不送气不带音的塞音（爆破音）；[t]的发音部位是舌尖，发音方法是不送气不带音的塞音（爆破音）。元音的音值以口唇的形状、舌位的高低前后等规定，如[a]是前、低、不圆唇元音，[u]是后、高、圆唇元音。由于每个音标符号只代表一个固定的音素，所以国际音标是很好的表示音值的工具。当然，国际音标也同样可以代表音类，假如把前边说的那些字母"帮明端来"换成[p]、[m]、[t]、[l]，对于同一个语音系统来说是一点问题也没有的。

声调的音值是音节的高低升降、幅度大小，叫做"调值"。现代通行的表示调值的方法是"五度标调法"，即把声调的高低分为五度，用一条线条的起点和终点的位置以及曲折变化代表一个声调。现代汉语课里一般都会介绍这种方法，这里就不再详谈。

汉字不跟固定的音值挂钩，同一个字在不同的地方可能有不同的读音，在同一方言的不同时代也可能有不同的读音。此外，一个字就是一个音节，内部包含着几个音素，而用作音类代表字的时候仅仅用了其中一个音素，这就使初学者对那代表字的含义很困惑，不容易把握实质。所以汉字不适合作音值的代表符号，只适合作为音类的代表符号。

第三节　汉语古音的分期

3.0　汉语的历史悠久，"现代音"之前的语音系统都是古音，但语音是逐渐发展变化的，不同历史时期各有自己的语音系统。汉语分布地域广泛，各个地方的语音系统也有或大或小的差别，形成不同的方言区。音韵学的重点内容是各个时代的汉民族共同语的语音系统。

学术界把汉语史分为史前的原始汉语、商代的远古汉语、从西周到汉末的上古汉语、从魏晋到唐五代的中古汉语和从两宋到清末的近代汉语。原始汉语的具体情况难以了解,远古汉语也还没有可靠的研究成果,真正可靠的汉语语音史是西周以后各个时期的语音发展史。我们将要讲的内容是上古音、中古音和近代音。

3.1　上古音

上古汉语时期从西周初年到汉末,有一千二百多年。这一时期还可以分三段:(1)春秋以前;(2)战国;(3)两汉。

从周朝开始,汉语在中原地区形成了通行的共同语。当时汉语已经分化成不同的方言。《孟子·滕文公下》里提到过齐国人跟楚国人的语言差得很远,孟子在打比喻的时候说,要让楚国的孩子学习齐国语言,不能在楚国国内学,在这种环境里,一个老师教齐国话,但周围的人全说楚国话,这孩子学不会齐国话;应该把孩子送到齐国去,就把齐国话学好了。方言差别的存在就要求有一种共同语作为各地的通用交际工具,共同语就应运而生。当时的共同语叫做"雅言"。"雅"是"夏"的意思,即中原一带地区的语言,后来引申为高雅的意思。《论语·述而》:"子所雅言,诗、书、执礼,皆雅言也。"孔子严格地区分不同的谈话场合,在读经书、参加礼仪的时候,一定用雅言,不用他的鲁方言。可见雅言是高于方言之上的。此后雅言的传统一直贯穿整个中国历史而延续下来。

春秋以前汉语韵母的大类,可以从《诗经》的押韵字归纳出来,有29个韵部。战国时期的韵母大类可以从《楚辞》和诸子的韵语里归纳出来,当时有30个韵部。从谐声字和假借字等材料可以分析周秦时期声母的大概情形。那时的声母比较复杂,不仅有一个辅音充当的声母,也有两个辅音连在一起的复辅音声母,如pl、kl、tl之类。先秦谐声字材料的产生时代不容易区别,先秦的声母也就难以区分早期和晚期,人们把推测出的各种可能存在的声母都放在一个系统里,笼统对待。《诗经》时代就有声调,有四个调类,但跟中古的四声有很大不同。

两汉时期的语音材料有诗歌、汉赋的押韵、通假字、经师注音和佛教著作里的梵汉对音即用汉字音译的梵语词汇。这一时期的韵部系统跟先秦韵部的差别比较小,声母的变化可能比较大,复辅音消失了,声母都是由单个辅音构成的。

上古音的代表性音系是《诗经》的韵部系统和先秦的声母系统,第十九章将有较详细的介绍。

3.2 中古音

中古汉语语音可以分前后两期。魏晋时期被认为是从上古汉语到中古汉语的过渡期,南北朝的汉语是中古前期,唐五代的汉语是中古后期。中古汉语的语音材料比以前增加了。汉末人发明了反切,汉语音韵学从此产生;三国时出现了韵书。反切和韵书都是以前没有的语音材料。韵书是专门的音韵著作,它的优点是完整地记录一个语音系统,划分声调、韵、韵内的同音字组,并且每部书的编纂时间大体明确。现存最早的韵书是隋代陆法言的《切韵》,该书后来成为汉语音韵学的经典。

南北朝时期,语音的一个特征是韵母"繁化",韵部比以前分得多。中古的四声体系确立了,有很多上古时期收塞音韵尾的入声字变成去声。

唐五代时期,韵母系统又向简化的方向发展,韵部减少了。实际的口语里,四声的调值有分化,各有以声母的清浊为条件分高低的情况。

中古汉语的代表性音系是《切韵》音系,第十七章将介绍该音系。

3.3 近代音

近代汉语包括宋元明清。这一时期共同语的一个比较大的变化是共同语的中心基础方言发生转移。共同语的基础方言历来都是北方话,但是这个大范围内有一个影响力最大的中心次方言。宋代以前这个中心一直在河南一带,元朝以后北京成为全国的政治中心,北京话的地位也随之上升,取代洛阳、开封一带的方言而成为共同语的中心基础方言。

　　近代汉语时期,音韵学有了进一步的发展。音韵学的著作里出现了一种新的著作种类,是以图表形式分析语音系统的"等韵图",等韵图对音系的分析比韵书更加细致,更加透彻。"对音"材料也增加了新的种类,有了汉语跟多种语言对译的文字资料,后来还出现了用西方拉丁字母给汉字注音的著作。

　　近代汉语共同语的语音系统跟中古音的主要不同是:声母里的全浊声母变成了清声母;韵母简化,中古时期以[-p]、[-t]、[-k]为韵尾的入声韵母都变成元音韵尾或者没有韵尾的韵母,韵尾[-m]变成了[-n]。中古的平声分化成阴平和阳平,入声调逐渐消失,明朝时入声字分别派入了阴平、阳平、上声、去声中。

　　近代汉语语音的代表性音系是元朝的《中原音韵》音系。第二十章将介绍该音系。

　　上文出现的对音、反切、韵书、等韵图等词语,将在第十六章有更多说明。

第十六章　汉语古音是怎样研究出来的

第一节　根据韵书和反切分析音类

1.0　我国古代出现过不少音韵学著作,记载了若干种语音系统。韵书是古代音韵学著作中最重要的种类之一,是现代人研究汉语古音的重要依据。东汉末年,人们的语音分析水平达到了一定的高度,创造出一种叫做"反切"的注音方法,随后就有人编写了韵书,以后历代都有韵书出现。

韵书是以分韵和注音为主要功能的工具书。这种工具书按照音节的内部成分(声调、韵腹和韵尾、介音、声母)给汉字层层分类,并且用反切给汉字注音。通过分析韵书的内部分类和反切用字情况,我们可以了解一部韵书的语音系统包括多少个声调、多少个韵,多少个声母,一韵内包含几个韵母,哪些字是同音字。不同时代产生的韵书在编排体例上有所不同,表现音系的细致程度也有不同。下面分别介绍中古和近代两种有代表性的韵书体例。

1.1　韵书的分析

1.1.1　中古时代的韵书以《广韵》为代表,它的体例可称作"三级分类法"。

第一层分类以声调为标准,分出的单位是"卷"。它的声调系统是平、上、去、入四声,按道理应该分四卷,但实际上分了五卷,原因是平声字多,因而分了上平、下平两卷,共有五卷。从声调类别而言,还是四类。

第二层分类以韵腹和韵尾为标准。一卷之内,韵腹、韵尾相同的字归为一类,这样的类就是"韵",每个韵有一个名称,就是韵目。如平声东韵、冬韵、锺韵、江韵等。《广韵》全书有平声57韵,上声54韵,去声60韵,入声34韵,共计206韵。把"韵腹+韵尾"看作一个单位,是传统音韵学一直沿用的分析方法,这个单位可以叫做"韵基"。

第三层分类是同音字组,一韵之内读音完全相同的字划为一组,这样的同音字组通称"小韵"。小韵与小韵之间用圆圈隔开。每一小韵的第一个字后边有一个反切,是本小韵所有字的注音。每个字的下边都有字义的解释,因此韵书还可以起到字典的作用。

这样的韵书直接提供的语音信息有三层:声调、韵、小韵。它的欠缺是没有明确显示出介音和声母的类别。完整的韵母由介音、韵腹、韵尾三部分构成,若要完全把韵母区别开,还应该把一韵之内的字再分更小的类,即把介音不同的字分为不同的类。以介音、韵腹、韵尾和声调都相同为条件分出的小类叫做"韵类"。此外,一个声母的字还可能因为某种细小的差别而分为两个"声类"。韵类和声类的信息都包含在小韵的对立中,需要通过分析反切而间接地获得,下文要讲的"反切系联法"就是用来解决这个问题的。

1.1.2 近代的韵书在体例上有所改进,分类更加细致,条理更加明晰。以明代的《韵略易通》为例,它采用的是"四级分类法",把韵基、声母、韵类、声调这几种音类成分都分别得很清晰。它的分类次序也跟《广韵》不同。

《韵略易通》第一层分类以韵基为标准,即把韵腹韵尾相同的字归为一类,不同声调的字都包括在内,这样的音类,通常叫做"韵部"。全书共分二十韵部,分别以"东洪""江阳""真文""山寒"等作韵目。

第二层分类以声母为标准。该书音系有二十个声母,用一首"早梅诗"二十字作字母,这首诗是:"东风破早梅,向暖一枝开,冰

《广韵》书影　清泽存堂刊宋本

《韵略易通》书影　明万历间《古今韵撮》本

雪无人见,春从天上来。"各韵部里同一声母的字类聚在一起,都按照这个次序排列。

第三层分类以介音为标准。每个声母下边所统的字,如果分别具有不同的介音,就分为不同的组。这种声母韵母都相同而包含不同声调的字群,音韵学上没有专用的名称。

第四层分类以声调为标准,这一层就分到了小韵。该书的声调系统表面上是"平上去入"四声,但是平声里边隐含着阴阳的区别,阴平与阳平字之间有一个小圆圈隔开,实际上有五个声调。

1.1.3 从以上两种韵书体例的分析,我们可以知道古代韵书的编纂原理是"层级分类法",通过对汉字的层层分类揭示音节分析的结果。现代人则通过这些分类而了解一部韵书的音系结构。

虽然早在三国时代就有韵书出现,以后历代出现的韵书数量不少,但是我们从韵书得到的古音内容也是有相当局限的。汉代以前完全没有韵书,魏晋南北朝时代的韵书已经全部失传,这些时期的古音要从其他材料中获得。唐宋时期流行的"官韵"一直沿袭《切韵》系统,不能反映实际语言的演变。因此韵书只是古音材料中的一部分,并且往往需要跟其他资料结合起来运用。

1.2 反切的系联

1.2.1 反切这种注音方法是用两个汉字给另外一个汉字标注读音,可以用一个简单公式来表示:

X,AB 反。

或者:X,AB 切。

X 代表被注音的字,是"被切字";A 和 B 代表用来注音的字,A 是"反切上字",也叫"切上字";B 是"反切下字",也叫做"切下字"。"反"和"切"是标志字,是这种注音方式的记号,隋唐以前用"反"字,唐代以后通用"切"字。比如一个"东"字,隋唐时注音为"德红反",宋代的《广韵》改为"德红切",其实是一样的。

反切的原理是:把反切上字的声母跟反切下字的韵母和声调

相结合,合成另外一个音节,就是被切字的读音。它的前提是:反切上字跟被切字的声母相同,反切下字的韵母和声调跟被切字相同。例如:

"冬,都宗切"。被切字"冬"和切上字"都"的声母相同,和切下字"宗"的韵母、声调相同,拼切出来就是"都 t(u) + 宗(ts) uŋ^{55} ⟶ 冬 tuŋ^{55}"。

"号,胡到切"。被切字"号"和切上字"胡"的声母相同,和切下字"到"的韵母、声调相同,就是"胡 x(u) + 到(t)au^{51} ⟶ 号 xau^{51}"。

被切字是零声母时,反切上字必须是零声母字,但是介音不一定跟被切字一致,被切字的介音还要凭切下字来决定。例如:"哀,乌开切"、"乌,哀都切"、"宴,於甸切"、"於,央居切",切上字只表明被切字是零声母,和被切字的四呼并不一致。

按照现代读音,有些反切看上去不合乎上述原理,或是被切字跟反切上字的声母不同,或是被切字跟反切下字的韵母声调不同。如"坚,古贤切","往,于两切"。这都是由于语音的变化,今音跟古音不同的缘故。

1.2.2 反切对古人来说仅仅是一种注音的方法,对于现代音韵学来说则是研究古音的重要对象。像《广韵》那样的韵书,没有把韵类和声母标识出来,对它的音系细节就必须做进一步分析,才能把声母和韵类都彻底区别清楚。这一分析是通过分别"系联"反切上字和反切下字来实现,叫做"反切系联法"。系联反切上字可以得到声类,系联反切下字可以得到韵类。

系联法的基础是反切的基本原理和古书里反切用字的任意性。根据反切的原理可知,切上字和被切字的声母相同,切下字和被切字的韵母和声调完全相同。所谓反切用字的任意性,是说古人制作反切时用字没有固定限制,一个声母使用几个或十几个反切上字,一个韵类使用几个或十几个反切下字。考察一部书里全部反切上下字的"同用""互用""递用"关系,识别出一个音系内部所有的声类、韵类,就是系联法的基本功效。

同用

几个反切共同用一个上字,则这几个被切字的声母属于同类。例如:冬,都宗切;当,都郎切;登,都滕切;的,都历切;"冬当登的"诸字和它们共用的反切上字"都"的声母一定相同。

几个反切共同用一个切下字,那么这几个被切字属于相同的韵类。例如:东,德红切;公,古红切;"东、公、红"一定属于同一韵类。

互用

两个字互相作对方的反切上字,是切上字的互用。例如:当、都郎切,都、当孤切,当和都为互用;博,补各切,补、博古切,博和补为互用。每对互用的反切上字一定属于同一声母。

两个字互相作对方的反切下字,是切下字的互用。例如:止、诸市切,市、时止切,止和市为互用;江,古双切,双、所江切,江和双为互用。每对互用的反切下字一定属于同一韵类。

递用

三个以上的反切,每个被切字依次作另外一个反切的切上字,是反切上字的递用。例如:西,先稽切;先,苏前切;苏,素姑切;素,桑故切;桑,息郎切。"西、先、苏、素、桑、息"为递用,这些递用的反切上字一定属于相同的声母。

三个以上的反切,每个被切字依次作另外一个反切的切下字,是反切下字的递用,例如:干,古寒切;寒,胡安切;"干、寒、安"为递用。这些递用的反切下字一定属于相同的韵类。

以上三条是反切系联法的基本方法。不过,古书的反切有一些复杂情况,单凭基本方法还不能解决,要根据材料、对象的性质和特点,使用一些补充方法。这里就不再详谈了。

除了韵书以外,反切还被广泛地运用在其他各种需要注音的场合,很多古代字书、古籍注解以及收罗群经读音的"音义书"都大量使用反切来注音。对这些著作里的反切进行系联,也是古音研究的重要途径。

第二节　根据等韵图分析音类的语音性质

2.0　从韵书的分类只能知道哪些字属于相同的音类,但不能知道同一层面的音类与音类之间在语音性质上具有什么样的关系。比如,我们从现代音知道,在"韵"这一层面上有些韵包含共同的韵尾(如"安"[an]和"恩"[en]有相同的韵尾[n])、有些韵包含相同的韵腹(如"安"[an]和"埃"[ai]有相同的韵腹[a]),在"韵类"这个层面上有些韵类包含相同的介音(如"烟"[ian]和"腰"[iau]有相同的介音[i])。韵书只告诉我们"东韵""冬韵""支韵""侯韵"等都是不同的韵,但是各韵之间究竟在读音上有什么不同、有什么相同,则没有提供一点信息。后来的等韵图就前进一步,无论在韵母还是在声母方面,都提供了比韵书更多的语音信息。

等韵图,简称韵图,是用汉字编排的声韵调配合表。韵图大约产生于唐末五代时期,盛行于宋元明清;宋元时代的韵图属于前期,明清时代的韵图属于后期。前期韵图与后期韵图的体例有所不同,但编纂原理是一样的,都以层级分类和交叉分类相结合的方式,来展示汉语的音节结构。普通韵图把整个音系容纳在几十页或十几页图表内。一图内以声调或介音等为条件分成几个横格,一格内分四五个横行,同一横行的字都属于一个韵类;同时一图内也分几个竖格,一格内分几个竖行,同声母的字都在同一行,一个竖格内包含的几个声母是一组。横行和竖行相交叉的位置,是声母和韵类结合成的一个音节。每个音节用一个汉字作代表,没有字的音节用圆圈表示。(见附图)

第十六章 汉语古音是怎样研究出来的

《韵镜》书影 《古逸丛书》本

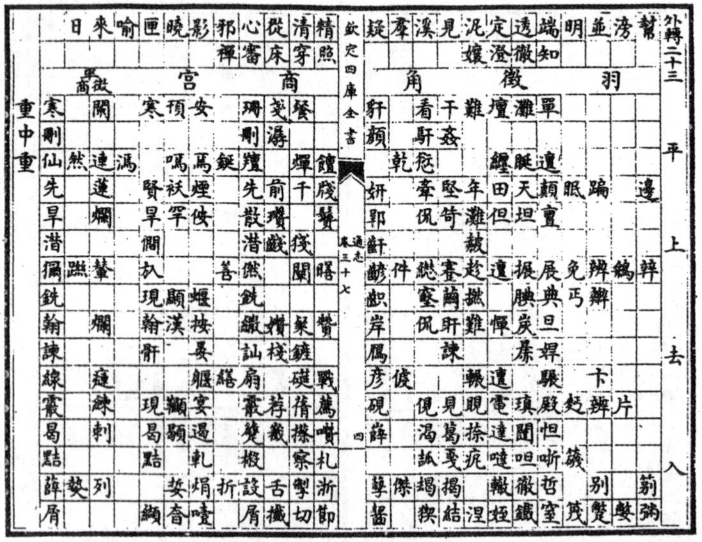

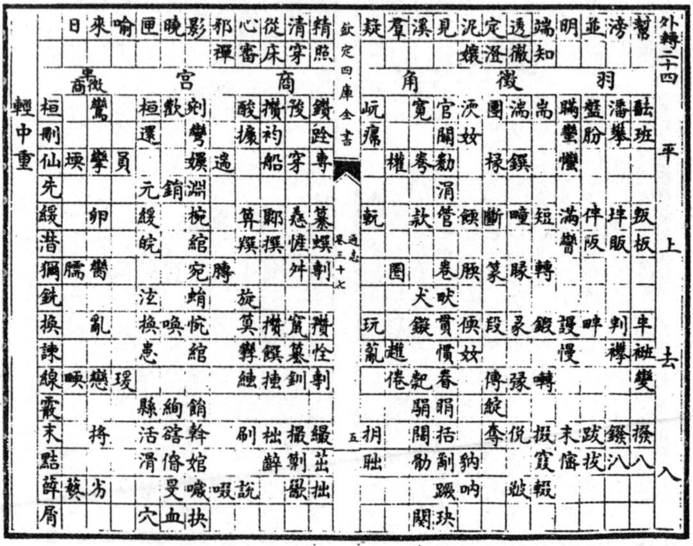

《通志·七音略》书影 《四库全书》本

等韵图也和韵书一样通过汉字的分类来表现语音系统,但是韵图的分类比韵书复杂,名目也多,因而包含的语音信息就丰富得多。

2.1 韵母的分析

在韵母方面,等韵图按照介音和韵腹的共性把所有韵类分别为几个范畴;把声调不同但韵母相同的韵排列成一系;把韵尾相同韵腹接近的韵归成上位的大类,叫做"转"或"摄"。

2.1.1 开合、四等

早期韵书里只分到"韵",没有往下再分。韵图则不仅分到韵类,而且用"开""合""四等"等名称给韵类规定范畴:一个韵类不属开口就属合口,同时还属于四等中的一个等。音系内所有的韵类都纳入这一范畴,这是从韵腹和介音条件给韵类定性,归在同一名下的韵类必定在介音或韵腹上具有某种共性。

"开"与"合"以介音韵腹里有没有/u/(或半元音/w/)这种音来区分。介音或韵腹里有/u/(/w/),就是合口;反之就是开口。据现代音韵学家研究,中古时期的汉语语音,介音系统分 ø(无介音)、i、u、iu 四类,其中的 u 就是合口的标志,有 u、iu 的韵母,属于合口韵类,其余的就属于开口韵类。

四等也是兼用于韵头和韵腹的概念。唐宋时的人把所有的韵母分成了一、二、三、四这样四个"等",据现代音韵学家研究,四等的区别既在于韵腹,也在于韵头。首先,主要元音在四等里的分布依次是后、低、前、高,后元音 u、o、ɒ、ɑ 作韵腹,属于一等韵类;低元音 a 和次低元音 æ、ɐ 作韵腹的韵母,属于二等韵类;前、半高元音 e 作韵腹的韵母,属于四等韵类。至于三等韵类的韵母,是以 i 介音为条件,凡是具有 i 介音的韵类,无论韵腹是什么元音,都属于三等。

近代等韵图给韵类定性的名称不再是开合四等,而是"开、齐、合、撮"四呼:开口呼指的是没有介音、韵腹也不是[i][u][y]

的韵类,齐齿呼指的是有[i]作介音或者韵腹是[i]的韵类。合口呼指的是有[u]作介音或者韵腹是[u]的韵类,撮口呼指的是有[y]作介音或者韵腹是[y]的韵类。

2.1.2 韵系

韵母相同的字,由于声调的不同在韵书里被分为不同的韵。哪几个韵是韵母相同的,在韵书里没有说明,根据四声内各韵的排列次序也只看出一小部分韵是有关系的。韵图解决了这个问题。韵图里把韵母相同的几个韵都放在同一张图上,在四等的位置上对应的韵类都有相同的韵母。

收塞音韵尾 p、t、k 的入声韵,跟发音部位相同的鼻音韵尾的阳声韵算在一个韵系里边。例如 at 和 an 是一个韵系,ap 和 am 是一个韵系,ak 和 aŋ 是一个韵系。

2.1.3 转和韵摄

这两个术语是以韵尾和韵腹为条件归的类。韵尾相同、韵腹相近的几个韵系被归为更大的单位,这样的单位在最早的韵图里叫做"转",在稍晚一点的韵图里叫做"摄"。同转(或同摄)的各韵系按照开合分别合并在两张图上。《韵镜》分四十三转,《四声等子》分十六摄。摄的名称和韵目一样采用一个汉字代表,十六摄分别是"通江止遇蟹臻山效果假宕梗曾流深咸"。各摄里的韵系数目不等,最多的咸摄包含八个韵系、三十二个韵;最少的江摄、假摄、深摄,各包含仅一个韵系,假摄只有三个韵,江、深摄各有四个韵。

韵摄是很有用处的概念。韵书分韵数目多,不容易记住;用韵摄代表一组韵系,概括性强,便于记忆,便于称说。大部分韵摄到现代合并成韵系,人们常常以韵摄为单位来说明古音跟今音的对应关系。

2.2 声母的分析

等韵图按照发音部位给声母分组,一组之内按照发音方法给各声母排列固定的次序。

2.2.1 五音、七音

按发音部位分出的类别有唇音、舌音、齿音、牙音、喉音五个大类，通常称"五音"。五音之外还有两个小类，分别叫做半舌音、半齿音，这样就又有了"七音"的称号。唇音、舌音、齿音每类还分为两个小类，唇音分重唇音和轻唇音，舌音分舌头音和舌上音，齿音分齿头音和正齿音，一共就有十类，但是有人又把半舌音和半齿音合并为一类，于是就有"九音"之称。以上的发音部位名称跟现代语音学的发音部位名称对应如下：

牙音，就是舌根音（舌面后音），包括塞音 k、k'、g 和鼻音 ŋ。

舌头音，就是舌尖中音，包括塞音 t、t'、d 和鼻音 n。

舌上音，是舌面前的塞音 ȶ、ȶ'、ȡ 和鼻音 ȵ。

重唇音，是双唇音，包括塞音 p、p'、b 和鼻音 m。

轻唇音，是唇齿音，包括塞擦音 pf、pf'、bv 和鼻音 ɱ。后人把这个部位上的擦音 f、半元音 ʋ 也都称为轻唇音。

齿头音，是舌尖前音，包括塞擦音 ts、ts'、dz 和擦音 s、z。

正齿音，是舌叶音 tʃ、tʃ'、dʒ、ʃ、ʒ。也有的学者认为是舌面前音 tɕ、tɕ'、dʑ、ɕ、ʑ。

喉音里边，有零声母（用 ø 表示），有舌根音的擦音 x、ɣ，舌面的半元音 j。是个比较复杂的类别。

半舌音，是舌尖中音的边音 l。

半齿音，是舌面前的摩擦鼻音 nʑ。

古人区分音类往往不实行单一标准。舌音和齿音都属于舌尖至舌面前之间的声母，它们的区别在于"舌音"都是塞音和鼻音，"齿音"都是塞擦音和擦音。这两组音的区别不完全在于发音部位，也有发音方法的因素。"喉音"各声母的发音部位并不一致。

2.2.2 清浊

古人关于声母发音方法的名目显得很贫乏，主要有"清""浊"

这两个术语和从它衍生出的"全清"、"次清"、"全浊"、"次浊"等。发音时声带振动的辅音叫做浊音,声带不振动的辅音叫做清音。现代音韵学里的辅音清浊的概念就是从古代继承下来的。

全清,简称"清",指的是清声母里边的不送气的塞音、塞擦音声母;零声母也属于全清。

次清,指的是清声母里边送气的塞音、塞擦音声母。

全浊,指的是浊音里边的塞音、塞擦音声母。

次浊,或叫半浊、"不清不浊",指的是浊音里边的鼻音、边音、半元音等。

擦音也分清浊两类,它们的称呼,有的书上单叫"清"或"浊",但多数人把清擦音(s、ʃ、x)算作全清,把浊擦音(z、ʒ、ɣ)算作全浊。

2.2.3 字母

古人用一个汉字代表一个声母,声母的代表字叫"字母"。字母的产生比等韵图还早,先有了字母和"五音""清浊"等分类,才有人根据这些分类方法编制等韵图。唐代有三十字母系统,宋代有三十六字母系统。三十六字母是历史上影响最大的一个字母系统,有必要了解一下。下面把这个系统列为一表。

		全清	次清	全浊	次浊	清	浊
唇音	重唇:	帮 p	滂 p'	並 b	明 m		
	轻唇:	非 pf	敷 pf'	奉 bv	微 ɱ		
舌音	舌头:	端 t	透 t'	定 d	泥 n		
	舌上:	知 ʈ	彻 ʈ'	澄 ɖ	娘 ɳ		
齿音	齿头:	精 ts	清 ts'	从 dz		心 s	邪 z
	正齿:	照 tʃ	穿 tʃ'	床 dʒ		审 ʃ	禅 ʒ

牙音	见 k	溪 kʻ	群 g	疑 ŋ
喉音	影 ø		喻 j	晓 x 匣 ɣ
半舌音			来 l	
半齿音			日 nʑ	

第三节 从其他文献考证音类

在韵书和等韵图之外，其他文献中也包含着古音信息。那些信息都是零散的而不是集中的，但如果能搜集许多有用信息，汇集到足够的数量，用正确的方法加以综合概括，就能有重要收获。

3.1 从诗文押韵归纳韵部

我国历代创作的诗歌难以数计，绝大部分诗歌都是押韵的。除了诗歌，古代还有其他韵文体裁，如上古兴起的赋，近代兴起的戏曲，也都是押韵的。押韵的规律，是把韵腹、韵尾相同、声调也相同的字，放在诗句的末尾（多在偶数句尾），朗读吟诵时产生韵律的美感。能够在一起押韵的就是同一韵的字。考察一个时代诗歌和其他韵文的用韵情况，是发现韵部系统的一种方法。对于没有韵书韵图的时代，比如先秦，韵部系统可以通过押韵字归纳出来。试以《诗经》的用韵作一个例证：

《邶风·终风》二章：终风且霾，惠然肯来。莫往莫来，悠悠我思。

《邶风·泉水》一章：毖彼泉水，亦流于淇。有怀于卫，靡日不思。娈彼诸姬，聊与之谋。

《鄘风·载驰》四章：大夫君子，无我有尤。百尔所思，不如我所之。

《魏风·园有桃》一章：彼人是哉，子曰何其。心之忧矣，其谁知之？其谁知之，盖亦勿思。

暂且不考虑单句是否押韵，只根据普通的押韵规则，我们可以断定至少"来思""淇思谋""尤之""其之思"是押韵的。这些入韵字现代的读音韵母差别大，分别是 ai、ɿ、i、ʅ、ou、iou，但在《诗经》里，或是出现在同一组韵脚，或是由一二个字（"思之"）辗转牵连，显然都是同一韵。从清代开始，音韵学者就从研究《诗经》和先秦其他诗歌韵文入手，建立了上古的韵部系统。

诗文押韵具有时代特色，各个时代的押韵体现本身所处时期的韵部系统。因此人们能够根据汉赋、南北朝五言诗、隋唐古体诗、宋词、元曲等不同对象分别考察各时期韵母大类的演进变化。

同一时代的押韵分部还有文体的差别。特别是唐代以后，形成了官韵与自然韵的两种风格。按照官方规定的韵书押韵，就是押官韵，宋元明清的"近体诗"都押官韵，这种用韵脱离实际口语，只遵守固定的韵书分部。按照实际口语用韵是押自然韵，唐代的"古体诗"，宋代的词，元代杂剧，明清说唱曲艺，基本上都是自然韵。自然韵价值较大，在音韵学中更受重视。有些诗歌体裁本来从民间产生，前期的创作语言通俗浅易，押韵自然；后来却脱离普通民众，被文人骚客所拥有，语言"雅化"，押韵也模式化，总在遵守早期的韵部系统，没有跟随时代而变化。宋词、元曲就有这个问题。对这类文体进行研究时，音韵学者把早期的作品看得更重要一些。

3.2 从谐声系列考证上古声韵类别

谐声字就是形声字，指由代表意义类属的义符（又叫形旁）和表示读音的声符（又叫声旁）合成的合体字。一个声符，往往产生出一系列谐声字。凭借经验，我们知道一组谐声字的韵母往往相同或者只有介音不同，声母也相同或者属于同一发音部位，这是谐声字的造字原理。例如以"长"作声符的字有"张帐胀苌怅"等，韵母都是 aŋ,声母分别是 tʂ 和 tʂʻ。造字时代一定遵守着这样一条原理。但是我们发现,有些同声符的谐声字的读音差别较大。例如,以"台"为声符的字有"怡诒饴贻、治始笞、胎苔怠殆迨给骀"等,依照现代读音,它们的韵母分别为 i、ʅ、ai,声母分别为 tʂ、tʂʻ、ʂ、t、tʻ 和零声母。这是什么缘故呢?我们已经知道语言是变化的,那么可以推想,同一谐声系列的读音存在较大差别一定是长期演变导致的后果,在造字时代,它们的读音本来是相同或相近的。这个观点有办法证明。我们先拿谐声字跟《诗经》押韵进行对比,看同一个声符的谐声字是不是都在一个韵部。检验一下上面这些以"台"为声符的字,发现它们凡是在《诗经》里用作韵脚时,总是出现在同一个押韵范围内(这一类叫做"之部"):

《邶风·绿衣》三章:丝、治、訧;

《小雅·节南山》四章:仕、子、已、殆、仕;

《小雅·雨无正》六章:仕、殆、使、子、使、友;

《大雅·宾之初筵》五章:否、史、耻、怠;

《商颂·玄鸟》三章:有、始、子。

……

从谐声字系列在押韵中表现出的一致性,人们得出一个结论:"同谐声者必同部"。那些没有出现在押韵里的字,就可以根据它的声符归到恰当的韵部。

从韵母方面的结论又可以进一步推论:既然同一个声符的字在韵母方面属于同类,在声母方面也应该是同类,即声母相同或非常接近。

上古时期没有现成的声母资料留下来,既没有等韵图和字母,也没有反切,诗歌韵文也只能反映韵母。因此,谐声字就成了研究上古声母的最有效的依据。

3.3 利用异文、通假字分析字音

异文指的是同一种书的不同版本之间、或原文与引文之间文字的不一致。造成异文的原因非常复杂，有异体字、同义词、错讹、衍文、脱文、别字等。其中属于别字的那一部分，因为大多是同音字代替，对于古音的研究有一定用处。别字也分几种情况：第一种情况是同一种书里的同一句话，在不同的版本中使用的字有所不同。例如，《论语·季氏》："而谋动干戈于邦内"，《经典释文》："郑本作封内"。邦和封互易，可知二字古音相似。第二是古书里的一句话在某些地方的引文有文字上的不同。例如《诗经·鲁颂·閟宫》第二章："实始翦商"，《说文解字》引作"实始戬商"，可知翦和戬音同或音近。第三是古代一些词语（如联绵字、人名、地名、器物名等）在不同的书里用的字不同，例如，联绵字"逶迤"，又作委蛇、委佗、委移、倭迟等，说明迤、蛇、佗、移、迟等字古音相似。

通假字是经常性地把一个字当成另外一个同音字或音近字来用。因为成了惯例，人们就不把这种用法看成别字，而认为是一种假借；为了区别于"本无其字"的假借（如把本来表示"负荷"意义的"何"用作疑问代词，这个疑问代词没有本字），把这种"本有其字"的假借叫做"通假"。通假字跟它所代表的"本字"总是同音或者音近的，所以也可以用来研究用字时的语音。例如：

先秦文献常常把"罢"字用作疲劳的"疲"字。《左传·成公七年》"余必使尔罢于奔命"，《国语·周语下》"今财亡民罢，莫不怨恨"。这表明罢和疲读音接近。

古书里有时候把"填"字用作"镇"字。《荀子·君道》"其德音足以填抚百姓"。《汉书·高帝纪》"填国家，吾不如萧何"。

如果古代确实存在过一种跟后代不同的语音现象，那么会在文献里留下多处痕迹，押韵、谐声、假借都可能有所表现。例如，《切韵》麻韵的"罢"假借为支韵的"疲"，暗示着麻韵一部分字跟支韵一部分字属于同一韵部；在谐声字和押韵中都见到同类现象。谐声字有"羆"从"罢"声，"麊麋"从麻声；押韵里有"罢"跟麻韵的"蛇"押韵（《诗经·斯干》"吉梦维何？维熊维罴，维虺维蛇"），麻韵"加嘉"等跟支韵"宜仪"等押韵(《诗经·宾之初筵》:"饮酒孔嘉,维其令仪";《楚辞·天问》:"简狄在台,喾何宜？玄鸟致贻,女何嘉？")。这就说明麻、支二韵有一部分字确实在上古同部。"填"假借为"镇"字,暗示三十六字母的照组声母跟端组声母有密切关系,谐声字里有"镇缜稹嗔慎""颠滇填"都从"真"声,"耽眈""忱沈枕鸩"都从"尤"声,说明端组跟照组的部分字本来曾是同一声母。

谐声字材料跟异文假借字的材料相结合,是研究上古声母的主要方法。

第四节 根据方言、亲属语言、对音等拟测音值

4.0 推测古代的实际读音,叫做"拟测"或者"构拟"。拟测汉语古音所根据的主要材料是现代汉语方言、汉语的亲属语言即汉藏语系各语言、古代的对音。利用方言、亲属语言拟测古音,是把同一个词(字)在各方言以及不同语言里的读音加以比较,推定最可能的古音形式,这种方法叫做"历史比较法"。用对音材料拟测古音,是参照音译词在原来语言里的读音,判断汉字的古代读音,这叫做"译音对勘法"。此外还有"内部拟测法"。

4.1 根据汉语方言拟测古音

根据语言学的基本理论,方言是一种语言的地方变体。在语言的演变过程中,原先的一个语言在不同地区的变化方向有差别,变化速度也不相同,结果就形成了不同的方言。由于变化的不平衡性,各方言都有可能在一定程度上保留着古音成分;各方言之间存在的对应规律也暗示着从古到今的变化过程。把同一成分在各个方言的表现形式摆到一起,按照最合理的解释,推测最可能的古代形式,就是成功的构拟。下面用两个比较简单的例子说明这一方法的原理。先举一个声母方面的例子,中古的"见"母在现代方

言主要有[k][t]两种读音,为了分析演变条件,我们按照韵母的四呼分类看待,北部、中部、南部三个方言点的读音如下:

	干(开口呼)	关(合口呼)	坚(齐齿呼)	居(撮口呼)
北京话	kan	kuan	tɕian	tɕy
苏州话	kø	kuE	tɕiI	tɕy
广州话	kɔn	kuan	kin	køy

要拟测古音,就必须分析语音变化的规律。如果认为古读为 tɕ,而 k 是后来变出来的,很难从普遍的语音变化规律中找到证据;反之,如果认为古读为 k,tɕ 是后来变出来的,就很容易从普遍的语音变化规律中找到合理的解释:处在舌面前高元音前头的舌根音常常被元音的发音部位"同化"而成为舌面前辅音。全面检查了"见"母字以后,我们知道读 tɕ 声母的字都有包含 i 或 y 的韵母,说 tɕ 是从 k 变来的,理论上没有任何障碍。而广州话把见母字全读成[k],可以说是保存着古音。于是把这些字的中古声母构拟为[k]。

再看一个拟测韵尾的例子。《切韵》音系里的真、侵、庚三韵,现代方言有不同的韵尾。下面从三个例字看三个方言的韵母:

	巾(真韵)	今(侵韵)	京(庚韵)
北京话	tɕin	tɕin	tɕiŋ
苏州话	tɕin	tɕin	tɕin
广州话	kɐn	kɐm	kɪŋ

这三个韵,在广州话有三个韵尾,北京话有两个韵尾,苏州话只有一个韵尾。如果说古代有一个或两个韵尾,后来分化成三个,就没有办法从音变规律得到解释;反过来,如果说古代原有三个韵尾,后来发生合并,北京话里 m 变成 n,苏州话里 m 和 ŋ 都变成 n,

是合乎音变规律的。所以拟测古代真韵收 n，侵韵收 m，庚韵收 ŋ。

以上举的都是简单例证。全面拟测古音时就会遇到一些复杂问题，用多种方法解决疑难。这里就不多谈了。

4.2 以中古音为依据用内部拟测法拟测更古老的语音

内部拟测法也是利用后代语言推测古代音值和音类的方法。这种方法的特点，是只着眼于一个语言系统的内部状态，从语音系统的结构特征上发现历史变化的痕迹，找出古音的线索。在汉语音韵学中，内部拟测法主要用在上古音研究当中。具体说来，是把已经拟测出的中古音系统作为出发点，通过分析上古音类跟中古《切韵》音类的对应关系，结合音变规律，推测上古的读音。

韵母方面，首先要把从诗歌韵文归纳出的上古韵部跟中古的韵类对比。韵部是韵腹和韵尾相同的大类，一个上古韵部到了中古音里分成了不同的韵和韵类，这些韵类的韵尾一般是相同的，韵腹则不同；拟测时要根据音变规律，分析这几个韵腹可能从什么样的元音演化而来，以决定上古韵部的元音。例如，上古的"元部"到中古音分成寒、桓、删、山、元、仙、先几韵，拟测的中古韵母是：

寒韵（一等开口）：ɑn

桓韵（一等合口）：uɑn

删韵（二等开合）：ɐn, uɐn

山韵（二等开合）：æn, uæn

元韵（三等开合）：iɐn, iuɐn

仙韵（三等开合）：iæn, iuæn

先韵（四等开合）：ɛn, uɛn

这些韵腹以低元音为主，从后至前都有分布，还有半高元音。它们可能是从一个低元音分化出来的，于是人们把上古元部的韵腹拟测为 a。

声母方面，也是先把谐声字、假借字等所反映的上古声类跟中古声母进行比较，再根据中古拟音推测最可能的上古读音。例如，谐声、假借字里"舌上音"知组声母跟"舌头音"端组声母有密切联系；它们在中古四等的分布还是互补的，端组只出现在一四等，知组只出现在二三等，这样的分布状态意味着它们极有可能是来自同一种音。端组声母的中古拟音是 t、tʻ、d，它们结合的韵母都不带 i 类介音，人们先确定这组声母的读音一直是稳定的，上古时也是同样的音；知组声母的中古拟音是 ṭ、ṭʻ、ḍ，跟端组相近，可能是受所带二三等韵母的影响而分化出来，所以拟测它们的上古读音也是 t、tʻ、d。前文说到，照组声母也跟端组有联系，但是照组字和知组字都出现在三等，语音条件是冲突的，知组归并到端组以后，不能再把照组拟测成同样的音，于是把照组拟测成接近端组的 ṭ、ṭʻ、ḍ 等（相当于中古知组的读音）。

以上举例是对内部拟测法的简单化说明，实际的操作比较复杂，暂时不能详谈。

4.3 用亲属语言拟测汉语古音

所谓亲属语言，指的是一个语系内的语言。历史语言学认为，世界上的语言分为若干个语系，每个语系的语言具有"亲缘关系"，是从一个共同的原始语言分化而来；各语言内保存着一部分"同源词"，是从共同的祖语继承下来的。经过了长久的演变之后，同源词的读音在各语言之间有较大差别，但在读音和意义上仍有对应关系。比较这些同源词，能够发现原始的读音形式。汉语属于汉藏语系，这个语系除了汉语之外还有三个语族：藏缅语族、壮侗语族、苗瑶语族，这些语族的语言就是汉语的亲属语言。进行亲属语言的比较研究，主要应用在上古时期的语音拟测。这是因为上古音所处时间跟"原始汉藏语"较为接近，从各语言比较出的原始形式可能保存在上古汉语里；时间越往后，原始形式消磨越多，保存越少。选择同源词，人们也注重文献里的古音。藏文是拼音文字，创制于公元七世纪，那时的藏语一定比现代藏语更接近原始汉藏语，学者就更乐于用古藏文跟汉语比较。

亲属语言的用途，一是拿同源词来考证字音，一是拿音节结构类型推论上古汉语的音节结构方式。前者如上古"鱼部"字在藏语里有不少读 a 类韵母：

古汉语词　　藏语读音和意义

　　瓜　　　ka（葫芦，瓜）

　　胡　　　gɑ（什么、为什么）

　　吾　　　ŋa（我）

　　鱼　　　ŋa（鱼）

　　睹　　　lta（看）

这跟内部拟测法所推测的鱼部韵母是一致的。

在音节结构上，很多学者认为先秦两汉以前有复辅音声母，如塞音后跟一个 l 或 r，塞音前有个 s 等。这种声母结构在汉藏语系里是存在的，如瑶语（标敏方言）plau（奔）、blan（辣）、kla（路）、klu（狗），藏语安多方言 ski（颈）、stoŋ（千）、spə（毛）、sman（药）等。这些例证支持上古汉语存在复辅音的说法。

4.4　根据对音拟测汉语古音

对音是历史上的音译词，也就是古书里用汉字记录的外语词汇，或者非汉族文字记录的汉语词汇。在中外文化交流中，汉语和周边地区的多种语言交互来往，音译词的数量是很可观的。如果能够确切知道对音词的外语读音，就可以利用它推测汉字的古音。

对音材料以梵汉对音最丰富，持续时间长久。东汉以后，随着佛教的传入和译经事业的发展，大量的梵文音译词出现于佛教经典当中。语言学界对古代梵文的读音已经有比较确定的结论，因此可以根据梵文推测中古以前的汉语字音。如梵文的 buddha 一词被译作"浮屠""浮图"，表明南北朝以前"浮"的声母是 b，"屠图"的声母是 d、韵母是 a。"印度"这个国名，汉代译作"身毒"，是梵文 sindu 的音译；南北朝时译作"天竺"，是从波斯语 hindu 音译而来。两种译法证明南北朝以前"毒""竺"两字有相同的声母，都是 d。

其他对音材料还有唐五代的藏—汉对音、宋代的西夏—汉对音、元代的八思巴字—汉字对音、明清时期的朝鲜字—汉字对音以及西方传教士编写的以拉丁字母给汉字注音的书籍等。这些材料可以用来研究不同时期的汉语语音。

第十七章 《切韵》音系

第一节 《切韵》概说

1.1 《切韵》的成书和流传嬗变

《切韵》是代表中古汉语语音的一部韵书,是汉语史上最重要的著作之一。

《切韵》作者陆法言,魏郡临漳(今属河北省)人,年轻时做过承奉郎,后被罢官闲居,在家编写了《切韵》。他在序言中讲到了编写《切韵》的经过:早在隋文帝开皇(公元581～600年)初年,陆法言的父亲陆爽在朝廷做官时,有八个当时的著名学者到陆法言家聚会,这八个人是刘臻、颜之推、卢思道、李若、萧该、辛德源、薛道衡、魏彦渊。他们在饮酒时讨论起音韵的话题,认为以前的韵书都不够理想,有必要另外编订一本韵书,为士人树立一个典范。当时讨论了纲领性意见,陆法言执笔把大家商定的审音原则记下来。此后十几年,陆法言一直在做官,没有顾得上整理编写。免官后有了空闲,完成了当年的计划,于隋文帝仁寿元年(公元601年)编出了这部影响深远的韵书。

《切韵》问世后,很快得到社会的承认。到唐朝,朝廷规定在科举考试中把它作为标准韵书,更加提高了它的地位,产生极大的影响力。以前的各种韵书则都渐渐亡佚了。

《切韵》的原本收字少(据唐人封演《闻见记》记载,共有12158字),对常用字又不解释字义,唐代不断有人给它添加新字、补充释义,出现了好多种增补本。有人不仅给《切韵》增字加注,还作了其他方面的一些修订,甚至改变了书名。其中影响较大的是王仁昫(或作王仁煦)的《刊谬补缺切韵》、孙愐的《唐韵》和李舟的《切韵》。

宋代仍然把《切韵》用作官韵,但是又进行了更大规模的修订。宋真宗大中祥符元年(公元1008年)由陈彭年、丘雍等再度重修后,改名为《大宋重修广韵》,通称《广韵》。《广韵》收字多,共有韵字26194个,注解191692字。分韵也增多,从陆法言原书的193韵增至206韵。韵数的增加,并没有改变语音系统。因为把原书的某些韵一分为二时,根据的是韵母开口与合口的区别,所分的几个韵原来各自包含了相对的开口跟合口韵类,改编后把开口合口分成两韵,韵类并没有增加,因而音系不变。

《广韵》是《切韵》系韵书的集大成者,它的体例和内容都继承了唐代的官韵韵书,在唐代的韵书亡佚之后,它就顺理成章地被作为《切韵》系韵书的代表来使用,从而长期成为汉语音韵学最重要的工具书。

1.2 《广韵》韵目

《广韵》按声调分卷。平、上、去、入四声,却分为五卷,是因为平声字很多,合在一卷篇幅太大,跟其他各卷不平衡,所以分成上平声和下平声两卷。五卷总共206韵,上平声28韵,下平声29韵,上声55韵,去声60韵,入声34韵。韵母相同而声调不同的三个韵组成一个"韵部";收塞音韵尾的入声韵配合收相同部位鼻音的阳声韵部(如 ap 配 am, at 配 an, ak 配 aŋ)组成一个"韵系"。没有入声韵相配的一个阴声韵部也叫一个韵系。这种分组,叫做"四声相承"。"四声相承"是汉语语音系统性的一种表现,同一韵系的各韵在变化中总有共性。有些韵系不是每个声调都有字,所以"四声相承"有空缺,不是处处都整齐。

下面是按照韵系排列的《广韵》206韵韵目表。

平声	上声	去声	入声
东第一	董第一	送第一	屋第一
冬第二		宋第二	沃第二
钟第三	肿第二	用第三	烛第三
江第四	讲第三	绛第四	觉第四
支第五	纸第四	寘第五	
脂第六	旨第五	至第六	
之第七	止第六	志第七	
微第八	尾第七	未第八	
鱼第九	语第八	御第九	
虞第十	麌第九	遇第十	
模第十一	姥第十	暮第十一	
齐第十二	荠第十一	霁第十二	
		祭第十三	
		泰第十四	
佳第十三	蟹第十二	卦第十五	
皆第十四	骇第十三	怪第十六	
		夬第十七	
灰第十五	贿第十四	队第十八	
咍第十六	海第十五	代第十九	
		废第二十	
真第十七	轸第十六	震第二十一	质第五
谆第十八	准第十七	稕第二十二	术第六
臻第十九			栉第七
文第二十	吻第十八	问第二十三	物第八
欣第二十一	隐第十九	焮第二十四	迄第九
元第二十二	阮第二十	愿第二十五	月第十

魂第二十三	混第二十一	恩第二十六	没第十一
痕第二十四	很第二十二	恨第二十七	
寒第二十五	旱第二十三	翰第二十八	曷第十二
桓第二十六	缓第二十四	换第二十九	末第十三
删第二十七	潸第二十五	谏第三十	黠第十四
山第二十八	产第二十六	裥第三十一	鎋第十五
先第一	铣第二十七	霰第三十二	屑第十六
仙第二	狝第二十八	线第三十三	薛第十七
萧第三	篠第二十九	啸第三十四	
宵第四	小第三十	笑第三十五	
肴第五	巧第三十一	效第三十六	
豪第六	皓第三十二	号第三十七	
歌第七	哿第三十三	箇第三十八	
戈第八	果第三十四	过第三十九	
麻第九	马第三十五	祃第四十	
阳第十	养第三十六	漾第四十一	药第十八
唐第十一	荡第三十七	宕第四十二	铎第十九
庚第十二	梗第三十八	映第四十三	陌第二十
耕第十三	耿第三十九	诤第四十四	麦第二十一
清第十四	静第四十	劲第四十五	昔第二十二
青第十五	迥第四十一	径第四十六	锡第二十三
蒸第十六	拯第四十二	证第四十七	职第二十四
登第十七	等第四十三	嶝第四十八	德第二十五
尤第十八	有第四十四	宥第四十九	
侯第十九	厚第四十五	候第五十	
幽第二十	黝第四十六	幼第五十一	
侵第二十一	寝第四十七	沁第五十二	缉第二十六

覃第二十二	感第四十八	勘第五十三	合第二十七
谈第二十三	敢第四十九	阚第五十四	盍第二十八
盐第二十四	琰第五十	艳第五十五	叶第二十九
添第二十五	忝第五十一	㮇第五十六	帖第三十
咸第二十六	（豏第五十三）	（陷第五十八）	洽第三十一
衔第二十七	（槛第五十四）	（鉴第五十九）	狎第三十二
严第二十八	（俨第五十二）	（酽第五十七）	业第三十三
凡第二十九	范第五十五	梵第六十	乏第三十四

（注：《广韵》原书"槛俨、陷鉴酽"几韵次序与平声、入声不对应，本表据前人所作调整而排列）

1.2 《切韵》音系的性质

所谓《切韵》音系的性质，指的是它区分语音类别的现实根据是什么、反映何处方言、是单纯的音系还是综合的音系。在这个问题上，学者们的看法并不一致。从现有的资料和研究成果看，《切韵》音系应该是一个具有综合性质的语音系统，即这个音系不是一时一地之音，而是综合了南北许多方言的特点，还吸收了古音的特点。清代段玉裁《六书音韵表》卷一："法言二百六部，综周秦汉魏至齐梁所积而成典型。"章炳麟《国故论衡·音理论》："《广韵》所包，兼有古今方国之音，非并时同地得有声势二百六种也。"现代持此种看法的学者也很多。

《切韵》作为综合音系的证据不少。主要有：第一，陆法言在《切韵序》明确声称当时论韵者讨论了"南北是非、古今通塞"，说到吴楚、燕赵、秦陇、梁益等地方言的得失，也谈到了前代韵书"各有乖互"、"江东取韵与河北复殊"，需要"捃选精切、削除疏缓"。可见他们既考虑了不同的方音，也斟酌了古音，于其间有所折衷取舍。第二，在唐人写本《刊谬补缺切韵》的韵目下边，列出了《切韵序》所提到的前代韵书即吕静《韵集》、夏侯该《韵略》、阳休之《韵略》、李季节《音谱》、杜台卿《韵略》的分韵情况，并作了比较，指明

《切韵》的分韵是遵守哪一家的。如十四皆："吕、阳与齐同,夏侯、杜别,今依夏侯、杜";二十五删:"李与山同,吕、夏侯、阳别,今依吕、夏侯、阳"。值得注意的是,有些韵在这些韵书里都合并,而《切韵》却是分开的,如二十二魂:"吕、杜、夏侯、阳与痕同,今别"。这些地方体现出"从分不从合"是《切韵》遵守的原则。第三,南北朝至隋代的诗歌用韵的分部比《切韵》要宽,如《切韵》的脂、之两韵,南北朝诗韵属于同一个韵部;《切韵》的元、魂、痕三韵,南北朝诗韵也是一个韵部。《切韵》只有参考不同的方音或古今音,才能把韵类分得那么细。正因为这一音系具有综合性质,现代大部分汉语方言的语音差异可以从中找到根源,从上古到现代的变化过程也便于参照它来作说明,《切韵》才有如此显著的重要性。

1.3 《切韵》音系在汉语史上的地位

在汉语音韵学中,《切韵》音系是最受重视的一个音系,它被看作是整个语音史的中枢,又是研究历代音系和现代各方言音系的首要参照系统。这是因为,第一,《切韵》是历史上影响最深远的韵书。它编成于隋代,到初唐就被朝廷规定为标准韵书,即所谓官韵;宋王朝把它加以扩充编成了《广韵》,其官韵地位更加强化;元明清三个王朝虽然不再使用《切韵》或《广韵》作为科举中的官韵而用"平水韵"取代了它,但平水韵也是在《广韵》基础上改编而成。可以说,从公元七世纪到十九世纪末,《切韵》音系一直占据着音韵学的制高点。第二,该音系综合了不同方言的语音内容和一部分较古老的韵书的内容,包容范围广,分类细致严密,汉语方言的音类区别大都能够在这个音系里边找到根据,这样的音系显然最适合作为研究古今音和方音的共同参照系。假如拿一个分类少、音系结构简单的系统作参照,其效果就差多了。第三,从时间上说,《切韵》音系正处于汉语史的中间环节。可靠的汉语史研究,上起公元前十几世纪,下迄现代,共三千多年;《切韵》音系处于这个漫长发展过程的中间站的位置上,往上能够跟上古汉语联系，往下能够跟近代汉语联系，无论是对于发现历史事实还是解释音变规律来说，这个音系的重要性都是不可替代的。所以，《切韵》成了汉语音韵学的经典，掌握《切韵》音系是了解和研究语音史的基础。

1.4 《切韵》音系的研究

历史上对于《切韵》音系的研究有三种主要方法。

最早出现的研究方法是等韵图的图表解析法。这种方法是把韵书的声母和韵类都按照音理条件排在图表上，竖行区别出声母，横行区别出韵类，音节代表字所在的位置表示着它的音节构成。这就使原来杂乱无章的小韵有了较清晰的条理，让人们看到一韵之内还包含了不同的韵类，知道哪些字属于什么声母。同时，等韵图把一个韵系放在一张图上，对应排列，原来在韵书里不很清晰的"四声相承"关系就展现得很清楚了。解析《广韵》音系的等韵图有《韵镜》和《通志·七音略》，它们的祖本大约产生于北宋之初或更早。这派等韵图也有明显的缺点，有的地方一个竖行放了几个声母的字，有的韵类被放在不同的横行，在一定程度上扭曲了《切韵》音系的真实面目。

后来出现了"反切系联法"。从反切上字的关联中发现韵书的声母类别，从反切下字的关联中发现韵书的韵母类别。这种方法得出的结果总体上更合乎韵书的真实系统，是最基本的方法。这种方法是清末的陈澧创立的。

传统音韵学的主要研究成就是划分音类。到了二十世纪，西方语言学的理论方法被引进到中国，音韵学研究又增添了构拟音值的方法。构拟《切韵》音系主要用历史比较法，并以译音对勘法为辅助手段。现在，我们用国际音标所标注的《切韵》音系的音值，就是近代以来众多学者研究的结果。

第二节 《切韵》音系的声母

2.0 《切韵》《广韵》都没有标明它们的声母,它的声母系统隐含在反切用字中,可以用系联法探求。系联的基本条件是反切上字的同用、互用和递用。但是,由于韵书作者在选用反切用字时有一定随意性,有时同声母的反切上字也许不能系联成一类,这样就需要一些补充的手段。主要的补充手段是参考等韵图的分类。所参考的是专为解析《切韵》音系而编纂的《韵镜》《通志·七音略》,这些韵图按声母类别排了23个竖行,有的竖行内全是同一个声母的字,有的竖行内包含两个或三个声母的字,但是不在同一行的肯定不是同一个声母。同一行内的字若分属于不同的声母,那么各母所占的"等"必定不同(有的专占一四等,有的专占二等或三等)。这一特点,有助于把不能直接系联的反切上字归纳为同一声母。系联中还遇到比较复杂的一些问题,要借助其他手段解决。

2.1 《切韵》声母的特点

清代以前多数学者以为三十六字母就是《切韵》的声母系统,事实上这种认识是不对的。《切韵》的声母系统跟三十六字母比较接近,但是差别也很明显。两个系统之间的主要不同之处是:

唇音:三十六字母分重唇音"帮滂並明"和轻唇音"非敷奉微";《切韵》的唇音声母只有一套,没有轻唇音,所有轻唇音字都读重唇音。

齿音:三十六字母的正齿音只有"照穿床审禅"五母,这套声母在《切韵》原分属两套,等韵图上分别列在二等和三等。人们把列在二等的叫做"照二系",通常用"庄初崇生(或山)俟"作代表字;把列在三等的叫做"照三系",通常用"章昌船(或神)书禅(或常)"作代表字。

喉音：三十六字母的喉音次浊声母"喻母"在《切韵》是两个声母，韵图上也通过分等有所区别。人们把三等地位上的叫"喻三"，通常用"于"（或"云""为"）作代表字；把四等地位上的叫"喻四"，通常用"以"（或"喻""余"）作代表字。

两个系统之间相同的声母有舌头音"端透定泥"，舌上音"知彻澄娘"，牙音"见溪群疑"，齿头音"精清从心邪"，喉音"影晓匣"，半舌音"来"，半齿音"日"。

2.2 《切韵》的声母系统

根据历来的研究结果，《切韵》应有三十八个声母，今依照传统的五音、清浊分类，加上拟测的音值，列为下表：

五音	全清	次清	全浊	次浊	清	浊
重唇音：	帮 p	滂 p'	並 b	明 m		
舌头音：	端 t	透 t'	定 d	泥 n		
舌上音：	知 ʈ	彻 ʈ'	澄 ɖ	娘 ɳ		
齿头音：	精 ts	清 ts'	从 dz		心 s	邪 z
正齿二等：	庄 tʃ	初 tʃ'	崇 dʒ		生 ʃ	俟 ʒ
正齿三等：	章 tɕ	昌 tɕ'	船 dʑ		书 ɕ	禅 ʑ
牙　音：	见 k	溪 k'	群 g	疑 ŋ		
喉　音：	影 ø			于 w，以 j	晓 x	匣 ɣ
半舌音：				来 l		
半齿音：				日 ɲʑ		

2.3 《切韵》声母到现代普通话声母的演变

从《切韵》到现代普通话，声母的主要变化有以下几条：

A. 浊声母变成清声母，叫做"浊音清化"。《切韵》的全浊声母並(奉)、定、澄、从、邪、崇、船、禅、群、匣，分别归入同部位的清声母。其中的塞音、塞擦音按照声调条件分化，平声字变成送气音（次清），仄声字变成不送气音（全清）。擦音没有这种分化，都变成同部位的清擦音。

B. 唇音分化出一个 f。《切韵》的唇音声母帮、滂、並、明，到三十六字母分化为重唇音帮、滂、並、明和轻唇音非、敷、奉、微。轻唇音的"非敷奉"到现代都变成 f，微母则变成了零声母。

C. 知彻澄、庄初崇生、章昌船书禅，三组声母合并为现代的 tʂ、tʂʻ、ʂ。

D. 影母、于母、以母、疑母、明母一部分（三十六字母"微母"）和日母的少数字，合流为现代的零声母。

E. 见溪群晓匣、精清从心邪两组的齐齿呼和撮口呼字的声母变成了 tɕ、tɕʻ、ɕ。

各声母的例字参看以下附录。

附录：怎样从现代音分辨《切韵》声母

利用现代汉语跟《切韵》音系的对应关系，从现代汉语的读音推断一个字的《切韵》读音，是一种有效办法。现代音与《切韵》音的关系比较复杂，但我们如能把握住主要的对应规律，就能够根据现代读音判断出一个字在《切韵》中的声母范围。

利用上面谈到的声母变化规则，我们可以总结出一些推测《切韵》声母的条件。

因为全浊声母清化后平声送气、仄声不送气，并且浊声母字读阳平、清声母字读阴平（这涉及后边要谈的声调对应规律），所以现代的塞音、塞擦音声母读阴平的字都来自清声母，其中不送气的是全清，送气的是次清；声母送气，声调又读阳平的字，古代是全浊声母。

上声里的全浊字后来变成了去声，所以现代的塞音、塞擦音声母读上声的字来自《切韵》的清声母，不送气的是全清，送气的是次清，极少例外。又因为全浊声母仄声都变得不送气，所以送气声母的去声字都是《切韵》的次清声母字。

擦音声母来自古代的清声母和全浊声母字，声调读阴平和上声的，一般来自《切韵》清声母；声调读阳平的，一般来自《切韵》的全浊声母，有少数例外是来自清声母的入声字（"福幅弗胁识"等）。

如果一个现代声母来自几个《切韵》声母，以上条件也可以帮助判断来源范围，如 t 声母的去声字都来自端母和定母，tʂ 声母的阴平字来自知、章、庄三母，等等。其余依此类推。不合乎规律的例外字数量并不多。

现代普通话有 22 个声母（含零声母）。下面按发音部位分组，举例说明各声母所对应的《切韵》声母。

唇音 p、p'、m、f 来自《切韵》唇音"帮滂并明"。

[p]来自帮母和并母。其中阴平和上声字都来自帮母，如"班巴包边兵""板把保扁丙"；去声和阳平字来自帮母和并母（里边的阳平字都是古入声字），如帮母的"博伯""必霸变布扮"，并母的"白薄拔""抱步棒办倍"。

[p']来自滂母和并母。其中阳平字来自并母，如"平盆盘牌朋袍陪"；阴平、上声和去声字来自滂母，如"潘抛批扑篇""普品叵匹""片聘盼譬"。

[m]来自明母。如"民明毛麻米母美满木面梦寐"。

[f]来自三十六字母的非敷奉，在《切韵》属于帮滂并。其中阴平和上声字来自非敷二母，如非母的"方非封分风""仿反府粉甫"，敷母的"芳敷峰丰霏""访抚斐"；阳平字多数为奉母，如"符凡冯肥扶房乏"，但也有非敷母字如"福弗"等；去声字则非、敷、奉三母都有，如"沸付贩放富""费赴副忿""附饭愤妇梵"。

舌尖音 t、t'、n、l 来自《切韵》舌音"端透定泥来"。

[t]来自端母和定母。其中阴平和上声字来自端母，如"当刀单低都""党岛胆底斗"；阳平和去声字来自端母和定母（里边的阳平字都是古入声字），如端母的"答迭嫡担""戴旦到殿帝"，定母的"毒迪夺达铎""动弟度荡队杜大道但"。

[t']来自透母和定母。其中阴平、上声和去声字来自透母，如"天通梯托""体土坦塔""替叹踏套"；阳平字来自定母，如"唐桃台田题条团图屯同"。

[n]来自泥母和娘母,如"年奴南脑那""娘奶尼拿女";少数字来自疑母,如"拟逆牛"。

[l]来自来母,如"兰劳卢老朗类落"。

舌根音k、k'、x来自牙音和喉音"见溪群晓匣"。

[k]来自见母和群母。其中阴平和上声来自见母,如"干高根工光""感古梗巩果";去声字来自见母和群母,如见母的"故告更贵过",群母的"共跪柜";阳平字来自古入声的见母字,如"革格隔国虢"。

[k']主要来自溪母,少数来自群母。其中阴平、上声和去声字来自溪母,如"科康窟坤""可坎考孔""课看控库"。阳平字来自群母和溪母,如群母的"狂葵馗逵揆";溪母的"奎魁睽壳"。

[x]来自晓匣两母。其中阴平和上声字来自晓母,如"喝呼挥欢轰""好火虎毁罕";阳平字来自匣母,如"寒豪魂红河合";去声字来自晓匣两母,如晓母的"互惠汉唤耗""户会画混换号"。

舌尖音ts、ts'、s主要来自《切韵》齿头音"精清从心邪",少数来自"庄初崇生"。

[ts]主要来自精、从两母,少数来自庄、崇、澄母。其中阴平和上声字来自精母,少数来自庄母,如精母的"簪臧租哉资""祖左早子总",庄母的"邹驺淄辎""阻诅";阳平字来自精、从两母的入声字以及少数崇、澄两母的入声字,如精母的"则足卒",从母的"杂贼凿昨族",崇母的"賾",澄母的"泽择";去声字来自精、从两母,如精母的"恣作再灶奏赞",从母的"字自坐在暂赠";也有少数庄、崇、澄母字,如"仄戢"。

[ts']主要来自清、从两母,也有少数初母和崇母字。其中阴平、上声和去声字主要是清母字,如"参村操聪仓""此草采忖""次灿脆菜寸",少数初母字如"册测策";阳平字主要来自从母,如"蚕残曹才财存藏从慈",少数崇母字如"岑涔"。

[s]主要来自心母,少数字来自邪母和生母。阴平和上声基本上来自心母,如"三苏孙骚僧""伞扫笋髓耸",少数生母字"搜森洒所";阳平字来自邪母,如"随隋俗";去声字主要来自心母,如"飒塞算素送散",此外有邪母的"诵颂讼穗"、生母的"缩色瑟涩"等。

舌面前声母tɕ、tɕ'、ɕ来自《切韵》"见溪群晓匣"和"精清从心邪"两组声母。

[tɕ]来自见、群、精、从。其中阴平和上声字来自见、精两母,如见母的"交加金均涓""角解锦卷讲",精母的"焦尖津将揪""挤剪井姐酒";阳平字来自见、群、精、从的入声字,如见母的"急劫菊决",群母的"极杰局掘",精母的"即节睫爵",从母的"疾截集绝";去声字也来自以上四母,如见母的"见绛句眷",群母的"技近巨郡",精母的"进箭祭骏",从母的"匠静聚就"。

[tɕʻ]来自溪、群、清、从四母。其中阴平、上声和去声字主要来自溪母和清母,如溪母的"钦轻牵屈""顷巧起曲""庆橇恰去",清母的"亲清千趋""请寝浅取""沁倩窃趣";阳平字来自群、从,如群母的"求强钳其群穷",从母的"遁墙前齐秦情"。

[ɕ]来自晓、匣、心、邪。其中阴平和上声字主要来自晓母和心母,如晓母的"欣掀希休""喜晓许显",心母的"新先西修""洗小选醒";阳平字来自匣母和邪母,如匣母的"行降学鞋",邪母的"佁祥踅斜";去声字则来自晓、心、匣、邪四母,如晓母的"戏笑献向",匣母的"系效限项",心母的"细絮秀线",邪母的"谢续袖羡"。

卷舌音声母 tʂ、tʂʻ、ʂ 来自知、庄、章三组,ʐ 来自日母。

[tʂ]来自知、澄、庄、崇、章。其中阴平和上声字来自知、庄、章三母,如知母的"中张""展转",庄母的"庄争""爪窄",章母的"钟章""掌者";阳平字来自知、章、庄、澄、崇五母的入声字,如知母的"竹卓",庄母的"茁札",章母的"职哲",澄母的"直宅",崇母的"铡闸";去声字来自以上五母,如知母的"智陟",庄母的"壮诈",章母的"正占",澄母的"置兆",崇母的"栈骤"。

[tʂʻ]来自彻、初、昌、澄、崇、船、禅。其中阴平、上声和去声字来自彻、昌、初三母,如彻母的"超抽""丑宠""畅趁",初母的"窗初""铲楚""创衬",昌母的"昌春""杵敞""赤觑";阳平字来自澄、崇、船、禅四母,如澄母的"除陈迟长",崇母的"柴床愁锄",船母的"乘唇船",禅母的"成垂常辰"。

[ʂ]来自生、书、崇、船、禅。其中阴平和上声字来自生、书两母,如生母的"沙山双师""史爽省数",书母的"商书施失""始水舍赏";阳平字来自船、禅两母,如船母的"蛇绳神赎",禅母的"谁韶时熟";去声字来自生、书、崇、船、禅五母,如生母的"晒帅渗朔",书母的"试舜释设",崇母的"士仕事柿",船母的"示顺射述",禅母的"睡上树市"。

[ʐ]声母的字主要来自日母,如"人然如饶""忍冉惹壤""认热入让";也有少数字来自于、以,"荣"是于母字,"容融锐"是以母字。

零声母字来自影、于、以、疑、明,以及日母的少数字。

《切韵》的影母、于母、以母、疑母的绝大多数字到现代变成零声母,如影母的"安恩衣央温翁隐影爱要屋恶",于母的"王云为永有雨运位晔越域",以母的"移余寅匀演也易夜逸悦育",疑母的"宜银鱼五语雅遇外碍月玉业";《切韵》明母的一部分字后来成为三十六字母的微母,到现代也变成零声母,如"无文亡尾网武未忘妄物勿袜";《切韵》日母的一小部分字也变成了零声母,它们是现代读[ɚ]韵母的那些字,即"而儿尔耳饵迩二"等。

现代零声母字里有两部分字容易辨别来源:阴平调的字多数来自影母,[ɚ]类字都来自日母。

第三节 《切韵》音系的韵母

3.0 《广韵》的二百零六韵,不等于二百零六个韵母。原因之一,相配的平、上、去三个韵差别只在声调,韵母是相同的;原因之二,一个韵内部可能包含两个以上韵母,最多的有四个。学者们通过系联反切下字,并参考等韵图所分的开合四等,把每一个韵内包含的韵类搞清楚,然后构拟出每个韵母的音值。

3.1 《切韵》韵母的特点

简要地说,分韵多是《切韵》韵母系统的显著特点。分韵多的原因,是作韵腹的元音和韵尾多。现代一个韵的字,在《切韵》各自分别属于不同的几个韵,它们或者是韵尾相同而韵腹不同,或者是韵腹相同而韵尾不同。例如今读 əŋ、ieŋ、(ŋ)ueŋ、yeŋ 类的字分别来自《广韵》的东、冬、钟、庚、耕、清、青、蒸、登,它们的韵尾都是 ŋ,韵腹则有好几个;今读 ən、ien、uen、yen 类的字分别来自《广韵》的真、谆、臻、文、欣、魂、痕、侵,自真至痕的韵尾都是 n,韵腹不同,而侵韵则有 m 韵尾。单从音节成分说,《切韵》系统里作韵腹的音位有十多个,其中大部分元音在现代都不成音位;作韵尾的辅音 m、p、t、k 是现代所没有的。介音的 iu 也是现代所没有的。

3.2 《切韵》的韵母系统

第十七章 《切韵》音系

音韵学家构拟的《切韵》韵母有些局部的出入,下面列出的是一种影响比较大的《广韵》拟音系统。这种拟音有一些共性原则:甲,韵头方面,一等和二等的开口没有介音,合口有 u 介音;三等开口有 i 介音,合口有 iu 介音;四等分两类,一部分四等韵类跟三等韵类属于同一韵,这部分叫"重纽四等",开口有 j 介音,合口有 ju 介音(同韵的三等韵类叫做"重纽三等");另一部分四等韵类开合自成一韵,叫做"纯四等",开口没有介音,合口有 u 介音。乙,韵腹方面,一等韵的韵腹一般是后元音,二等韵的韵腹是低或次低元音,四等韵的韵腹是前元音;三等韵以有 i 介音为特点,韵腹则各种元音都有。丙,韵尾方面,阳声韵有 m、n、ŋ 三种鼻音韵尾,入声韵有 p、t、k 三种塞音韵尾,阴声韵有的是零韵尾,有的是 i 韵尾,有的是 u 韵尾。《广韵》的韵母数量比较多,宋代的等韵图上把二百零六韵归纳成十六摄,每一摄的韵在宋代以后大多合并成一个韵部,通过十六摄来把握《广韵》韵母就便捷一些,下面的韵母表就分十六摄排列(上声韵和去声韵的韵母跟所配平声韵相同,不再列出)。

	一等	二等	三等	重纽三等	重纽四等	纯四等
通摄	东韵 uŋ		东韵 iuŋ			
	屋韵 uk		屋韵 iuk			
	冬韵 oŋ		钟韵 ioŋ			
	沃韵 ok		烛韵 iok			
江摄		江韵 ɔŋ				
		觉韵 ɔk				
止摄			之韵 ie	支开 iɛ	支开 jɛ	
				支合 iuɛ	支合 juɛ	
			微开 iəi	脂开 iI	脂开 jI	

			微合 iuəi	脂合 iuI	脂合 juI		
遇摄	模韵 o		虞韵 io				
			鱼韵 iɔ				
蟹摄	咍韵 ɒi	皆开 ɐi	废开 iɐi	祭开 iæi	祭开 jæi	齐开 ɛi	
	灰韵 uɒi	皆合 uɐi	废合 iuɐi	祭合 iuæi	祭合 juæi	齐合 uɛi	
	泰开 ɒi	佳开 æi					
	泰合 uɒi	佳合 uæi					
		夬开 ai					
		夬合 uai					
臻摄	痕韵 ən		欣韵 iən	真开 ien	真开 jen		
	没开 ət		迄韵 iət	质开 iet	质开 jet		
				臻韵 ien			
				栉韵 iet			
	魂韵 uən		文韵 iuən	真合 iuen	谆合 juen		
				质合 iuet	术合 juet		
	没合 uət		物韵 iuət				
山摄	寒韵 ɒn	删开 ɐn	元开 iɐn	仙开 iæn	仙开 jæn	先开 ɛn	
	曷韵 ɒt	黠开 ɐt	月开 iɐt	薛开 iæt	薛开 jæt	屑开 ɛt	
	桓韵 uɒn	删合 uɐn	元合 iuɐn	仙合 iuæn	仙合 juæn	先合 uɛn	
	末韵 uɒt	黠合 uɐt	月合 iuɐt	薛合 iuæt	薛合 juæt	屑合 uɛt	
		山开 æn					
		鎋开 æt					
		山合 uæn					
		鎋合 uæt					

效摄 豪韵 ɑu	肴韵 au		宵韵 iæu	宵韵 jæu	萧韵 ɛu
果摄 歌开 ɑ		戈开 iɑ			
戈合 uɑ		戈合 iuɑ			
假摄	麻开 a	麻韵 ia			
	麻合 ua				
宕摄 唐开 ɑŋ		阳开 iɑŋ			
铎开 ɑk		药开 iɑk			
唐合 uɑŋ		阳合 iuɑŋ			
铎合 uɑk		药合 iuɑk			
梗摄	庚开 aŋ	庚开 iaŋ	清开 iæŋ		青开 ɛŋ
	陌开 ak	陌开 iak	昔开 iæk		锡开 ɛk
	庚合 uaŋ	庚合 iuaŋ	清合 iuæŋ		青合 uɛŋ
	陌合 uak	陌合 iuak	昔合 iuæk		锡合 uɛk
	耕开 ɐŋ				
	麦开 ɐk				
	耕合 uɐŋ				
	麦合 uɐk				
曾摄 登开 əŋ		蒸开 iəŋ			
德开 ək		职开 iək			
登合 uəŋ					
德合 uək		职合 iuək			
流摄 侯韵 əu		尤韵 iəu			
		幽韵 ieu			
深摄			侵韵 iəm	侵韵 jəm	

					缉韵 iəp	缉韵 jəp	
咸摄	谈韵 ɑm	衔韵 am			盐韵 iæm	盐韵 jæm	添韵 ɛm
	盍韵 ɑp	狎韵 ap			叶韵 iæp	叶韵 jæp	帖韵 ɛp
	覃韵 ɒm	咸韵 ɐm	严韵 ɐm				
	合韵 ɒp	洽韵 ɐp	业韵 iɐp				
			凡韵 iuɐm				
			乏韵 iuɐp				

3.3 《切韵》韵母到现代普通话韵母的演变

现代普通话的韵母比《切韵》的韵母少得多。从《切韵》到现代普通话之间的韵母变化，合流是主要趋势，有很多韵部合流了，还有不少韵摄也合流了。韵母的合并可以从韵腹、韵尾、韵头这几个方面分别看。

3.3.1 由于不同的韵腹变成了相同的韵腹，本来具有相同的韵尾的一些韵部就合流成现代的一个韵部。主要的合并有：

通摄的东、冬、钟，梗摄的庚、耕、清、青，曾摄的蒸、登，合并成现代的 əŋ、iəŋ、uəŋ、yəŋ；

江摄的江，宕摄的阳、唐，合并成现代的 aŋ、iaŋ、uaŋ；

臻摄的真、谆、臻、文、欣、魂、痕，合并成现代的 ən、iən、uən、yən；

山摄的寒、桓、删、山、先、仙、元，合并成现代的 an、ian、uan、yan；

遇摄的鱼、虞、模合并成现代的 u、y；

效摄的萧、宵、肴、豪合并成现代的 ao、iao；

流摄的尤、侯、幽合并成现代的 ou、iou。

3.3.2 有些韵在韵腹变化的同时，也脱落了韵头或韵尾，也导致韵部的合并。如止摄的支、脂、之、微，蟹摄的齐、祭、废、灰，开口韵类合并成 i 和 ɿ、ʅ,合口韵类合并成 uei(ui、ei)。

3.3.3 有些韵部不仅韵腹发生变化,并且韵尾也发生改变,就跟本来韵尾不同的另外一些韵部合并。如咸摄的谈、覃、咸、衔、盐、添、严、凡,本来是收 m 韵尾的,后来这个韵尾变成了 n,于是咸摄就合并到山摄;深摄侵韵原来也是收 m 韵尾,中古韵尾也变成 n,这一韵部就合并到臻摄。

3.3.4 入声韵的塞音韵尾 p、t、k 完全消失,入声韵的字都变成了阴声韵。

但从韵部内的变化看,分化现象也相当不少,有的韵类,由于声母的发音部位不同,后来就变成了不同的韵母。

3.3.5 在韵头层面上,《切韵》所有韵母按开合、四等可以分八个类别,现代汉语则分开口、合口、齐齿、撮口四呼。两者之间的对应关系比较复杂,我们可以从基本的演变方向和有条件的演变方向来把握这些关系。

基本的演变方向是:开口一等、二等变成开口呼,合口一等、二等变成合口呼;开口三等、四等变成齐齿呼,合口三等四等变成撮口呼。

有条件的变化,指的是同一类韵母内因声母的部位而有了不合乎基本方向的变化结果。最明显的几种是:a)二等开口韵里的牙喉音("见溪群疑影晓匣"七个声母)字多数不是变成开口呼而是变成齐齿呼,如"间艰钳咸家夹恰下江腔项交敲淆"之类;b)三等开口韵里的卷舌音字不是变成齐齿呼而是变成开口呼,如"招超韶饶之持是日"之类;三等合口韵里的卷舌音字不是变成撮口呼而是变成合口呼,如"主除数儒准春顺润"之类;c)三等合口韵里的轻唇音字,"非敷奉"三母的字(今音声母是 f)都变成开口呼,微母字(今音读零声母)都成为合口呼。d)一二等韵里的重唇音字,无论原来韵母开合,今音都属于开口呼;三四等韵里的重唇音字,也无论原来的开合,今音都读齐齿呼。

其他还有一些不合乎基本演变方向的，由于比较零散，暂不多谈。

附录：怎样从现代音分辨《切韵》韵母范围

现代汉语读同一个韵母的字往往来自《广韵》若干个韵，对于初学者来说，要分辨每个字属于《广韵》哪个韵，需要从工具书去查阅。不过，如果掌握古今音演变的规律，也能够从现代读音判断一个字在《广韵》音系里的大致范围。以下就简要地谈一下大致的对应关系。

甲，收鼻音韵尾的韵母的来源。

A，现代读 an、ian、uan、yan 韵母的字来自山摄和咸摄。例如：

an：干赶刊侃看寒罕汉安岸赞餐残散单但坦叹难兰（寒）般搬半绊潘判瞒满漫（桓）班斑板攀樊蛮慢赧栈删潸讪汕（删）扮办瓣盼斓盏绽潺产铲（山）旃展战缠禅阐煽扇擅善然燃（仙）番翻幡繁烦反返贩饭（元）甘柑敢憨邯喊暂三担胆淡毯蓝览滥（谈）感赣堪勘坎函含撼庵暗簪参蚕惨耽贪潭探南男岚（覃）斩站蘸湛谗馋杉（咸）搀忏衫（衔）占沾瞻蟾诌苫闪陕赡冉苒染盐（盐）凡帆范犯泛（凡）

ian：件您乾遣延演谚煎剪箭迁钱仙线编变篇绵（仙）建掀献宪言偃堰（元）坚茧见牵贤显烟燕笺荐千前先铣颠典电天田年莲边扁眠（先）奸营涧谏颜雁晏（删）间艰简拣悭闲限苋眼（山）检俭钳黔脸淹炎盐掩验艳黏廉帘敛（盐）腌严俨酽剑欠（严）兼谦嫌掂点店玷垫添甜恬忝拈念（兼）缄减咸陷（咸）监鉴嵌衔舰槛岩（衔）

uan：官管贯宽款欢桓缓换完丸钻撺窜酸算端短湍团暖乱（桓）关惯掼还环寰鳏患宦弯湾馔篡（删）鳏纶栓幻（山）专砖转啭篆传川穿船喘串软孪奁娈（仙）晚挽万蔓（元）

yan：娟卷倦圈拳权员院镌荃诠全泉宣旋璇选漩（仙）绻劝券喧萱暄元原源园袁猿援远苑愿怨（元）鹃涓蠲犬畎玄悬铉眩绚渊（先）

B，现代读 ən、iən、uən、yən 韵母的字多数来自臻摄，一部分 nə、iən 韵母的字来自深摄。例如：

ən：跟根垦恳痕狠恨恩（痕）奔本喷盆门们闷（魂）分纷芬汾焚坟粉忿奋（文）榛臻龀（臻）真珍轸诊振震嗔晨陈趁身申神哂慎人认（真）斟碪针枕朕琛沉忱深审甚壬岑涔参（侵）

iən：巾紧觐衅因银引津进亲秦新信宾贫民（真）斤筋谨近勤芹欣昕殷圻龈隐（欣）今金锦禁钦琴禽歆音阴饮林临凛（侵）

uən：衮坤昆困昏魂混温稳尊樽村存忖寸敦顿屯（魂）谆准春椿唇纯顺舜润闰遵隼论轮（谆）文闻纹吻刎问紊（文）

yən：窘陨殒筠（真）俊骏荀询巡旬驯殉均钧匀允（谆）君军郡群裙薰勋训愠晕云纭蕴（文）寻浔（侵）

C，现代读 aŋ、iaŋ、uaŋ 韵母的字来自江摄和宕摄。例如：

aŋ：邦梆棒蚌庞（江）刚康行昂臧藏苍桑当汤唐囊浪帮滂忙（唐）张章长掌仗障昌长常敞唱商上壤让方芳妨房防仿访放（阳）

iaŋ：江讲降绛虹腔项巷（江）姜羌强香向将奖匠相想象央阳洋养样（阳）

uaŋ：桩撞戆窗幢双泷（江）光胱广旷圹荒慌黄煌恍幌汪（唐）庄装壮状疮床创霜爽诳匡筐眶狂况王往旺忘网望（阳）

D，现代读 əŋ、iəŋ、uəŋ、yəŋ 韵母的字来自通摄、梗摄、曾摄。例如：

əŋ：蓬篷蒙朦蠓艨风枫丰冯讽梦瞢（东）疼（冬）封峰锋逢缝奉（钟）烹彭猛蜢孟冷撑铛瞠生省庚更亨横（庚）耕耿铿绷迸棚甍争筝拎橙（耕）征贞整郑正成程骋逞声圣盛（清）蒸徵拯证称澄承秤升绳胜仍（蒸）登等邓腾藤能棱楞增曾赠层亘恒崩朋鹏（登）

iəŋ：京惊景镜卿庆英映兵丙病平明命行杏（庚）茎幸樱硬（耕）颈轻缨盈精晶井静清情请并名领倾顷营颍颖（清）经径磬馨形邢丁顶定汀亭挺宁佞灵令青星瓶冥荥萤荧（青）冰凭陵凌竞兴膺应凝（蒸）

uəŋ：东董动通同桶痛农笼蒙氋送公空洪弓躬宫中终仲众冲崇虫嵩戎隆融（东）冬统宗综琮松宋（冬）恭供龚拱巩共恐钟肿种重宠茸踪纵从悚颂容（钟）肱弘薨（登）觥荣（庚）轰宏泓（耕）

yəŋ：穹穷雄熊（东）邛蛩筇凶胸雍佣勇拥用（钟）兄永咏（庚）琼茕（清）扃炯迥（青）

乙，收 i、u 韵尾的阴声韵韵母的来源

A，现代读 ai、uai 韵母的字来自蟹摄一二等韵母和一部分梗摄入声韵以及少量止摄字。例如：

ai：代怠胎台态乃耐来哉宰在才赛该开海爱（咍）带太泰奈赖籁蔡盖害霭艾（泰）摆稗牌派买卖奶债钗差晒矮隘（佳）拜排俳湃霾埋斋豺侪揩挨（皆）败迈寨虿砦（夬）白百柏拍迫宅翟择窄（陌）擘麦脉（麦）

uai：槐徘徊块（灰）脍外（泰）乖怪蒯怀坏崴（皆）拐（佳）快（夬）搊（支）衰帅（脂）

B，现代读 ei、uei 韵母的字来自止摄合口、蟹摄合口和少数入声韵。例如：

ei：卑碑被累（支）悲备眉垒类（脂）非飞扉菲妃肥匪沸费（微）杯辈背陪培配佩梅媒妹（灰）贝沛狈霈（泰）废肺吠（废）黑贼北塞（德）

uei：规诡亏麾毁为委随绥垂吹睡蕊（支）龟轨柜葵馗唯位追坠捶醉翠虽（脂）归鬼贵辉挥虺讳巍伟胃威围味（微）圭闱桂瞆奎惠慧蕙（齐）缀赘税说锐芮岁卫（祭）秽喙（废）傀魁盔灰回悔晦堆对队腿崔碎（灰）兑蜕最绘会桧（泰）

C，现代读 au、iau 韵母的字来自效摄，和一部分江摄、宕摄入声字。例如：

au：高杲告考靠豪号早曹草骚刀宝毛奥（豪）包胞饱豹抛泡炮茅卯貌爪罩抄稍闹（肴）招昭沼兆赵超朝烧韶少绍饶扰绕（宵）矛蛲猱（尤）薄箔凿落烙酪郝貉（铎）着勺芍（药）剥雹貌（觉）

iau：交郊搅绞教较敲巧哮孝效肴咬（肴）标表飘瓢票苗妙焦醮锹樵消骄乔要（宵）雕调挑条窕眺鸟料潇筱啸狡叫窍晓尧（萧）彪（幽）脚削药钥疟（药）角觉较壳学邈藐（觉）

D，现代读 əu、iəu 韵母的字主要来自流摄，以及少数入声字。例如：

əu：兜斗逗偷头透楼漏钩苟诟口寇侯后偶走凑（侯）周肘皱宙抽愁丑臭收守寿柔谋否缶（尤）粥轴熟肉（屋）

iəu：鸠九旧求裘休忧有又酒就秋酉修秀袖（尤）纠赳虬幽幼谬（幽）六（屋）

丙，零韵尾的阴声韵母的来源最复杂

A，现代读 a、ia、ua 韵母的字来自假摄和歌韵佳韵少数字，以及山摄和咸摄的入声韵。例如：

a：巴把霸葩爬怕麻马骂拿楂查诈叉权沙（麻）他那（歌）怛妲达挞獭捺刺

第十七章 《切韵》音系

瘌擦萨(曷)拔跋魃(末)札扎察杀煞八捌拔(黠)铡刹(鎋)伐筏罚阀垡发(月)杂飒卅答褡沓踏漯纳衲拉(合)荅榻遏塔蹋腊蜡(盍)眨插锸霎敠(洽)乏法(乏)

ia：家加嘉假贾架稼嫁价霞遐下夏雅牙亚(麻)佳涯崖(佳)戛戛轧擖(黠)瞎辖(鎋)夹袷恰掐洽狭峡(洽)甲胛匣狎鸭压押(狎)

ua：瓜寡剐夸胯跨花华骅桦蛙洼娲瓦搲(麻)挂卦画(佳)滑猾(黠)刮鸹刷(鎋)

B，现代读ə、o、uo韵母的字来自果摄，和宕摄、梗摄、曾摄、江摄、臻摄、山摄、咸摄的入声韵。例如：

ə：歌哥鸽舸个珂轲可坷呵何河贺鹅俄饿(歌)戈科颗窠课和禾讹(戈)遮者赭蔗柘车扯奢赊蛇舍赦射社惹(麻)各阁胳恪鹤涸颚鄂愕恶亚乐(铎)圻泽择格客赫吓额(陌)谪责帻箦策册隔革核翮厄扼(麦)刻克劾德得特忒勒(德)仄昃侧测恻色啬穑(职)瑟(栉)涩(缉)葛割渴曷褐喝遏(曷)折浙哲辙彻撤掣舌热(薛)鸽蛤合盒(合)盍磕溘(盍)摺辄慴摄歙涉(叶)

o：波玻簸播坡婆颇破摩磨魔(戈韵唇音)博搏薄泊箔粕莫膜摸漠(铎)剥驳(觉)伯帛舶迫魄蓦陌貘(陌)擘脉(麦)墨默(德)勃渤侼孛没殁(没)佛(物)拨钵泼末抹沫(末)

uo：多舵拖驮陀驼沱傩挪罗箩左佐磋搓娑我(歌)锅果过火货卧朵垛剁妥唾坐座挫梭莎锁(戈)虢虞搦(陌)蝈馘帼获(麦)国或惑(德)作柞昨错铎度托拓诺落洛络郭崞椁廓蠖霍藿(铎)卓琢涿啄捉浞浊擢朔蒴握渥荦(觉)灼斫酌绰烁铄若弱箬(药)聒括阔豁斡活撮拨夺脱捋(末)苗拙啜辍说(薛)

C，现代读iε、yε韵母的字来自假摄三等、果摄三等、蟹摄二等，和山摄、咸摄三四等的入声韵。例如：

iε：嗟姐借且些邪斜写泻谢耶也野冶夜(麻)伽茄(戈)街解鞋蟹懈(佳)皆阶秸戒诫界介谐械(皆)讦杰竭揭羯泄继孽列烈裂鳖憋别瞥灭(薛)讦揭碣歇蝎谒(月)结洁挈缬颉噎节疖截切窃屑楔迭垤铁饕涅捏啮蹩撇瞥蔑(屑)接捷睫婕妾叶聂镊猎躡躐(叶)劫怯胁业邺(业)惬箧燮协叠牒蹀蝶喋帖贴(帖)

yε：靴瘸(戈)蹶缺绝掘雪悦阅劣(薛)厥撅蹶掘阙月刖越粤曰(月)决抉诀缺阅血穴(屑)觉榷确学岳乐(觉)却削虐疟跃栎略掠约爵鹊攫矍(药)

D，现代读ər韵母的字都来自支、脂、之三韵日母字，ɿ韵母的字来自支、脂、之三韵的精组字，ʅ韵母的字来自止摄、蟹摄三等和一部分入声韵的卷舌声母字。例如：

ər：儿尔迩（支）二贰（脂）而耳饵（之）

ɿ：髭紫渍雌疵此刺斯厮赐（支）资姿咨姊自茨次私死四兕（脂）滋兹子梓字慈瓷词辞司思（之）

ʅ：知支只纸智池翅施匙豕是（支）脂指旨至雉迟墀师狮示视（脂）之芝止志蚩持齿诗时使事（之）制滞彘世势逝噬誓筮（祭）质侄桎秩叱室失室实日（质）栉（栉）炙跖掷尺赤适释石（昔）织职陟直植殖敕饬识式食蚀（职）执汁湿十拾（缉）

E，现代读 i 韵母的字来自止摄、蟹摄三四等字和一部分入声韵。例如：

彼避披皮羁弥离寄奇绮企移义曦戏（支）鼻鄙比庇芘纰痞尼利肌几季祁器夷（脂）基己记期旗邸亟熹疑医意你以里吏（之）机既祈岂气希稀衣依毅（微）蔽毙例厉祭际憩艺呓裔（祭）闭陛批迷米低底第梯体替挤济妻西（齐）吉诘佶一逸疾七漆悉必毕笔匹密蜜昵栗（质）讫乞契讫屹（迄）戟屐隙逆（陌）积籍迹脊夕席昔惜益译驿亦碧璧辟疫役（昔）击激檄绩寂戚锡析的滴迪敌惕雳历壁劈霹觅（锡）棘殛极亿忆翌翼即稷息匿力逼愎嶷（职）急汲级及泣吸揖邑熠集辑茸缉习袭（缉）

F，现代读 u、y 韵母的字来自遇摄，和通摄、臻摄入声韵。例如：

u：布普步暮都土杜奴祖粗苏故胡（模）朱株主拄注驻雏刍数儒乳夫符斧赋（虞）诸猪除锄书蔬如煮渚储础鼠署助处庶（鱼）部母亩（侯）浮涪妇负富阜副覆（尤）谷哭斛屋族簇速独读禄鹿卜扑木竹逐筑畜淑叔陆戮目牧复服福宿（屋）梏酷誉鹄毒笃督仆（沃）烛嘱触束蜀赎属辱褥足促粟俗（烛）骨窟忽惚笏鹘兀讥突讷卒猝（没）出黜怵术述（术）物勿弗绂拂艴苐（物）

y：俱拘驹矩惧区驱去趋取趣需瑜雨宇遇（虞）居举巨渠去虚许沮须徐序绪於余语（鱼）菊鞠掬麴育毓鬻郁岫（屋）局曲旭续玉狱欲浴绿（烛）橘律聿鹬恤戍（术）屈尉（物）域蜮（职）

第四节　《切韵》音系的声调

4.1　《切韵》的调类是清楚的，有平、上、去、入四个声调。具体的调值如何，还难于断定。唐人有"平声哀而安、上声厉而举、去声清而远、入声直而促"的说法,大概平声是个平调,上声是个升调,去声是个长调,入声是短促调。平、上、去三声的韵母相同,差别在于高低升降;入声不仅以短促为特色,韵母也有塞音韵尾,跟前三声韵母不同。

4.2　现代普通话有阴平、阳平、上声、去声四个声调。跟《切韵》四声相比,两个系统的调类数目相等,但是内容的差别却很大。人们把两个系统之间声调的变化总结为三句话:平分阴阳,浊上归去,入派四声。

《切韵》时代只有一个平声调类,到现代分化为阴平、阳平两个调类,这就是"平分阴阳"。平声的分化以声母的清浊为条件,清声母字(包括全清和次清)变成了阴平,浊声母字(包括全浊和次浊)变成了阳平。

《切韵》的上声调类也分化了,不过跟平声的分化条件不完全相同。其中的清声母字变成今天的上声,次浊声母字也跟清声母一样读上声,而全浊声母字变到了去声。所谓"浊上归去"说的是全浊声母的字,不包括次浊声母字。

《切韵》的入声调到现代消失了,原来的入声字分别变到阴平、阳平、上声、去声四个调类之内。浊声母字的变化条件比较明确,全浊声母的入声字基本上都变成阳平调,次浊声母的入声字基本上都变成去声调;清声母字的归属却没有什么明显的规律,它们分散到了阴阳上去四个声调里边。

4.3　入声字的识别

对于没有入声调的方言区的人来说,识别入声字是比较困难的。不过,很多入声字的读音有一定的特殊性,我们可以利用一些语音条件,根据现代读音去判断入声字和非入声字。

4.3.1　首先能够在某种读音条件下肯定相当一部分字不是入声:

　　a) 收鼻音韵尾 -n 和 -ŋ 的阳声韵字,没有来自入声的;

b) 声母读送气音,声调为阳平的字,没有来自入声的;

c) 韵母读 ɿ 的("资此思"类)没有入声字(这些字都来自止摄开口三等精组);

d) 韵母读 ər 的("儿"类字)没有入声字(这些字都来自止摄开口三等日母字);

e) 韵母读 uei 的没有入声字(这些字来自止摄和蟹摄的舒声)。

4.3.2 具有以下特征的字,一般是古入声字:

a) 声母读不送气的塞音、塞擦音,而声调为阳平的字,即 p、t、k、ts、tʂ、tɕ 这些声母的阳平字,基本上都是古入声字(参见上文阳平部分的入声字);

b) 韵母读 ye 的字大部分是古入声字,只有"瘸、靴"是例外(这两字来自戈韵合口三等);

c) 卷舌音声母跟 uo 韵母相拼的音节,即"捉戳说若"类字,都来自古入声;

d) 声母读 t、t'、n、l、ts、ts'、s 而韵母为 ə 的字,如"德忒讷勒则册色"等,基本上都是古入声字;例外的是"了、呢"这样的少数字;

e) 声母读 t、t'、n、l、p、p'、m 而韵母为 ie 的字,如"叠铁捏列别瞥灭"等,基本上都是古入声字;例外的是"爹"字,来自麻韵开口三等知母;

f) tsa、ts'a、sa、fa 这些音节的字,如"杂擦飒发"等,多数是古入声字;少数字如"咱咋仨洒",是不见于《广韵》的后起字,不是入声字。

g) 现代北京话阴声韵里边有文白异读的字,多数是古入声字。这些字的文白异读都在韵母上有区别,呈现有规律的对应,例如:

读书音为 ə、白话音为 ai 的字:择宅摘册策色塞;

读书音为 o、白话音为 ai 的字：白百柏伯麦脉；
读书音为 ə、白话音为 ei 的字：贼肋勒北剋黑；
读书音为 uo、白话音为 au 的字：落薄剥着；
读书音为 ye、白话音为 iau 的字：觉学乐跃疟削；

北京话文白异读还有其他类型，但很多地区的人对此都不熟悉，所以不再多举。

对于有入声调的方言区的人来说，一般就不存在识别入声字的困难，但是有的地方的入声字保留不完整，有入声字个别变成舒声的情况，也需要注意。

在入声调消失了的官话地区，入声字归属各有差别，因此不同地区的人也有些方法可以用来识别入声。比如在西南官话区，入声字一般读成阳平调，那么该地区读阳平而普通话读上声或去声的字基本上是古入声字；河南一带把入声字读成阴平、阳平两种声调，那么在该地区读阴平而普通话读上声或去声的字基本上是古入声字。

体会下边的"附录"所列的入声字，可以揣摸它们的分布规律。

附录：怎样从现代四声分辨《切韵》四声

根据现代声调辨别《切韵》四声有两大难点：一是古入声字分散在四个声调中，而没有明显的识别标志；二是古全浊上声字变成去声，也没有任何标志。尽管如此，掌握了对应规律以后还是能够推断多数字的《切韵》声调，下面讲的是主要的对应规则，并把不容易识别的入声字和去声里的全浊上声字列举出来（按声母分组）。

甲，阴平

现代读阴平调的字多数来自《切韵》清声母平声。由入声字变来的常用字有：逼鳖憋八拨钵剥，泼劈瞥撇扑拍，发，滴督搭跌，贴刓踢塌突秃脱托，捏，勒拉捋，扎札摘织汁粥拙桌涿捉苗，锸插出拆吃戳，杀刷虱失湿叔菽淑说，擦撮、撒缩、割鸽胳搁刮聒郭蝈、磕哭窟、喝黑忽惚豁、积迹绩接疖击激夹结揭橘鞠掬蹶撅、七漆戚缉切掐蹴曲屈缺、昔惜息析淅悉膝锡蟋夕楔削吸翕瞎歇蝎、鸭压押噎掖一揖壹约屋挖曰

乙，阳平

现代读阳平调的字多数来自《切韵》浊声母平声。由入声字变来的常用字有：拔跋魃白帛别博薄泊箔勃渤、伐筏乏罚复伏服福幅佛缚、达沓迪狄敌笛获籴叠蝶牒跌迭坻得德督独读牍毒渎夺铎度、闸铡直侄执宅翟轴折浙摺哲竹逐烛酌卓浊擢着濯镯、识实食蚀石十拾什芍杓涉舌折熟孰塾赎术述秫、杂凿贼责则泽择足卒族、俗、革格隔阁国虢、核合盒盍涸鹘鹄槲滑猾活、疾嫉集寂即节捷截绝爵及极急级吉杰竭碣劫局菊觉决诀厥劂蕨獗蹶攫掘倔橛、狎辖黠侠峡协胁穴学习席袭续

对于阳平字可以根据三个条件判断出多数字的来源：a) 送气声母的阳平字一般来自《切韵》全浊平声字；b) 声母为 m、n、l、r 和零声母的阳平字一般来自《切韵》次浊平声字；c) 不送气声母的阳平字一般都是《切韵》入声字。

丙，上声

现代读上声调的字多数来自《切韵》上声。由入声变来的常用字有：百佰伯柏北笔卜、匹撇瞥朴璞蹼、法、笃、塔獭帖铁餮、眨窄嘱、尺、属蜀、色雪撒索、葛谷骨、渴、郝、脊给戟甲胛角脚缴、乞曲、血、乙、辱、抹

丁，去声

现代读去声的字来自《切韵》的去声、上声和入声。《切韵》的去声字，不论声母清浊到现代都读去声；《切韵》里全浊声母的上声字到现代变成去声；《切韵》的入声字变到去声的数量最多，次浊声母字大多变成去声，为数不少的清声母字也变成去声了。

由全浊上声字变成去声的常用字有：棒蚌被婢陛部簿罢伴辨辩笨抱鲍、奉父妇负阜饭范犯、动杜肚弟怠待盾囤诞断道稻舵堕惰荡淡、重雉豸柱苎篆撰馔兆赵肇杖朕湛、士仕柿是氏市恃善鳝绍社甚肾竖、罪在造、似姒巳氾耜兕祀俟、跪、亥撼旱浩皓昊后厚户扈岵怙混祸晃、尽瓒践饯静靖渐聚技巨拒距讵近件臼舅笞、项限下夏厦蟹杏幸序叙绪象像

由入声字变成去声的常用字有：必毕碧壁璧愎弼不、迫粕魄辟癖僻、麦脉觅密蜜宓灭蔑篾末沫茉秣没陌莫漠墨默木沐目睦牧穆、复腹蝮覆、挞榻踏蹋特忒惕偶遂拓柝、纳捺衲诺溺昵匿逆孽啮臬聂镊蹑疟虐、腊蜡辣烙酪乐肋

力立粒笠历沥雳栗傈劣列烈裂冽猎躐鬣六陆录禄鹿麓戮落络洛骆律率绿略掠,栎窒陟炙掷质桎秩帙祝筑,刹馺辍啜绰饬敕赤叱斥彻撤坼掣触蠋畜黜怵,煞霎歃室式拭轼饰释适设摄涉倏束术述硕烁铄朔槊,热日肉褥入若箬弱,作仄昃,侧册策测恻蹙蹴促簇猝错,萨飒卅塞肃速粟宿夙溲色瑟涩啬穑,各梏,括克刻恪客酷喾阔廓,褐赫壑笏霍藿鹤划或惑获,稷鲫剧,碛茸切窃挈妾鹊雀讫迄泣洽恰壳箧惬怯确榷愨却阙,屑泄亵渫绁爕恤谑血阋隙旭蓄滀,遏扼厄轭恶垩萼噩愕谔颚鄂益溢抑忆亿臆邑挹佚轶逸易亦奕译绎驿役疫翼翌屹谒叶液腋晔烨页业邺兀勿物袜握渥沃斡欲浴育聿郁昱煜玉域蜮狱月岳乐越粤钺药钥悦阅跃

第十八章 唐诗宋词韵部

第一节 近体诗的韵部

1.1 南北朝以前,诗歌押韵没有法定标准,大部分作品押的是自然韵,即按照当时的共同语音系押韵。到了唐朝,《切韵》被定为官韵,作为科举考试中文人必须遵守的押韵标准。这一政策被此后的历代王朝所继承,《切韵》在文学上的影响力就一直延续下来。但是由于《切韵》是综合性的音系,比实际口语分韵细密,参加科举考试的读书人难于辨别那么多的韵,政府也不得不作出变通的规定:允许一部分相近的韵可以"同用"。所谓同用,就是规定实际上已经合并了的两个或三个韵在作诗押韵时可以当作一个韵用;独用的韵就不能跟其他韵的字在一起用。《广韵》所注明各韵的"独用""同用",大致上是继承唐代的规定;如果把该书规定为同用的几个韵都合并为一个韵,二百零六韵就可以合并成一百十三韵。近体诗(五七言律诗、律体绝句、排律)在唐代兴起,以后的文人用这种诗歌体裁进行创作,无论是否为了应试,都要遵守"官韵"。这种押韵规则成为近体诗格律的一个组成部分,一直延续到近代。而实际上非应试的近体诗占了大多数,所以,"官韵"长期影响了中国古代的社会文化界特别是传统诗歌,而不仅仅是科举。

宋王朝为了让文人使用起来方便,在纂修《广韵》《集韵》之外,还为这个系统编写了简缩本的《礼部韵略》,作为读书人手头必备的手册式工具书。《礼部韵略》所定的同用范围又有所扩大,把一些在《广韵》不同用的韵也规定为同用了,这样,《广韵》的二百零六韵实际上已经合并成一百零八韵。到南宋与北方的金朝对峙时期,金朝学者索性把同用的韵都合并在一起,并且略加调整,成为一百零六韵的平水韵系统。

1.2 公元1229年,金朝的王文郁编了一本韵书叫《平水新刊韵略》,分一百零六韵;公元1252年,又有刘渊编了一本《壬子新刊礼部韵略》,分一百零七韵。两种书的分韵基本相同,仅在上声拯韵是否并入迥韵这一点上有差别。两个作者都和平水(今山西临汾)有关,王文郁曾在平水做官(古书记载他是"平水书籍",即平水地方管理图书的官员);刘渊据说是平水人,他们的韵书的韵部系统就被称之为平水韵。以上两种书都没有传下来,但是它们的系统则在后代产生深远影响。元、明、清都把一百零六韵的平水韵定为官韵,这个《切韵》系统的"变体"取代了以前《广韵》的作用。社会上出现过这一系统的多种版本的韵书,文人们笼统地称之为"诗韵"。

1.3 从唐代规定了"同用"的《切韵》系统到平水韵,这个一脉相承的官韵系统在文化界的影响一直很大,千年内的近体诗用韵都以它为准绳。

下面把平水韵的韵目列出,括号内是每韵所包含的《广韵》韵目。

上平声

一东(东)　　　　二冬(冬钟)　　　　三江(江)

四支(支脂之)　　五微(微)　　　　　六鱼(鱼)

七虞(虞模)　　　八齐(齐)　　　　　九佳(佳皆)

十灰(灰咍)　　　十一真(真谆臻)　　十二文(文欣)

十三元(元魂痕)　　十四寒(寒桓)　　十五删(删山)

下平声

一先(先仙)　　二萧(萧宵)　　三肴(肴)

四豪(豪)　　五歌(歌戈)　　六麻(麻)

七阳(阳唐)　　八庚(庚耕清)　　九青(青)

十蒸(蒸登)　　十一尤(尤侯幽)　　十二侵(侵)

十三覃(覃谈)　　十四盐(盐添严)　　十五咸(咸衔凡)

上声

一董(董)　　二肿(肿)　　三讲(讲)

四纸(纸旨止)　　五尾(尾)　　六语(语)

七麌(麌姥)　　八荠(荠)　　九蟹(蟹骇)

十贿(贿海)　　十一轸(轸准)　　十二吻(吻隐)

十三阮(阮混很)　　十四旱(旱缓)　　十五潸(潸产)

十六铣(铣狝)　　十七篠(篠小)　　十八巧(巧)

十九皓(皓)　　二十哿(哿果)　　二十一马(马)

二十二养(养荡)　　二十三梗(梗耿静)　　二十四迥(迥拯等)

二十五有(有厚黝)　　二十六寝(寝)　　二十七感(感敢)

二十八琰(琰忝俨)　　二十九豏(豏槛范)

去声

一送(送)　　二宋(宋用)　　三绛(绛)

四寘(寘至志)　　五未(未)　　六御(御)

七遇(遇暮)　　八霁(霁祭)　　九泰(泰)

十卦(卦怪夬)　　十一队(队代废)　　十二震(震稕)

十三问(问焮)　　十四愿(愿恩恨)　　十五翰(翰换)

十六谏(谏襇)　　十七霰(霰线)　　十八啸(啸笑)

十九效(效)　　二十号(号)　　二十一箇(箇过)

二十二祃(祃)　　二十三漾(漾荡)　　二十四映(映净劲)

二十五径(径证嶝)　　二十六宥(宥候幼)　　二十七沁(沁)

二十八勘(勘阚)　　二十九艳(艳㮇酽)　　三十陷(陷鉴梵)

入声

一屋(屋)　　二沃(沃烛)　　三觉(觉)

四质(质术栉)　　五物(物迄)　　六月(月没)

七曷(曷末)　　八黠(黠鎋)　　九屑(屑薛)

十药(药铎)　　十一陌(陌麦昔)　　十二锡(锡)

十三职(职德)　　十四缉(缉)　　十五合(合盍)

十六叶(叶帖业)　　十七洽(洽狎乏)

附录："平水韵"平声30韵常用字及唐诗举例

上平声

一东:东通同桐童峒中忠终冲虫崇戎融丛公工功宫红鸿洪翁隆胧蓬蒙朦风枫冯雄穹

陈子昂　送魏大将军

匈奴犹未灭，魏绛复从戎。怅别三河道，言追六郡雄。
雁山横代北，狐塞接云中。勿使燕然上，唯留汉将功。

二冬：冬彤农浓龙钟重容蓉宗踪从松凶汹胸雍庸恭封峰逢

李白　访戴天山道士不遇

犬吠水声中，桃花带雨浓（冬）。
树深时见鹿，溪午不闻钟（钟）。
野竹分青霭，飞泉挂碧峰（钟）。
无人知所去，愁倚两三松（钟）。

三江：江降（降服）缸邦庞窗双幢

司空曙　九日登高

诗家九日怜芳菊，逐客高斋瞰浙江。
渔浦浪花摇素壁，西陵树色入秋窗。
木奴向熟悬金实，桑落新开泻玉缸。
四子醉时争讲德，笑论黄霸屈为邦。

四支：支枝脂之知芝痴嗤迟池驰持施师诗儿而姿滋资词祠辞慈差（参差）思司丝斯移仪疑遗基羁欺期其旗奇骑披皮疲縻离篱为危帷唯维规龟亏葵麾追炊吹随虽谁碑悲眉

李白　望汉阳柳色寄王宰

汉阳江上柳，望客引东枝（支）。
树树花如雪，纷纷乱若丝（之）。
春风传我意，草木别前知（支）。
寄谢弦歌宰，西来定未迟（脂）。

五微：微薇违围威挥辉归非菲飞肥机祈希稀衣依

王勃　送卢主簿

穷途非所恨，虚室自相依。城阙居年满，琴尊俗事稀。
开襟方未已，分袂忽多违。东岩富松竹，岁暮幸同归。

六鱼：鱼渔余於居车渠虚墟胥徐猪诸初除锄书舒疏蔬如庐驴闾

李商隐　筹笔驿

第十八章 唐诗宋词韵部

鱼鸟犹疑畏简书,风云常为护储胥。
徒令上将挥神笔,终见降王走传车。
管乐有才终不忝,关张无命复何如。
他年锦里经祠庙,梁父吟成恨有余。

七虞:虞愚隅娱于愉臾纡驹俱拘趋区躯须姑孤枯呼胡湖狐吴梧吾无乌朱珠厨殊输枢儒孺租粗苏酥都徒途涂图奴炉芦铺蒲模夫扶符

孟浩然　寻张五迴夜园作
闻就庞公隐,移居近洞湖(模)。
兴来林是竹,归卧谷名愚(虞)。
挂席樵风便,开轩琴月孤(模)。
岁寒何用赏,霜落故园芜(虞)。

八齐:齐妻凄萋稽鸡西栖溪畦低堤梯题啼蹄提倪泥犁迷圭闺睽

李白　口号赠徵君卢鸿
陶令辞彭泽,梁鸿入会稽。我寻高士传,君与古人齐。
云卧留丹壑,天书降紫泥。不知杨伯起,早晚向关西。

九佳:佳涯崖蛙娲街皆阶鞋谐斋钗钗差豺侪牌排埋霾乖怀淮槐

元稹　遣悲怀(之一)
谢公最小偏怜女,自嫁黔娄百事乖(皆)。
顾我无衣搜荩箧,泥他沽酒拔金钗(佳)。
野蔬充膳甘尝藿,落叶添薪仰古槐(皆)。
今日俸钱过十万,与君营奠复营斋(皆)。

按:《广韵》定佳皆同用,但实际上唐诗把佳韵内部分字跟麻韵同用。举例如下:

刘长卿　过湖南羊处士别业
杜门成白首,湖上寄生涯(佳)。
秋草芜三径,寒塘独一家(麻)。
鸟归村落静,水向县城斜(麻)。
爱子醒还醉,东篱菊正花(麻)。

十灰:灰恢回迴魁堆推颓崔摧催杯陪培醅梅枚媒雷栽哉灾才材财裁腮台来该开孩哀埃

　　　　　　　杜甫　　登高
　　　　　风急天高猿啸哀,渚清沙白鸟飞迴(灰)。
　　　　　无边落木萧萧下,不尽长江滚滚来(咍)。
　　　　　万里悲秋常作客,百年多病独登台(咍)。
　　　　　艰难苦恨繁霜鬓,潦倒新停浊酒杯(灰)。
十一真:真珍臻榛嗔陈尘晨臣身申伸神人仁因银寅巾津亲秦新辛宾滨频贫民邻鳞麟谆春纯淳遵均钧筠旬荀巡驯匀伦轮沦

　　　　　　　戴叔伦　　送友人东归
　　　　　万里杨柳色,出关送故人(真)。
　　　　　轻烟拂流水,落日照行尘(真)。
　　　　　积梦江湖远,忆家兄弟贫(真)。
　　　　　徘徊灞亭上,不语自伤春(谆)。
十二文:斤筋芹勤欣殷文闻纹分纷焚坟军君群裙裙勋云耘
按:文韵与欣韵同用是宋代的规定,在唐代文欣并不同用。唐代文独用,欣韵一般跟真韵同用,今各举一例。
文独用:
　　　　　　　李白　　过崔八丈水亭
　　　　　高阁横秀气,清幽并在君。檐飞宛溪水,窗落敬亭云。
　　　　　猿啸风中断,渔歌月里闻。闲随白鸥去,沙上自为群。
真欣同用:
　　　　　　　杜甫　　崔氏东山草堂
　　　　　爱汝玉山草堂静,高秋爽气相鲜新(真)。
　　　　　有时自发钟磬响,落日更见渔樵人(真)。
　　　　　盘剥白鸦谷口栗,饭煮青泥坊底芹(欣)。
　　　　　何为西庄王给事,柴门空闭锁松筠(真)。
十三元:元原猿源园援辕鸳冤喧轩言番翻藩繁烦魂昏温孙尊村敦吞屯论奔盆门痕根恩

　　　　　　　韦应物　　寓居沣上精舍寄于张二舍人
　　　　　万木丛云出香阁,西连碧涧竹林园(元)。
　　　　　高斋独宿远山曙,微霰下庭寒雀喧(元)。
　　　　　道心淡泊对流水,生事萧条空掩门(魂)。
　　　　　时忆故交哪得见,晓排阊阖奉明恩(痕)。

十四寒:寒韩干竿看安鞍丹单摊滩檀坛难兰栏餐蟠盘漫观冠宽欢桓完丸酸端湍团峦鸾

高适　使青夷军入居庸(之一)

匹马行将久,征途去转难(寒)。
不知边地别,只讶客衣单(寒)。
溪冷泉声苦,山空木叶干(寒)。
莫言关塞极,雨雪尚漫漫(桓)。

十五删:删山潸潺班斑攀蛮间艰悭闲颜关还环弯湾顽

杜甫　草阁

草阁临无地,柴扉永不关(删)。鱼龙回夜水,星月动秋山(山)。
久露晴初湿,高云薄未还(删)。泛舟惭小妇,漂泊损红颜(删)。

下平声

一先:先仙鲜贤弦现烟燕延沿坚肩煎千牵迁前钱乾颠巅天田填年怜连莲联边编鞭偏篇眠绵毡旃蝉缠禅然燃渊员缘宣悬旋玄涓捐娟拳全权泉专川穿传船

温庭筠　苏武庙

苏武魂销汉史前(先),古祠高树两茫然(仙)。
云边雁断胡天月,垅上羊归塞草烟(先)。
迴日楼台非甲帐,去时冠剑是丁年(先)。
茂陵不见封侯印,空向秋波哭逝川(仙)。

二萧:萧潇箫宵消霄尧遥摇妖邀要浇骄娇焦乔桥樵雕凋貂挑条迢辽聊寥标飙飘漂苗昭招超朝潮烧韶饶

杜甫　玉台观

中天积翠玉台遥(宵),上帝高居绛节朝(宵)。
遂有冯夷来击鼓,始知嬴女善吹箫(萧)。
江光隐见鼋鼍窟,石势参差乌鹊桥(宵)。
更有红颜生羽翰,便应黄发老渔樵(宵)。

三肴:肴爻交郊蛟敲淆包苞抛茅抄嘲巢钞梢

罗隐　韦曲杜处士新居

翠敛王孙草,荒诛宋玉茅。寇余无故物,时薄少深交。
迸笋侵行径,饥乌出坏巢。小园吾亦有,多病近来抛。

四豪:豪毫号高膏敖熬翱刀滔韬涛陶桃逃挠猱劳牢糟遭操曹骚搔褒袍毛旄

许浑　骊山

闻说先皇醉碧桃，日华浮动郁金袍。
凤随玉辇笙歌迥，云卷珠帘剑佩高。
凤驾北归山寂寂，龙舆西幸水滔滔。
蛾眉没后巡游少，瓦落空墙见野蒿。

五歌：歌戈哥科柯河何禾和荷蛾峨鹅波坡婆磨摩多拖陀驼跎他罗螺蹉蓑梭娑

元稹　和乐天早春见寄

雨香云深觉微和（戈），谁送春声入棹歌（歌）。
萱近北堂穿土早，柳偏东面受风多（歌）。
湖添水色消残雪，江送潮头涌漫波（戈）。
同受新年不同赏，无由缩地欲如何（歌）。

六麻：麻巴琶查茶叉沙纱葩牙鸦家加嘉笳霞暇遮车奢赊蛇斜邪耶瓜夸花华

李商隐　寒食行次冷泉驿

归途仍近节，旅宿倍思家。独夜三更月，空庭一树花。
介山当驿秀，汾水绕关斜。自怯春寒苦，那堪禁火赊。

（按：《广韵》虽规定麻韵独用，但唐诗中部分佳韵字如"涯"等多押入麻韵，见前文佳韵下。）

七阳：阳杨扬羊央姜疆浆将羌锵强墙香乡襄详祥翔娘粮梁良量凉章张彰昌常场长尝商伤臧仓苍沧藏桑当汤唐堂塘囊郎刚康航行昂庞滂茫忙方房防汪忘王光匡狂荒黄皇庄装床霜

杜甫　夜宴左氏庄

风林纤月落，衣露净琴张（阳）。
暗水流花径，春星带草堂（唐）。
检书烧烛短，看剑引杯长（阳）。
诗罢闻吴咏，扁舟意不忘（阳）。

八庚：庚更耕坑铿亨横衡烹彭萌盟征争撑成城程诚生声英莺盈嬴营萦京经惊晶精清青轻情晴卿行兵平评明名鸣觥琼荣

司空曙　送王先生归南山

儒中年最老，独有济南生（庚）。
爱子方传业，无官自耦耕（耕）。
竹通山舍远，云接雪田平（庚）。
愿作门人去，相随隐姓名（清）。

九青:青经星醒馨形刑型陉萤丁汀听亭停廷庭宁灵零屏瓶萍冥溟瞑铭扃

　　　　王维　送赵都督赴代州
　　　天官动将星,汉地柳条青。万里鸣刁斗,三军出井陉。
　　　忘身辞凤阙,报国取龙庭。岂学书生辈,窗间老一经。

十蒸:蒸徵称承丞澄乘升绳仍增曾缯层僧登灯藤滕腾能棱恒崩朋鹏冰凭兢兴应膺鹰蝇凌陵

　　　　刘沧　咸阳怀古
　　　经过此地无穷事,一望凄然感废兴(蒸)。
　　　渭水故都秦二世,咸阳秋草汉诸陵(蒸)。
　　　天空绝塞闻边雁,叶尽孤村见夜灯(登)。
　　　风景苍苍多少恨,寒山半出白云层(登)。

十一尤:尤邮由游悠攸忧幽优犹鸠秋丘求囚裘酋遒休修羞流留刘牛州周洲舟抽稠筹畴酬仇愁收柔揉邹搜兜偷头投楼娄勾沟钩侯猴讴鸥谋牟侔眸矛浮

　　　　杜审言　和韦承庆过义阳公主山池(之二)
　　　野兴城中发,朝英物外求(尤)。
　　　情悬朱绂望,契动赤泉游(尤)。
　　　海燕巢书阁,山鸡舞画楼(侯)。
　　　雨余清夏晚,共坐此清幽(幽)。

十二侵:侵琴禽擒衾钦今金襟歆心阴吟音砧参簪深沉岑森壬任林霖临寻浔

　　　　王维　酬张少府
　　　晚年唯好静,万事不关心。自顾无长策,空知返旧林。
　　　松风吹解带,山月照弹琴。君问穷通理,渔歌入浦深。

十三覃:覃潭谈贪探担耽南楠男蓝岚参骖惭蚕三甘柑堪勘龛函涵谙庵

　　　　白居易　除夜寄微之
　　　鬓毛不觉白毵毵,一事无成百不堪(覃)。
　　　共惜盛时辞阙下,同嗟除夜在江南(覃)。
　　　家山泉石寻常忆,世路风波子细谙(覃)。
　　　老校于君合先退,明年半百又加三(谈)。

十四盐:盐檐严炎阎淹兼尖歼签谦潜黔纤嫌添甜恬拈粘廉帘镰詹瞻沾占蟾髯

姚合　题李频新居

赁居求贱处,深僻任人嫌(添)。
盖地花入绣,当门竹胜帘(盐)。
劝僧尝药酒,放仆辨书签(盐)。
庭际山宜小,休令著石添(添)。

十五咸:咸衔岩监缄搀谗产杉衫芟凡帆

(按:本韵罕用,例略)

第二节　唐代古体诗的韵部

2.1　官韵推行开以后,古体诗并不受它约束。诗人可以出于个人的爱好而采用平水韵,但多数古体诗押韵仍然用自然韵。一般古体诗的押韵比近体诗要"宽",即有更多的《切韵》韵部可以合在一起押韵,韵部数目比近体诗韵部数目要少。因为押韵相对自由的缘故,古体诗的韵部会随着时代而变化,后代的人创作时不一定追随前代的模式,而是按照自己时代的实际语音押韵,所以每个时代有不同的韵部系统。

2.2　古体诗没有韵书,现代人可以根据各时代的古体诗归纳韵部。根据唐代诗人的作品,归纳出的韵部系统有平、上、去各二十韵,比官韵少十韵;入声九韵,比官韵少八韵。下面列出唐代古体诗的平声与入声韵部(上、去声韵部跟平声对应,可以类推,有不同之处括号内加注说明)。

平声二十韵

东韵:东冬钟

阳韵:江阳唐

支韵:支脂之微

鱼韵:鱼虞模尤(唇音字)侯(唇字音)

齐韵:齐(去声包括祭废)

皆韵：皆佳（去声包含夬）

哈韵：哈灰（去声代韵包含泰韵）

真韵：真谆臻欣文魂痕

寒韵：寒桓山删先仙元

萧韵：萧宵

肴韵：肴

豪韵：豪

歌韵：歌戈

麻韵：麻佳少量

庚韵：庚耕清青

蒸韵：蒸登

尤韵：尤幽侯

侵韵：侵

谈韵：谈覃

盐韵：盐添咸衔严凡

入声九韵：

屋部：屋沃烛

药部：觉药铎

质部：质术栉迄物没

曷部：曷末黠鎋屑薛月

陌部：锡陌麦昔

职部：职德

缉部：缉

合部：合盍

叶部：叶帖洽狎业乏

2.3 这个系统跟"官韵"的差别还是不小的，下面举平声韵的例子（兼及两个去声韵）说明两个系统的主要不同。

a）东韵包含《广韵》东、冬、钟三韵，即把官韵的东韵跟冬韵合并为一韵。押韵例证：

白居易《续虞人箴》"宗容中窮"。（"宗"冬韵，"容"钟韵，"中窮"东韵）

白居易《百炼镜》"宫封龙宗容中铜"。（"宫中铜"东韵，"宗"冬韵，"封龙容"钟韵）

元稹《行宫》"宫红宗"。（"宫红"东韵，"宗"冬韵）

b）阳韵包含《广韵》的江、阳、唐三韵，即把官韵的江韵跟阳韵合并为一韵。押韵例证：

王梵志《尊人》"降长"。（"降"江韵，"长"阳韵）

元稹《有酒》"江长茫江良黄昂狂藏荒"。（"江"江韵，"长良狂"阳韵，其余唐韵）

杜牧《九日》"香缸双"。（"香"阳韵，"缸双"江韵）

c）支韵包含《广韵》的支、脂、之、微四韵，即把官韵的支韵跟微韵合并为一韵。押韵例证：

杜甫《病橘》"为梨宜皮枝吹姿辉时司枝悲"。（"辉"微韵，"时司"之韵，"悲"脂韵，其余支韵）

杜甫《奉送魏六丈佑少府之交广》"垂之饥儿词微稀迟期时欺卑辞宜归螭悲霏迤飞斯疑为枝仪离"。（"垂儿卑宜螭迤斯为枝仪离"支韵，"之词期时欺辞疑"之韵，"饥迟悲"脂韵，"微稀归霏飞"微韵）

杜牧《杜秋娘》"脂施眉衣滋垂依螭怡差吹飞旗饴"。（"脂眉"脂韵，"施垂螭差吹"支韵，"衣依非"微韵，"滋怡旗饴"之韵）

d）鱼韵包含《广韵》的鱼、虞、模三韵，即把官韵的鱼韵和虞韵合并为一韵；此外还有一部分尤、侯韵的唇音字（"母亩部茂妇覆"等）。押韵例证：

杜甫《戏赠友》（二首之一）"书驹无胡"。（"书"鱼韵，"驹无"虞韵，"胡"模韵）

白居易《紫藤》"疏余纡株虚如徒诛夫除初图隅"。（"疏余虚

如除初"鱼韵,"纤株诛夫隅"虞韵,"徒图"模韵)

白居易《琵琶行》"住部妒数污度故妇去"。("部"侯韵去声,"妇"尤韵上声,"去"鱼韵去声,"住数"虞韵去声,其余模韵去声)

e) 废韵在官韵本与队韵同用,唐诗韵则归入齐韵的去声霁韵(包含祭韵)。押韵例证:

元稹《连昌宫辞》"帝替废"。("帝替"齐韵系,"废"废韵)

f) 泰韵合并到灰韵的去声队韵。押韵例证:

杜甫《万丈潭》"晦内霭大对碎外旆濑辈最碍会"。("晦内对碎辈"队韵,"碍"代韵,其余泰韵。)

高适《登广陵栖霞寺塔》"最籁外会塞内霭块退"。("塞"代韵,"内块退"队韵,其余泰韵)

g) 真韵包含《广韵》的真谆臻欣文魂痕共七韵,即把官韵的真、文两韵和元韵的一部分合并为一韵。押韵例证:

杜甫《丹青引》"孙门存人军云"。("人"真韵,"军云"文韵,其余魂韵)

白居易《南亭对酒送春》"熏闻春云人贫身分孙欣"。("熏闻云分"文韵,"春"谆韵,"人贫身"真韵,"孙"魂韵,"欣"欣韵)

元稹《和乐天初授户曹喜而言志》"恩亲巾纷昏困门贫忻尊巡陈人宾身云"。("恩"痕韵,"亲巾困贫陈人宾身"真韵,"纷云"文韵,"昏门尊"魂韵,"忻"欣韵)

h) 寒韵包含《广韵》寒桓先仙山删元七韵,即把广韵的寒、先、删和魂部的元韵合并为一韵。押韵例证:

元结《宿丹崖翁宅》"端难欢颠泉间前"。("端欢"桓韵,"难"寒韵,"颠前"先韵,"泉"仙韵,"间"山韵)

白居易《春眠》"安眠闲仙言禅关然"。("安"寒韵,"眠"先韵,"闲"山韵,"仙禅然"仙韵,"言"元韵,"关"删韵)

岑参《阻戎泸间群盗》"间湾肝殷山船圆川前蛮关烟边梭全"。("间殷山"山韵,"湾蛮关"删韵,"肝"寒韵,"船圆川梭全"仙韵,

"前烟边"先韵)

i) 庚韵包含《广韵》庚耕清青四韵,即把官韵的庚、青合并为一韵。押韵例证:

杜甫《新安吏》"兵丁行城俜声横情平营京轻明兄"。("丁俜"青韵,"城声情营轻"清韵,其余庚韵)

白居易《废琴》"声情生泠听筝"。("声情"清韵,"生"庚韵,"泠听"青韵,"筝"耕韵)

杜牧《感怀诗》"听明溟征争醒声生"。("听溟醒"青韵,"明生"庚韵,"征声"清韵,"争"耕韵)

j) 盐韵包含《广韵》盐添咸衔严凡六韵,即把官韵的盐、咸和覃部的衔韵合为一部。押韵例证:

韦应物《送秦系赴润州》"髯衫帆"。("髯"盐韵,"衫"衔韵,"帆"凡韵)

白居易《奉和汴州令狐相公》"帆淹添谦廉阎铃严髯衔檐帘衫纤黏咸瞻兼厌"。("凡"凡韵,"淹廉阎铃髯檐纤黏瞻厌"盐韵,"添谦兼"添韵,"严"严韵,"衔衫"衔韵,"咸"咸韵)

刘长卿《送孙逸归庐山》"衔岩杉帆缄",("衔岩"衔韵,"杉缄"咸韵,"帆"凡韵)

2.4 入声韵部情况复杂一些,不再举例。

第三节 宋词韵部

3.1 宋词不按照某种现成的韵书押固定的韵部模式,而是押自然韵。当代学者对全部宋词作品进行了分析,归纳出实际的韵部数目比唐代古体诗的韵部又少了很多。因为宋词有很多词牌是平、上、去通押而不是单押一个声调,所以宋词韵部一般只区分舒声韵部(平上去合在一起)和入声韵部。舒声韵部有十四个,入声韵部有四个。各部所包含的《广韵》内容如下:

东部:东冬钟
阳部:江阳唐
支部:支脂之微齐祭废
鱼部:鱼虞模尤(唇音)侯(唇音)
皆部:佳皆灰咍泰夬
真部:真谆臻欣文魂痕
寒部:寒桓删山先仙元
萧部:宵萧肴豪
歌部:歌戈
麻部:麻佳(部分)
庚部:庚耕清青蒸登
尤部:尤侯幽
侵部:侵
谈部:覃谈咸衔盐添严凡
屋部:屋沃烛
药部:药铎觉
质部:质术栉迄物没职德陌麦昔锡缉
屑部:曷末黠鎋屑薛月盍合洽狎叶帖业乏

宋代的古体诗也多押自然韵,韵部系统跟词韵一致。

3.2 我们认识词韵的特点,应着眼于它跟官韵不同。以下所述各韵部的内容都只讲一部内合并了哪些平水韵,不再涉及《广韵》。先看平、上、去韵部。

a)东部包含官韵东、冬及它们的上去声。押韵例证:

晁端礼《江城子·幽香闲艳》"浓慵红松弓东匆空风"。("浓慵"冬韵,其余东韵)

李清照《蝶恋花·暖日晴风》"冻动共重缝凤梦弄"。("冻动凤梦弄"东韵去声,"共重缝"冬韵去声)

b)阳部包含官韵江、阳及它们的上去声。押韵例证:

陈师道《南乡子·急雨打寒窗》"窗缸行香忘肠藏双"。("窗缸双"江韵,其余阳韵)

李之仪《鹧鸪天·收尽微风》"江光忙长裳乡"。("江"江韵,其余阳韵)

c) 支部包含官韵的支、微、齐及它们的上去声;灰韵字也往往押入本部。押韵例证:

晁补之《行香子·雪里清香》"枝姿回飞归时溪"。("枝姿时"支韵,"回"灰韵,"飞归"微韵,"溪"齐韵)

李纲《渔家傲·木落霜清》"霁碎水会至外泪意蕊醉"。("霁"齐韵去声,"水碎至泪醉意蕊"支韵上声和去声,"会"泰韵)

d) 鱼部包含官韵的鱼、虞两韵及它们的上去声,此外还有尤、侯韵的唇音字。押韵例证:

秦观《踏莎行·郴州旅舍》"渡处暮素数去"。("处去"鱼韵去声,其余虞韵去声)

刘克庄《贺新郎·送陈真州子华》"路付驭虎父鲁兔否土做妇去"。("驭去"鱼韵去声,"否妇"尤韵上声,其余虞韵上、去声)

e) 皆部包含官韵的佳、灰两韵及它们的上去声。押韵例证:

贺铸《菱花怨·叠鼓嘲喧》"解快在黛菜界奈载待"。("解快界"佳韵上、去声,其余灰韵上去声)

欧阳修《南乡子·好个人人》"腮猜鞋来钗挨怀"。("腮猜来"灰韵,其余佳韵)

f) 真部包含官韵的真、文和元韵的"魂痕"类,以及它们的上去声。押韵例证:

曹勋《酒泉子·霜护云低》"新芬尘春昏"。("芬"文韵,"昏"元韵,其余真韵)

史达祖《阮郎归·旧时明月》"身新人春尘魂温痕"。("魂温痕"元韵,其余真韵)

g) 寒部包含官韵的寒、删、先三韵和元韵的"元"类,以及它们的上去声。押韵例证：

苏轼《水调歌头·中秋》"天年寒间眠圆全娟"。（"寒"寒韵，"间"删韵，其余先韵）

朱敦儒《桃源忆故人·飘萧我是》"雁怨浅看院转遍见"。（"雁"删韵去声，"看"寒韵去声，其余先韵上去声）

h) 萧部包含官韵萧、肴、豪三韵及它们的上去声。押韵例证：

苏轼《蝶恋花·花褪残红》"小绕少草道笑杳恼"。（"草道恼"豪韵上声，其余萧韵上声）

朱敦儒《忆帝京·元来老子》"教妙巧恼老晓好俏"。（"教巧"肴韵去上声，"妙晓俏"萧韵去上声，其余豪韵去上声）

i) 歌部包含官韵歌、戈两韵及它们的上去声。押韵例证：

辛弃疾《太常引·一轮秋影》"波磨娥何河娑多"。（"波磨"戈韵，其余歌韵）

刘过《西江月·堂上谋臣》"戈和可河歌贺"。（"戈和"戈韵，其余歌韵及其上去声）

j) 麻部包含麻韵、佳韵的"涯"字等，以及它们的上去声。押韵例证：

苏轼《少年游·去年相送》"花家纱斜"。

秦观《望海潮·洛阳怀古》"华沙车加家筘花嗟斜鸦涯"。

k) 庚部包含官韵的庚、青、蒸三韵及它们的上去声。押韵例证：

晁端礼《丑奴儿·小庭数朵》"棱英胜冰乘层"。（"英"庚韵字，其余蒸韵字）

李之仪《渔家傲·洗尽秋容》"莹静径暝并凝咏醒境迥"。（"凝"蒸韵字，其余庚韵字）

l) 尤部相当于官韵尤韵及它的上去声。押韵例证：

李清照《醉花阴·重九》"昼兽透后袖瘦"。

陆游《诉衷情·当年万里》"侯州裘秋流洲"。

m）侵部相当于官韵的侵韵及它的上去声。押韵例证：

柳永《夏云峰·宴堂深》"深沉浔襟音心禁侵吟阴"。

辛弃疾《西江月·千丈悬崖》"金心任斟沉甚"。

n）谈部包含官韵的覃、盐、咸三韵及它们的上去声。押韵例证：

贺铸《忆秦娥·著春衫》"衫南衔蚕纤三"。（"南蚕三"覃韵，"衔"咸韵，其余盐韵）

李之仪《天门谣·次韵贺方回》"险占敛览滟滥槛点"。（"览滥"覃韵上去声，"槛"咸韵去声，其余盐韵上去声）

3.3　入声

a）屋部包含官韵的屋、沃两韵。押韵例证：

王安石《桂枝香·金陵怀古》"目肃簇矗足逐续辱绿曲"。

苏轼《贺新郎·夏景》"屋浴玉熟曲竹蹙独束绿触簌"。

b）药部包含官韵的觉韵和药韵。押韵例证：

辛弃疾《一落缩·闺思》"却掠恶箔托薄"。

姜夔《秋宵吟·绿杨巷陌》"索角恶薄漠乐落着约"。（"角"觉韵，其余药韵）

c）质部包含官韵的质、物、陌、锡、职、缉等韵，以及月韵的"没"类。押韵例证：

朱敦儒《好事近·春雨细如尘》"湿碧瑟息"。（"湿"缉韵，"碧"陌韵，"瑟"质韵，"息"职韵）

刘几《花发状元红慢·三春向暮》"坼质国特白壁蝶夕客溺"。（"坼白夕客"陌韵，"壁溺"锡韵，"质"质韵，"国特"职韵；"蝶"则是叶韵，在这里是合韵）

d）屑韵包含官韵的屑、盍、叶三部合并为同一部。押韵例证：

康与之《瑞鹤仙·薄寒罗袖怯》"怯灭月叶别折切设结节叠血"。（"怯叶叠"原叶部字，其余原屑部字）

曾觌《醉落魄·情深恨切》"切歇惬业别颊绝月"。("惬业颊"原叶部字,其余原屑部字)

第十九章　先秦音系

第一节　先秦的声母

1.1　上古时代没有韵书、韵图这类直接记录语音的著作,但是大量的文献里包含丰富的语音现象,对各种分散材料进行搜集、整理、归纳,可以发现那时的语音系统。研究先秦声母的主要材料是谐声字,其次则有古书里的通假字、异文以及汉代人的注音等。研究上古声母时,以中古音的三十六字母或《切韵》声母作为参照系统,如果中古音的两个声母在谐声字里大量使用相同的声符,或者互相假借、互为异文,就说明这两个声母在上古时代有密切关联。

1.2　由于时代遥远,文献材料所反映的声母关系也很复杂,现代学者对于上古声母的看法有很大出入,有人推测上古声母只有十九个,有人推测为几十个,有人则设想上古有二百多个声母,至今没有公认的可靠结论。下面所列是王力的三十三母系统:

喉音：　影 ø

牙音：　见 k　　溪 k'　　群 g　　疑 ŋ　　晓 x　　　　匣 ɣ

舌音：　端 t　　透 t'　　定 d　　泥 n　　来 l

　　　　章 ȶ　　昌 ȶ'　　船 ȡ　　日 ȵ　　喻 ʎ　　书 ɕ　　禅 ʑ

齿音：　庄 tʃ　　初 tʃ'　　床 dʒ　　生 ʃ　　俟 ʒ

　　　　　　精 ts　清 ts'　从 dz　心 s　邪 z

唇音：　帮 p　滂 p'　並 b　明 m

1.3　先秦声母系统有以下主要特点：

1.3.1　没有轻唇音，只有重唇音。这种状况跟《切韵》是相同的。《切韵》不分轻重唇表现在反切用字上，上古则表现在谐声字、异文通假字等。谐声字有"非菲—俳徘悲"、"甫辅—補浦圃"、"分纷—颁盼"等；异文的例子如"伏羲氏"又写作"庖牺氏"，《论语》"且在邦域之中矣"中的"邦"或作"封"；通假字如《孟子·告子下》"入则无法家拂士"，以"拂"为"弼"。

1.3.2　没有舌上音"知彻澄娘"，这套声母的字原属舌头音"端透定泥"，读舌尖音 t、t'、d、n。谐声字有"刀苕—召超"、"兆—桃逃"、"卓—掉悼"等；异文的例子如《左传》的陈完在《史记》里作田完（"陈"澄母而"田"定母），《诗经·鄘风·柏舟》"实维我特"，《韩诗》特作直；通假字的例子如"坠"字古本作"队"，《左传·庄公八年》："公惧，队于车，伤足丧屦"。

1.3.3　章组声母也接近于舌头音端组。谐声字有"周—雕凋"、"者—都睹"、"詹—担胆"、"冬—终螽"、"童—鐘幢"等；异文的例子如《左传·昭公三年》"予发如此种种"，亦作"董董"；《周礼·考工记》"玉楫雕矢磬"，郑玄注"故书雕或为舟"；通假字的例子如《诗经·小雅·天保》"神之弔矣"，"弔"假借为"至"。

1.3.4　《切韵》庄组声母接近于精组声母。谐声字有"足—捉"、"将—壮"、"仓—创"、"浅—栈"、"聚—骤"、"沙—娑"等；异文的例子如《春秋·定公七年》"齐侯卫侯盟于沙"，《左传》作"齐侯卫侯盟于琐"；通假字的例子如《礼记·儒行》"陈言而伏，静而正之"，借从母的"静"字为庄母的"诤"字；《墨子·天志下》："是以差论蚤牙之士"。借精母的"蚤"字为庄母的"爪"字。

1.3.5　日母接近于泥母（娘母）。谐声字的例子有"日—

涅"、"而—耐"、"女—如汝"、"若—诺匿"、"儿—倪"、"弱—溺"等。《释名》的声训有"入,内也"、"男,任也"。

1.3.6 没有独立的于母,《切韵》的于母跟匣母在上古是同一个声母。谐声字有"或—域蜮"、"韦围—讳"、"有—贿"、"云—魂"等;异文例子如《韩非子·五蠹》"自营为私",《说文》引作"自环为私";《左传·襄公九年》"齐侯环卒",《公羊传》作"齐侯瑗";《春秋》楚公子围,《史记·楚世家》作回;通假字的例子如《诗经·小雅·宾之初筵》"既立之监,或佐之史","或"假借为"又"。

1.4 以上所讲的各种特点都是单纯声母的情况。上古汉语还存在两个以上辅音构成的复辅音声母。不过,究竟上古有多少个复辅音声母,哪些字是复辅音,还是一个难以说清楚的问题。下面谈谈人们讨论比较多的几种复辅音。

1.4.1 在谐声字中,来母字可以跟其他很多声母互谐,如跟牙音谐声的"各—路"、"监—蓝"、"柬—阑"、"兼—廉",跟舌音谐声的"體—禮"、"獭—赖"、"龙—宠"、"留—籀",跟唇音谐声的"录—剥"、"禀—廪"、"睦—陸"、"卯—聊"等。古书里记载了一些分音词,后一音节都是来母字,如《尔雅·释器》"不律谓之笔",《释草》"茨,蒺藜";《仪礼·大射礼》"奏狸首",郑玄注:"狸之言不来也"。有些同字异读也有一音是来母,如《左传·昭公十一年》"楚子城不羹",《经典释文》注"羹,旧音郎"。对于这类现象,人们构拟了塞音、擦音、鼻音等辅音后边带 l 的声母,如 kl、pl、tl、ml 等。

1.4.2 在谐声中常常有心母、邪母、生母、审母、晓母等擦音声母跟塞音、鼻音互谐的情形,如心母跟舌音谐声的"赐—惕"、"雖—推"、"隋—堕"、"修—條",心母跟牙音喉音谐声的"岁—刿"、"宣—桓",邪母跟牙音谐声的"讼—公"、"俗—谷",邪母跟舌音谐声的"遂—队"、"循—遁",邪母跟齿音谐声的"谢—射",审母跟舌音谐声的"庶—度"、"释—铎",审母跟齿音谐声的"室—

至"、"商—章",晓母谐明母的"晦—每"、"徽—微"、"忽—勿"、"黑—墨",晓母谐疑母的"许—午"、"化—讹"等。有人据此构拟了复辅音声母 st、sk、sm、sl、zt、zk、xm 等。

1.4.3 在谐声字中,以母、邪母、审母都跟舌音有密切关系,它们相互之间也有不少互谐,如:

邪母 — 舌音 — 以母
徐叙斜—途涂荼—余
涎 —— 诞 —— 延

审母 — 舌音 — 以母
输腧—— 偷 —— 俞
伤觞——汤荡——阳
说税——脱兑——悦

邪母 — 舌音 — 以母 — 审母
似耜——台胎苔—以 ——始
序 —— 杼 —— 予——纾

有些字在以母跟邪母或审母之间发生又读,如在《广韵》中,"邪"似嗟切又以遮切,"颂"似用切又余封切,"叶"以涉切又书涉切,"施"式支切又以真切。人们为这些现象构拟了 stj、sdj 等声母。

1.4.4 鼻音声母明母、泥母、疑母和同部位的塞音或擦音有互相谐声的现象,如明母谐唇音的"脉—派"、"陌—百",泥母谐透母的"能—态"、"難—嘆",疑母谐见母的"尧—浇"、"严—敢"等,有人据此构拟了 mp、mb、nt、nd、ŋk、ŋg 等带有"鼻冠音"的声母。

1.4.5 中古的舌上音"知彻澄娘"和舌头音"端透定泥"同源,中古的齿头音二等"庄初崇生"上古跟齿头音"精清从心"关系近,为了解释知组、庄组的分化条件,有的音韵学家把上古的知组音值构拟为[tr]、[thr]、[dr],把上古的庄组音值构拟为[tsr]、[tshr]、[dzr]、[sr]。这样,知、庄两组声母事实上是带有 r 的复辅音声母。

第二节　先秦的韵部与上古诗文押韵

2.1　先秦韵部主要从诗歌韵文的押韵归纳出来。最主要的材料是《诗经》，其次则有《周易》、《楚辞》以及群经、诸子里的韵语。对于从来没有用于押韵的字，可以根据谐声偏旁归入相应的韵部。从宋朝就有人试图分辨上古的韵部系统，清代顾炎武开始把古韵分为十部，以后有更多的学者陆续对他的系统加以修正改进，近人王力定上古韵为三十部，这是数百年来学者对古韵分部的总结。

构成韵部的语音条件是韵腹、韵尾相同，但一个韵部里边还包含由介音区别的不同韵母。诗歌押韵以及谐声字等都不能反映出介音的差别，音韵学家就凭借《切韵》音系的韵、开合、四等条件，给各韵部分出不同的韵类，再为各韵类拟测出韵母。

2.2　上古的韵部分为收塞音韵尾的入声韵、收鼻音韵尾的阳声韵和收零韵尾以及元音韵尾的阴声韵。韵腹相同、韵尾属于相同发音部位的韵部之间的字有互相转移的现象，叫做"阴阳对转"，零韵尾的阴声韵跟舌根音韵尾的阳声韵入声韵对转。例如，收-n韵尾的元部跟收-i韵尾的歌部、收-t韵尾的月部之间对转，从谐声字说有"番藩"与"鄱皤"等，有"干"与"讦"、"旦"与"怛"等；从押韵说有《诗经·陈风·东门之枌》以"原"字跟"差麻娑"押韵。其余依此类推。下面按照三类韵母的对转关系把30韵部列为一表，同行者相配对转。

阴声韵	入声韵	阳声韵
之部 ə	职部 ək	蒸部 əŋ

支部 e	锡部 ek	耕部 eŋ
鱼部 a	铎部 ak	阳部 aŋ
侯部 ɔ	屋部 ɔk	东部 ɔŋ
宵部 o	药部 ok	
幽部 u	觉部 uk	冬部 uŋ
微部 əi	物部 ət	文部 ən
脂部 ei	质部 et	真部 en
歌部 ai	月部 at	元部 an
	缉部 əp	侵部 əm
	叶部 ap	谈部 am

每个韵部的字都很多,为了简便,在说明每个韵部的内容时,通常是说该韵部包含《广韵》哪几个韵部。《广韵》有的韵部全在上古的一个韵部内,有的分散在上古的两个或更多的韵部内,后一种情况习惯上称为"某韵之半"。如说歌部内容,包括歌、戈、麻之半、支之半。

2.3 下面以王力《汉语语音史》为主要根据,列出三十部的韵类、拟音和一部分常用字,并举《诗经》押韵例证。例字中间括号内所注为《广韵》韵目,平声韵目一般包含上、去声韵,入声韵目和去声韵目各只含本韵。

(1)之部

开一[ə]:该海代台在才(咍)霾埋(皆)

合一[uə]:晦贿倍每媒梅(灰)母亩(侯)

开三[iə]:其喜以里怡之持事子字思(之)

合三[iuə]:裘牛有又谋妇(尤)丕鄙龟(脂)

押韵例证：

《王风·君子于役》一章
君子于役，不知其期。曷至哉？鸡栖于埘。
日之夕矣，羊牛下来。君子于役，如之何勿思！

《邶风·泉水》一章
毖彼泉水，亦流于淇。有怀于卫，靡日不思。
娈彼诸姬，聊与之谋。

(2) 职部

开一[ək]：德得特则黑北克(德)
合一[uək]：国或惑(德)
开三[iək]：极亿力翼息植食色(职)意异试置(志)
合三[iuək]：域蜮(职)郁福伏服牧(屋)

押韵例证：

《周南·关雎》二章
求之不得，寤寐思服。优哉游哉，辗转反侧。

《魏风·园有桃》二章
园有棘，其实之食。心之忧矣，聊以行国。
不知我者，谓我士也罔极。

(3) 蒸部

开一[əŋ]：登等邓腾能曾憎赠恒肯朋弘(登)
合一[uəŋ]：肱薨
开三[iəŋ]：兴应膺蝇冰凭蒸证徵乘承丞胜仍(蒸)
合三[iuəŋ]：弓熊雄梦(东)

押韵例证：

《齐风·鸡鸣》三章
虫飞薨薨，甘与子同梦。会且归矣，无庶予子憎。

《唐风·椒聊》一章
椒聊之实，蕃衍盈升。彼其之子，硕大无朋。

（4）支部

开二[e]：佳街解懈崖柴洒（佳）

合二[oe]：蛙卦挂（佳）

开三[ie]：支知纸只褆是氏儿此斯卑技企（支）

合三[iue]：规窥危恚跬（支）

开四[ie]：鸡启蹊兮递提题（齐）

合四[iue]：圭闺奎携（齐）

押韵例证：

《小雅·小弁》四章

鹿斯之奔，维足伎伎。雉之朝雊，尚求其雌。
譬彼坏木，疾用无枝。心之忧矣，宁莫之知。

《大雅·板》六章

天之牖民，如埙如篪，如璋如圭，如取如携。

（5）锡部

开二[ek]：隔厄谪摘责册（麦）

合二[oek]：脉擘画（麦）

开三[iek]：益易适（昔）渍刺赐臂避（寘）

合三[iuek]：役（昔）

开四[iek]：击敌嫡狄惕历绩锡析（锡）系缢帝谛（霁）

押韵例证：

《卫风·淇奥》三章

瞻彼淇奥，绿竹如箦。有匪君子，如金如锡。如圭如璧。

《大雅·文王》五章

殷之未丧师，克配上帝。宜鉴于殷，骏命不易。

（6）耕部

开二[eŋ]：耕莺幸争（耕）

合二[oeŋ]：轰（耕）

开三[ieŋ]：轻清省性贞正成圣（清）惊敬生平鸣（庚）

合三[iueŋ]:倾顷琼营颖
开四[ieŋ]:经馨形丁定听亭宁零灵青星(青)
合四[iueŋ]:迥炯扃(青)
押韵例证:

《齐风·鸡鸣》一章

鸡既鸣矣,朝既盈矣。匪鸡则鸣,苍蝇之声。

《小雅·鹿鸣》一章

呦呦鹿鸣,食野之苹。我有嘉宾,鼓瑟吹笙。

(7)鱼部

开一[a]:古枯胡户五午都徒涂土奴虏组徂(模)
合一[ua]:孤狐刳补捕蒲模(模)
开二[ea]:家假驾稼下夏牙雅巴马(麻)
合二[oa]:瓜寡夸华(麻)
开三[ia]:居於序绪诸初处书鼠所(鱼)
合三[iua]:瞿于雨夫甫抚父傅无武(虞)
开四[ia]:遮者车奢舍社耶也野冶且(麻)
押韵例证:

《邶风·击鼓》三章

爰居爰处,爰丧其马。于以求之,于林之下。

《鄘风·干旄》二章

孑孑干旟,在浚之都。素丝组之,良马五之。彼姝者子,何以予之?

(8)铎部

开一[ak]:各铎托诺落作索莫(铎)度路措祚诉暮
合一[uak]:郭镬霍藿廓(铎)
开二[eak]:格客赫伯陌宅泽择(陌)吒乍姹(祃)
合二[oak]:获虢
开三[iak]:脚却著若掠(药)戟剧隙逆(陌)
合三[iuak]:攫躩缚(药)

开四[iak]:昔席赤石液腋亦译(昔)夜射赦借谢(祃)
押韵例证:

《小雅·皇皇者华》二章
我马维骆,六辔沃若。载驰载驱,周爰咨度。
《小雅·车攻》三章
驾彼四牡,四牡奕奕。赤芾金舄,会同有绎。

(9) 阳部

开一[aŋ]:刚抗当唐堂汤浪藏苍桑(唐)
合一[uaŋ]:光广旷黄簧皇(唐)
开二[eaŋ]:庚更梗坑彭盟猛孟(庚)
合二[oaŋ]:觥横(庚)
开三[iaŋ]:疆强乡养良将匠祥章仗常长上(阳)
合三[iuaŋ]:方芳房望筐王况(阳)
开四[iaŋ]:京景竟庆英兵丙明(庚)
合四[iuaŋ]:兄永泳(庚)
押韵例证:

《鄘风·鹑之奔奔》一章
鹑之奔奔,鹊之彊彊。人之无良,我以为兄。
《鄘风·定之方中》二章
望楚与堂,景山与京。降观于桑。卜云其吉,终然允臧。

(10) 侯部

开一[ɔ]:勾构口寇侯后偶豆斗头娄走(侯)
开三[iɔ]:具驱隅取趋需主朱厨输枢俞儒(虞)
押韵例证:

《唐风·山有枢》一章
山有枢,隰有榆。子有衣裳,弗曳弗娄。
子有车马,弗驰弗驱。宛其死矣,他人是愉。
《小雅·皇皇者华》二章

　　　　我马维驹,六辔如濡。载驰载驱,周爰咨诹。
　　　　　　　　(11)屋部
开一[ɔk]:谷穀哭斛屋独鹿禄族速卜木(屋)窦褥奏漱(候)
开二[eɔk]:角壳确岳琢捉浊剥(觉)
开三[iɔk]:局曲玉足粟俗续绿烛束属辱(烛)赴数(遇)
押韵例证:
　　　　　《召南·行露》二章
　　　　谁谓雀无角,何以穿我屋?谁谓女无家?
　　　　何以速我狱?虽速我狱,室家不足。
　　　　　《鄘风·墙有茨》三章
　　墙有茨,不可束也。中冓之言,不可读也。所可读也,言之辱也。
　　　　　　　　(12)东部
开一[ɔŋ]:公工空控红洪东洞通同童总送蓬蒙(东)
开二[eɔŋ]:江讲腔项巷邦蚌庞双(江)
开三[iɔŋ]:恭拱共凶雍拥从纵松颂讼诵封奉蜂逢(东)
押韵例证:
　　　　　《召南·行露》三章
　　　　谁谓鼠无牙?何以穿我墉?谁谓女无家?
　　　　何以速我讼?虽速我讼,亦不汝从。
　　　　　《小雅·车攻》一章
　　　　我车既攻,我马既同。四牡庞庞,驾言徂东。
　　　　　　　　(13)宵部
开一[o]:高缟敖豪刀到桃劳操毛(豪)
开二[eo]:交教狡效肴巢(肴)
开三[io]:骄翘要焦悄消笑表苗昭朝超小少韶(宵)
开四[io]:貂挑迢窕尧枭(萧)
押韵例证:
　　　　　《邶风·柏舟》四章

忧心悄悄,愠于群小。觏闵既多,受侮不少。
静言思之,寤辟有摽。
《魏风·园有桃》一章
园有桃,其实之肴。心之忧矣,我歌且谣。
不知我者,谓我士也骄。

(14)药部

开一[ok]:鹤凿乐(铎)沃(沃)
开二[eok]:卓濯擢莘驳(觉)较罩豹貌(效)
开三[iok]:药约虐疟跃灼酌芍勺弱爵雀削(药)
开四[iok]:激檄的翟籴溺砾(锡)窍㯳溺(啸)

押韵例证:

《秦风·晨风》二章
山有苞栎,隰有六驳。未见君子,忧心靡乐。
《大雅·隰桑》二章
隰桑有阿,其叶有沃。既见君子,云何不乐?

(15)幽部

合一[u]:皋考好道陶老早曹草骚嫂
合二[eu]:胶搅巧包胞匏茅卯(肴)
合三[iu]:九求休忧修周州抽受寿矛浮阜(尤)纠虬幽幼彪谬(幽)
合四[iu]:凋条调聊鸟萧啸(萧)

押韵例证:

《鄘风·墙有茨》一章
墙有茨,不可扫也。中冓之言,不可道也。所可道也,言之丑也。
《小雅·白华》二章
英英白云,露彼菅茅。天步艰难,之子不犹。

(16)觉部

合一[uk]:酷鹄誉督笃毒(沃)告诰奥灶(号)
合二[euk]:觉学雹(觉)

合三[i̯uk]：鞠畜旭竹祝筑轴叔淑孰熟肉育毓宿肃六目穆睦（屋）
合四[iuk]：迪戚寂（锡）
押韵例证：

    《鄘风·干旄》三章
  素丝祝之，良马六之。彼姝者子，何以告之？
    《卫风·考槃》三章
  考槃在陆，硕人之轴。独寐寤宿，永矢弗告。

    （17）冬部

合一[uŋ]：冬彤统农宗宋（冬）
合二[euŋ]：降绛（江）
合三[i̯uŋ]：宫躬穷中衷终仲众冲忡虫充融戎风凤（东）
押韵例证：

    《邶风·击鼓》二章
  从孙子仲，平陈与宋。不我以归，忧心有忡。
    《小雅·出车》五章
  喓喓草虫，趯趯阜螽。未见君子，忧心忡忡。
  既见君子，我心则降。赫赫南仲，薄伐西戎。

    （18）微部

开一[əi]：凯恺哀（咍）
合一[uəi]：傀魁回嵬推雷镂崔罪（灰）
开二[eəi]：排俳（皆）
合二[oəi]：乖怀坏槐淮（皆）
开三[i̯əi]：几机饥畿祈岂希衣（微）
合三[i̯uəi]：归威围非飞肥尾（微）追唯水虽悲（脂）
押韵例证：

    《齐风·南山》一章
  南山崔崔，雄狐绥绥。鲁道有荡，齐子由归。
  既曰归止，曷又怀止？

《桧风·素冠》二章
　　庶见素衣兮,我心伤悲兮,聊与子同归兮。
(19) 物部
开一[ət]:纥(没)概溉慨忾爱(代)
合一[uət]:骨突卒忽没(没)对队退内溃昧悖(队)
开三[iət]:乞迄讫(迄)既暨气毅(未)
合三[iuət]:掘屈弗物(物)出黜术聿(术)贵渭慰费(未)位类醉遂寐(至)
押韵例证:
　　《邶风·日月》四章
　　日居月诸,东方自出。父兮母兮,畜我不卒。
　　胡能有定?报我不述。
　　《小雅·蓼莪》二章
　　蓼蓼者莪,匪莪伊蔚。哀哀父母,生我劳瘁。
(20) 文部
开一[ən]:根垦很痕狠(痕)
合一[uən]:昆坤魂昏混温敦屯论村存孙逊(魂)
开二[eən]:艰限盼(山)
合二[oən]:鳏(山)
开三[iən]:斤勤欣隐(欣)巾银振晨(真)
合三[iuən]:君云分问(文)伦春遵(谆)
开四[iən]:先殿(先)
押韵例证:
　　《小雅·小弁》五章
　　相彼投兔,尚或先之。行有死人,尚或墐之。
　　君子秉心,唯其忍之。心之忧矣,涕既陨之。
　　《小雅·何人斯》一章
　　彼何人斯?其心孔艰。

胡逝我梁,不入我门? 伊谁之从? 维暴之云。

(21) 脂部

开二[ei]:皆阶偕楷斋(皆)

开三[iei]:比夷脂迟师视二资自四(脂)

合三[iuei]:葵揆癸美眉(脂)

开四[iei]:诣低第梯体黎济妻西米(齐)

押韵例证:

《鄘风·相鼠》三章

相鼠有体,人而无礼。人而无礼,胡不遄死?

《小雅·吉日》四章

既张我弓,既挟我矢。发彼小豝,殪此大兕。

以御宾客,且以酌醴。

(22) 质部

开二[et]:戛黠八(黠)栉瑟虱(栉)

开三[iet]:吉七必密实日(质)弃秘至肆(至)

合三[iuet]:怵(质)季悸(至)

开四[iet]:结节切跌(屑)计继殪替闭(霁)

合四[iuet]:穴血(屑)惠穗(霁)

押韵例证:

《鄘风·定之方中》一章

揆之以日,作于楚室。树之榛栗,椅桐梓漆。爰伐琴瑟。

《唐风·山有枢》三章

山有漆,隰有栗。子有酒食,何不日鼓瑟?

且以喜乐,且以永日。宛其死矣,他人入室。

(23) 真部

开二[en]:臻溱蓁榛莘(臻)

开三[ien]:因引邻晋亲信宾真陈神人(真)

合三[iuen]:均匀尹囷旬笋(谆)

开四[ien]:坚贤颠天田年千扁(先)
合四[iuen]:玄炫渊(先)
押韵例证:

《鄘风·定之方中》三章
灵雨既零,命彼倌人。星言夙驾,说于桑田。
匪直也人,秉心塞渊,骐牝三千。

《曹风·鸤鸠》四章
鸤鸠在桑,其子在榛。淑人君子,正是国人。
正是国人,胡不万年。

(24) 歌部

开一[ai]:歌柯可河我多它那傩罗左(歌)
合一[uai]:波颇果过科课讹和卧货(戈)
开二[eai]:加嘉差沙麻瓦化(麻)
合二[oai]:瓦(麻)
开三[iai]:羁奇宜移离皮靡(支)嗟蛇(麻)
合三[iuai]:诡亏危为吹垂随(支)

押韵例证:

《鄘风·柏舟》一章
泛彼柏舟,在彼中河。髧彼两髦,实维我仪。之死矢靡它。

《鄘风·君子偕老》一章
君子偕老,副笄六珈。委委佗佗,如山如河。
象服是宜。子之不淑,云如之何!

(25) 月部

开一[at]:割渴曷达獭(曷)盖艾带泰大(泰)
合一[uat]:阔活斡夺脱末(末)会外兑最贝沛(泰)
开二[eat]:札察杀(黠)辖(鎋)虿拜迈(夬)
合二[oat]:刮(鎋)夬快话(夬)
开三[iat]:揭讦歇谒(月)哲设列泄别(薛)祭敝厉制世(祭)刈艾

(废)
合三[iuat]：阙月发(月)说悦雪(薛)卫赘锐(祭)废吠(废)
开四[iat]：啮蘖臬截楔(屑)契薊棣隶(霁)
合四[iuat]：缺决抉(屑)
押韵例证：

《桧风·匪风》一章

匪风发兮,匪车偈兮。顾瞻周道,中心怛兮。

《小雅·蓼莪》五章

南山烈烈,飘风发发。民莫不谷,我独何害。

(26)元部

开一[an]：干看汉安单但坛叹难残(寒)
合一[uan]：观贯宽欢换完端段团暖算般盘满(桓)
开二[ean]：谏颜班板版攀慢(删)间简闲山产(山)
合二[oan]：关还患弯顽撰(删)
开三[ian]：建献宪言(元)展禅然延变(仙)
合三[iuan]：卷元宛番晚(元)专传全选(仙)
开四[ian]：肩见燕典练前片(先)
合四[iuan]：涓犬畎县(先)

押韵例证：

《卫风·氓》二章

乘彼垝垣,以望复关。不见复关,涕泣涟涟。既见复关,载笑载言。尔卜尔筮,体无咎言,以尔车来,以我贿迁。

《小雅·巷伯》四章

捷捷幡幡,谋欲谮言。岂不尔受?既其女迁。

(27)缉部

开一[əp]：合合答沓杂飒纳(合)
开二[eəp]：洽(洽)
开三[iəp]：给急级及吸揖邑缉集辑习执湿入十拾立粒(缉)

押韵例证:

《王风·中谷有蓷》三章
中谷有蓷,暵其湿矣。有女仳离,啜其泣矣。
啜其泣矣,何嗟及矣。

《大雅·大明》三章
天监在下,有命既集。文王初载,天作之合。

(28) 侵部

开一[əm]:感堪函含暗耽贪覃南男(覃)
开二[eəm]:缄减咸掺(咸)
开三[i̯əm]:今金锦禽衾音阴饮侵心寻沉深甚任(侵)
合三[i̯uəm]:凡汎(凡)
开四[iəm]:簟忝念(添)

押韵例证:

《邶风·燕燕》三章
燕燕于飞,上下其音。之子于归,远送于南。
瞻望弗及,实劳我心。

《小雅·鹿鸣》三章
呦呦鹿鸣,食野之苹。我有嘉宾,鼓瑟鼓琴。
鼓瑟鼓琴,和乐且湛。我有旨酒,以燕乐嘉宾之心。

(29) 叶部

开一[ap]:盍阖腊蹋(盍)
开二[eap]:夹插霎歃(洽)甲狎匣压(狎)
开三[iap]:叶接妾捷聂猎涉(叶)劫怯业(业)
合三[i̯uap]:法乏(乏)
开四[iap]:荚协侠挟叠蝶谍牒燮(帖)

押韵例证:

《卫风·芄兰》二章
芄兰之叶,童子佩韘,虽则佩韘,能不我甲?

《小雅·采薇》四章

戎车既驾,四牡业业。岂敢定居?一月三捷。

(30)谈部

开一[am]:甘敢聃胆淡蓝暂(谈)

开二[eam]:监槛衔鉴芟(衔)斩谗陷(咸)

开三[iam]:俭险淹炎盐廉贬占瞻冉(盐)严俨剑欠(严)

合三[iuam]:犯范泛(凡)

开四[iam]:兼谦嫌点甜恬(添)

押韵例证:

《小雅·节南山》一章

节彼南山,维石岩岩。赫赫师尹,民具尔瞻。忧心如惔,不敢戏谈。国既卒斩,何用不监。

《大雅·采蓝》二章

终朝采蓝,不盈一襜。五日为期,六日不詹。

第三节 先秦的声调

3.0 就调类而言,《诗经》时代也分四个声调,跟中古的平、上、去、入大致对应。但是有一部分字的调类跟中古不同,主要是中古的去声字有一些在上古是入声字,有一些在上古是平声字。

3.1 中古读去声而在上古本读入声的字数量很多,它们都是阴声韵部里的字,《广韵》的祭、泰、夬、废四韵在上古全都读入声韵(属月部),其余各阴声韵部的去声韵也几乎都有本读入声的字。下面是这类字押入声韵的一些例子:

至(《广韵》去声至韵):《诗经·豳风·东山》押"垤室窒至",《诗经·小雅·蓼莪》押"恤至",《吕氏春秋·审时》押"至疾节"。

戒(《广韵》去声怪韵):《诗经·小雅·采薇》押"翼服戒棘",《诗经·大雅·常武》押"戒国",《楚辞·九章·惜往日》押"戒得",《管子·枢言》押"戒敕麦伏稷得"。

背(《广韵》去声队韵):《诗经·大雅·行苇》押"背翼福",《诗经·大雅·桑柔》押"极背克力",《诗经·大雅·瞻卬》押"忒背极慝翼织"。

告(《广韵》去声号韵),主要押入声韵。《诗经·鄘风·干旄》押"祝六告",《诗经·卫风·考槃》押"陆轴宿告",《诗经·大雅·抑》押"告则"。

王力认为上古的入声韵母有长短的区别,其中的长入读高长调,后代变为去声,短入读低短调,后代变为入声。长入声字变成去声,是在很长的时间内陆续转变的,有的在汉代以前就变到去声了,有的晚到南北朝时期才变成去声。

3.2 在上古本为平声而到中古才变成去声的字有"颂诵讼控冻凤众怆怅抗伉壮状葬庆命令性定竞径震振镇讯信运献眩翰怨汗叹宪漫义议戏去畏坏佩化"等,下面是这类字押平声韵的一些例子:

诵(《广韵》去声用韵):《诗经·小雅·节南山》押"诵讻邦",《楚辞·九辩》押"通从诵容同"。

庆(《广韵》去声映韵):《诗经·小雅·甫田》押"梁京仓箱粮庆疆",《诗经·大雅·皇矣》押"兄庆光丧方",《周易·坤卦》押"刚光常方行庆殃"。

信(《广韵》去声震韵):《诗经·郑风·扬之水》押"薪人信",《诗经·小雅·雨无正》押"天信臻身天"。

议(《广韵》去声寘韵):《诗经·小雅·斯干》押"仪议罹",《诗经·小雅·北山》押"议为"。

化(《广韵》去声祃韵):《周易·系辞下》押"化宜",《楚辞·离骚》押"他化",《天问》押"施化",《庄子·则阳》押"和化宜施"。

3.3 中古的去声字还有一些在上古读上声,如"事御顾菟附惧步怒右寿后狩兽茂疚旧妙诟丽济"等,下面是这类押上声韵的例子：

顾(《广韵》去声暮韵)：《诗经·邶风·日月》押"土处顾"，《诗经·魏风·硕鼠》押"鼠黍女顾土所"，《诗经·王风·葛藟》押"浒父顾"。

茂(《广韵》去声候韵)：《诗经·齐风·还》押"茂道牡好"，《诗经·小雅·南山有台》押"栲杻寿茂"，宋玉《笛赋》押"宝道老好受保楚茂"。

3.4 中古上声字里还有一部分在上古本读平声，如"爽享养朗颡逞宠泯陨犯怠罪"等。下面是这类字押平声韵的几个例子：

享(《广韵》上声养韵)：《诗经·小雅·信南山》押"享明皇疆"，《诗经·小雅·天保》押"享尝王疆"。

爽(《广韵》上声养韵)：《诗经·卫风·氓》"汤裳爽行"，《诗经·小雅·蓼萧》"襄光爽忘"，《吕氏春秋·尊师篇》"爽盲狂"。

第二十章 《中原音韵》音系

第一节 《中原音韵》的声母

1.0 元代周德清所著的《中原音韵》（公元 1324 年成书）是近代音的代表作。这部书是周德清为了总结元曲押韵规律、指导元曲创作而编写的一种曲韵韵书，它的音系是在归纳北曲押韵的基础上再审辨实际口语而建立起来的，记载了当时新兴起的共同语语音系统，即大都话的音系。这个音系是现代北京话音系的前身，它正处在从中古音向现代音演变的中间站上，很多方面已经接近现代音，也还有一些特点近似中古音而不同于现代音。

1.1 《中原音韵》的体例不同于以往的古老韵书，它的"韵谱"区分了韵部、声调和小韵（同音字组），没有设立字母，也没有反切。学者们通过分析每个小韵内部所包含的字的来源，并对所有小韵之间的对立关系进行总体考察，得出它的声母系统。该书共有二十一个声母，比中古汉语的声母大大简化了。今按照音韵学的传统，从三十六字母里边选用代表字，再加上构拟的音值，把这二十一声母列如下表。每个声母下边括号里的小字表示该声母的三十六字母来源。

唇　音：　　帮 p　　　滂 pʻ　　　明 m　　　非 f　　　微 ʋ
　　　　　（帮,并仄）（滂,并平）（明）　（非,敷,奉）（微）
舌尖中音：　端 t　　　透 tʻ　　　泥 n　　　　　　　　来 l
　　　　　（端,定仄）（透,定平）（泥,娘）　　　　　　（来）

卷舌音： 照 tʂ　　　穿 tʂ'　　　　　审 ʂ　　日 ʐ
(知,照,　　(彻,穿,澄平,　(审,禅部分,(日)
澄仄、　　　床平部分,
床仄部分,　　禅部分)　　　　床部分
禅部分)

舌尖前音： 精 ts　　　清 ts'　　　　　心 s
(精,从仄)　(清,从平)　　　　(心,邪)

舌根音： 见 k　　　溪 k'　　　疑 ŋ　　晓 x
(见,群仄)　(溪,群平)(疑少量)(晓,匣)

零声母： 影 ø
(影,喻,疑多数)

1.2　和三十六字母比较起来,《中原音韵》的声母有以下几项重大变化。

（1）全浊声母消失,原全浊声母字变成了清声母字。变化的结果跟现代北京话基本一致,比如浊塞音和塞擦音的清化以"平声送气、仄声不送气"为特点,浊擦音一律变成同部位的清擦音（参看本卷第三章关于声母对应部分）。上表括号内有的字母后边加"仄"字,意思是该字母的仄声字变成本声母,有的字母后边加"平"字,意思是该字母的平声字变成本声母。例如帮母 p 下有"帮、并仄",就是说《中原音韵》的帮母来自三十六字母的帮母以及并母的仄声字；滂母 p' 下有"滂、并平",就是说《中原音韵》滂母来自三十六字母的滂母以及并母的平声字。其余依此类推。

床母、禅母的变化很不规则,它们清化后都有塞擦音和擦音的读法,读塞擦音的也分送气跟不送气两种,所以上表在这些字母后加了"部分"字样。

（2）舌上音知、彻、澄跟正齿音的照、穿、床（部分）、禅（部分）

合流,成为卷舌音声母照母 tʂ 和穿母 tʂ'。知照合并的例子如"中忠衷(知)钟终(照)"同音,"庄装(照)桩(知)"同音,"追(知)锥骓(照)"同音,"猪株(知)朱诸珠(照)"同音。彻穿合并的例子如"冲充(穿)忡(彻)"同音、"窗(穿)疮(彻)"同音、"称(穿)柽蛏(彻)"同音、"馏(穿)俊(彻)"同音。澄母清化后平声字跟床母合流,如"重虫(澄)崇(床)"同音、"陈尘(澄)臣辰晨宸(禅)"同音;仄声字跟床母和照母合流,如"众(照)中(知)重(澄)"同音、"帐(知)丈仗(澄)障(照)"同音、"昼(知)咒(照)胄纣宙(澄)"同音。

舌上音的鼻音娘母跟泥母合并,如"旎(娘)祢(泥)"同音、"捏臬(泥)聂蹑(娘)"同音。

(3)轻唇音"非敷奉"三母合一,都变成 f。如"沸废(非)肺费(敷)吠(奉)"同音、"付富(非)赴讣(敷)父妇阜负(奉)"同音,"分(非)纷芬(敷)"同音。

(4)喻母的全部和疑母的大多数字并入影母,即变成了零声母。如"倚椅(影)矣已以(喻)蚁舣(疑)"同音、"妪(影)谕裕(喻)御遇(疑)"同音、"误悟寤(疑)恶污(影)"同音、"语圄(疑)雨与羽宇(喻)"同音。

1.3 以上几点是《中原音韵》声母跟现代音一致而跟中古音差别很大的地方。这个声母系统不同于现代北京话声母的地方是:

(1)没有 tɕ、tɕ'、ɕ 这套声母,这套声母的字仍然分别读见母 k、溪母 k'、晓母 x 和精母 ts、清母 ts'、心母 s。读 k、k'、x 的字如"交经桥擎晓兴",读 ts、ts'、s 的字如"焦精瞧情小性"。其中来自见组的大约在清初变成 tɕ 类读音,来自精母的在十八世纪变成 tɕ 类读音。

(2)有唇齿半元音,即微母仍然独立,还没有变成零声母。到明朝中叶,读这个声母的字才变成零声母。

(3)还有残存的 ŋ 声母。中古疑母字虽然大部分已经变成零

声母,跟影母、喻母合并在相同的小韵中了,但是有少数字还独立构成小韵,与影母、喻母的小韵对立,例如:

江阳韵:仰(疑母)/养痒(喻母)鞅(影母);

萧豪韵:傲鳌(疑母)/奥懊澳(影母);

    虐疟(疑母)/药跃(喻母)约(影母)岳(疑母)。

其中的"仰""傲""虐疟"等小韵,字数虽然少,但是不跟影母字同音,表明它们还有辅音声母,是中古疑母的残存。

第二节 《中原音韵》的韵母

2.1 《中原音韵》共分 19 个韵部。下面列出 19 部的韵母表,规则是:(a)各部的次序依照原书排列;(b)用国际音标注出各部的韵母;(c)指出各部的字来自《广韵》哪些韵,平声韵目兼括上去声韵,入声韵目单列。

东钟:uŋ iuŋ

本部字主要来自《广韵》东、冬、钟三韵;还有登、庚、耕、清、青诸韵的合口字"肱觥轰薨宏弘横泓倾兄荣永咏崩绷迸烹彭棚鹏甍薨盲萌猛蝱艨孟"等,但这些字都兼收于庚青韵。

江阳:aŋ iaŋ uaŋ

本部字来自《广韵》江、阳、唐诸韵。

支思:ɿ ʅ

本部字来自《广韵》止摄支、脂、之三韵开口字,声母都为齿头音精组、正齿音章组和庄组、半齿音日母、少量舌上音知组字。在《中原音韵》都是 ts、tsʻ、s、tʂ、tʂʻ、ʂ、ʐ 声母。本部还有"涩瑟(音史)塞(音死)"三个入声字。

齐微:i ei uei

本部字来自《广韵》止摄支、脂、之、微开口合口,蟹摄齐、祭、废开合口,蟹摄灰合口、泰合口;来自入声的字在《广韵》分属于质、迄、职、德、陌、昔、锡、缉诸韵。

鱼模：u　iu

本部字主要来自《广韵》鱼、虞、模三韵，还有侯韵、尤韵的一部分唇音字"母牡亩某谋浮富妇负"等；来自入声韵的字在《广韵》分属于屋、沃、烛、没、物、术诸韵。

皆来：ai　iai　uai

本部字来自《广韵》皆、咍、佳（部分）、夬、泰开口；来自入声韵的字在《广韵》分属于陌、麦和职开三的庄组字"侧仄色穑"等。

真文：ən　iən　uən　iuən

本部字来自《广韵》真、臻、谆、文、欣、痕、魂诸韵；还有来自侵韵的唇音字"品"。

寒山：an　ian　uan

本部字来自《广韵》寒、删、山和元韵轻唇音；还有咸摄凡韵的轻唇音"凡帆范犯泛"等。

桓欢：uɒn

本部字来自《广韵》桓韵。

先天：iɛn　iuɛn

本部字来自《广韵》先、仙、元诸韵。还有盐韵唇音字"贬"。

萧豪：ɒu　au　iau　iɛu

本部字来自《广韵》萧、宵、肴、豪诸韵；来自入声韵的字在《广韵》分属于觉、药、铎，它们兼收于歌戈韵，以今音推断，在本部的是白话音，在歌戈韵的是读书音。十九部只有本部具有三个不同的韵腹，这是比较特殊的一个情况，理由见前所述。

歌戈：o　io　uo

本部字来自《广韵》歌、戈（合一）；来自入声韵的字在《广韵》分属于曷（牙喉音）、末、合（牙喉音）、盍（牙喉音）、铎、药、觉诸韵，其中铎、药、觉韵的字在本部属于读书音。

家麻：a　ia　ua

本部字来自《广韵》麻(开合二等)、佳(部分);来自入声韵的字在《广韵》分属于黠、鎋、狎、洽、曷(舌齿唇)、末(唇音)、合(舌齿唇)、盍(舌齿唇)、月(轻唇)、乏(轻唇)。

车遮:iɛ　　uɛ

本部字来自《广韵》麻(开三)、戈(开三合三);来自入声韵的字在《广韵》分属于薛、屑、月、叶、业、帖等。

庚青:əŋ　　iəŋ　　uəŋ　　iuəŋ

本部字来自《广韵》庚、耕、清、青、蒸、登诸韵。其中合口字和部分唇音字兼收於东钟韵,本部也收了冬韵的"疼"字。

尤侯:əu　　iəu

本部字来自《广韵》尤、侯、幽诸韵;来自入声韵的字在《广韵》分属于屋、烛韵,在本部的读音应是白话音,和鱼模韵的读书音同源而异派。

侵寻:əm　　iəm

本部字来自《广韵》侵韵。

监咸:am　　iam

本部字来自《广韵》覃、谈、咸、衔诸韵。

廉纤:iɛm

本部字来自《广韵》盐、严、添诸韵。

2.2 跟《切韵》音系相比,《中原音韵》的韵部要少得多,中间的变化以合流为大趋势,但也有分化,关系相当复杂。《中原音韵》韵母系统跟《切韵》之间的重大差别是:

(1)入声韵母全部变成了阴声韵母。《切韵》时代的汉语有以 k、t、p 三个辅音作韵尾的入声韵母,到《中原音韵》这类韵尾全都脱落,入声韵母消失了,原先的入声字读成了阴声韵。大致的归向是:山摄入声字(收 t 韵尾)和咸摄入声字(收 p 韵尾)变到歌戈、家麻、车遮,臻摄入声字(收 t 韵尾)和深摄入声字(收 p 韵尾)变到鱼模、歌戈、齐微,通摄入声字(收 k 韵尾)变到鱼模、尤侯韵,江宕摄入声字(收 k 韵尾)变到萧豪、歌戈,曾摄和梗摄的入声字(收 k 韵尾)变到齐微、皆来。

(2)很多阴声韵部和阳声韵部发生合并。结果,有的原来一个韵摄就成为一个韵部,如通摄成为东钟韵,遇摄成为鱼模韵,臻摄成为真文韵,效摄成为萧豪韵,流摄成为尤侯韵;有的两个韵摄完全合并为一个韵部,如江摄和宕摄合并成江阳韵,梗摄和曾摄合并成庚青韵;有的是一个韵摄内部分韵合并成一个韵部,如山摄的先、仙、元(多数)合并成先天韵,咸摄的谈、覃、衔、咸、凡(部分)合并成监咸;有的是两个韵摄内的部分韵合并在一个韵部,如止摄大多数字和蟹摄三四等以及一等合口字合并成齐微韵。

(3)有的阴声韵部发生分化,产生了以前没有的韵母。新产生的韵母构成的韵部有两个。一个是支思韵,本部字在《广韵》属于止摄支、脂、之三韵开口字,这些韵类在唐代已经合并,读 i 韵母,后来这个韵母由于声母条件的不同而分化,齿头音精组 ts、ts'、s 后边的 i 变成了 ɿ,这个韵母在宋代就形成了;在正齿音照组和部分知组形成的声母 tʂ、tʂ'、ʂ、ʐ 后边的 i 变成了 ʅ 韵母,这个音大约在金代形成,到《中原音韵》就构成由 ɿ 和 ʅ 为韵母的一个韵部。另一个新韵部是车遮韵,本部字在《广韵》属于阴声韵麻韵部和山摄、咸摄三四等入声韵,它的韵母 iɛ 和 iuɛ,来自麻韵的原读 ia、iua 韵母,由于前高元音 i 的影响使得韵腹向上提高舌位,a 就变成了 ɛ;来自入声韵的字由于山、咸摄三四等字原读 iɛt、iet、iuɛt、iuet、iɛp、iep,它们的韵腹先是合而为一个 ɛ,再是塞音韵尾弱化以至失落,也就成了 iɛ、iuɛ。

2.3 《中原音韵》韵母跟现代普通话韵母之间存在明显的差别,大致有以下几点:

(1)《中原音韵》的韵部比现代普通话要多。这个差别有两个原因造成,一方面,元代音比现代音多一个 m 韵尾,《中原音韵》有侵寻、监咸、廉纤三个收 m 韵尾的闭口韵部,这类韵母后来都变成了收n韵尾的抵腭韵,在现代汉语里就没有闭口韵。另一方面,《中原音韵》作韵腹的元音比现代北京话多,同样的韵尾,《中原音韵》分韵就多。比如收ŋ韵尾的东钟韵、庚青韵这两个韵部在现代是一个韵部。收n韵尾的寒山韵、桓欢韵、先天韵这三个韵部在现代已经合流了,同时还加上原收m韵尾的监咸、廉纤,一共是五个韵部合成一个韵部。

对于大多数人来说,要区别这种现代同韵而元代不同韵的字都是困难的,不过有必要加以注意。下面各举一些例子。

a)现代的 ən、iən、uən、iuən 这个韵部在元代分两个韵部,即真文韵和侵寻韵,它们当时韵腹相同,韵尾不同,韵尾合并后两部合一。元曲押韵是分开的。

真文韵押韵例证:

关汉卿《仙吕·赏花时》(杂剧《蝴蝶梦》楔子)

且休说文章可立身,争奈家私时下窘。枉了寒窗下受辛勤,却被那愚民暗哂。多咎是宜假不宜真。

《幺篇》

他只敬衣衫不敬人,我言语从来无向顺。若三个儿到开春,有甚么实诚定准?怎生便都能够跳龙门。

侵寻韵押韵例证:

马致远《双调·拨不断》(散曲)

酒杯深,故人心,相逢且莫推辞饮。君若歌时我慢斟。屈原请死由他恁!醉和醒争甚?

无名氏《南吕·一枝花》(散曲)

蔷薇满院香,菌苔双池锦。海榴浓喷火,董草浚堆金。暑气难禁,天地炎蒸甚。闲行绿绿阴,纳清风台榭开怀,傍澄流亭轩赏心。

b)现代的 an、ian、uan、yan 一个韵部在元代分为五个韵部。其中寒山、桓欢、先天三韵部在元代都收n韵尾,韵腹不同;监咸、廉纤两韵部都收m韵尾,韵腹不同。它们是分别押韵的。

寒山韵押韵例证：

郑德辉《仙吕·油葫芦》(杂剧《三战吕布》第一折)

少不的一事无成两鬓斑，恁时节后悔晚。作甚早算来名利不如闲？大哥哥你不肯将男子功名干。二哥哥你枉将《左传》《春秋》看。我则待恶战在杀场军阵中，您则待高卧在竹篱茅舍间。似恁的几年间梦见周公旦？您则待要睡彻日三竿。

桓欢韵押韵例证：

马致远《双调·拨不断》(散曲)

立峰峦，脱簪冠。夕阳倒影松阴乱，太液澄虚日影宽，海风汗漫云霞断。醉眠时小童休唤。

先天韵押韵例证：

关汉卿《双调·新水令》(杂剧《金线池》第四折)

忽传台旨到咱丽春园，则道是除抹了舞裙歌扇。逢个节朔，遇个冬年，拿着这一盏儿茶钱，告哥哥们可怜见。

《沉醉东风》

则道是喜孜孜设席肆筵，为甚的怒哄哄列杖擎鞭？好叫我足未移心先颤。一步步似毛里拖毡。本待要大着胆挺着身行靠前，百忙里仓惶倒偃。

监咸韵押韵例证：

贾仲名《越调·雪里梅》(杂剧《萧淑兰》第二折)

空着我功退似游蚕，早则罢暮四与朝三。这生性狠情毒，老身惊心战胆。姐姐你也愁添病感。

廉纤韵押韵例证：

宋方壶《越调·紫花儿序》(散曲)

无嫌，大排场俺占，乔风月咱兼，闲是非人掂。强作科撒坫，硬热恋白沾。相签，抡的柄钢锨分外里险，掘坑掘堑。潘岳花得，韩寿香苦。

c) 现代的 əŋ、iəŋ、uəŋ、yəŋ 这一韵部在元代分东钟和庚青两个韵部,它们的韵尾相同,韵腹不同,押韵也是分开的。
东钟韵押韵例证:

王实甫《仙吕·混江龙》(杂剧《丽春堂》第一折)
端的是走轮飞鞚,车如流水马如龙。绮罗香里,箫鼓声中,盛世黎民歌岁稔,太平圣主庆年丰。正遇着燕宾节届,今日个宴赏群公。光禄寺酝江酿海,尚食居炮凤烹龙。教坊司趋跄妓女,仙音院整理丝桐。都一时向御苑来供奉,恰便似众星拱北,万水朝东。

庚青韵押韵例证:

郑德辉《黄钟·醉花阴》(杂剧《倩女离魂》第四折)
行李萧萧倦修整,甘岁月淹留帝京。只听得花外杜鹃声,催起归程。将往事从头省,我心坎上犹自不惺惺,做了场弃业抛家恶梦境。

(2)《中原音韵》有一个 iai 韵母,跟 ai、uai 同属于皆来韵,现代北京话就没有这个韵母了。原来读 iai 韵母的字,如"皆阶街解戒届介界(见母)谐偕鞋懈蟹械(晓母)"等到现代变成了 iɛ,"楷揩(溪母)埃挨捱矮隘(影母)"等到现代变成了 ai。

元曲押韵例证:

关汉卿《仙吕·混江龙》(杂剧《裴度还带》第一折)
几时得否极生泰?看别人青云独步立瑶阶。摆三千珠履,列十二金钗。我不能勾丹凤楼前春中选,伴着这蒺藜沙上野花开。则我这运不至,我也则索宁心儿耐。久淹在桑枢瓮牖,几时能勾画阁楼台。

关汉卿《双调·沽美酒》(杂剧《五侯宴》第四折)
今日个望京师云雾蔼,朝帝阙胜蓬莱。共享荣华美事谐。受用了玄纁玉帛,俺一家儿尽豪迈。

(3)《中原音韵》有一个 io 韵母,跟 o、uo 韵母同属于歌戈韵,读这个韵母的字都是来自中古江、宕摄的入声字,如"觉角爵却鹊确学岳乐跃"。这个韵母到现代变成了 yɛ,跟车遮韵的一部分字

("掘绝阙穴月劣"等)同音了。这个读音是读书音,相对的白话音是 iau。以上这些字在元曲里一般是按 iau 的读法押萧豪韵,很少押歌戈韵。

(4) 现代北京话里的卷舌元音 ər 韵母是《中原音韵》所没有的。读 ər 韵母的字,即"儿而耳尔饵迩二贰"等,在《中原音韵》属于支思韵、日母,当时的读音是 zʅ。元曲押韵中"儿"类字用在支思韵的例子很多,如:

王实甫《仙吕·后庭花》(杂剧《西厢记》第三本第一折)

我则道拂花笺打稿儿,元来他染霜毫不勾思。先写下几句寒温序,后题着五言八句诗。不移时,把花笺锦字,叠做个同心方胜儿。忒聪明,忒煞思;忒风流,忒浪子。虽然是假意儿,小可的难到此。

《青哥儿》

颠倒写鸳鸯两字,方信道在心为志,看喜怒其间觑个意儿。放心波学士,我愿为之,并不推辞,自有言辞。则说道昨夜弹琴的那人儿,教传示。

ər 韵母大约是明朝初年形成的。

(5) 现代北京话的 ə 韵母是《中原音韵》所没有的。读这个韵母的字在《中原音韵》有的属于歌戈韵,如"歌可何阿阁葛恶"等,韵母是 o;有的属于车遮韵,如"遮车奢惹",韵母是 iɛ;有的属于齐微韵,如"德特忒劾核赫勒肋",韵母是 ei;有的属于皆来韵,如"则责择泽摘宅窄册策测色塞革格隔刻客克厄",韵母是 ai。其中后二类都是古入声字。

歌戈韵押韵例证:

关汉卿《南吕·四块玉》(散曲)

适意行。安心坐,渴时饮,饥时餐,醉时歌,困来时就向莎茵卧。日月长,天地阔,闲快活。

旧酒投,新醅泼,老瓦盆边笑呵呵。共山僧野叟闲吟和。他出一对鸡,我出一个鹅,闲快活。
车遮韵押韵例证:

　　马致远《双调·离亭宴煞》(套数《双调·夜行船》)

　　蛩吟罢一觉才宁贴,鸡鸣时万事无休歇,争名利何年是彻?看密匝匝蚁排兵,乱纷纷蜂酿蜜,闹攘攘蝇争血。裴公绿野堂,陶令白莲社。爱秋来那些:和露摘黄花,带霜烹紫蟹,煮酒烧红叶。想人生有限杯,浑几个重阳节。嘱咐你个顽童记者:便北海探吾来,道东篱醉了也。

齐微韵押韵例证:

　　马致远《中吕·斗鹌鹑》(杂剧《任风子》第三折)

　　又不比那万水千山,卖弄他三从四德。我这里便扬起我这拳头,他那里揣与我个面皮。常言道今世饶人不算痴。咱两个元是善知识。世来到林下山间,再休想星前月底。

皆来韵押韵例证:

　　关汉卿《双调·得胜令》(杂剧《窦娥冤》第四折)

　　今日个搭伏定摄魂台,一灵儿怨哀哀。父亲也,你现掌着刑名事,亲蒙圣主差。端详这文册,那厮乱纲常当合败,便万剐了乔才,还道报冤仇不畅怀。

《川拨棹》

　　猛见了你这吃敲材,我只问你这毒药从何处来?你本意待暗里栽排,要逼勒我和谐,倒把你亲爷毒害。怎叫咱替你担罪责?

　　(6)《中原音韵》鱼模韵的细音韵母是 iu,其他韵部合口细音的介音也是 iu,这个二合音后来变成了一个 y,既单独充当韵腹,也作介音,即现代汉语的撮口呼韵母。我们读元曲,常常见到今音读 y 的字跟读 u 的字一起押韵,就是这个原因。元曲押韵例证:

　　关汉卿《南吕·红芍药》(杂剧《蝴蝶梦》第二折)

　　浑身是口怎支吾,恰似个没嘴的葫芦。打的来皮开肉绽损肌肤,鲜血模糊。恰浑似活地狱,三个儿都教死去。你都官官相为倚亲属,更做道国戚皇族。

清朝以后,仿古的诗词还是把 y 韵母的字跟 u 韵母的字一起押韵,而民间曲艺作品的押韵都不是这样,是把 y 韵母的字跟 i 韵母的字一起押韵。

(7)还有一些字的韵母变化,只是一部分字的读音从一种韵母变成另一个原有的韵母,没有导致韵母的增加或减少。

现代普通话 ʅ 韵母的字,有一部分在《中原音韵》里还是读 i 韵母,属于齐微韵,后来才变成 ʅ 韵母,归到了支思韵。这部分字在元曲里都押齐微韵,例如:

关汉卿《中吕·粉蝶儿》(杂剧《望江亭》第二折)

不听得报喏声齐,大古里坐衙来,恁时节不退。你便要接新官,也合通报咱知。又无甚紧文书,忙公事,可着我心儿里不会。转过这影壁偷窥,可怎生独自个死临侵地?

中古音里觉韵、药韵、铎韵的入声字,现代有文白两读,《中原音韵》也已经有文白两读,白话音在萧豪韵,读书音在歌戈韵。与现代不同的是,《中原音韵》里读白话音的字明显要多一些。好些字现代只读 ə、ou、yɛ 韵母,《中原音韵》时代则读 ao、iao 韵母。元曲押韵例证:

郑光祖《仙吕·鹊踏枝》(杂剧《倩女离魂》第一折)

据胸次那英豪,论人物更清高。他管跳出黄尘,走上青霄。又不比闹清晓茅檐燕雀,他是擎风涛混海鲸鳌。

《村里迓鼓》

则他这渭城朝雨,洛阳残照,虽不唱阳关曲本,今日来祖送长安年少。兀的不取次弃舍,等闲抛掉。因而零落。恰楚泽深,秦关杳,泰华高,叹人生离多会少。

《游四门》

抵多少彩云声断紫鸾箫,今夕何处系兰桡。片帆休遮西风恶,云卷浪淘淘,岸影高,千里水云飘。

第三节 《中原音韵》的声调

3.1 《中原音韵》的调类系统已经分阴平、阳平、上声、去声，和现代普通话一致。和传统四声比较，《中原音韵》的特点也基本上与现代音相同：

平声分化为阴平、阳平两个调类。分化条件是中古声母的清浊，全清、次清声母的平声字读成了阴平，全浊、次浊声母的字读成了阳平。

中古上声里的全浊声母字变成了去声。次浊声母字仍然读上声。

中古的入声调消失了，原来的入声字分别变成了阳平、上声、去声字。分派的条件是：原全浊声母字变为阳平，次浊声母字和影母字变为去声，清声母字变为上声。其中，全浊变阳平、次浊变去声和现代的北京话是一致的；只有清声母入声字一律变上声，和现代北京话不吻合。

参考文献

高本汉:《中国音韵学研究》,商务印书馆,1995 年。
　　《中上古汉语音韵学纲要》,齐鲁书社,1987 年。
耿振生:《音韵通讲》,河北教育出版社,2001 年。
李方桂:《上古音研究》,商务印书馆,1982 年。
李荣:《切韵音系》科学出版社,1956 年。
鲁国尧等:《宋辽金用韵研究》,香港文化教育出版社有限公司,2002 年。
宁继福:《中原音韵表稿》,吉林文史出版社,1985 年。
邵荣芬:《汉语语音史讲话》,天津人民出版社,1979 年。
　　《切韵研究》,中国社会科学出版社,1982 年。
唐作藩:《普通话语音史话》,语文出版社,2000 年。
　　《音韵学教程》,北京大学出版社,2000 年。
王力:《汉语音韵》,中华书局,1980 年。
　　《汉语语音史》,中华书局,1985 年。
　　《诗经韵读》《楚辞韵读》,上海古籍出版社,1980 年。
杨耐思:《中原音韵音系》,中国社会科学出版社,1981 年。
赵荫棠:《等韵源流》,商务印书馆,1957 年。

北京大学出版社最新图书简介

全国各类成人高等学校专升本考试用书

本丛书为参加汉语言文学专业专升本入学考试的读者而编。参编者是此类考试辅导的高手,对所教课程的重点难点分布、考核要点安排、题目类型、出题范围、答题技巧乃至记忆方法了如指掌。全套书在考前辅导基础上不断修订、补充、调整、完善而成,具有较强的实用性和普适性。既可作为汉语言文学专业专升本入学考试辅导书,又可作为大学本科有关课程学习参考用书。

大学语文精讲	缪葵慈等	编著	定价:16.00元
英语精讲	贾爱武等	编著	定价:15.00元
汉语精讲	曹炜	编著	定价:17.00元
文学概论精讲	姚鹤鸣	编著	定价:14.00元

大学语文(本科)自学考试指导与模拟试题
　　　　　　　　　　　李佐丰　　编著 定价:28.00元

古代汉语教材、专著

古代文史哲名篇比较阅读	蒋绍愚	编著	定价:15.00元
音韵学教程(第三版)	唐作藩	著	定价:11.50元
中国文化史纲要	吴小如	主编	定价:12.00元
古汉语词义论	张联荣	著	定价:18.00元

中国古代文论教程	李铎	著	定价:24.00元

语言学教材、专著

基础语言学教程	徐通锵	著	定价:19.00元
语言学教程(修订版中译本)	胡壮麟	主编	定价:20.00元
语用学教程	索振羽	编著	定价:14.00元
现代语言学教程	[美]霍凯特	著	定价:38.00元
普遍语法原则与汉语语法现象	徐 杰	著	定价:15.00元
汉语语法化的历程	石毓智 李讷	著	定价:22.00元
现代汉语动词语义计算理论	靳光瑾	著	定价:16.00元
现代汉语句模研究	朱晓亚	著	定价:12.00元
自然语言逻辑研究	邹崇理	著	定价:26.00元
社会心理修辞学导论	陈汝东	著	定价:15.00元
语言伦理学	陈汝东	著	定价:20.00元
汉语汉字汉文化	胡双宝	著	定价:20.00元

教师心理学	[英]戴·冯塔纳著　王新超译
	定价:26.00元